APAGUIDES

Titel in deutscher Sprache

LÄNDER & REGIONEN

Ägypten
Argentinien
Australien
Bali
Brasilien
Burma
Florida
Frankreich
Griechenland
Großbritannien
Hawaii
Hong Kong
Indien
Indonesien
Irland
Israel
Italien
Jamaika
Java
Kalifornien
Kanada
Kenia
Korea
Malaysia
Mexiko
Nepal
Neuseeland
New York
Philippinen
Portugal
Schottland
Singapur
Spanien
Sri Lanka
Taiwan
Thailand
Türkei
USA Südwest
USA

STÄDTE

Bangkok
Berlin
Istanbul
Lissabon
London
Paris
Rio
Rom
San Francisco
Venedig
Wien

Titel in englischer Sprache

COUNTRIES & REGIONS

Alaska
American Southwest
Australia
Bahamas
Bali
Barbados
Burma
California
Canada
Caribbean (The lesser Antilles)
Channel Islands
Continental Europe
Crossing America
East Asia
Egypt
Florida
France
Germany
Great Britain
Greece
Hawaii
Hong Kong
India
Indonesia
Ireland
Isreal
Italy
Jamaica
Kenya
Korea
Malaysia
Mexico
Nepal
New England
New York State
New Zealand
Northern California
Philippines
Portugal
Puerto Rico
Rajasthan
Scotland
Singapore
South Asia
Southern California
Spain
Sri Lanka
Taiwan
Texas
Thailand
The Pacific Northwest
The Rockies
Trinidad and Tobago
Turkey

CITYGUIDES

Bangkok
Berlin
Buenos Aires
Dublin
Istanbul
Lisbon
London
Paris
Rio de Janeiro
Rome
San Francisco
Venice
Vienna

ADVENTURE

Indian Wildlife

Thailand: ISBN: 3-88618-934-1
Achte unveränderte Auflage 1989

Satz: AdLitteras GmbH, München
Druck: APA Press (Pte) Ltd
Printed in Singapore

Thailand

Herausgegeben und fotografiert von Hans Höfer
Texte von
William Warren, Star Black und M. R. Priya Rangsit
Übersetzt von
Almuth und Hanno Hartmann, Sabine von Sydow,
Hans Joachim Herbst und Dieter Vogel

NELLES VERLAG
1989

„Ich reise nicht mit festem Ziel, allein, um weg zu sein", schrieb Robert Louis Stevenson. „Ich reise um des Reisens willen durch die Welt." Da ist was dran, wie RLS in seinen Reisen mit einem Esel schlagend belegte. Selbst Stevenson erlag aber dann den Reizen eines einzelnen Ortes — Samoa nämlich, und er blieb. Er lernte zu genießen, was es heißt, wie in einem warmen Bad irgendwo zu sitzen und immer wieder innerliche Freuden auszukosten.

Thailand stellte uns vor ähnliche Versuchungen und Rätsel, als wir uns 1973 dort umsahen: viel herumreisen, länger verweilen, oder beides? Unsere Antwort lautete damals: „beides". Ein Land von solcher landschaftlicher und kultureller Vielfalt erlaubte kein Entweder-Oder.

Wir wußten sehr gut, was es heißt, sich in ein Land zu versenken, hatten wir doch zuvor die drei ersten Bände der Apa Guides über *Bali* (1970), *Singapur* (1971) und *Malaysia* (1972) herausgebracht, das geronnene Resultat intensiver Erkundungen und längeren Verweilens. Diesmal war die Herausforderung noch größer: ein Land von der Größe Frankreichs (nirgends jedoch so zusammengedrängt; wie der Schwanz einer Kaulquappe an Burma vorbei zur Halbinsel Malaysia hinunter auslaufend) nach allen Richtungen auszukundschaften, beseelt allein von der Hoffnung, daß dabei ein Buch herausspringen würde (die ersten Apa-Bände konnten nur mit Hilfe von Sponsoren entstehen); ein Land schließlich, das größtenteils Neuland war für den organisierten Tourismus und kaum über entsprechende Einrichtungen verfügte.

Unser Team bestand damals aus **Hans Höfer,** dem Gründer und Herausgeber der Apa Productions, **Star Black** und **William Warren,** einem Amerikaner, der seit langem in Bangkok lebte. Warren trug seine scharfen Beobachtungen über die „Stadt der Engel", die reiche Kultur und die Lebensgewohnheiten zusammen: Höfer und Black machten vier ausgedehnte Streifzüge ins Hinterland, den Süden, Nordwesten, Osten und Nordosten, bei denen sie es auf insgesamt 30 000 Kilometer brachten. Unbeirrt sammelten die drei jede Menge Informationen, Eindrücke und Erfahrungen, Berge von Notizen und Aufzeichnungen, Texte anderer Kenner Thailands kamen hinzu: **Marcus Brooke, Robert Burrows, Jerry Dillon, Nancy Grace, Frank Green, John Sterlin** sowie **Tony Wheeler.** Wie alles, so war auch Thailand beständigem Wandel unterworfen. 1982 war die Zeit für eine gründliche Überarbeitung des Buches gekommen. **Priya Rangsit,** Urenkelin des

Hoefer

Black

Rangsit

Thai-Königs Chulalongkorn, sollte nun eine ausführliche Geschichte des Landes verfassen. **David de Voss** und **Aporance Buatong** von der Südostasien-Redaktion der Zeitschrift *Time* bekamen den Auftrag, die Texte durchzusehen und den Kurzführer auf den neuesten Stand zu bringen.

Levine

Man muß Mut zur Lücke haben, wenn man auf kaum mehr als 300 Seiten die Besonderheiten eines Landes einfangen möchte. Hans Höfer war der richtige Mann für das kühne Unterfangen. Er kommt aus Süddeutschland, bereiste Spanien, die Türkei, Jordanien und den Iran, schloß Ausbildungsgänge auf verschiedenen Gebieten erfolgreich ab, und zwar in Krefeld, wo er nach den strengen Grundsätzen des Bauhauses ausgebildet worden war. 1967 kam er nach Bali, malte ein Jahr lang Bilder, bevor er sich einem Projekt verschrieb, das sein Leben gründlich verändern sollte — er brachte 1970 den ersten Apa Guide *Bali* heraus, den Vorläufer einer Serie von Reiseführern, die inzwischen weltweite Verbreitung findet. Die meisten Bände sind ins Deutsche und Französische übersetzt worden, einige auch ins Holländische und Japanische.

Star Black aus Kalifornien studierte Kunst und Literatur in Wellesley, kam darauf nach Bangkok; Ergebnis ihrer vielen Reisen in Südostasien waren die ersten drei Apa Guides.

William Warren ist einer der bestinformierten *farang* (Ausländer) in Bangkok. Er ist freier Publizist und schreibt für zahlreiche Zeitschriften im asiatischen Raum; auch zwei Bücher brachte er heraus: *The Legendary*

American und *The House of the Klong,* die dem Leben und den Kunstsammlungen Jim Thompsons gewidmet waren. Thompson machte die Thai-Seide weltberühmt.

M.R. Priyanandana Rangsit studierte in

DeVoss

Buatong

Van Outrive

Anderson

London an der School of Oriental and African Studies, insbesondere Sanskrit und indische Geschichte, vor allem die Frühzeit Südost-Asiens. Priya arbeitet für die *Bangkok Post, The Nation, Vogue Magazine* (London), den *Monarchist* und das *Taj Magazine* (Bombay). Sie stammt aus einer der ältesten Literaten-Familien des Landes: ihr Großvater Krom Muen Prince Bisyalongkorn galt als ,,poeta laureatus'' des Königreichs; ihre Mutter V.na Pramuenmark schrieb Romane.

David de Voss, Leiter des Bangkok-Büros von *Time,* kam bereits 1972 als Saigon-Korrespondent für *Time* nach Asien. Dann lebte er als Korrespondent in Hongkong, bis er 1981 nach Bangkok umzog; bereits zuvor hatte er sich mehr als 50mal in dieser Stadt aufgehalten.

Den Kurzführer zu diesem Band arbeitete Aporanee (Oi) Buatong gründlich um. Sie studierte an der Universität Chulalongkorn und ist seit 1983 Fulbright Stipendiat in den USA, wo sie englische Literatur studiert. Sie war bereits als Reporter für das Südost-Asien-Büro von *Time* in Bangkok tätig.

Unser Lektor **Charles Levine,** der die ursprünglichen Textbeiträge von *Thailand* überarbeitete, war zwei Jahre mit dem Peace Corps in Indien; dann ließ er sich auf Bali nieder (heiratete dort eine balinesische Tänzerin) und war in Singapur für den Verlag McGraw-Hill, später dann für Apa tätig. Sein flüssiger Stil hat so manchen Band der Apa-Reihe geprägt.

John Gottberg Anderson ist unser verantwortlicher Mann für Asien und bereitete *Thailand* für die Drucklegung vor. Anderson hat reiche journalistische Erfahrung und kannte sich auch in Thailand gut aus, das er seit 1976 immer wieder aufgesucht hatte. Anderson hatte der Redaktion für die Apa Guides *Burma, Nepal* und *Sri Lanka* angehört.

Ivan van Outrive, der Leiter unseres Vertriebs, lebt in Bangkok und konnte daher unschätzbar wertvolle Informationen und Ratschläge zu diesem Buch beisteuern. Er drängte darauf, daß es den neuesten Stand wiedergibt, keine leichte Aufgabe in einem Land, das wie wenige andere beständigem Wandel unterworfen ist.

Die Fotos in diesem Buch stammen alle von Hans Höfer außer folgenden: Umschlag und Seite 41 von *Bill Wassman,* S. 43 und 44-45 sind von **R. Ian Lloyd,** S. 23 von **R.C.G. Varley** und S. 25 von **Johen Heaton.** Die historischen Aufnahmen auf den Seiten 16-17, 32-33, 35 und 37 bis 40 stammen aus der **Sammlung von M.R. Priya Rangsit.** Die Daten für die historischen Abschnitte entnahmen wir folgenden Büchern: *A History of Siam* von W.A.R. Wood (Bangkok: Siam Barnakich Press, 1933), die Drucke auf S. 24, 26 und 27 ebenfalls; *1688: Revolution in Siam* von E.W. Hutchinson, Hongkong University Press, 1968, die Fotos auf den Seiten 28 und 29: *Lords of Life* von Prince Chula Chakrabongse, London Alvin Redman, die Grafiken von S. 30 und 34: *Louis and the King of Siam* von W.S. Bristave, London Chatto and Windus, 1976 für das Bild auf S. 36.

Herzlich bedanken möchten wir uns auch bei der Tourism Authority of Thailand, dem Mon-Hotel Montien, dem Thai Consulate in Singapur, General E. Black, den Damen und Herren Per-Bang-Jensen, James Stanton, Henry Aronson, Vivien Loo, Leonrad Lueras, Patrick (Shrimp) Gauvain, Sam Chan und den vielen ungenannten Personen, die dieses Buch möglich gemacht haben.

Nelles Verlag

THAILAND AUF EINEN BLICK

Das bekannteste Wahrzeichen Thailands blickt dem Besucher auf Hunderten von Plakaten entgegen und ragt hoch über die Gestade des Chao Phya empor. Es ist der mächtige Hauptturm von Wat Arun, des Tempels der Abenddämmerung, der mit einer eigenartigen, glitzernden Substanz überzogen ist und wie ein gigantischer Brillant in der Tropensonne glänzt. Wenn man näher an den Tempel herangeht, kann man unzählige kleine Porzellanstücke ausmachen, die einst kunstvoll zu einem riesigen Mosaik zusammengesetzt wurden.

Eine überraschende Entdeckung wie die vor Wat Arun macht jeder, der mehr als nur einen oberflächlichen Eindruck von Thailand bekommen möchte. Obwohl kulturell und politisch in einem Maß geeinigt, das unter den Staaten Südostasiens selten ist, erweist sich Thailand bei näherer Bekanntschaft doch als ein Land von überraschender Vielfalt.

Zu lange vielleicht haben sich die Berichterstatter auf die schönen Reize, das Bilderbuch-Thailand konzentriert, die genaue Schilderung des Landes vermieden und in Gemeinplätzen geschwelgt wie ,,Land des Lächelns''.

Diese Charakterisierung mag bis zu einem gewissen Grad gerechtfertigt sein; denn die Thais wirken ungemein liebenswürdig, da sie bei jeder Gelegenheit in einer natürlichen und herzlichen Art und Weise lächeln, die uns völlig abhanden gekommen ist. Auf der anderen Seite ist die Bezeichnung auch wieder irreführend, da sie ein Paradies vorspiegelt, das nicht von dieser Welt ist. Ein solches Vorurteil erhält einen empfindlichen Schlag bei der ersten Begegnung mit Bangkok. Der Besucher merkt sofort, daß die Thais keineswegs nur ständig lächelnd herumlaufen, als seien sie für den Film *Der König und ich* verpflichtet worden. In der Hauptstadt stehen neben phantastischen Tempeln Filmtheater, neben großartigen Palästen Luxushotels, malerische Kanäle und mehrspurige Hochstraßen, Klöster und klimatisierte Einkaufszentren.

Bangkok, für die meisten Besucher die erste und oft einzige Station ihrer Thailandreise, ist eine moderne Metropole ungeheuren Ausmaßes, die zu dem Eindruck verführen könnte, als sei sie in ihrem durch und durch verwestlichten Erscheinungsbild eine genaue Spiegelung des Landes. Das aber ist grundfalsch: Thailand ist nach wie vor ein Land der Dörfer und überschaubaren Städte. Nicht weniger als 80 % der Bevölkerung sind in der Landwirtschaft beschäftigt, und der Einfluß der alten Traditionen ist selbst noch in den verkehrsreichen Straßen der Hauptstadt zu spüren.

Thailands Hauptstadt ist außerordentlich vielgestaltig. Auf einem Gebiet von 514 000 qkm, das etwa der Größe Frankreichs oder der der Staa-

Auf einen Blick

Fläche: 514 000 Quadratkilometer
Bevölkerung: 52 545 529 (am 30. Juni 1986)
Regierungsform: Konstitutionelle Monarchie
Hauptstadt: Bangkok (5 446 708 Millionen;

Volksgruppen: Thai 80 %, Chinesen 10 %, Malaien 4 %; Laoten, Burmesen, Vietnamesen, Inder u.a. 6 %
Religionen: Theravada Buddhismus 94 %, Islam 4 %, Mahayana Buddhismus 1,5 %, Christentum 0,5 %
Höchste Erhebung: Doi Inthanon (2596 Meter)
Währung: Baht (25.75 Baht = 1 US-$)
Elektrizität: 220 Volt Wechselstrom

ten New York und Kalifornien zusammen entspricht, findet man im Zentrum Südostasiens zwischen dem 5. und 32. Grad nördlicher Breite tropische Regenwälder, fruchtbare Ebenen und waldbedeckte Berge.

Die Naturreichtümer des Landes sind noch immer überwältigend. Unter dem Dach der südlichen Monsunwälder regt sich eine große Vielfalt an Tieren und Pflanzen: schillernde Eisvögel, Papageien, Fasane, Flughörnchen, Echsen, Affen, Dutzende verschiedener Schlangen, Hunderte von Schmetterlingsarten und fast tausend unterschiedliche Orchideen. Außerdem gibt es hier eine Fülle von Früchten, die entweder wild im Dschungel wachsen oder auf kleinen Bauerngehöften bzw. auf großen Plantagen angebaut werden: nahezu dreißig verschiedene Bananensorten, Kokosnüsse, Durians, Orangen, Limonen, Zimtäpfel, Mangos, Papayas, Brotfrüchte, Mangostinen.

Im Norden Thailands bilden Berge bis zu einer Höhe von fast 2000 m die Grenze des Landes. In den Teakwäldern im niedriger gelegenen Bergland ziehen Elefanten gefällte Stämme zu den Flußufern, wo sie zu Flößen zusammengebunden und flußabwärts transportiert werden.

In der zentralen Ebene verwandeln die Monsunregen das Land in ein riesiges Wasserreservoir, das eine unüberschaubare Anbaufläche mit Reis bewässert, das Haupterzeugnis Thailands und sein wichtigstes Exportgut. Durch die Ebene fließt der Chao Phya-Fluß, der ideale Transportweg für die verschiedenen Waren mit dem Bestimmungsort Bangkok. Er führt auch fruchtbare Erde vom Gebirge mit sich und bringt das nötige Wasser für die Reisfelder im Süden.

In diesem vielgestaltigen Land leben ca. 50 Millionen Menschen. Neben den reinen Thais, die etwa 80 % der Bevölkerung stellen, gibt es bedeutende Minderheiten von Chinesen (10 %), Malaien (4 %), Laoten, Mon, Khmer, Indern und Burmesen.

VON BAN CHIENG BIS SUKHOTHAI

Das Volk der Thais hat es verstanden, seine Unabhängigkeit in mehr als 800 Jahren andauernden Auseinandersetzungen zu verteidigen. Stolz verweist man darauf, als einziges Land in Südostasien niemals europäische Kolonie gewesen zu sein. Bürgerkriege kennt das Land ebenfalls nicht, obwohl es heftige Machtkämpfe gibt. Die Thais sind geschickte Diplomaten, die den Respekt auch der Großen unter den Staaten genießen. Obwohl die Einflüsse von außen mannigfaltig sind, hat das Land seine unverwechselbare Identität nicht verloren.

Warum wohl? Thai bedeutet ,,frei" sein. Seit dem 12. Jahrhundert heißt das Land zwar im Ausland ,,Siam", die Thais selbst hielten jedoch an der Tradition fest, ihr Land nach der jeweiligen Hauptstadt zu benennen — Sukhothai, Ayuthaya. Im 19. Jahrhundert hieß das Königreich offiziell Siam, bis das Land infolge der Demokratisierung 1939 in Thailand umbenannt wurde.

Die Heimat der ersten Thais ist nicht mehr genau auszumachen. Von seiten der Sprachforschung stammt die These, sie hätten ursprünglich im Südosten Chinas gelebt und seien von da in die südlichste Provinz Chinas gezogen, um sich anzusiedeln. Es kann auch sein, daß das mächtige Reich der Nan-ch'ao von Yünnan (7. bis 13. Jahrhundert) von Thai-Herrschern regiert wurde, obwohl wenig für diese Theorie spricht.

Jedenfalls war das heutige Thailand, vor allem das Menam Chao Phya Valley, von einem Volk mit entwickelter Zivilisation besiedelt, lange bevor die Thais ins Tal gezogen kamen.

Die Ban Chieng-Kultur

Die ersten Dokumente aus der Frühgeschichte machte durch Zufall im Zweiten Weltkrieg ein holländischer Kriegsgefangener, der für die Japaner an der ,,Todesbahn" Siam—Burma arbeitete, zugänglich. Bei Han Kao stieß er auf Steinwerkzeuge. Bei Nachforschungen kamen Höhlen aus dem Paläolithikum und Neolithikum zutage, in denen reiche Schätze an Töpferwaren und Werkzeugen geborgen werden konnten.

Die wichtigste Ausgrabungsstätte wurde jedoch das Dörfchen Ban Chieng bei Udan Thani im Nordosten. Erst vor 20 Jahren begannen die systematischen Ausgrabungen in Ban Chieng: bemalte Töpfe, Juwelen, Bronze- und Eisenwerkzeuge wurden gefunden. Das Alter der Bronzezeit Thailands konnte festgelegt werden; es entspricht dem der Kultur im Zweistromland Euphrat—Tigris und ist daher älter als die europäische Bronzezeit.

Die Identität der Bewohner von Ban Chieng liegt noch im dunkeln. Die Besiedlung setzte etwa 3600 v. Chr. ein und dauerte bis 250 v. Chr. Man baute Reis an, hielt Haustiere und stellte schönes Geschirr her. Die rotbemalten Gefäße sind mit den Fingern spiralenförmig verziert und fanden bei Begräbnissen als Opfergaben für die Toten Verwendung. Ketten aus Glas- und Halbedelsteinen wurden ebenfalls hinzugefügt. Ähnliche Funde machte man auch in der Umgebung von Ban Chieng.

Der indische Einfluß

Obwohl es keine entsprechenden Funde gibt, ist davon auszugehen, daß Völker indischer Herkunft im 3. Jahrhundert v. Chr. hier siedelten.

Mahavamsa, die Chronik des singhalesischen Buddhismus, berichtet von Ashoka, dem großen indischen Herrscher (268—232 v. Chr.), der sich als erster Souverän zum Buddhismus bekannte. Ashoka soll zwei Missionare nach Suvannabhumi, ins ,,Land des Goldes", entsandt haben, das damalige Südostasien. Als die christliche Zeitrechnung einsetzte, hatte bereits der Seehandel zwischen Indien und der Ostküste eingesetzt.

Buddhismus und Hinduismus, die feierlichen Riten der Inder wie die Ikonographie, die Gesetzeswerke, kosmologischen und architektonischen Abhandlungen wurden von den Herrschern Südostasiens en bloc übernommen und gemäß den eigenen Bedürfnissen und Geschmacksrichtungen abgewandelt. Sanskrit wurde die Sprache der Höfe, Pali nahm man in den klösterlichen Gemeinschaften der Buddhisten. Es mögen Stammesoberhäupter, die um ihre Macht besorgt waren, gewesen sein, die für eine solche Ausbreitung kultureller Vielfalt gesorgt haben, indem sie Brahmanen (Inder, die der Priesterkaste angehören) ins Land holten, die ihren Thron absegnen sollten.

S. 16/17: Prozession der Royal Barges bei der Krönung König Prajadhipoks 1925. Links: Steinzeitskelett, das in Ban Chieng entdeckt wurde.

Diese Vorgänge an den Höfen wirkten sich vor allem in Kambodscha nachhaltig aus. Die Mon und die Khmer waren die ersten „indianisierten" Völker, die sich auf dem Gebiet des heutigen Thailand niederließen. Der Mon-Einfluß ist offensichtlich in der buddhistischen Kunst der Dvaravati-Zeit (6. bis 11. Jahrhundert): das Volk der Khmer, das den berühmten Tempel von Angkor Wat errichtete, hinterließ in den nordöstlichen Provinzen Thailands viele Tempelanlagen.

Die Thais kommen ins Land

Im Verlauf von Jahrhunderten waren die Thais von Yünnan die Flüsse und Ströme Südostasiens entlang gen Süden gezogen. Dort teilten sie sich auf. Die Shan (oder auch

die „Großen Thais") gingen in das obere Burma; die Ahom-Thais ließen sich in Assam nieder; eine dritte Gruppe siedelte in Laos.

Die größte Gruppe der „Kleinen Thais" kam als erste ins heutige Thailand. In und um Chiang Mai und Chiang Saen bildeten sich kleine Staaten. Es wurden später selbständige Reiche, die den größten Teil dieses Gebiets umfaßten. Chiang Mai war die Hauptstadt eines dieser Reiche; erst viel später zog die Hauptgruppe der Thais die Halbinsel hinunter und gründete größere Staatenverbände; Chiang Mai blieb ein relativ autonomes Gebiet und konnte seine kulturelle Eigenständigkeit bewahren.

Im 13. Jahrhundert waren die Thais bereits das dominierende Herrschergeschlecht der Region, und die geschwächten Reiche der Mon und der Khmer gingen in ihrem Reich auf. Etwa 1238 erreichten sie den Zenit ihrer Macht; aus Inschriften geht hervor, daß damals die Khmer aus Sukhothai vertrieben wurden.

Die Geschichte der Halbinsel Thailand ist nicht so bekannt wie die des kulturell reichen Nordens. Die Gebiete um die Meerenge standen einst unter der Herrschaft des wirtschaftlich und militärisch starken Reiches von Sri Vijaya (7. bis 13. Jahrhundert), dessen Hauptstadt Palembang in Sumatra war. Beweise, daß zu diesem Inselreich auch die Thai-Seite der Straße von Malakka gehörte, enthielten Inschriften von 775 n. Chr. von einem König Sri Vijayan in Chaiya in der Nähe der Meerenge von Kra. Die Kunst von Sri Vijaya ist sehr vielgestaltig und zeigt Einflüsse aus Indien, Champa und Java. Im 13. Jahrhundert zerfiel das Reich; die Einzelstaaten gingen ins Reich der Sukhothai über.

Phra Ruang und die „Dämmerung" von Sukhothai

Sukhothai — „die Dämmerung des Glücks" und das erste unabhängige Thai-Reich — war es das goldene Zeitalter der Thais? Als angeblich ideales Staatswesen ruft es häufig nostalgische Gefühle wach. Es war ein Land, in dem Überfluß herrschte; gerechte, paternalistische Könige regierten über friedliebende, zufriedene Bürger. Sukhothai steht für die Anfänge der Stammesgesellschaft der Thais in ihrer reinsten Form.

Die siamesische Überlieferung spricht von Phra Ruang als dem Gründer des Reiches; er war wie König Arthur ein mythologischer Held. Vor seiner Zeit sollen die Thai-Völker unter der Knute der Khmer gestanden haben, denen sie Abgaben entrichten mußten. Der Tribut an Angkor Wat bestand in dem geheiligten Wasser eines Sees außerhalb von Lop Buri: die Khmer-Gottkönige brauchten heiliges Wasser aus allen Ecken ihres Reiches für ihre zeremoniellen Riten.

Alle drei Jahre brachte man dieses Wasser in großen irdenen Gefäßen, die auf Ochsenkarren transportiert wurden. Unterwegs gingen viele Krüge zu Bruch, so daß die tributpflichtigen Völker oft zwei- bis dreimal die beschwerliche Reise antreten mußten. Der greise Phra Ruang hatte die Idee, das Wasser in versiegelten gewebten Bambusbehältern zu

Links: Die antike Steininschrift (1000 Jahre alt) erinnert an den Einfluß Kambodschas. Rechts: Verhältnismäßig gut haben die Elefantenskulpturen des Wat Chang Lom die Jahrhunderte überstanden, sie zeigen Thevadas und feinen Ornamentschmuck.

transportieren, die die lange Reise heil überstehen konnten.

Die Khmer wurden angesichts des neuen Transportsystems hellhörig. Der König selbst zog seine Astrologen zu Rate, die ihm versicherten, der erfindungsreiche Thai sei ein Mann mit übernatürlichen Gaben, die seiner Herrschaft gefährlich werden könnten. Der König entsandte darauf seinen besten General, der sich unterirdisch rasch fortbewegen konnte; er sollte den Thai-Herrscher aus dem Wege räumen. Phra Ruang ahnte die Gefahr und wich nach Sukhothai aus, wo er sich in Wat Mahanthat, als buddhistischer Mönch verkleidet, verbarg. Der Khmer-General tauchte plötzlich inmitten des Wat auf und begegnete dem Mönch. Phra Ruang machte von seinen inneren geistigen Kräften Gebrauch und verwandelte den ahnungslosen Khmer in Stein!

Unter König Ramkamhaeng

Zum berühmtesten Herrscher von Sukhothai wurde der zweite Sohn des Gründerkönigs, Ramkamhaeng. Er war der erste Thai-Herrscher, der detaillierte Aufzeichnungen über seine Verwaltung und die eigene Kindheit hinterließ. Mit 19 trat er die Thronfolge an, als er mit seinem Vater einen Feldzug gegen ein Nachbarland inszenierte, bei dem er in einem Mann-zu-Mann-Gefecht auf Elefanten den Sieg davontrug. Danach erhielt er von seinem Vater den Namen Phra Ramkamhaeng („Rama der Tapfere").

Sukhothai war zu Zeiten des Thronantritts von Ramkamhaeng ziemlich klein und bestand nur aus der Stadt und den umliegenden Gebieten. Am Ende der Ära des Königs hatte sich das Staatsgebiet verzehnfacht: von Luang Prabang im Osten umfaßte es die zentrale Ebene bis zur südlichen Halbinsel. Auch der Staat der Mon im Süden Burmas ordnete sich seiner Herrschaft unter.

Ramkamhaeng galt als Fachmann der Verwaltung, der Gesetzgebung und der Diplomatie mit einer Schwäche für schöne Frauen. Er soll auch die Thai-Schrift erfunden haben, indem er das Khmer-Alphabet durch Thai-Worte ergänzte. Die neue Schrift taucht zum erstenmal in einer Inschrift von 1292 auf; es ist eine Beschreibung des idyllischen Lebens unter Ramkamhaeng und berichtet von

fruchtbarem Land, dem Überfluß an Nahrungsmitteln, dem freien Handel, dem Verbot der Sklaverei und einem garantierten Erbe.

Der König war ein frommer und gewissenhafter Buddhist der Theravada-Schule, die damals in Sukhothai praktiziert wurde. Eine Spur Animismus blieb dennoch erhalten. Ramkamhaeng schrieb von einem Geist mit Namen Phra Khapung Phi, der in den Bergen hauste, ein Geist „über allen anderen im Land". Wer sich ihn geneigt mache, würde Wohlstand über das Land bringen. Die Vorstellung von einem überlegenen Geist, der sich um das Wohl des Volkes kümmert, lebt bis heute im Bild des Siam Devadhiraj, Siams Wächterengel, fort.

Die Diplomatie gegenüber China war ein Schlüssel zu den Erfolgen Ramkamhaengs. Der Mongolen-Hof verfolgte die Politik des „teile und herrsche" und setzte sich für die Thais ein, um ein Gegengewicht zu den Khmer zu schaffen. Ramkamhaeng soll selber nach China gereist sein; in den Aufzeichnungen der „History of the Yuan" ist von sieben Missionen aus „Sien" (Sukhothai) die Rede; umgekehrt kamen chinesische Handwerker zu den Thais und lehrten sie die Töpferei; daraus gingen die berühmten Keramiken von Sawankhalok hervor, deren Glasöfen noch heute stehen.

Im selben Jahr, in dem Pagan den Armeen Kublai Khans in die Hände fiel (1287), ging Ramkamhaeng mit zwei Thai-Fürsten aus dem Norden ein Bündnis ein. Man garantierte sich gegenseitig die Respektierung der Grenzen und gemeinsames Vorgehen gegen äußere Feinde. Diese Allianz hatte Bestand, solange die drei Herrscher lebten.

Die Gründung von Chiang Mai und der Fall von Sukhothai

Mangrai hieß der Thai-Herrscher, der dem Norden vollends zum Aufstieg verhalf und der etwa 1292 Haripunjaya, die Hauptstadt des Mon-Reiches, einnahm. Als erstes schickte er einen Agent provocateur aus, der Zwietracht säen sollte, und als es soweit war, fiel seiner Armee die Stadt „wie eine reife Frucht" in den Schoß.

Mangrai wollte eine neue Hauptstadt gründen und lud seine beiden Partner zu einer Beratung ein. Die drei einigten sich auf eine Stelle, die einiges verhieß, wurden an ihr doch fünf weiße Sambarhirsche, zwei weiße Bellhirsche sowie eine Familie von fünf weißen Mäusen zusammen angetroffen. Hier am Mae Ping legte Mangrai den Grundstein für Chiang Mai — „die neue Stadt". Das war 1296; es wurde die Hauptstadt des Königreiches Lanna Thai, „Land der Millionen Reisfelder".

Es ist überliefert, daß Ramkamhaeng in den Stromschnellen des Sawankhalok untergetaucht sei. Sein Sohn Lo Thai (er regierte von 1318—1347) war mehr der Religion als der Kriegsführung zugetan und verlor ein Gebiet nach dem anderen, das zuvor sein Vater dem Reich einverleibt hatte. Man nannte ihn Dharmaraja, den „frommen König", eine Bezeichnung, die auch seine Nachfolger trugen. In seiner Amtszeit wurden die Beziehungen zu Sri Lanka, dem damaligen Zentrum des Buddhismus, ausgebaut; Lo Thai berichtet, der König habe viele Gebäude errichten lassen, um heilige Buddha-Reliquien darin unterbringen zu lassen, die aus Ceylon stammten.

Lo Thais Sohn hieß Li Thai und kümmerte sich genauso intensiv um moralische Dinge wie sein Vater. Als Thronfolger verfaßte er eine bekannte Abhandlung über die buddhistische Kosmologie, den *Traibhumikatha* oder auch „Geschichten von den Drei Welten". Als er 1347 König wurde, erhielt er den Titel Dharmaraja I. und erklärte unverzüglich, daß er gemäß der zehn Königlichen Vorschriften des Buddha regieren wolle. Er amnestierte Verbrecher, weil er ein Buddha werden und „alle Lebewesen auf Erden über den Ozean von Sorgen und Seelenwanderung hinwegführen" wollte.

Indem der König die Religion über die militärische Macht stellte, ermöglichte er den

meteorenhaften Aufstieg eines der ehemaligen Vasallenstaaten von Sukhothai, nämlich Ayuthayas. Dieses Staatsgebilde im Süden weitete seine Macht über das Menam-Chao-Phya-Tal immer mehr aus, bis schließlich Li Thai die Oberhoheit Ayuthayas anerkennen mußte. Der König hatte seine Unabhängigkeit eingebüßt, wurde nun noch frommer und zog sich schließlich die gelbe Mönchskutte über. Seine Familie stellte weitere drei Herrschergenerationen, allerdings lediglich Statthalter Ayuthayas.

Links: Der Phra Achana-Buddha erhielt den Namen „Ehrenwerter". Oben: Wat Mahathat ist das bedeutendste Heiligtum von Phitsanulok.

AUFSTIEG UND FALL AYUTHAYAS

Von wem die Gründer Ayuthayas abstammten, ist bis heute nicht aufgeklärt. Im Volksmund kursiert die folgende Geschichte:

Der König von Traitrung mußte eines Tages entdecken, daß seine unverheiratete Tochter einen Sohn gebar, nachdem sie eine Aubergine verzehrt hatte, die ein Gemüsegärtner mit seinem Urin befruchtet hatte. Der Übeltäter namens Nai Saen Pom — ,,der Mann mit den 100 000 Warzen" — wurde verurteilt und mit der Prinzessin und dem Kind aus der Stadt verbannt. Der Gott Indra erblickte mit seinem göttlichen Auge das Elend der drei und gewährte dem Gärtner drei magische Wünsche. Als erstes bat Saen Pom darum, daß seine Warzen verschwänden; zweitens wünschte er sich als Herrscher über ein Königreich zu sehen, und der dritte Wunsch war eine goldene Wiege für seinen Sohn. Alle drei Wünsche gingen in Erfüllung! Das Kind wurde darauf auf den Namen Chao U-Tong getauft, ,,Prinz der goldenen Krippe".

Wahr ist, daß U-Tong der Name eines Herrschers im heutigen Suphan Buri war. Die Dynastie dieses Reiches gehörte zu den angesehenen Königen von Chiang Saen. Unter Phya U-Tong brach eine Cholera-Epidemie aus, die den Herrscher zwang, sein Volk nach Ayuthaya (Ayodhya) zu evakuieren, eine antike Siedlung von Indern, die ihren Namen von Ramas legendärem Königreich in Indien hatte.

Die neue Hauptstadt Phya U-Tongs war aus verschiedenen Gründen sehr günstig gelegen. Sie stand nämlich am Zusammenfluß von Chao Phya, Lop Buri und Pasak nicht weit vom Meer, umgeben von fruchtbaren Reisfeldern — eine ideale Lage für ein Verwaltungs- und Verkehrszentrum. Offiziell wurde die Stadt 1350 eingeweiht, nachdem der König den Titel Ramatibodi I., König von Dvaravati Sri Ayodhya, angenommen hatte. Innerhalb weniger Jahre hatte der König Zentralsiams mit Sukhothai unter seiner Herrschaft vereint; seine Macht erstreckte sich bis zur malaiischen Halbinsel und nach Niederburma. Der König und seine Nachfolger starteten Feldzüge gegen Chiang Mai und Kambodscha, um ihr Reich auszubauen.

Obwohl also die Thais für den Fall und den schließlichen Untergang von Angkor die Verantwortung trugen, standen sie von Beginn an unter dem Einfluß der Khmer-Kul-

Oben: „Die Grundsteinlegung in Ayuthaya". Rechts: Das Fresko in der antiken Stadt bei Bangkok zeigt eine Armee aus Ayuthaya auf dem Marsch.

tur. Es waren nicht länger die fürsorglichen, umgänglichen Könige von Sukhothai, sondern autokratische Herrscher — ,,Herren über das Leben", deren Machtposition in Anlehnung an den *devaraja* (Gottkönig) der Khmer nur noch bestärkt wurde. Die Vorstellung von *devaraja* wurde durch einige Züge des Theravada-Buddhismus etwas abgemildert; der König war darin nicht eigentlich göttlich, sondern lediglich der Schutzpatron und das religiöse Oberhaupt. Allerdings wurden die höfischen Rituale und die Sprache der Khmer am Hof von Ayuthaya gepflegt.

Brahmanische Würdenträger sah man Seite an Seite mit buddhistischen Mönchen bei offiziellen Feiern — eine Tradition wurde begründet, die bis heute in Bangkok lebt.

Ramatibodi teilte die Staatsverwaltung in vier Einzelbereiche auf: Haushalt, Finanzen, Inneres und Landwirtschaft. Damit hatte seine königliche Herrschaft eine solide Basis, die der Hauptstadt Ayuthaya über 417 Jahre Bestand verlieh.

Ramatibodi starb 1369. Sein Sohn Ramesuen nahm 1390 Chiang Mai ein, möglicherweise setzte seine Armee dabei Kanonen ein, womit zum erstenmal der Einsatz dieser Waffen in Siam belegt wäre. Ramesuens Armee eroberte drei Jahre darauf auch Angkor und nahm, so das *Pongsawadan,* die ,,Annalen von Ayuthaya", 90 000 Kriegsgefangene. Wirtschaftlich gesehen waren damals männliche Arbeitskräfte wertvoller als Gold.

Der tödliche Schlag gegen die Hauptstadt der Khmer soll 1431 durch Boromaraja II. geführt worden sein; dessen Truppen nahmen die Stadt nach siebenmonatiger Belagerung ein.

Das Reich unter König Trailok

Die 200 Jahre währende Epoche von Kriegen zwischen Chiang Mai und Ayuthaya erreichte unter der Herrschaft des Königs Boroma Trailokanath, kurz Trailok (1448 bis 1488), ihren Höhepunkt. In den Feldzügen gegen Maharaja Sutam Tilok ergänzten List und Tücke sowie okkulte Praktiken die militärischen Machtmittel. Trailok entsandte zum Beispiel einen burmesischen Mönch als Spion, der Tilok dazu animierte, einen der heiligen Bäume von Mangrai zu fällen. Folge war eine Pechsträhne des Königs: Oder: Abgesandte von Ayuthaya wurden ertappt, als sie sieben Gefäße mit Gegenständen begruben, die auf magische Weise Unglück über Chiang Mai bringen würden. Man warf diese Gefäße in den Fluß und die Abgesandten, denen man Steine an die Füße gebunden hatte, hinterher. Die Kämpfe zwischen den rivalisierenden Reichen führten dazu, daß die

Hauptstadt Ayuthayas in den letzten 25 Jahren der Herrschaft Trailoks nach Phitsanulok verlegt wurde. Die Kämpfe endeten mit einem Patt.

Unter Trailok wurden Reformen durchgeführt, die die Verwaltung Siams und seine Gesellschaft bis ins 19. Jahrhundert prägten. Er brachte den losen Verband der Provinzen Ayuthayas unter die Kontrolle eines zentralen Regierungsapparates und legte die Prinzipien fest, nach denen das *sakdi na* — ein überkommenes System, wonach der Grundbesitz und die Bezahlung der Beamten geordnet war — gehandhabt wurde. Trailok arbeitete auch ein Abgabensystem aus, unter dem alle arbeitsfähigen Männer gezwungen waren, einen Teil ihrer Arbeitskraft dem Staat zur Verfügung zu stellen. Der Status der

Frauen wurde unter diesem System aufgewertet, denn sie waren in Abwesenheit der Männer für den gesamten Haushalt verantwortlich.

Trailoks Palastgesetz von 1450 legte genau fest, welchen Rang die Angehörigen der königlichen Familie einnahmen, umriß die Aufgaben der Beamten und beschrieb die einzelnen Feierlichkeiten am Hofe. Es war zugleich ein Strafgesetzbuch, in dem unter anderem stand, daß mit dem Tode bestraft wird, wer „Liebesgedichte an den Hof bringt" oder bei einer Audienz des Königs zu flüstern wagt; wer mit dem Fuß gegen eine Palasttür stieß, dem wurde das Bein abgehackt. Offensichtlich dienten solche Strafandrohungen in erster Linie der Abschreckung und erhöhten die Machtfülle und die Aura des Königs. Das Palastgesetz sah auch für den Königshof selbst Strafen vor, obwohl zugleich ausgeführt war, daß das Gesinde Königliche nicht berühren durfte. Es war daher die Aufgabe des Scharfrichters, solche königlichen Missetäter mit einem Sandelholzknüppel in den Nacken zu schlagen.

Portugiesen und Burmesen vor der Tür

Im 16. Jahrhundert kamen die ersten Europäer, und die Konflikte mit den Burmesen verschärften sich.

Alfonso de Albuquerque von Portugal eroberte 1511 Malakka und kam wenig später mit seinen Schiffen nach Siam gesegelt. König Ramatibodi II. (er regierte von 1491 bis 1529) gewährte den Portugiesen das Recht, sich im Königreich niederzulassen und Handel zu treiben. Als Gegenleistung mußten sie Waffen und Munition bereitstellen. Portugiesische Söldner kämpften Seite an Seite mit den Thais gegen Chiang Mai und brachten ihnen bei, wie man mit Kanonen und Musketen umgeht.

Gegen die immer aggressiveren Burmesen konnten sie jedoch auch nichts ausrichten. König Tabinshweti von Pegu hatte bei der Einigung des burmesischen Reiches bereits ein Auge auf Ayuthaya geworfen, das damals

Oben: „Tod der Königin Suryothai", einer Nationalheldin aus dem 16. Jahrhundert. Rechts: Prinz Naresuen verwickelt die Burmesen in ein Seegefecht.

durch die Kriege mit Chiang Mai geschwächt war.

Als Tabinshweti 1549 angriff, hatte König Mahachakrapat gerade den Thron bestiegen. Die Burmesen legten einen Belagerungsring um die Stadt, den der König durchbrechen wollte. Seine Söhne, seine Frau und Tochter zogen auf Kriegselefanten mit dem König in den Kampf. Folgende Geschichte ist uns überliefert: Königin Suriyothai, die als Soldat verkleidet war, ritt ihren Elefanten zwischen den König und den Feind, als sie sah, daß ihr Mann in Bedrängnis war. Die Königin konnte dem König das Leben retten, kam bei ihrer Rettungstat jedoch selbst um. Ein *chedi* mit ihrer Asche ist noch heute in Ayuthaya zu sehen.

Die burmesische Invasion von 1549 scheiterte; Tabinshwetis Armee wurde zurückgeschlagen, und Mahachakrapat verstärkte mit Hilfe der Portugiesen den Abwehrring um sein Reich. Dreihundert wilde Elefanten wurden eingefangen und für zukünftige Kriege gegen die Burmesen abgerichtet.

Unter den neuen Kriegselefanten waren auch weiße Exemplare. Die buddhistischen Könige in Südostasien schätzten weiße Elefanten deshalb hoch, weil ihr Besitz Glück verheißt, dem König zu Ansehen verhilft und den Wohlstand des Landes fördert. Als Burmas König Bayinnaung davon erfuhr, setzte er zu einer erneuten Invasion an.

Ayuthaya fiel 1569 in die Hände der Armee Bayinnaungs. Die Burmesen wüteten plündernd in der Stadt und vertrieben die meisten Einwohner nach Burma. König Mahachakrapat wurde gefangengenommen; noch bevor er in Pegu eintraf, war er tot.

Maha Thammaraja, der nominelle Stellvertreter des geschlagenen Königs, wurde von Bayinnaung zum Statthalter in Siam ernannt. Naresuen, der älteste Sohn des Königs, mußte in Burma leben; er war für Bayinnaung das Faustpfand für Maha Thammarajas Wohlverhalten. Mit 15 Jahren durfte der Junge wieder nach Siam zurückkehren — zusammen mit seinem jüngeren Bruder Ekatotsarot begann er unverzüglich, bewaffnete Kräfte um sich zu scharen.

Naresuen hatte in der Gefangenschaft einen Einblick in die Stärke und die Kampfmethoden der Burmesen bekommen. Er bildete seine Leute zum Guerillakrieg aus; die ,,hit and run''-Taktik (zuschlagen — zurückziehen) brachte ihnen die Spitznamen ,,wilde Tiger'' und ,,lauernde Katzen'' ein.

Naresuen sah nach dem Tod von Bayinnaung 1581 die Gelegenheit gekommen, die Unabhängigkeit Siams zurückzuerobern. Aufstände in Shan und Ava nahmen den jungen König so in Anspruch, daß Naresuen einfach erklärte, Ayuthaya sei frei. Das war 1584; die Burmesen gaben Siam nicht auf; neun Jahre lang versuchten sie immer wieder, das Land zu unterjochen. Naresuen organisierte klug die Abwehr und konnte alle Angriffe abschlagen. Bei einem der Kämpfe tötete er eigenhändig den burmesischen Kronprinzen.

Naresuen wurde 1590 nach dem Tod seines

Vaters König über das siamesische Königreich. Nun war er es, der wiederholt Burma angriff und den Niedergang des burmesischen Reiches beschleunigte.

Europas „Tor zum Osten“

Die Regierungszeit von Ekatotsarot (1605 bis 1610) fiel zeitlich mit dem Eintreffen der Holländer in Siam zusammen. Ekatotsarot hatte kein Interesse an der Fortsetzung der kriegerischen Politik seines Bruders, konzentrierte sich statt dessen auf die wirtschaftliche Entwicklung. Dazu erhob er eine Handelssteuer, was ihm unter den Europäern den Ruf eines „geizigen Mannes“ eintrug.

Die Holländer eröffneten 1608 ihre erste Handelsniederlassung in Ayuthaya. König Ekatotsarot, der die Handelsbeziehungen fördern wollte, schickte eine Abordnung nach Den Haag. Zum erstenmal hielten sich damals Thais in Europa auf.

Unter König Songham (1610—1628) kamen Engländer mit einer Botschaft des Königs James' I. an den Hof von Ayuthaya. Auch sie wurden willkommen geheißen; man überließ ihnen ein Stück Land, auf dem sie eine Fabrik errichten konnten.

Die Europäer sahen Siam in erster Linie als Zwischenstation auf dem Handelsweg nach China. Aufgrund der Monsunzeiten war es unmöglich, ohne Zwischenaufenthalt nach China zu segeln. Ayuthaya und seine Häfen waren Umschlagplätze von Waren, die zwischen Europa, Indien, den East Indies, China und Japan gehandelt wurden.

Auch der siamesische Markt war nicht unattraktiv für die Ausländer. Der Frieden, den Naresuen sicherte, machte das Land reich; die Thais hatten immer größeren Bedarf an Luxusgegenständen wie Porzellan und Seide. Die Japaner, die bereits eine größere Handelsniederlassung in Ayuthaya eingerichtet hatten, bezahlten siamesische Waren (Felle, Teakholz, Zinn und Zucker) mit purem Silber.

Unter dem Abenteurer Yamada Nagamasa, der einen hohen Posten am Hof bekleidete, gelang es vielen Japanern, sich als Wächter des Königs zu verdingen. Diese Söldner spielten 1628 eine geschichtlich bedeutsame Rolle, als sie Prasattong, einem der zukünftigen Könige, dazu verhalfen, sich als Regent zu etablieren und später den rechtmäßigen Thronnachfolger auszuschalten. Als die Schogune in Edo (Japan) sich weigerten, Prasattong als Thai-Monarchen anzuerkennen, rächte sich dieser mit einem Angriff auf die japanische Niederlassung; es gab mehrere Tote, die restlichen Japaner flohen Hals über Kopf nach Kambodscha.

Prasattong regierte bis 1655. Er schuf ein System königlicher Monopole, wonach der gesamte Außenhandel dem König unterstand, der vom Finanzminister vertreten wurde. Ayuthayas Bedeutung als Handelszentrum wuchs in dieser Zeit; da seltene Waren staatlicher Kontrolle unterlagen, konnten sie allein von den königlichen Lagerhäusern in der Hauptstadt ausgegeben werden.

Nachdem die Holländer 1641 die Portugiesen aus Malakka vertrieben hatten, konnten sie die Kontrolle über die Meere des Fernen Ostens ausüben. Sieben Jahre darauf, 1648, demonstrierten sie im Golf von Siam die Stärke ihrer Flotte und übten Druck auf Prasattong aus, von dem sie bestimmte Handelskonzessionen erwarteten, die ihnen praktisch die Kontrolle über die Wirtschaft von Siam ermöglichten. Prasattongs Sohn König Narai (Amtszeit von 1656 bis 1688) verachtete die Holländer und verbündete sich mit den Engländern.

Der „griechische Favorit“

Die Franzosen standen am höchsten in der Gunst des Königs Narai. Ihre Geschichte ist eng verknüpft mit dem Leben eines der faszinierendsten Figuren der Thai-Geschichte: des

Oben: König Narai (1656—1688); rechts: Constantine Phaulkon. Die Manipulation des „griechischen Favoriten“ brachte den Franzosen Privilegien ein.

griechischen Abenteurers Constantine Phaulkon.

Die ersten französischen Jesuiten-Missionare kamen 1665 an den Hof von Ayuthaya, wo sie ein Gottesdiensthaus errichten durften. Der König war freundlich und tolerant, so daß die Bischöfe meinten, er stehe kurz vor dem Übertritt zum christlichen Glauben.

Ludwig XIV. war entzückt, als er von den (übertreibenden) Berichten hörte; er hatte die Errettung der siamesischen Heiden und vor allem territoriale Gewinne für Frankreich vor Augen. König Narai war denn auch höchst erfreut, als er 1673 eine persönliche Botschaft des Sonnenkönigs erhielt.

Nun zum Auftritt Phaulkons: Der Sohn eines griechischen Gastwirts begann seine Karriere bei der Ostindischen Kompanie als Ka-

jütenjunge. Mit den Briten arbeitete er sich nach Osten vor und kam 1678 nach Siam. Er war sprachbegabt und lernte in kaum zwei Jahren die Thai-Sprache; seine englischen Gönner verschafften ihm eine Stelle als Dolmetscher bei den Barcalon. In nur fünf Jahren hatte sich Phaulkon auf der Stufenleiter der Thai-Gesellschaft bis zur Position des Phya Vijayendra emporgearbeitet. Dadurch hatte er jederzeit Zugang zum König, dessen Vertrauen er nach und nach gewann.

Im Jahr vor seiner Ernennung schied Phaulkon bei der Ostindischen Kompanie aus; er wurde katholisch, um eine Japanerin gleichen Glaubens heiraten zu können. Als Phaulkon endgültig ins französische Lager überging, folgte ihm König Narai nach. Er schickte zwei Botschaften an Ludwigs Hof, worauf die Franzosen 1685 Ayuthaya einen Besuch abstatteten. König Narai ließ sich zwar nicht zum Katholizismus bekehren; dafür verschafften sie sich eine Menge Handelsprivilegien.

Phaulkon fungierte während ihres Aufenthalts in Ayuthaya als Dolmetscher der Franzosen. Insgeheim weihte er einige Jesuiten in seine Pläne ein, das gesamte Land Siam zum Katholizismus zu bekehren; dazu brauche er Zivilisten und bewaffnete Kräfte aus Frankreich. Es folgte ein weiterer Austausch von Delegationen zwischen Ludwig und Narai; danach begleitete eine französische Schwadron unter dem Befehl von Marschall Desfarges die französische und die siamesische Delegation an Bord von Kriegsschiffen nach Siam zurück. Die kleine, sehr schlagkräftige französische Streitmacht bekam von König Narai das Recht, an Land zu gehen. Phaulkon, der dies betrieben hatte, war sehr zum Leidwesen des Königs inzwischen zum französischen Grafen und zum Ritter des Ordens von St. Michael ernannt worden.

Das Blatt begann sich allmählich zu wenden — gegen Phaulkon. Es gab hohe siamesische Beamte, die über den großen Einfluß Phaulkons besorgt waren. Der luxuriöse Lebensstil des „griechischen Favoriten“ galt ihnen als schlagender Beweis seiner ausbeuterischen Politik.

Europäische Besucher wußten zu berichten, daß allabendlich in Phaulkons Landhaus bei Lop Buri für 40 Gäste aufgetragen wurde und daß große Mengen Wein konsumiert wurden. Nicht allein das seltsame Auftauchen der französischen Soldaten machte ihn zunehmend unbeliebt, sondern auch das Gerücht, Phaulkon habe einen Adoptivsohn des Königs zum Christentum bekehrt und Vorsorge getroffen, daß er Thronnachfolger würde.

Als Narai 1688 schwer erkrankte, ergriff die antifranzösische Bewegung die Initiative. Unter der Führung Phra Phetrachas, eines Befehlshabers des königlichen Elefantenregiments, nahmen die Rebellen den kranken König unter Hausarrest. Phaulkon wurde als Landesverräter verhaftet und im Juni bei Lop Buri hingerichtet. Narai starb im Juli. Sein Nachfolger wurde Phra Phetracha, dessen wichtigstes Ziel der sofortige Abzug der französischen Truppen war.

„Die schönste Stadt“

Die meisten Informationen, die man im Westen über das Leben in Siam hatte, wurden von Europäern während der Regierungszeit von Narai zusammengetragen. Die Besucher aus Europa schrieben nach ihrem Aufenthalt am Hofe Narais umfangreiche Berichte. Es gibt zahlreiche Zeichnungen, aus denen man erschließen kann, wie Ayuthaya damals aussah. Die Königspaläste und Hunderte von Tempeln standen innerhalb der Mauern, die die Insel umgaben, auf der die Hauptstadt gebaut worden war. Vielfach wurde Ayuthaya mit Venedig verglichen; es galt als „die schönste Stadt des Ostens". Der Abt von Choisy, ein Abgesandter König Ludwigs, war etwas zurückhaltender, als er schrieb: „Ich habe nie etwas Schöneres gesehen, trotz der Tatsache, daß die Tempel als einziges den Eindruck einer unverbildeten Natur stören."

Die auf Narai folgenden Könige machten

Schluß mit der Politik der offenen Tür. Der Handel wurde eingeschränkt, die Missionare durften bleiben; Ayuthaya schloß sich für über 100 Jahre systematisch von der Außenwelt ab. Die Herrscher konnten sich auf religiöse und kulturelle Fragen konzentrieren. Das Land wurde durch den Ausbau der Wasserwege zugänglicher gemacht.

Die Zeit des Königs Boromakot (1733 bis 1758) setzte mit einem besonders heftigen Machtkampf ein; seine Amtszeit selbst verlief friedlich und gilt als das goldene Zeitalter Ayuthayas. In Scharen strömten Dichter und Künstler an den Hof; Literatur und Kunst blühten auf. Damals lud Ceylon eine Delegation siamesischer Mönche ein, die das singhalesische Sangha reinigen sollten; die alten religiösen Abhängigkeiten wurden damit auf den Kopf gestellt.

Die stillen Tage erwiesen sich als Ruhe vor dem Sturm. 1758 wurde Boromakots Sohn Ekatat nach einem hefigen Streit mit seinem Bruder um die Thronnachfolge zum König erklärt. Er umgab sich mit einer ansehnlichen Damengesellschaft. Indessen hatte ein Dorfhauptmann das dritte burmesische Reich zusammengestellt und den königlichen Titel Alaungpaya angenommen. Die eindringenden burmesischen Truppen wurden 1760 zurückgeschlagen, nachdem sich Alaungpaya mit seiner eigenen Kanone verletzt hatte. 1767 jedoch kam es zu einer zweiten burmesischen Invasion unter Alaungpayas Sohn Hsinbyushin, in deren Verlauf Ayuthaya nach vierzehnmonatiger Belagerung eingenommen wurde.

Um sich möglichst rasch aus der eroberten Stadt zurückziehen zu können, zerstörten die Burmesen Ayuthaya vollständig und töteten alles, was sich ihnen in den Weg stellte. Vier Jahrhunderte Thai-Kultur wurden ausgelöscht.

Taksins Rache

Trotz ihres überwältigenden Sieges war die Herrschaft der Burmesen nur von kurzer Dauer. Das alte Sprichwort „In Ayuthaya leben stets auch gute Menschen" bewahrheitete sich wieder einmal. Der junge General Phya Tak Sin scharte in der letzten Phase der burmesischen Belagerung eine Gruppe von Getreuen um sich. Er sah, daß die Lage des Landes unter dem schwachen König und seinem dekadenten Gefolge aussichtslos war. Anstatt also zu warten, bis die ganze Stadt vernichtet wurde, durchbrach er mit seinen Leuten den Belagerungsring der Burmesen und floh nach Chanthaburi an der Südostküste des Golfs von Siam. Dort stellte Phya Taksin eine Armee und eine Flotte auf. Sieben Monate nach dem Fall von Ayuthaya segelte er mit seinen Streitkräften zur Hauptstadt zurück und verjagte die burmesischen Belagerer.

Taksin faßte kurzerhand den Beschluß, die Hauptstadt zu verlegen. Seinen Soldaten eröffnete er, die alten Könige seien ihm im Traum erschienen und hätten ihn zum Abzug aufgefordert. In Wirklichkeit waren bei Taksins Entscheidung strategische Erwägungen wichtiger als übernatürliche Eingebungen. Die neue Hauptstadt sollte näher beim Meer gelegen sein, den Außenhandel erleichtern und im Falle eines erneuten burmesischen Angriffs die Verteidigung und den Abzug der Bewohner besser ermöglichen.

Im 17. Jahrhundert bereits war ein kleines Fischerdorf am Unterlauf des Flusses ein wichtiger Außenhandelsposten für Ayuthaya geworden. Dieser Ort hieß Bangkok, „das Dorf der wilden Olivenhaine", und war von den Franzosen mit Befestigungsanlagen ausgestattet worden. Die Siedlung erstreckte sich auf beiden Seiten des Chao Phya an einer Stelle, wo ein enger Kanal sich zum Hauptfluß ausgeweitet hatte. In Thonburi am Westufer des Flusses ließ Taksin seine neue Hauptstadt errichten und sich zum König ernennen.

Taksin hatte es nicht leicht, denn seit dem Fall Ayuthayas war die Autorität der Zentralgewalt rasch zerfallen, das Königreich hatte sich in die Einzelprovinzen aufgelöst; es lag nun an ihm, sie wieder unter einer Regierung zu vereinen. Es gelang Taksin nicht nur, die Autorität der Zentralgewalt wiederherzustellen; er konnte auch einige burmesische Invasionsversuche erfolgreich zurückschlagen.

Seine Herrschaft dauerte bis 1782. In den letzten sieben Jahren hatte er sich zunehmend auf die beiden Generale Chao Phya Chakri und Chao Phya Sarasih, zwei Brüder, gestützt, die bei allen militärischen Aktionen das Sagen hatten. Sie befreiten erfolgreich Chiang Mai und den Norden des Landes von den Burmesen; Kambodscha und den größten Teil des heutigen Laos brachten sie unter die Oberhoheit der Thais.

Der siegreiche Feldzug nach Laos trug Thailand den berühmten Smaragdenen Buddha ein. Chao Phya Chakri brachte 1799 den Buddha von Vientiane nach Thonburi. Er war aus echtem Jade gehauen und wurde durch Zufall 1436 in einer Pagode in Chiang Rai entdeckt, die vom Blitz getroffen worden war.

Dem Smaragdenen Buddha also ging es gut, was man von Taksin nicht sagen konnte. In Thonburi verwandelte sich seine Persönlichkeit aus einem starken, gerechten Führer in einen grausamen und exzentrischen Despoten; vielleicht hatten ihm die ständigen Kriege zu sehr zugesetzt. Plötzlich erklärte er sich selbst zum *bodhisattva*, zum zukünftigen Buddha, und ließ Mönche, die ihm nicht hörig waren, einfach verprügeln. Er litt unter Verfolgungswahn und zwang seine Familie sowie die Beamten am Hof, sich zu Verbrechen zu bekennen, die sie gar nicht begangen hatten.

Als im März 1782 ein Aufstand ausbrach, wurde Taksin zum Rücktritt gezwungen und in ein Kloster verbannt. Ein kleiner Hofbeamter namens Phya San, der den Aufstand angeführt hatte, bot den freigewordenen Thron Chao Phya Chakri an, als dieser von einem Feldzug aus Kambodscha zurückkehrte. Dieser General Chakri wurde am 6. April zum König ernannt. Noch heute wird dieser Tag als Chakri-Tag begangen, an dem die gleichnamige Dynastie begründet wurde.

Links: General Taksin im Kampf gegen burmesische Eroberer (1767). Oben: Eine europäische Karte des Königreichs Siam aus dem 18. Jahrhundert.

Als Herrscher über Siam nahm General Chakri den Namen Ramatibodi an, der später zu Rama I. verkürzt wurde. Seine erste Amtshandlung war die Verlegung seines Behördenapparates von Thonburi nach Bangkok. Dort plante er seinen neuen Palast nach dem Vorbild von Ayuthaya. Er scharte alle überlebenden Handwerksmeister aus der alten Hauptstadt um sich.

Der Große Palast, den sie errichteten, diente nicht nur als Residenz des Königs und der königlichen Familie; auch die staatlichen Behörden und Gerichtssäle, schließlich sogar

die königliche Hofkapelle waren darin untergebracht.

Diese Kapelle war überhaupt das erste dauerhafte Gebäude, das Rama I. errichten ließ, und zudem das weitläufigste. Der Smaragd-Buddha sollte darin untergebracht werden. Als sie nach drei Jahren Bauzeit fertiggestellt war, wurde der Buddha aus Thonburi überführt und auf einem Thron mit Baldachin in der königlichen Kapelle ausgestellt. Danach wurde ein neues Wort an die offizielle Bezeichnung der Hauptstadt angefügt, die nun Krung Thep Phra Maha Nakorn Amorn Rattanakosin (usw.) hieß. Es war die „Stadt der Engel, Wohnsitz des Edelsteins". Die Ära Rattanakosin war eingeläutet.

Seit diesen Tagen heißt die Hauptstadt bei den Thais Krung Thep. International hat sich der Name Bangkok durchgesetzt. Als sein wichtigstes Problem sah Rama I. die Sicherung der Grenzen des Landes an. Zu Beginn seiner Regentschaft startete König Bodawpaya von Burma eine Reihe militärischer Expeditionen, in die die meisten Soldaten beider Seiten verwickelt waren. Die siamesischen Truppen griffen die Eindringlinge an den strategisch wichtigen Grenzorten tollkühn an und hinderten sie daran, größeren Schaden anzurichten. Nach der Zeit Bodawpayas wurde Burma in die britische Kolonialpolitik verwickelt, so daß Siam mehr oder weniger in Ruhe gelassen wurde.

Thailand verdankt Rama I. die Wiedergeburt seiner kulturellen Tradition. Der König ernannte Expertengremien, die sorgfältig die Fragmente historischer und religiöser Abhandlungen zusammentragen und sichten sollten, die die Zerstörung Ayuthayas 1767 überlebt hatten.

Eine andere Tradition ließ Rama I. ebenfalls wieder aufleben: Er machte seinen Bruder zum *maha uparaja* (Stellvertreter des Königs), der fast so viel Macht wie er selbst haben sollte. Seine Residenz Wang Na, der „hintere Palast", beherbergt nun das Nationalmuseum.

Da sämtliche Regalien während der Belagerung Ayuthayas zerstört worden waren, ließ Rama eine neue Krone und Regalien für seine Krönung anfertigen. Als Greis ließ er für seinen Leichnam eine goldene Urne machen, ganz im Sinne des antiken Hofprotokolls, das vorschrieb, daß die sterblichen Überreste von Monarchen zwischen ihrem Ableben und der Einäscherung in Urnen aufbewahrt werden sollten.

Der König war von der goldenen Urne so angetan, daß er sie in sein Schlafzimmer stellen ließ, um sie jederzeit bewundern zu können. Als eine seiner Frauen dies bemerkte, brach sie in Tränen aus und sagte: „Das ist ein böses Omen!" — „Unsinn", erwiderte der König und lachte, „wenn ich sie nicht bei Lebzeiten von außen betrachte, wann zum Teufel soll ich sie dann sehen?"

S. 32/33: Junge klassische Tänzer am königlichen Hof. Links: König Rama I. (1782—1809). Rechts: Eine 100 Jahre alte Ansicht der Stadt Klong.

Rama II. und Rama III.

Ramas Nachfolger, die Könige Rama II. und Rama III., führten die Konsolidierung des Siam-Reiches, seiner Kultur und Kunst, zu Ende. Rama II. hatte eine künstlerische Ader. Zu seiner Zeit (1800—1824) wurden in Bangkok zahlreiche Klöster gebaut bzw. restauriert. Das berühmteste Bauwerk war Wat Arun, der Tempel der Dämmerung.

Als noch sein Vater regierte, hatte sich Rama II. einen Namen als Dichter gemacht. Sein Hauptwerk hieß *Inao,* ein episches Gedicht, das von einer javanesischen Legende abgeleitet war. Die klassische Version des *Ramakien* bzw. des Thai Ramayana wurde damals fertiggestellt — längere Abschnitte daraus stammen aus der Feder des Königs. Rama II. hielt sich Theater- und klassische Tanzgruppen am Hof, die seine Werke aufzuführen hatten.

Der zweite Rama nahm zum Westen wieder Beziehungen auf, die seit Nara unterbrochen gewesen waren, und ließ die Portugiesen die erste Botschaft eines westlichen Landes in Bangkok einrichten. Rama III. (1824—1851) ließ die Ausländer wieder nach Siam kommen und reaktivierte den Handel mit China. Da chinesisches Porzellan in großen Mengen verfügbar war, wurden viele seiner Tempel mit Porzellanfragmenten verziert.

In Europa galt der äußerst fromme Buddhist Rama III. als „streng und reaktionär". Andererseits war er es, der amerikanische Missionare ins Land holte, die die medizinische Versorgung — z.B. die Pockenschutzimpfung — einführten.

Anna und der König von Siam

Hollywood ist es zu verdanken, daß Rama IV. (1851—1866) der berühmteste König Siams wurde. Er wurde als König Mongkut bekannt und in dem Streifen *The King and I* („Der König und ich") als geiler, kahlköpfiger Despot porträtiert. Ein völlig falsches Bild des Königs wurde gezeichnet; als erster Thai-König verstand er die westliche Kultur und Technologie. Seine Regierungszeit wurde als „Brücke zwischen dem Neuen und dem Alten" bezeichnet.

Der jüngere Bruder Ramas III. hieß Mongkut und verbrachte 27 Jahre als buddhistischer Mönch, bevor er König wurde. Er konnte sich als einfacher Mann unters Volk mischen und buddhistische Schriften in der Pali-Sprache lesen. Die Missionare brachten ihm Englisch und Latein bei; der Mönch Mongkut konnte sich daher in europäische

Bücher vertiefen und Geschichte, Geographie und die Naturwissenschaften, insbesondere die Astronomie, studieren.

Mongkut erkannte, daß die alten Werte der Thai-Kultur sein Land nicht vor westlicher Überfremdung bewahren konnten. Er war im Gegenteil davon überzeugt, daß sein Land modernisiert und auf eine Stufe mit den westlichen Ländern gebracht werden konnte. Er hoffte so, das feindselige Verhältnis zum Ausland abzubauen. England kam zuerst in den Genuß dieser Politik; ein Vertrag gab ihm Sonderrechte, er begrenzte die Einfuhrsteuer auf 3 % und ermöglichte die zollfreie Einfuhr von Opium aus Indien. Frankreich, die USA und andere westliche Länder schlossen ähnliche Verträge ab. Als Mongkut das staatliche Monopol auf den

Reisanbau aufhob, wurde Reis bald der wichtigste Exportartikel des Landes.

Rama IV. wollte auch seine Kinder in den Genuß der Vorteile bringen, die ihm die englische Sprache verschafft hatte. Er holte Anna Leonowens als Englischlehrerin an den Hof. Die selbsternannte Gouvernante übertrieb in ihren Aufzeichnungen maßlos ihren Einfluß am Hofe und zeichnete ein falsches Bild des Königs als eines grausamen Autokraten, der in eine Haremsaffäre nach der anderen verwickelt gewesen sei.

Mongkut war ein leidenschaftlicher Astronom, was indirekt seinen Tod mitverursachte. Von den Observatorien in seinen Lieblingspalästen in Bang Pa-In und Petchburi aus errechnete er für den 18. August 1868 eine totale Sonnenfinsternis. Skeptiker aus Europa und Asien standen neben dem König an der Südostküste des Golfs von Siam und wurden Zeuge, wie der Mond das Sonnenlicht von der Erde abhielt. Mongkuts Ansehen unter den Einwohnern aus westlichen Ländern und den östlichen Astrologen stieg nach diesem persönlichen Triumph. Er konnte ihn nicht lange auskosten, denn bei der Reise an die Küste holte er sich eine Malaria-Infektion, an der er zwei Monate später verstarb.

Der geliebte König Chulalongkorn

Mongkuts Sohn Chulalongkorn war erst 15, als er den Thron bestieg. Als Rama V. regierte er dann 42 Jahre lang über Siam —

länger als jeder andere Thai-König — und machte aus einem rückständigen asiatischen Land ein modernes Königreich des 20. Jahrhunderts.

Chulalongkorn ging sofort daran, das Leben am Hof umzugestalten. Er beendete die Sitte des Fußfalls; die Hofbeamten durften bei den königlichen Audienzen auf Stühlen sitzen. Die Sklaverei schaffte er schrittweise ab, so daß sich Leibeigentümer und Leibeigene mit den neuen Verhältnissen vertraut machen konnten. Das alteingesessene System

Oben links: König Mongkut (1851—1868) und seine Favoritin. Rechts: Die englische Lehrerin Anna Leonowens, nach deren Autobiographie „Der König und ich" der gleichnamige Film entstand.

der Fronarbeit ersetzte er durch die direkte Besteuerung.

Seine Herrschaft war in der Tat eine ,,Revolution von oben". Als Rama V. König wurde, gab es in Siam keine Schulen, Straßen, Krankenhäuser, keine modernen Streitkräfte. Um das Land zu modernisieren, holte er ausländische Berater ins Land und schickte seine Söhne und andere junge Leute zum Studium ins Ausland. Auch eine Palastschule für die Kinder der Aristokraten sowie andere Schulen und Berufsschulen ließ er bauen. Zuvor waren die Klöster die einzigen Stätten gewesen, an denen man in Siam etwas lernen konnte.

1892 war ein entscheidendes Jahr, als der König die Zahl der Ministerien von vier auf zwölf erhöhte; der Post- und Telegrafendienst wurde aufgenommen und die erste Eisenbahnstrecke gebaut. Die Brüder des Königs hatten einflußreiche Posten in der Regierung inne. Prinz Devawongse war Außenminister und Prinz Damrong der erste Innenminister und Historiker des Landes, der den Namen ,,Vater der Thai-Geschichte" erhielt. Die älteren Kinder Chulalongkorns kehrten um 1890 vom Studium aus Europa zurück und arbeiteten mit an der Modernisierung von Armee und Marine; einer seiner Söhne wurde der erste Justizminister des Landes.

Das erste Krankenhaus in Siriraj wurde — nach jahrelangen Auseinandersetzungen — 1896 eröffnet. Die meisten Thais waren Anhänger der Kräutermedizin und daher skeptisch gegen die *farang*-Medizin. Außerdem fehlte es an qualifizierten Ärzten. Schließlich waren alle Hindernisse beseitigt.

Außenpolitisch mußte Rama V. Kompromisse eingehen und einige Teile des Landes preisgeben, damit Siam nicht ebenfalls unter das koloniale Joch gepreßt wurde. Frankreich eroberte 1893 Annam, die Briten setzten sich 1886 in Burma fest — Siam war plötzlich von zwei expansionistischen Großmächten eingekreist. Grenzkonflikte und Kanonenbootdiplomatie zwangen Siam, sich Frankreich zu fügen und seine Ansprüche auf Laos und Kambodscha fallenzulassen. Ähnlich ging es mit einigen Gebieten der Malaysischen Halbinsel, die Siam an die Briten abtreten mußte, damit diese im Gegenzug ihre Sonderrechte in Siam aufgaben. Am Ende der Regierungszeit Chulalongkorns hatte Siam etwa 120 000 qkm seiner Randgebiete aufgegeben. Das scheint jedoch kein zu hoher Preis dafür zu sein, daß der Frieden erhalten und das Kernland der Thais im Menam-Chao-Phya-Becken unabhängig geblieben war.

Zweimal fuhr Chulalongkorn nach Europa, wo er 1897 und 1907 Residenzen und Schloßanlagen in Augenschein nehmen konnte. Prompt ließ er darauf den Dusit-Palast auf dem Gelände eines Obsthains errichten. Über die breite Rajadamnern-Avenue war er direkt mit dem Großen Palast verbun-

Oben links: König Chulalongkorn (1868 bis 1910) und sein Gefolge in Heidelberg (1907). Rechts: Prinz Damrong, der ,,Vater der Thai-Geschichte".

den. In Dusit wurden feine Partys, auch Tanzbälle abgehalten, und der König erwies sich häufig als guter Koch.

Bereits zu Lebzeiten des Königs zeitigten seine Reformen die ersten Früchte. Wirtschaftlich gab es Fortschritte, den Bauern ging es — anders als ihren Kollegen in Französisch-Indochina und Britisch-Burma — ausgezeichnet. Es nimmt nicht wunder, daß Chulalongkorn postum den Ehrennamen Piya Maharaj, ,,der geliebte große König", erhielt.

Umstrittener Glanz

Der Nachfolger Ramas V. ließ als erstes ausladende Krönungsfeierlichkeiten veranstalten. Er regierte von 1910—1925, hatte in Oxford studiert und war von westlichen Ideen geprägt, die nun das gesellschaftliche Leben der Thais entscheidend mitgestalten sollten.

Eine seiner ersten Amtshandlungen war ein Erlaß, nach dem alle Thais Familiennamen annehmen mußten. Da es in Thailand keine Klans und Kasten gab, waren genealogische Traditionen wenig verankert. Man kannte lediglich Vornamen. Der König hielt das für ein Zeichen fehlender Kultur. Vor allem auf dem Lande war man höchst erstaunt über das neue Gesetz. Vajiravudh selbst legte für Hunderte von Familien Namen fest.

Damit man die Namen seiner Amtsvorgänger besser handhaben konnte, übertrug er ihnen nachträglich den Namen Rama und die entsprechende Nummer dazu; damit begründete er die Chakri-Dynastie, in die er selbst als Rama VI. einging. Da das Schönheitsideal der Thais mit westlichen Vorstellungen nicht zusammenpaßte, wurden die Frauen ermutigt, lange Haare zu tragen und die Dhotis und Plusfours durch den *panung*, einen sarongähnlichen Umhang, zu ersetzen. Im ganzen Königreich wurde die Schulpflicht eingeführt; die Chulalongkorn-Universität, die erste Siams, wurde gegründet, und die Knaben- und Mädchenschulen erlebten in dieser Zeit eine Blüte.

Der bedeutendste Beitrag Ramas VI. zur Politik des Landes war die Unterstützung nationalistischer Bestrebungen. Der König war ein versierter Schriftsteller, der Literatur und Theater dazu benutzte, das Nationalgefühl der Thais zu stärken; er ließ in seinen Stücken legendäre Heldenfiguren wiederaufleben. Unter einem Pseudonym verfaßte er außerdem Aufsätze, in denen er die Tugenden des Thai-Volkes rühmte.

Beim Ausbruch des Ersten Weltkriegs bewahrte Siam seine Neutralität. Vajiravudh stellte sich später auf die Seite der Alliierten. Er entsandte 1917 ein kleines Expeditionskorps nach Europa und sorgte damit für die Aufnahme Siams in den Völkerbund. Die Flagge der Thais, die einen weißen Elefanten

Oben: Chulalongkorns Witwe und Familie; Vajiravudh und Prajadhipok sind in der Mitte oben bzw. unten rechts zu erkennen. Rechts: Staatsbesucher in Ayuthaya um die Jahrhundertwende.

vor einem roten Hintergrund zeigte, wehte zusammen mit vielen anderen bei der Konferenz von Versailles; allerdings hielt man den Dickhäuter damals für ein kleines Haustier. Der König war sehr enttäuscht darüber und ließ eine andere Flagge machen; sie war rot mit weißen und blauen Streifen, die das Volk, die Religion und die Monarchie repräsentieren sollten — Elemente, die im heutigen Thailand als unabdingbare Bestandteile der Gesellschaft gelten.

König Vajiravudh gab Einzelkonsultationen mit seinen Ministern den Vorzug vor Kabinettssitzungen. Sein Regime galt daher als autokratisch und wenig koordiniert. Seine Familie war auch unzufrieden, weil sie den König selten zu Gesicht bekam, der viel lieber mit seinen Höflingen zusammen war. Gegenüber dieser Clique zeigte er sich sehr großzügig.

Die kurze Zeit unter Prajadhipok

Der frühe Tod seines Bruders brachte Prajadhipok in Amt- und Königswürden, obwohl der Eton-Absolvent viel lieber beim Militär Karriere gemacht hätte. Als er dann auf dem Thron saß, erwies er sich als sparsamer Mann, der eine effektive Verwaltung aufbaute. Im Gegensatz zu seinem Bruder wollte er die Staatsausgaben reduzieren, indem er die Zahl der Beamten kürzte und den Etat des Königshauses drastisch beschnitt. Diese Politik in Verbindung mit den gesteigerten Einnahmen aus dem Außenhandel machte sich für das Land mehr als bezahlt.

In den ersten Regierungsjahren ließ der König das Telefonnetz ausbauen; der Flughafen Don Muang wurde zu einem Zentrum des internationalen Flugverkehrs. In seine Amtszeit fällt auch die Gründung des Nationalmuseums, der Staatsbibliothek und eines Ministeriums für Kunst.

Prajadhipok war ein hart arbeitender Mann, der sich höchstpersönlich um das Wohl seiner Untergebenen kümmerte. Er war sich bewußt, daß eine kleine Gruppe von Intellektuellen, die im Ausland studiert hatten, sich mehr Mitspracherechte in Staatsangelegenheiten erhofften; auch er meinte jedoch, die Siamesen insgesamt seien noch nicht reif für die Demokratie. 1927 erklärte er in aller Öffentlichkeit, das Volk müsse politisches Bewußtsein entwickeln, bevor die Demokratie eingeführt werden könne.

Die Weltwirtschaftskrise von 1931 traf den Reisexport Siams hart. Als Prajadhipok den Goldwert als Verrechnungseinheit des Baht mit dem englischen Pfund fallenließ, war es bereits zu spät, und die Finanzkrise brach über das Land herein. Der Staat sah sich gezwungen, noch mehr Geld einzusparen (man kürzte die Gehälter der jungen Beamten) und machte Abstriche bei der Armee. Die Unzufriedenheit unter den Militärs und den Bürokraten wuchs; sie protestierten dagegen, daß sie nicht mehr Karriere machen konnten.

Verantwortlich für den Coup war die People's Party (Volkspartei), eine Gruppierung von Militärs und Zivilisten, die im Ausland studiert hatten. Ihr Chefideologe hieß Pridi Panomyong und war ein junger, in Frankreich ausgebildeter Anwalt. Unter den Militärs ragte Leutnant Luang Pibulsongram heraus, der eine beachtliche Anzahl junger Offiziere um sich scharen konnte. Mit Hilfe einiger Panzer starteten die 70 Verschwörer ihre ,,Revolution". Sie besetzten strategisch wichtige Plätze und nahmen einige ältere Prinzen als Geiseln fest. Viele Offiziere sahen tatenlos zu.

Von der Monarchie zur Demokratie

Die absolute Monarchie war alsbald abgeschafft und durch die Diktatur einer Partei ersetzt. Kaum saß das neue Regime im Sattel, ließ es verkünden, die Thais seien unzureichend ausgebildet, sich selbst zu regieren; die neue Regierung erklärte die ersten zehn Jahre ihres Regimes zur Probezeit für die Demokratie. Im Dezember 1932 unterzeichnete der König die ,,Parliament Constitution", die das allgemeine Wahlrecht zusicherte und allgemeine freie Wahlen alle vier Jahre ankündigte.

1933 gab es innerhalb der Regierung eine Kontroverse über die Wirtschaftspolitik Pridis, der den gesamten Grundbesitz verstaatlichen wollte. Dieser Plan war als kommunistisch verschrien, und Pridi mußte vorübergehend ins Exil. Dasselbe Jahr sah einen Gegencoup, durch den Mitglieder des Exekutivrates unter Pibul (Pibulsongram) an die Macht kamen. Die beiden nächsten Jahrzehnte waren bestimmt vom Machtkampf zwischen Pibul, hinter dem das Militär stand, und Pridi, der von der Intelligenz unterstützt wurde (letzerer konnte 1934 zurückkehren).

König Prajadhipok fühlte sich indessen immer unwohler in seiner Haut. Ein Verfassungsstreit mit der Regierung gipfelte 1935 in seiner freiwilligen Abdankung. In seiner Abschiedsrede an das Volk sagte er, er übergebe die Macht an das Volk der Thais insgesamt und nicht an eine bestimmte Gruppe der Gesellschaft. Zum Zeitpunkt der Abdankung hielt sich der König in England auf; dort blieb er auch und lebte bis zu seinem Tod im Jahre 1941 als ,,Prinz Sukhothai". Ananda Mahidol, sein zehnjähriger Neffe, der in der Schweiz studierte, wurde zum König ernannt. Drei Mitglieder des Exekutivrats wurden damit beauftragt, als ,,Kronrat" die Amtsgeschäfte wahrzunehmen, solange Ananda Mahidol noch nicht volljährig war.

Orientierungslosigkeit und Instabilität

Die plötzliche Verpflanzung der westlichen Demokratie in eine tief in der Tradition verwurzelte Gesellschaft zeitigte politische Orientierungslosigkeit und Instabilität. Die ,,permanente" Verfassung wurde mehrere Male überarbeitet; Experimente mit einem

Oben: Die Krönung von König Bhumibol Adulyadej (im Jahre 1947). Hier wird ihm sein Zepter überreicht. Rechts: Die einflußreichen Generäle Thailands.

Einkammer- und einem Zweikammersystem scheiterten.

Von 1935—1938 hatte das Land mehrere Regierungskrisen durchzustehen, durch die Pibul wieder an die Macht kam. Wirtschaftlich und kulturell erlebte der Nationalismus eine neue Blüte. Als Zeichen des wiedererwachten Chauvinismus wurde der Name des Staates in Thailand abgeändert. Pibul startete eine ,,Zivilisierungskampagne", in deren Verlauf die Massen gezwungen wurden, sich westlich zu kleiden und westliche Lebensgewohnheiten anzunehmen. Das Kauen der Betelnuß, seit urdenklichen Zeiten in Thailand gang und gäbe, wurde verboten; die Menschen mußten Schuhe und Hüte tragen, wenn sie auf die Straße gingen.

Die Untergrundbewegung Seri Thai, das Free Thai Movement, entstand. Es stellte sich auf die Seite der Alliierten und wurde von Pridi, dem damaligen Regenten, unterstützt. Ihr Anführer hieß Seni Pramoj, der in den USA lebte. Die Japaner zogen sich immer größeren Unwillen zu, und als sie in Bedrängnis gerieten, brach Pribuls Kollaborationsregime zusammen. Um der Versöhnung mit dem Westen willen wurde 1945 Seni Pramoj zum Ministerpräsidenten ernannt.

Dessen Regierung wurde bald von Pridis Regime abgelöst, der infolge des Krieges an Ansehen gewonnen hatte. König Ananda Mahidol, der inzwischen zwanzig geworden war, kehrte 1945 nach Hause zurück. Bei seinem Empfang kam es zu Tumulten. Kaum ein Jahr später wurde der König erschossen in seinem Schlafzimmer aufgefunden. Sein tragischer und unaufgeklärter Tod bedeutete Pridis politisches Ende.

Ananda Mahidols Nachfolger wurde sein jüngerer Bruder König Bhumibol Adulyadej, der jetzige Monarch. Der neue König nahm 1946 seine Studien in der Schweiz wieder auf; Prinz Rangsit von Jainat, der nach sechsjähriger Gefangenschaft entlassen worden war, wurde bis zu seinem Tod im Jahre 1951 zum Regenten ernannt.

Das Militär konsolidierte 1947 in einem unblutigen Staatsstreich seine Macht. Eine der Hauptfiguren war dabei der Leutnant Sarit Thanarat, Befehlshaber der ersten Division, die damals das Gebiet um Bangkok besetzt hielt. Der Staatsstreich spülte eine neue Generation von Armeeoffizieren nach oben,

die in Thailand ausgebildet worden waren und weniger unter westlichem Einfluß standen als die Putschisten von 1932. In den Nachbarstaaten gab es kommunistische Bestrebungen, von denen die oberen und Mittelklassen sich bedroht fühlten; Grund genug, eine zwanzig Jahre währende Militärdiktatur zu rechtfertigen.

Feldmarschall Pibul kam 1948 wieder zu politischen Ehren. Zehn Jahre lang war er Regierungschef. Seine antikommunistische Außenpolitik führte ihn an die Seite der USA, die gegen die Volksrepublik China Front machten. Thailand trat 1950 der SEATO (South East Asian Treaty Organization) bei, die sich den Kampf gegen den Kommunismus zum Ziel setzte. Die amerikanische Wirtschaftshilfe, in erster Linie natürlich Militärhilfe, setzte 1950 ein. Vor allem während des Vietnamkrieges flossen auf diese Weise horrende Summen ins Land.

Nach seiner Weltreise im Jahre 1955 entschloß sich Pibul, einige demokratische Experimente zuzulassen. Das Parteienverbot wurde aufgehoben, im ,,Hyde-Park"-Stil konnte man überall öffentliche Reden halten. Das demokratische Zwischenspiel scheiterte nach kaum zwei Jahren: der Notstand wurde ausgerufen. Das wiedergewählte Pibul-Regime wurde von Sarit gestürzt.

Politik der starken Männer

Der Militärputsch von 1957 brachte das Trio Sarit, General Thanom Kitticachorn und General Prapas Charusathien an die Macht, das die Geschicke Thailands von den fünfziger bis in die frühen siebziger Jahre bestimmen sollte. Sarit knüpfte an die Politik der Monarchie an, unter der ein einzelner Mann unumschränkte Macht gehabt hatte. Obwohl er jegliche demokratischen Bestrebungen unterband, konnte er für seine Politik, deren oberste Werte Entschlossenheit und Disziplin waren, breite Unterstützung finden.

Nach und nach wurden die Militärs jedoch in geschäftliche Aktivitäten verwickelt; sie versuchten, die Banken sowie Industrie und Handel unter ihre Kontrolle zu bekommen. Das Sarit-Regime erklärte die wirtschaftliche Entwicklung des Landes zum wichtigsten Ziel seiner Politik und arbeitete einen Sechsjahresplan aus. Der Board of Investment wurde geschaffen, der Auslandskapital ins Land holen solte. Man erkannte auch den Tourismus als wichtigste Devisenquelle und schuf die Tourist Organization of Thailand. Sarit tat einiges, um das Land voranzubringen.

1968 verkündete der König eine neue Verfassung; im Jahr darauf wurden Wahlen abgehalten, aus denen Thanom als Sieger hervorging. Die innenpolitische Lage verschlechterte sich zusehends; überall flackerten Aufstände auf, so daß die Verfassung außer Kraft gesetzt und das Kriegsrecht verkündet wurde. Die Forderungen der Studenten nach Beendigung der Militärdiktatur und nach einer Rückkehr zu demokratischen Verhältnissen löste 1973 die Studentenunruhen aus. Die meisten studentischen Rebellen kamen von der Thammasat-Universität, die als links galt. Die Militärs gingen gegen die demonstrierenden Studenten vor; es gab 69 Tote und 800 Verletzte. Thanoms Clique mußte zurücktreten und ins Exil gehen.

Die kurze Epoche einer offenen Politik von 1973—1976 war eingeläutet. Wie das Institute of Southeast Asian Studies schrieb, war es ,,ein Alptraum für die Bürokraten und die führenden Militärs". Hunderte von Bürgerinitiativen bildeten sich. Streiks und Demonstrationen gehörten zum Alltag in Thailand, und nach den Wahlen wurden Koalitionsregierungen gebildet. Außenpolitisch gesehen war Kukrit Pramoj der erfolgreichste Ministerpräsident.

Die Niederlage in Vietnam, Laos und in Kambodscha löste den Abzug der Amerikaner und ihrer militärischen Installationen aus Thailand aus. Während des Kriegs war Bangkok zu einem Zentrum für erholungsbedürftige und unterhaltungssüchtige US-Soldaten ausgebaut worden. Restaurants, Bordelle und ähnliche Einrichtungen schossen aus dem Boden und verhalfen der Wirtschaft des Landes zu einer Scheinblüte. Ihre Opfer waren die zurückbleibenden notleidenden Soldatenkinder. Allgemein rechnete man damals damit, daß Thailand der nächste ,,Dominostein" sein würde, der dem Kommunismus in die Hände fiele.

Mit Dharma regieren

,,Wir werden mit *dharma* (Redlichkeit) für das Wohlergehen und das Glück des siamesischen Volkes regieren", lautete anläßlich seiner Krönung der Schwur des Königs Bhumibol Adulyadej. Der König allein ist es, der dem Land Kontinuität und Stabilität verleiht, die das turbulente Auf und Ab der thailändischen Politik nicht kennt. Gemeinsam mit Königin Sirikit reist der König unermüdlich durchs Land, bemüht, die Lebensbedingungen der Menschen zu verbessern; überall schlägt ihm die Ehrerbietung der Bevölkerung entgegen. Als konstitutioneller Monarch bewahrt der König in Krisenzeiten seine Neutralität; alle Putschisten haben bislang dem König ihre Loyalität versichert.

Bangkok feierte im April 1982 seinen 200. Geburtstag mit den Bizentiennalfeiern des Rattanakosin. Die letzten 50 Jahre waren eine sehr bewegte Zeit. Thailand ist heute ein Frontstaat des Westens in Asien, und doch bleibt es noch das ,,Land der Freien". Oder mit den Worten des Königs: ,,Wir stehen noch immer an unserer Stelle. Wir stehen hier für das Gute in der Welt."

1982 wurde mit der Rattanakosin Celebration der 200. Jahrestag des Thai-Reiches begangen. Rechts: Die Royal Barge auf dem Chao Phya.

Thailändische Porträts

Selbst ein nur kurzer Blick auf die thailändische Geschichte beweist, wie auf den bisherigen Seiten gezeigt, die Unmöglichkeit von Pauschalurteilen über Land und Leute. Auf den nun folgenden Seiten wollen wir zusammen Eigenheiten des thailändischen Volkscharakters durch die Beschreibung der verschiedensten Vertreter dieses Volkes kennenlernen.

Ob es nun ein junger Mönch mit seiner Bettelschale im modernen Bangkok im frühen Morgenlicht ist oder eine schick gekleidete Geschäftsfrau in Verhandlung mit einer Landfrau im seidenen *pasin* (bodenlanges Wickeltuch) oder König Bhumibol im Hubschrauber auf dem Rückweg zu einem seiner Sommerpaläste von einer benachbarten Dorfschule — Thailand bietet eine Fülle der unterschiedlichsten Individuen.

Der König: Symbol aus ferner Vergangenheit und Repräsentant der Neuzeit

Für die meisten Thais ist es nicht das erste Mal, daß sie den König zu Gesicht bekommen; denn er ist mit Sicherheit einer der Könige, die sich ihren Untertanen ständig zeigen; sei es durch Eröffnung von Messen oder Bauwerken, sei es durch Übernahme des Vorsitzes bei irgendwelchen Zeremonien, sei es durch Aushändigung von Diplomen oder durch plötzliches Auftauchen im königlichen Helikopter. Dennoch bemächtigt sich seiner Untertanen jedesmal das gleiche Gefühl von Erregung und scheuer Ehrerbietung, wenn der gertenschlanke König in seiner weißen Uniform, gefolgt von der atemberaubend schönen Königin, eintrifft.

Der König von Thailand ist beides, Symbol und Mensch. Entstanden in ferner Vergangenheit im sagenumwobenen Sukhothai, hat dieses Symbol

Die Amtseinsetzung des Kronprinzen Vajiralongkorn ist beispielhaft für die Kontinuität der Monarchie.

Kriege und Revolutionen, den Fall von Dynastien, den Zusammenbruch von Traditionen, den Sturz von Diktaturen und demokratischen Regierungen sowie Krisenzeiten ebenso wie Jahre wirtschaftlichen Wohlstandes überlebt. Während sich die Rolle der Monarchie in den meisten anderen Ländern, die noch einen König haben, praktisch ausschließlich auf Repräsentation beschränkt, bildet sie in Thailand den stärksten einigenden Faktor des Landes, respektiert von *allen* Gruppen. Das Bild des Königs und der Königin hängt praktisch in jedem Haus, und zum Abschluß jeder Filmaufführung würde niemand auch nur im Traum daran denken, das Theater zu verlassen, bevor er nicht stehend beim Klang der Nationalhymne dem auf die Leinwand projizierten Bild des Monarchen seine Reverenz erwiesen hat. Das einzige, was die sonst sehr toleranten Thailänder keinesfalls zu tolerieren bereit sind, ist eine herabwürdigende Bemerkung über die Monarchie!

Als Mensch ist der König ebenso ungewöhnlich wie als Symbol. Er wurde 1927 in Cambridge, Massachusetts, geboren, wo sein Vater, Prinz Mahidol von Songkhla, Medizin an der Harvard-Universität studierte. (Sein Vater, ein Sohn von König Rama V., wurde später als der „Vater der modernen Medizin in Thailand" bezeichnet.) Zum Zeitpunkt der Geburt des Prinzen Bhumibol schien wenig Aussicht, daß er jemals König werden könnte. Entsprechend den Regeln der Thronfolge standen zwischen ihm und der Königswürde alle die Kinder, die der regierende König Rama VII. haben würde, dann sein eigener Vater und schließlich sein älterer Bruder Ananda. Aber Rama VII. hatte keine Kinder, und Prinz Mahidol starb im Jahre 1929. So wurde Ananda, damals noch ein junger Student in der Schweiz, zum König erklärt, obwohl er erst nach Kriegsende nach Thailand zurückkehrte. 1947 wurde er unter sehr mysteriösen Umständen im Großen Palast ermordet, und sein jüngerer Bruder, Prinz Bhumibol, bestieg als neunter König der Chakri-Dynastie den Thron.

In den mehr als 25 Jahren seit seiner Krönung hat sich König Bhumibol als ein würdiger Nachfolger seiner bedeutenden Vorgänger erwiesen. Zusammen mit seiner Frau, der bildschönen Königin Sirikit, besuchte er jeden Teil seines Landes und hat eine sehr aktive Rolle bei der Lösung vieler Probleme gespielt. Das große Gelände des Chitralada-Palastes, in dem er lebt, seit der Große Palast nur noch für zeremonielle Gelegenheiten verwendet wird, beherbergt auch Experimentierfelder für den Reisanbau und eine Rinderfarm, wo der König — auf seine eigenen Kosten — Methoden zur Verbesserung der Landwirtschaft des Landes testet. Er unterstützt weiter umfangreiche Programme, wie das zur Erzeugung künstlichen Regens für die Trockengebiete des Nordostens, sowie Entwicklungsprojekte für die Bergvölker im Norden. Zusätzlich nimmt er an unzähligen königlichen Zeremonien teil, die über das ganze Jahr verteilt sind: das jahreszeitliche Wechseln der Roben des Smaragd-Buddhas, die verschiedenen buddhistischen Feiertage, die Eröffnungssitzung des Parlaments, die Parade am Tag der Waffengattungen, um nur einige zu nennen; dann die Übergabe von Diplomen der Universitäten sowie unzählige Hochzeiten und Trauerfeiern. Wenn die Thais ihren König als ein Symbol verehren, so haben sie im Laufe der Jahre auch ein ähnliches Gefühl für ihn als Menschen entwickelt, eine Tatsache, die die Monarchie zu keiner Zeit seit der Regentschaft von König Bhumibols Großvater, Chulalongkorn (Rama V.), so gestärkt hat

Buddhismus: totales Lebensgefühl

Ein junger buddhistischer Mönch schreitet würdig im fahlen Licht des frühen Morgens eine Straße entlang, eine safranfarbene Tuchtasche über der Schulter und eine Messingschale für die Almosen in der Hand. Die Anzahl der Mönche in Thailand schwankt von Jahreszeit zu Jahreszeit; am größten ist sie während der

Den Chulalongkorn-Tag feiern die Thais am 23. Oktober vor dem Reiterstandbild dieses verehrten ehemaligen Königs nahe dem Gebäude der Nationalversammlung.

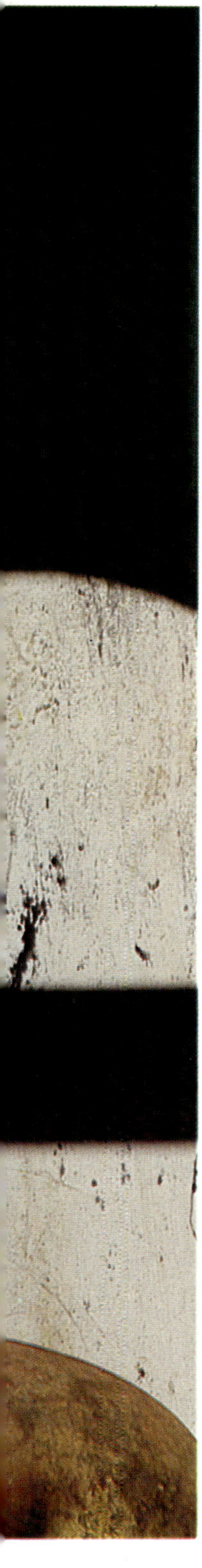

Monsunregen, der traditionellen Zeit für einen jungen Mann, in den Priesterstand einzutreten, gleichgültig, ob für drei Wochen oder für sechs Monate. Während er im Kloster ist, lauscht er den Predigten, die auf buddhistischen Lehren basieren, studiert die Tripitaka *(die Lehren Buddhas in Pali), meditiert und erlernt die Tugenden eines asketischen Lebens, das frei von materiellem Besitz ist. Zusammen mit den anderen Mönchen verläßt er in der Morgendämmerung das Kloster, um von den Gläubigen, die sich so Verdienste erwerben, seine Morgenmahlzeit zu bekommen.*

Ein buddhistischer Mönch darf nicht nur ,,nicht stehlen, lügen und schwatzen, irgendwelches Leben zerstören, sexuelle Begierden befriedigen oder Rauschmittel, Luxus oder irgendwelche frivolen Amüsements genießen". Er muß zudem nicht weniger als 227 Regeln befolgen, die alle Einzelheiten seines täglichen Lebens betreffen. Darüber hinaus darf er keinen Besitz haben außer der gelben Robe, der Almosenschale und einiger weniger persönlicher Gegenstände. Er nimmt täglich nur zwei Mahlzeiten zu sich, die erste früh am Morgen und die zweite vor Mittag.

Trotz dieses spartanischen Lebens ist ein buddhistisches Kloster in Thailand — anders z.B. als in anderen Ländern — nicht im geringsten isoliert von der Außenwelt. Fast jedem *wat* (wörtlich: ,,Tempel") ist eine Schule angegliedert — oft die einzige im Dorf —, und die Mönche können nach Belieben (mit Ausnahme der Fastenzeit) von einem Kloster zum anderen reisen. Darüber hinaus stehen die *wats* jedem offen, der sich dorthin zurückziehen möchte. Die Mönche spielen auch in vielen Ritualen des täglichen Lebens eine wichtige Rolle, z.B. beim Segnen neuer Gebäude, bei Geburtstagen und Beerdigungen.

Den Menschen außerhalb der Klöster stellen sich die *wats* und ihre Mönche vor allem als eine Gelegenheit dar, sich Verdienste zu erwerben, die ihnen entsprechend ihrem Glauben Belohnung nach dem Tode sichert. Dies ist besonders für Frauen wichtig; denn der früher einmal existierende Frauenorden wurde vor einiger Zeit aufgelöst (ganz selten sieht man noch vereinzelt eine ältere Nonne in ihrer weißen Robe), und so bleibt den frommen Thailänderinnen heute nur noch die Möglichkeit, durch gute Werke geistige Vervollkommnung anzustreben. Das ist auch der Grund dafür, warum ein so auffallend hoher Anteil der Gläubigen, die an den Feiertagsgottesdiensten teilnehmen, Frauen sind, und zwar meistens ältere. Die beliebteste Art, sich Verdienste zu erwerben, ist — neben der Möglichkeit, den Mönchen Nahrung zu geben — vor allem, notwendige Reparaturen an einem Tempel durchführen oder ein altes, baufälliges Gebäude auf dem Klostergelände durch ein neues ersetzen zu lassen.

Fast 94 % des Thai-Volkes sind Buddhisten. Trotzdem wurde schon immer den anderen Religionen große Toleranz entgegengebracht. Allein in Bangkok gibt es über hundert Moscheen, die die Präsenz des Islams in den südlichen, an Malaysia angrenzenden Provinzen widerspiegeln.

,,Die thailändische Religion ist keine Angelegenheit von Feuer und Schwert, die von den Kanzeln verkündet wird", schreibt Valentine Chu in *Thailand Today*, ,,es ist mehr eine Art Weltanschauung — philosophisch, mythisch und manchmal für Abendländer ziemlich verwirrend —, die jeden Gläubigen durchdringt." Und es ist bemerkenswert, wie lebendig diese Lebenshaltung noch heute ist.

Die wichtigste Form des thailändischen Buddhismus ist Hinayana, der als Buddhismus des ,,Kleinen Fahrzeugs" ursprünglich aus Indien kam. Hinayana-Buddhismus wird auch im benachbarten Burma praktiziert, aber selbst ein kurzer Besuch in einem thailändischen und in einem burmesischen Tempel wird Ihnen schnell erstaunliche Unterschiede zeigen: So wie die Thais die meisten von außen kommenden Einflüsse — seien es Khmer-Tempelverzierungen oder

Der Geist des Buddhas ist in Thailand allgegenwärtig. Seinen Einfluß spürt man überall: in Statuen (wie hier in Chiang Mais Wat Prasingh), in Gemälden, Amuletten, Tempeln, religiösen Zeremonien und nicht zuletzt in den Mönchen.

chinesische Kochkunst — auf ihre eigene Art und Weise adaptiert haben, so haben sie sich im Laufe der Jahrhunderte ihren eigenen, zu ihrem Temperament passenden Buddhismus geschaffen. Auch als Philosophie hat der Buddhismus eine eigene Rolle bei der Formung des thailändischen Volkscharakters gespielt, ganz besonders im Hinblick auf die Reaktion auf irgendwelche Ereignisse.

Das buddhistische Konzept der irdischen Vergänglichkeit und die Überzeugung der Absurdität des Versuches, in dieser unbeständigen Welt etwas Bleibendes zu schaffen, haben viel zu jenem entspannten, sorglosen Charme beigetragen, der eines der ansprechendsten Merkmale des Landes bildet. Streß, Magengeschwüre und Nervenzusammenbrüche sind natürlich auch in Thailand nicht unbekannt, zumindest nicht in Orten wie Bangkok; aber daß sie bemerkenswert selten sind, ist sicher nicht zuletzt auf den beruhigenden Einfluß des Buddhismus zurückzuführen.

Lebendige Geister: Zeremonien für Götter und Ahnen

Eine alte Frau, die ehrerbietig vor einem kleinen Geisterhäuschen kniet, legt ihre Handflächen in der Andachtshaltung zusammen, die die Thais wai *nennen. Vor dem Häuschen hat sie brennende Räucherstäbchen und einen Zweig stark duftenden Jasmins angebracht. So hofft sie, den Geist freundlich zu stimmen und ihn dazu zu bringen, ihren Wunsch zu erfüllen — einen Lotteriegewinn vielleicht oder den langersehnten Enkelsohn oder Glück im allgemeinen.*

Fast jeder thailändische Mann und auch sehr viele Frauen tragen irgendein Amulett mit sich herum, gewöhnlich an einem Kettchen um den Hals. Manche haben ständig nicht weniger als ein halbes Dutzend davon bei sich, um sich vor allen möglichen Mißgeschicken zu schützen, wie vor Autounfällen, Schußverletzungen, Schlangenbissen oder vor irgendeinem anderen vorstellbaren Unglück. In der Provinz hält man Tätowierungen für wirksam, Unheil abzuwenden. In einer offiziellen thailändischen Chronik ist zu lesen, daß der erste thailändische Botschafter in Frankreich König Ludwig XIV. in höchstes Erstaunen versetzte, als er ihm erzählte, daß er ein Amulett besäße, das ihn gegen Gewehrkugeln immun mache. Bei der daraufhin unverzüglich angeordneten Demonstration fielen, so die Chronik, die Kugeln des Exekutionskommandos wirkungslos zu Boden, bevor sie ihr Ziel erreichen konnten.

Regelmäßig werden in Thailand heute Astrologen befragt, um das günstigste Datum für Hochzeiten, wichtige Reisen, einen Wohnungswechsel, ja selbst für die Bekanntgabe der neuen Staatsverfassung herauszufinden. (Günstige Termine für Hochzeiten scheinen alle auf wenige Tage zusammengeballt; denn manchmal sind alle verfügbaren Säle und Empfangsräume in den Bangkoker Hotels für drei oder vier aufeinanderfolgende Nächte für Hochzeitsfeierlichkeiten ausgebucht.)

Viele der Nichtbuddhisten stammen von Brahmanen ab, und noch heute haben brahmanische Priester, die aus etwa viertausend Familien kommen, wichtige Funktionen im religiösen Leben Thailands; vor allem auch dadurch, daß sie bei einer Anzahl bedeutender Zeremonien amtieren. Eine der populärsten und beeindruckendsten ist die Zeremonie des Pflügens, die in Bangkok jedes Jahr im Monat Mai auf dem Praname Ground (Sanam Luang) gegenüber von Wat Phra Keo abgehalten wird. Um das erste Pflanzen des Reises glückbringend zu machen, werden mit einem Paar heiliger Ochsen und einem geweihten Pflug mehrere Furchen gezogen und Reiskörner ausgesät (die anschließend von Bauern Korn für Korn eingesammelt werden, um ihnen bei ihrer eigenen Aussaat Glück zu bringen). Der Oberpriester, ein Brahmane, macht nach umfangreichen Berechnungen Voraussagen über die kommende Regenzeit und das Ergebnis der nächsten Ernte. Auch die thailändische Hochzeitszeremonie ist fast vollständig brahma-

Ein Fischer aus Chon Buri zeigt stolz seine Armtätowierungen, die böse Geister abwehren sollen. Obwohl die Thais überwiegend Buddhisten sind, sehen sie hierin keinen Widerspruch zu ihrem Glauben.

nisch geprägt, und ebenso steht es mit vielen Riten bei Beerdigungen.

Der thailändische Begriff für „Geist" ist *phi*, und die Zahl der *phis* ist unvorstellbar, besonders auf dem Lande. Von einem verführerischen weiblichen *phi* glaubt man, daß er in einer besonderen Bananenart wohnt und junge Männer, die ihm zu nahe kommen, unbarmherzig quält. Von einem anderen ist bekannt, daß er in seine Opfer fährt und sie zwingt, in aller Öffentlichkeit die Kleider abzulegen. (Aus irgendeinem Grund scheinen übrigens die übelsten Quälgeister weiblichen Geschlechts zu sein!)

Wenn man durch die Wohnviertel einer beliebigen Stadt in Thailand (das moderne Bangkok eingeschlossen) geht, so wird man feststellen, daß es auf jedem Grundstück ein kleines Häuschen gibt, das meistens auf einem Pfahl steht. Sein Standort wurde nach komplizierten astrologischen Regeln bestimmt. Bei gewöhnlichen Wohnhäusern wird dieses einem thailändischen Miniaturhaus ähnliche Häuschen nur eine einfache Holzkonstruktion sein. Bei größeren Gebäuden, bei Hotels oder Bürobauten, ist es meist ein kunstvoller Minitempel aus Zement, der vergoldet und bemalt ist. Dies ist die Wohnung der Geister des Grundstücks, in deren Macht es steht, die Menschen zu plagen oder ihnen Gutes zu tun. Deshalb werden ihnen jeden Tag Opfer mit frischen Blumen, Speisen und Räucherstäbchen gebracht, um sie versöhnlich zu stimmen. Wenn eine Pechsträhne für die Bewohner eines Grundstücks gar nicht aufhören will, ist es notwendig, einen Experten zu rufen, normalerweise einen buddhistischen Priester, der im Zwiegespräch mit dem ungnädigen Geist feststellt, wo der Fehler liegt.

Eines der berühmtesten Geisterhäuser in Bangkok steht auf dem Grundstück des Hotels Erawan an der Kreuzung der Straßen Rajadamri und Ploenchit. Dieser kleine Schrein, der Sitz eines Hindu-Gottes, wurde von den Besitzern des Grundstücks errichtet, nachdem beim Bau des Hotels mehrere Arbeiter bei unerklärlichen Unfällen verletzt wurden. Es sprach sich jedoch bald herum, daß der Schrein auch Außenstehenden Glück bringen würde. Heute ist er so beliebt, daß das Hotelmanagement einen besonderen Tempelhof hat bauen müssen, um für die zahlreichen Bittsteller an manchen Tagen genügend Platz zu schaffen, und Polizisten das Gedränge regeln.

Ein weniger bekannter Schrein in der Hauptstadt steht in einer sehr noblen Wohngegend, ist nur durch ein schmales, unmarkiertes Tor zugänglich und bei seinen Anhängern sehr beliebt. Dort werden ausnahmslos Opfer in Form von Phalli gebracht. Diese sind immer äußerst naturgetreu aus Holz, Wachs, Stein oder Zement nachgebildet; es gibt winzig kleine und auch gigantisch große Exemplare.

Für den Durchschnittsthai liegt in der Vermischung solcher Praktiken mit dem Buddhismus nichts Widersprüchliches. Seine große und unbeschwerte Toleranz macht es möglich, den Geisterglauben in seine religiösen Überzeugungen einzubeziehen oder ihn zumindest zu akzeptieren.

Die thailändische Frau: graziös taktierend zwischen Tradition und Neuzeit

Eine thailändische Geschäftsfrau, zierlich, mit sanfter Stimme und ebensolchem Auftreten, ist der genaue Gegensatz des westlichen Typs der „Karrierefrau". Ein altes Sprichwort bezeichnet die Frau als „den hinteren Fuß des Elefanten"; es entspricht einer langen Tradition, daß die Frau ihren Mann ehrt, ihm gehorcht und *sich in großen wie in kleinen Dingen des Lebens nur auf ihn stützt. Diese Rolle ist gesetzlich abgesichert: Eine Frau kann sich nicht aus freien Stücken scheiden lassen. Auch ihren Privatbesitz kann sie nur mit Zustimmung ihres Mannes veräußern.*

Während der Debatte über die letzte Verfassung wurde ein Antrag, die Gleichheit von Mann und Frau erst-

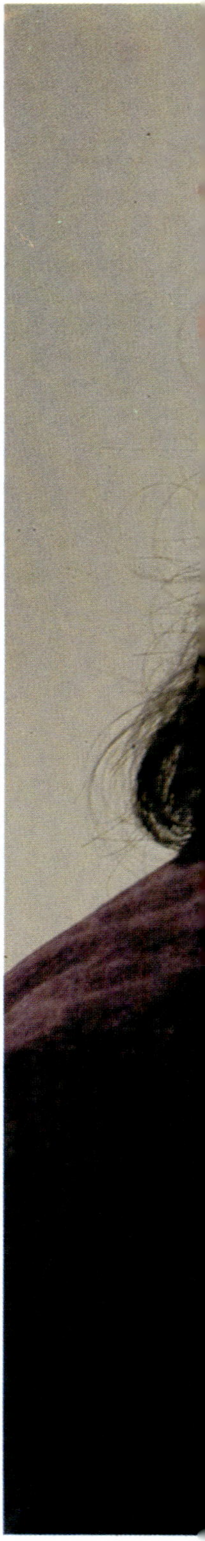

Obgleich entsprechend der Tradition noch als „hinterer Fuß des Elefanten" bezeichnet, erscheint die Thailänderin der neuen Generation doch durch und durch modern. Viele Frauen leiten bedeutende Unternehmen — ganz im Gegensatz zu dem Image, das ihnen anhaftet.

malig klar zu formulieren und verfassungsrechtlich niederzulegen, mit vernichtender Mehrheit abgelehnt. Hieraus scheint klar hervorzugehen, daß die thailändischen Frauen maßlos unterdrückt werden und Thailand ein fruchtbares Feld für die moderne Frauenrechtsbewegung sein müsse. Das ist ein großer Irrtum und ein weiteres Beispiel dafür, wie sehr man sich durch Äußerlichkeiten in Thailand täuschen lassen kann.

Mit Ausnahme einiger weniger würden die thailändischen Frauen erstaunt und höchst amüsiert über die Aussage sein, daß sie unterdrückt werden; denn sie wissen genau, wieviel Macht sie in Wahrheit besitzen.

Ohne auch nur einen Bruchteil ihrer Weiblichkeit einzubüßen, haben sie immer wieder bewiesen, daß ihr Einfluß dem der Männer um nichts nachsteht oder ihm sogar überlegen ist. Sie können mit sehr viel Berechtigung das Sprichwort zitieren: „Alle Männer sind Kinder, die von ihren Müttern versorgt werden müssen.“

Der Mythos der armen, mißhandelten asiatischen Frau hat seinen Ursprung wahrscheinlich in den alten Tagen der Polygamie, als westliche Besucher schockiert waren über die Gleichgültigkeit, mit der die zahlreichen Ehefrauen ihre scheinbar untergeordnete Stellung innerhalb der Familie akzeptierten. Aber selbst damals — zumindest in Thailand — waren die Dinge nicht so, wie sie zu sein schienen. Die erste Frau spielte gewöhnlich eine bedeutende Rolle bei der Auswahl der jüngeren und erhielt normalerweise eine nicht unerhebliche Entschädigung dafür, daß sie die Aufmerksamkeit ihres Mannes teilen mußte. Im heutigen thailändischen Familienleben ist es eher die Frau als der Mann, die dominiert, die die Familienfinanzen regelt und die wesentlichsten Entscheidungen fällt, obwohl es die wenigsten Männer offen eingestehen werden.

Wenn Sie in Thailand ein Haus mieten, werden Sie wahrscheinlich die Miete an eine Frau bezahlen, selbst wenn Ihr Vertragspartner auf dem Papier ein Mann ist. Und wenn Sie sich — besonders natürlich in Bangkok — geschäftlich betätigen, werden Sie früher oder später auf einen der berühmten weiblichen Wirtschaftsmagnaten stoßen, über die in den verschiedensten westlichen Zeitschriften bereits soviel geschrieben wurde. Die älteste und größte Busgesellschaft in Bangkok wird von einer Frau geleitet, ebenso die riesige Flotte von Fährbooten, die den Chao Phya überqueren, oder z.B. mindestens drei der größten Hotels der Hauptstadt. Ob sie nun hinter einem Schreibtisch sitzt und aktiv ein Unternehmen leitet oder zu Hause ihrem Ehemann „hilft“: die thailändische Frau übt eine Macht aus, unabhängig davon, ob sie im Grundgesetz verankert ist oder nicht. Einige Frauen wären sogar dagegen, wenn die Verfassung in diesem Punkt erweitert würde. „Ich verstehe nicht, was all der Rummel um die Gleichberechtigung soll?“ sagte die Besitzerin eines großen Juwelierladens in Bangkok während der Diskussionen um den Entwurf der neuen Verfassung. „Es ist besser, die Dinge so zu lassen, wie sie immer gewesen sind. Denn wenn die Realität erst schwarz auf weiß niedergeschrieben ist, würden die Männer anfangen, darüber nachzudenken, und dann würden sie ihr Gesicht verlieren. Sollen sie doch ihren Glauben behalten, der schadet niemandem!“

Die Staatsbeamten: die Verwalter des Landes

Der Staat ist Thailands bedeutendster Arbeitgeber. Ob in einer Behörde, in den öffentlichen Schulen oder an den Universitäten, überall trifft man Bedienstete des Staates. Zu ihnen zählen nicht allein die Mitarbeiter der Finanzämter, sondern auch die Angestellten der Staatsmonopolbetriebe sowie der Unternehmen in Staatsbesitz. In Thailand sind dies neben der Eisenbahn und dem Post- und Fernmeldewesen die Staatslotterie und die Tabakindustrie (Staatsmonopol). Die mehreren hunderttausend Beamten stellen nach den Bauern den zahlenmäßig größten Teil der arbeitenden Bevölkerung, eine recht aufgeblähte, schwerfällige Bürokra-

Bangkok, die geschäftige Millionenstadt, von der aus eine allmächtige Bürokratie das Land regiert, hat auch ruhige Plätze — so wie diesen hier gegenüber dem Wat Suthat.

tie, die von Bangkok aus die Geschicke des Landes bestimmt.

Die Bezahlung der Angestellten des öffentlichen Dienstes ist wesentlich niedriger als die der Beschäftigten auf dem Dienstleistungssektor oder in der Industrie. So verdient ein Universitätsdozent mit einem ausländischen Doktorgrad beispielsweise weniger als den Gegenwert von 200 US-Dollar monatlich. Trotzdem fehlt es nie an Bewerbungen, nicht einmal für die untergeordneten Positionen. Ein Grund dafür ist natürlich, daß eine Anstellung im Staatsdienst große Sicherheit bietet, denn man wird nicht gekündigt, höchstens in Fällen eklatanter Unehrlichkeit oder beim Nachweis von Korruption. Ein anderer, noch wesentlicherer Grund ist das hohe soziale Prestige eines jeden Staatsbediensteten, sei er nun Ministerpräsident oder jener Schreiber, der in einem der riesigen, kafkaesken Bürosäle für ein paar hundert Baht im Monat Papier in Akten bindet. Seit der Reform der öffentlichen Verwaltung durch König Chulalongkorn in der zweiten Hälfte des 19. Jahrhunderts wird die Aufnahme in den öffentlichen Dienst als eine besondere Ehre angesehen. Besonders für junge Frauen war dies eine der wenigen gesellschaftlich akzeptablen Möglichkeiten, Geld zu verdienen, da das Geschäftsleben für jede junge Frau aus einer guten Familie als ausgesprochen unpassend galt.

Zweifellos ist dies ein anderer Aspekt des thailändischen Lebens, der sich schnell ändert. Die traditionelle Auffassung, daß Geschäftstätigkeit besser Außenseitern, wie z.B. chinesischen oder indischen Neuankömmlingen überlassen werden sollte, ist im Aussterben begriffen. Die stets steigenden Lebenshaltungskosten und auch die vielseitigen Arbeitsmöglichkeiten auf dem privaten Sektor bringen viele, die früher nur in den Staatsdienst getreten wären, in eine Werbeagentur oder hinter den Schalter einer Fluggesellschaft, in eine Handelsgesellschaft oder — im Fall eines Lehrers — in das Klassenzimmer einer Privatschule, die erheblich bessere Gehälter bezahlen als der Staat. Sicher wäre es unrichtig zu sagen, daß der Staatsdienst für die breite Masse der Bevölkerung seine Attraktivität verloren hat.

Das Militär: eine umfassende Organisation, aktiv in allen Bereichen des thailändischen Lebens

Der thailändische Soldat, ebenso wie der Angestellte im Staatsdienst, gehört zu einer sehr großen und weit verzweigten Organisation, die von ausländischen Besuchern häufig mißdeutet wird, weil sie mit den Verhältnissen zu Hause verglichen wird. In mancher Beziehung gleicht das thailändische Militär natürlich dem in aller Welt, da seine wesentliche Aufgabe die Landesverteidigung ist. (Die allgemeine Wehrpflicht beträgt zwei Jahre.) Die Offiziere jedoch — besonders die des Heeres und in einem etwas geringeren Ausmaß auch die der Luftwaffe und der Marine — sind sehr stark engagiert in der Wirtschaft und der Verwaltung des Landes; viel stärker, als dies beispielsweise in Westeuropa oder in den Vereinigten Staaten der Fall ist.

Hohe Offiziere sitzen im Management von Banken, sind Eigentümer von Hotels oder schalten sich direkt in Geschäftsabschlüsse ein. Zur gleichen Zeit verfolgen sie aktiv eine militärische Karriere. Dies kommt in der Hauptsache daher, weil das Land fast zwanzig Jahre lang ohne wesentliche Unterbrechungen von Militärs regiert wurde. Andererseits sollte hier nicht der falsche Eindruck entstehen, daß sich Militärs ausschließlich durch Einsatz von Machtmitteln in wichtige zivile Positionen gedrängt hätten, wozu sie andernfalls unqualifiziert gewesen wären. Natürlich ist dies ab und zu geschehen; mit Sicherheit aber nicht so oft, wie Außenstehende dies vielleicht vermuten. Heute hat sich die Militärlaufbahn in Thailand — ebenso wie in vielen anderen aufsteigenden Nationen — zu einer Karriere entwickelt, nicht unähnlich der im mittleren oder oberen Staatsdienst.

Sie ist eine der wenigen Möglich-

Die Ehrengarde während einer königlichen Zeremonie. Das Militär, Beschützer von Land und König, bietet die Möglichkeit, daß ein armer, aber intelligenter junger Mann nur aufgrund seiner Leistungen Karriere machen kann.

keiten für einen mittellosen, aber intelligenten und ehrgeizigen jungen Mann, aufgrund eigener Leistung beruflich und sozial weiterzukommen. Das militärische Establishment ist heute ein integraler Teil der thailändischen Gesellschaft.

Die Bauern: das Rückgrat der Nation

Der kamnan, *der thailändische Dorfschulze, gewöhnlich vierzig Jahre oder älter (Erfahrung und Beständigkeit werden als wesentliche Führungseigenschaften angesehen), muß sehr genaue Kenntnis aller Nuancen des Lebens in seinem Dorf haben. Er bildet das Rückgrat der bäuerlichen Gesellschaftsschicht, denn er spielt bei den Dorfbewohnern eine wesentlich bedeutendere Rolle als die modernen, von der Regierung bestellten Distriktsbeamten. Von den Bewohnern des Dorfes in offener Wahl gewählt, hat der* kamnan *wesentliche Funktionen: Er ist der Wortführer für das Dorf in Verhandlungen nach außen, entscheidet in Streitfällen, organisiert Gemeinschaftsaufgaben im Dorf und — er muß zuhören können und viel Verständnis haben.*

Die meisten thailändischen Dörfer, auch wenn sie in der Nähe großer Städte liegen, sind erstaunlich isoliert. Sehr viele von ihnen haben noch keine Stromversorgung, und zur nächsten Wasserquelle sind es oft mehrere Kilometer. Die Thai-Bauern sind selbstgenügsame Leute und kümmern sich wenig um die Außenwelt. Als Universitätsstudenten aus Bangkok vor den Wahlen 1975 das ehrgeizige Vorhaben starteten, die Landbevölkerung politisch zu mobilisieren, mußten sie größtenteils zu ihrem Erstaunen feststellen, daß die meisten Dorfbewohner völlig uninteressiert an den Vorgängen in Bangkok waren und auch keinerlei Kenntnisse davon hatten, was in der Hauptstadt oder im Lande vor sich ging. Ein älteres Ehepaar aus einem Dorf im Süden, das von seinem zu Geld gekommenen Sohn nach Bangkok eingeladen worden war, zeigte sich nur von einer einzigen Sache in dieser lauten, verwirrenden Großstadt nachhaltig beeindruckt: von den automatischen Türen eines Kaufhauses. Und selbst das war letztlich ohne Bedeutung; denn als die beiden, wieder zurück in ihrem Dorf, von ihrem Erlebnis in Bangkok erzählten, glaubte ihnen keiner.

Das Land und die Früchte, die es hervorbringt, die Launen des Wetters, der dörfliche Tempel, die Möglichkeiten, sich Verdienste für das Jenseits zu erwerben, die Freuden, die man bei Festen und Zeremonien erleben kann, die bösen Geister, die überall auf den Unvorsichtigen lauern, die Liebesgeschichten und kleinen Skandale, die die täglichen Sorgen zerstreuen, Krankheit und Tod — all das ist der wirkliche Lebensinhalt auf dem Lande, wie schon seit Jahrtausenden. Wenn einer der jungen Männer das Dorf verläßt, betrachtet die Familie seinen Weggang mit gemischten Gefühlen: mit Hoffnung, weil er mit Sicherheit Geld nach Hause schicken wird, wenn er eine gute Anstellung findet; mit Trauer, weil man weiß, daß ein Mann, der sein Dorf verläßt, außer zu kurzen Besuchen dorthin nie mehr zurückkehrt, und wenn er das tut, dann hat er sich so verändert, daß man ihn nicht mehr wiedererkennt.

Das Dorf aber und der *kamnan* werden so weiterleben wie bisher.

Die Bergstämme: meist nomadisierende Volksgruppen in den Gebirgen des Nordens

Sie trägt einen riesigen Turban, ein schwarzes Kleid aus schwerem, glänzendem Material und sehr viel Silberschmuck. Die Frau aus dem Stamm der H'mong (kurz Meos genannt), die aus ihrem Dorf in den Bergen zum Markt in Chiang Mai gekommen ist, stellt in der sonst rein thailändischen Stadt eine sehr auffallende, exotisch wirkende Erscheinung dar. Dennoch erregt sie keinerlei Aufsehen; in den letzten zehn Jahren sind die Meos ein gewohnter Anblick in den Orten des Nordens geworden.

Ungefähr zwanzig sich stark voneinander unterscheidende Stämme leben mehr oder weniger nomadisierend in den Bergen entlang der nörd-

Bauern während der Mittagspause bei der Ernte in der Nähe von Phrae im nördlichen Zentralthailand. Das Dorfleben bildet nach wie vor das Rückgrat der Nation.

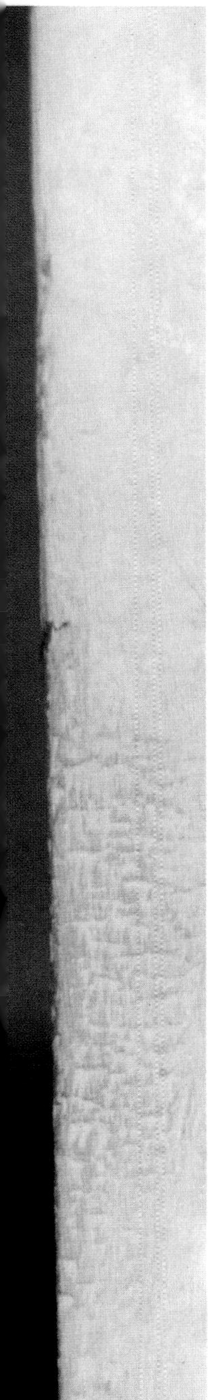

lichen Grenze zu Burma und Laos. Das Spektrum reicht von großen und verhältnismäßig fortschrittlich zu bezeichnenden Stämmen wie z.B. den Meos bis zu zahlenmäßig unbedeutenden Gruppen. Zu letzteren gehören beispielsweise die scheuen und daher auch nur schwer auffindbaren Phi Tong Luang („Geister der gelben Blätter"), deren Existenz bis vor wenigen Jahren unbekannt war, als sie von einer Expedition aufgespürt wurden. In kultureller Hinsicht sind diese Stämme deshalb von Interesse, weil sie aufgrund ihrer Isolierung in der Lage waren, Sitten und Gebräuche seit Jahrhunderten unverändert zu bewahren. Für die thailändische Regierung bilden sie eine ständige Sorge: einmal wegen des landwirtschaftlichen Raubbaus, den sie von jeher unverändert betreiben, und zum anderen, weil sie den Opiumanbau als ihre Haupteinnahmequelle ansehen. Außerdem ist ihre politische Zuverlässigkeit ständig in Frage gestellt.

Für lange Zeit beschränkte sich der Kontakt zwischen den Bergstämmen und der zivilisierten Welt ausschließlich auf — meist amerikanische — Missionare, die ihre Sprache lernten und mit ihnen in ihren Dörfern lebten und arbeiteten, häufig mehr als fünf Tagesreisen von der nächsten „zivilisierten" Ansiedlung entfernt. Als dann die Regierung sich der tatsächlichen und der potentiellen Probleme bewußt wurde, die von den *hilltribes* ausgingen, wurden einige offizielle Maßnahmen eingeleitet, und inzwischen ist ein bedeutendes Entwicklungsprogramm in Gang gekommen. Wie schon erwähnt, nimmt der König persönlich Interesse daran, neue Anbaupflanzen für die Bergvölker zu entwickeln und ihre Einführung zu forcieren — wie z.B. Kaffee, Tee und Obstbäume. Die thailändische Grenzpolizei richtet Schulen ein, während sie die opiumreiche Gegend überwacht. Außerdem beginnt das charakteristische Kunsthandwerk der Stämme, das zuerst von den Missionaren und nun auch von Regierungsseite gefördert wird, Beliebtheit in Bangkok und sogar im Ausland zu finden, wodurch eine zusätzliche Einkommensquelle für die Bergvölker erschlossen wurde.

Ein Akha-Mädchen in der Nähe von Chiang Rai trägt den Kopfschmuck einer unverheirateten Frau. Immer noch exotische Außenseiter, werden die Bergstämme durch Regierungsprogramme mehr und mehr in das Leben der Nation einbezogen.

Die Chinesen: bedeutendste Minderheitengruppe Thailands mit dominierendem Einfluß auf den Handel

Ein chinesischer Ladenbesitzer hinter der Theke seiner Gemischtwarenhandlung in einem der zahllosen schmalen, zwei- oder dreistöckigen Häuser, die in jedem thailändischen Ort zum Verwechseln ähnlich sind. Er lebt mit seiner gewöhnlich sehr zahlreichen Familie im oberen Stockwerk über dem Laden. Jeden Tag öffnet er sein Geschäft, ausgenommen am chinesischen Neujahr. Dann bleiben die Eisengitter vor den Türen für zwei oder drei Tage geschlossen, und die ganze Familie genießt die Feiertage, indem sie die Gräber der Vorfahren besucht und sich den seltenen Luxus des Nichtstuns leistet.

Thailand kennt, wie jedes andere Land in Südostasien, chinesische Kaufleute seit den frühesten Tagen des Handels. Als sich Rama I. für Bangkok als seine neue Hauptstadt entschied, war das Gelände, auf dem er den Großen Palast bauen wollte, von chinesischen Läden eingenommen. Er siedelte diese daher etwa einen Kilometer flußabwärts an und schuf so die Keimzelle dessen, was heute Yaowaraj ist, das chinesische Zentrum der Stadt. Während des 19. und der ersten Hälfte des 20. Jahrhunderts strömten immer mehr Immigranten aus China ins Land. Erst mit Beginn des kommunistischen Regimes auf dem Festland wurde dieser Zustrom schwächer und hörte dann

มิตรดารา
จักรวาลดารา
ดารา-นักร้อง
รวมการ์ตูน
สยามรัฐ
CLUNK!
บ้านเมือง
รพ.หนักใจ
ยาขึ้นราคา

schließlich ganz auf. Wie in anderen asiatischen Ländern auch wandten sich die chinesischen Einwanderer ganz natürlich dem Handel zu; auch deshalb, weil Landwirtschaft und öffentliche Verwaltung bereits fest in thailändischen Händen waren. Sie eröffneten Banken, Leihhäuser, Export- und Importfirmen sowie eine Unzahl winziger Läden und Restaurants.

Eine Tatsache unterscheidet die thailändischen Chinesen jedoch wesentlich von den Chinesen in anderen Ländern Südostasiens: Diese Volksgruppe hat sich fast völlig assimiliert und bildet so keinen Fremdkörper mehr. Zum Teil ist das natürlich die Folge einer ganz bewußten Regierungspolitik; denn alle Kinder, seien sie chinesischer, indischer oder sonstiger Abstammung, müssen schon in der Volksschule Thailändisch lernen. Bis vor wenigen Jahren wurden chinesische Sprachen nicht einmal auf der Universität gelehrt. Die Chinesen wurden auch ermutigt — manchmal unter Zwang —, thailändische Namen anzunehmen, wenn sie einen Paß, ein Staatsstipendium oder irgendein anderes offizielles Dokument haben wollten. Anders als im islamischen Malaysia oder in Indonesien, wo unüberwindliche religiöse Barrieren bestehen, hat das Fehlen solcher Barrieren hier dazu geführt, daß Chinesen und Thais sehr häufig untereinander geheiratet haben. So ist es heute, besonders in den Städten, schwierig, mit Sicherheit einen „reinen" Thai herauszufinden. König Taksin, der die Zerstörung von Ayuthaya rächte und seine Hauptstadt in Thonburi errichtete, hatte eine chinesische Mutter; die meisten der prominenten thailändischen Familien haben in ihrem Stammbaum irgendeinen chinesischen Zweig.

Das faszinierende Ergebnis dieser Entwicklung ist, daß die chinesischen Thais niemals abgekapselt von ihrer nichtchinesischen Umwelt zu leben brauchten, wie dies in allen anderen Ländern der Region der Fall war und ist. Sogar Orte wie Yaowaraj, wo die Atmosphäre so chinesisch ist wie in Hongkong, sind niemals Ghettos gewesen, und die dortigen chinesischen Vereinigungen dienten eher wohltätigen als kulturellen Zwecken. Es gibt auch weder eine antichinesische Einstellung in Thailand noch hat es jemals die gleichen rassischen Konflikte und Chinesenverfolgungen gegeben wie während der letzten Jahre in den Nachbarländern. Nur innerhalb der älteren Generation kann man noch Leute finden, die von sich selbst als „Chinesen" sprechen und sich auch als solche fühlen. Die jüngere Generation dagegen fühlt sich als „Thais", wenn sie sich über rassische Dinge überhaupt Gedanken macht.

Einer der zahlreichen Zeitungs- und Illustriertenstände in Thailand bietet die vielseitigen Erzeugnisse des prosperierenden Pressewesens an.

Die Literatur: das Versuchsfeld tiefgreifender Wandlungen

Eine populäre Romanschriftstellerin, eine schlanke, energisch wirkende Frau Anfang Vierzig. Sie ist die Autorin von einem halben Dutzend sehr erfolgreicher Romane, von denen die meisten verfilmt und auch in einer Fernsehversion gezeigt wurden. Alle ihre Romane erschienen zuerst als Fortsetzungen in Frauenzeitschriften, und alle sprechen hauptsächlich weibliche Leser an. In ihren Büchern geht es normalerweise um ein Mädchen aus gutem Hause, das sich in einen jungen Mann ohne einen Pfennig Geld verliebt. Eine Heirat wird von ihrer Familie strikt untersagt. Natürlich obsiegt am Ende schließlich die Liebe (nach vielen Kapiteln und noch mehr Hindernissen), und der junge Mann überzeugt die Familie von seinem lauteren Charakter.

Die klassische thailändische Literatur, die vor allem aus dem *Ramakien* (der Thai-Version des Sanskrit-Epos Ramayana), aus Sagen in Versform und der höfischen Poesie besteht, wird zwar von Universitätsstudenten studiert, die übrigens auch Übersetzungen westlicher Klassiker lesen (*Der Kaufmann von Venedig* wurde von König Rama VI. übersetzt). Der Durchschnittsthailänder jedoch bevorzugt sentimentale Romane, die nichts mit der Wirklichkeit zu tun haben und meistens von Frauen für Frauen geschrieben sind.

Es gibt jedoch einige wenige Ausnahmen und Hinweise darauf, daß

ให้เกียรติสร้างบท
เป็นภาษาไทย

Die Filmplakatwände in Bangkok und im ganzen Land bilden eine Form von Pop-art, die weltweite Nachahmung findet.

sich auch für Romane, die sich mit ernst zu nehmenderen zeitgenössischen Themen auseinandersetzen, Leser finden. Eine dieser Ausnahmen ist M.R. Kukrit Pramot, ein sehr vielseitiger Mann, der klassischer Tänzer, Filmstar (er wirkte mit in *Der häßliche Amerikaner*), Zeitungsherausgeber und auch Politiker war. Er schrieb ungemein populäre Romane, die z.B. das Leben am Hof (*Vier Regierungszeiten*) oder die Auseinandersetzungen zwischen Buddhismus und Kommunismus (*Roter Bambus*) behandeln. Auch haben verschiedene neuere Schriftsteller für ihre Bücher, die sich mit sozialen Problemen beschäftigen, viele Leser gefunden, besonders unter den Studenten. In *Briefe aus China* beispielsweise diskutiert ein Schriftsteller, der unter dem Pseudonym „Botan“ schreibt, die Beziehungen zwischen den Thais und den Chinesen in Thailand und äußert dabei recht scharfe Kritik an beiden Volksgruppen. *Ein Mann namens Karn* — ein Buch von Suwanee Sukonta, das einen SEATO-Preis gewann und sehr erfolgreich in Thailand verfilmt wurde — handelt von einem idealistischen Arzt, der in die Provinz geht, dort aber dann durch korrupte Beamte zum Aufgeben gebracht wird. Khamsing Srinawk, der Autor von *Der Politiker und andere Geschichten* ist zweifelsohne einer der besten, wenn nicht sogar der beste Schreiber von Kurzgeschichten der letzten Jahre. Die Popularität dieser und anderer Bücher gab den thailändischen Schriftstellern neue Richtungen vor, die mehr die Realität widerspiegeln und nicht so sehr die Tagträume der Durchschnittsleser.

Die Filme: ein Kaleidoskop thailändischer Mythen und Legenden

Eine thailändische Filmschauspielerin ... Wie Filmstars überall verkörpert sie ein Ideal, einen Traum an Schönheit und nicht die Realität. Sie hat helle, pfirsichzarte Haut, eine makellose Figur und spricht mit einer sanften, fast kindlichen Stimme, die häufig kaum mehr als ein Flüstern ist. Ihre Kleider sind der letzte Modeschrei, und ihr Schmuck sieht sehr teuer aus. Irgendwie bringt sie es fertig, gleichzeitig jungfräulich und ausgesprochen sexy auszusehen. Im gesamten Königreich kann man sie auf Kalendern und riesigen, bis zu vier Stockwerken großen Plakatwänden lächeln sehen. Immer macht sie mindestens zehn Filme gleichzeitig, in denen sie mehr oder weniger die gleiche Rolle spielt.

Nur wenige ausländische Besucher schauen sich während ihres Aufenthaltes in Thailand einen einheimischen Film an. Das ist wegen der Sprachschwierigkeiten durchaus verständlich, trotzdem aber bedauerlich; denn Filme zeigen viel von den gegenwärtigen Trends hinsichtlich Kultur und Geschmack eines Landes. Es gibt fünf bedeutende Filmateliers in Thailand, alle in Bangkok, die im Jahr mehrere hundert Filme herstellen. Obwohl sie in der Hauptstadt mehr Zuschauer anziehen, als man vermuten möchte (zieht man die große Zahl westlicher Filme in Betracht, die hier ständig gezeigt werden), genießen sie ihre größte Popularität jedoch in den Provinzen. Dort beträgt der Eintrittspreis zwei oder drei Baht, und Filme sind die wichtigste Unterhaltungsmöglichkeit .

Noch bis vor kurzem waren die Mehrzahl der Thai-Filme 16-mm-Stummfilme, die in jeder Vorstellung „live“ von Erzählern vertont wurden. Oft gab es nur einen einzigen Erzähler, der nahe der Leinwand stand und alle Rollen sprach. Da diese Erzähler häufig selbst starke Ausstrahlung besaßen, gingen die Leute sehr häufig ins Kino, nur um sie sprechen zu hören. In den letzten sieben oder acht Jahren sind jedoch mehr und mehr 35-mm-Tonfilme gemacht worden. Die Regisseure haben die ausgefeilten Techniken der Filmherstellung des Westens übernommen, und einige Produzenten haben sogar Experimente mit Filmthemen gemacht, die nicht der bewährten Schablone der Vergangenheit entsprachen. Bisher waren dies jedoch nur wenige; denn das thailändische Filmpublikum weiß sehr genau, was es sehen will.

Zuerst einmal will das Publikum bekannte Gesichter, dieselben Stars immer und immer wieder, und zwar in vorhersagbaren Rollen. Die mit großem Abstand beliebtesten Schauspieler der Gegenwart, Sombat und Petchara — die Vornamen genügen für jedermann, um sie zu identifizieren —, waren schon vor sieben Jahren Superstars. Sie machen zwanzig bis dreißig Filme pro Jahr, meistens miteinander. Das Publikum wünscht auch die gleichen Geschichten, mit nur geringfügigen Variationen. So ist das Cinderella-Thema sehr beliebt: Armes Mädchen (bzw. armer Junge) trifft berühmten Jungen (bzw. berühmtes Mädchen), meistert eine Menge Schwierigkeiten und bekommt ihn (oder sie) schließlich am Ende, wenn alle Mißverständnisse glücklich beseitigt sind.

Eine andere, äußerst beliebte Geschichte ist die des armen Jungen vom Lande, der in die verdorbene Stadt kommt, dort allen Arten von — gewöhnlich sexuellen — Versuchungen ausgesetzt ist und schließlich das tugendhafte, schöne Mädchen bekommt, das ihn von Anfang an geliebt hat.

Gleichgültig, wie traurig die Geschichte auch sein mag, das Publikum besteht doch auf ausführlichen komischen Passagen. Daher sind auch einige Klamauk-Schauspieler ebenso gefragt wie die Superstars. Eine Menge Gesang und Volkstanz muß ebenfalls in einem guten Film enthalten sein. Schließlich wollen die Kinogänger, daß ein solcher Film auch hinsichtlich seiner Länge das Eintrittsgeld lohnt; so sind zweieinhalb Stunden durchaus normal, viele Filme dauern aber auch drei und mehr Stunden.

Auch hinsichtlich westlicher Filme haben die Thais einen ähnlichen Geschmack. Ein ausländischer Film, in dem viel gesprochen wird oder in dem zuwenig passiert, wird nur eine kurze Laufzeit haben, während Komödien, Musicals oder Cowboyfilme riesige Zuschauermengen anziehen. Die beiden beliebtesten Filme, die in Thailand jemals gezeigt wurden, sind *Die Trapp-Familie* und *MacKennas Gold*.

Der traditionelle Tanz: lebendige Klassik

In einer *khon*-Aufführung verbergen Masken, starkes Make-up und aufwendige, edelsteinbesetzte Kostüme und Kopfbedeckungen die Individualität des einzelnen Tänzers. Es wäre auch (für jeden Kenner) ein unverzeihlicher Verstoß gegen die Regeln, wenn durch ein Lächeln oder irgendeine nicht vorgeschriebene Geste zum Ausdruck kommen sollte, daß es sich bei dem Tänzer um ein menschliches Wesen handelt. So ist jede Bewegung genauestens vorgeschrieben, und jeder, der etwas von klassischem Tanz versteht, würde eine Abweichung von den Regeln sofort registrieren.

Khon war nie eine Kunst für die breite Masse. Entstanden in königlichen Palästen und mehrere Jahrhunderte nur dort aufgeführt, war diese Tanzform ausschließlich gedacht zur Erbauung des Königs. Sie hat überdauert in erster Linie aufgrund der Bemühungen des Fine Arts Departments, das eine klassische Tanzschule unterhält und gelegentlich Aufführungen im Nationaltheater in Bangkok veranstaltet. Die Szenenausschnitte, die in bestimmten Touristenrestaurants geboten werden, sind nur ein schwacher Abglanz dessen, was man in einer Originalaufführung zu sehen bekommen würde. Dennoch sollten Sie eine solche Imitation nicht versäumen — und sei es auch nur wegen der Kostüme.

Zwei im Volk populäre klassische Tanzformen sind der *lakhon* und *likay*. Im *lakhon* werden keine Masken verwendet, und die Bewegungen sind erheblich weniger stilisiert, während der *likay* im wesentlichen als eine burleske Abwandlung des klassischen Tanzes zu verstehen ist. Als wesentlicher Bestandteil jedes Festes in der Provinz beschränkt er sich in den frühen Abendstunden auf reinen Klamauk; sobald aber die Kinder schlafen gelegt worden sind, geht es um recht deftigen Sex, die Wortspiele und Doppeldeutigkeiten begeistern die Zuschauer für Stunden, oft bis zum Morgengrauen.

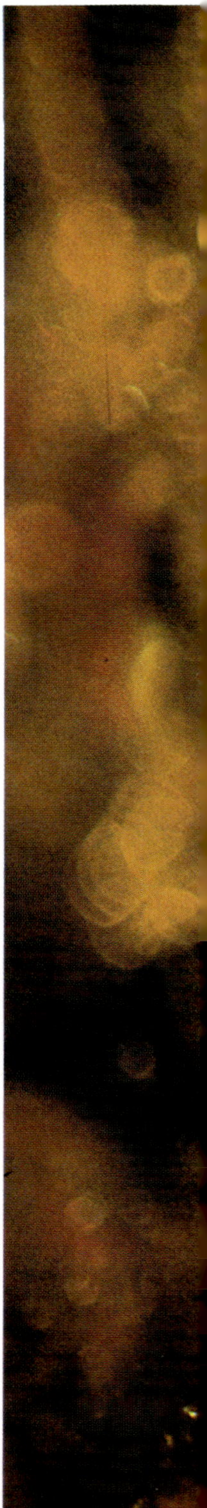

Der klassische Thai-Tanz ist ein wichtiger Bestandteil königlicher Zeremonien.

BANGKOK UND SEINE UMGEBUNG

Eine Stadt mit vielen Gesichtern

Manche Städte sind einfach kennenzulernen; nach nur ein paar Tagen hat man eine klare Vorstellung ihrer Aufteilung und ihres Charakters, und man hat nicht die geringsten Hemmungen, sie kreuz und quer zu durchstreifen, um sie noch besser zu erkunden. Andere erschließen sich dem Besucher weniger leicht; vielleicht aufgrund ihrer Ausdehnung und weil sie kein eigentliches Zentrum haben, weil sie ausgesprochen verwirrend erscheinen und weil sie nicht einen Charakter, sondern ein Dutzend haben, die zum Teil völlig gegensätzlich sind. Fast jeder Besucher wird ohne zu zögern Bangkok in die zweite Gruppe einordnen; denn diese Metropole von mehr als vier Millionen Einwohnern scheint auf den ersten Blick eine völlig willkürliche Anhäufung von Neuem und Altem, Ost und West, Harmonie und Chaos, Exotischem und Banalem — alles ist wie zufällig zusammengemischt in dieser riesigen Stadt. Ziemlich genau in der Mitte zwischen Taipeh und Delhi, bildet Bangkok seit vielen Jahren den Schnittpunkt der verschiedensten Flugrouten durch Südostasien, was naturgemäß erheblich zur Bedeutung dieser Metropole beiträgt.

Sie können in einem Augenblick in einem verträumten Tempelhof sitzen, umgeben vom rhythmischen Gesang der Mönche und dem silbernen Geklingel kleiner Windglöckchen, und gleich darauf Leben und Gesundheit riskieren bei dem Versuch, eine der Straßen zu überqueren, auf denen der wahrscheinlich dichteste Verkehr ganz Asiens entlangtost. Sie können sich auch mit einem völlig neu überarbeiteten Stadtplan versehen und sich dennoch plötzlich in Straßen

Der Abend senkt sich über Bangkok und den Großen Palast (umseitig). Vom Goldenen Berg aus und im Dämmerlicht erscheint Bangkok ruhig. Der Schein trügt ... Polizist im Verkehrsgewühl von Bangkok (rechts).

CE CENTER
OLEX

wiederfinden, die nicht existieren dürften — denn es gibt sie nicht auf Ihrem Plan: nicht etwa kleine, unbedeutende Straßen, sondern wichtige Verkehrsadern.

Bangkok ist keine ordentliche Stadt. Das war es auch niemals in den letzten Jahrzehnten — auch nicht in der Zeit, die ältere Bangkok-Kenner nostalgisch als die ,,gute alte'' bezeichnen, womit sie die frühen fünfziger Jahre meinen. Damals gab es weniger Autos als Fahrrad-Rikschas, die heutigen breiten Avenuen waren schmale Straßen entlang (wenig romantisch duftender) *klongs*, und wenn man die Stadt durchqueren wollte, war dies keineswegs eine Angelegenheit von mehreren Stunden, wie das heute der Fall sein würde. Das Leben mag damals gemütlicher gewesen sein, aber dennoch war schon zu der Zeit Bangkok eine Stadt, die sich weniger entsprechend der Vorstellung von Stadtplanern entwickelte als dem launenhaften Auf und Ab der Stadtgeschichte folgend. So kommt es, daß sie teils in die Reisfelder hinein ausufert, teilweise aber auch Perspektiven bietet, die unverändert aus dem 19. Jahrhundert stammen könnten.

Der größte, völlig ungeordnete Bauboom in der Geschichte Bangkoks fand in den späten fünfziger Jahren statt. Das meiste, was heute als ,,modern'' auffällt, ist seit damals entstanden: die vielstöckigen Bürohäuser, klimatisierten Einkaufszentren, praktisch alle breiten Straßen, die riesigen Filmtheater, die internationalen Hotels und die endlosen Reihen von Läden. Vor diesem Bauboom waren dort, wo sich heute die teure Villengegend rechts und links von der Sukhumvit Road erstreckt, nur Reisfelder. Damals hätten Sie sich noch mit dem Boot von der Stelle, an der sich jetzt das Dusit Thani-

Die Landeshauptstadt ist eine verwirrende Ansammlung von Neu und Alt, Gelassenheit und Chaos: Chinatowns Yaowaraj Road.

Hotel erhebt, zum Fluß fahren lassen können.

Nach dem Boom schien für viele ein neues Bangkok entstanden zu sein, und dennoch waren bestimmte Gegenden — beispielsweise in der Nähe des Großen Palastes, in Chinatown oder auf der anderen Flußseite in Thonburi — überhaupt nicht berührt worden vom Baufieber und sehen noch heute so aus wie vor fünfzig Jahren.

Heute lebt etwa jeder zehnte Thailänder in Bangkok. Ungefähr 90 % aller Autos des Landes sind hier registriert. Der Großraum Bangkok ist mehr als dreißigmal größer als z.B. Chiang Mai, die zweitgrößte Stadt Thailands. Mindestens ein Drittel der Bevölkerung Bangkoks — vielleicht sogar erheblich mehr — stammt von Chinesen ab. Die Bevölkerung hat sich seit dem Zweiten Weltkrieg verfünffacht. Etwa 80 % aller thailändischen Universitätsstudenten studieren hier.

Für viele derjenigen, die sich für Bangkok begeistern, sind es gerade diese Vitalität, Vielseitigkeit und kaum miteinander zu vereinbarenden Gegensätze, die der Stadt ihr unverwechselbares Fluidum geben. Einmal abgesehen von den berühmten Touristenattraktionen — Sie werden ständig von irgendwelchen völlig unerwarteten und oftmals höchst amüsanten Szenen oder Perspektiven überrascht: ein schmaler *klong*, der geräuschlos an einem supermodernen 400-Betten-Hotel vorbeifließt; ein tropischer Bilderbuchgarten; eine elegante kleine chinesische Pagode auf dem Dach eines sonst völlig unauffälligen Hauses mit den üblichen kleinen Läden; ein in seiner leichten Verwahrlosung immer noch nobler viktorianischer Palast hinter einem Filmtheater; eine alte Frau auf einem belebten Gehsteig, die Girlanden von Jasminblüten flicht; ein riesiger stehender Buddha, drei Stockwerke hoch, eingezwängt zwischen modernen Glas- und Betonbürobauten; ein kleiner griechischer Tempel auf dem Gelände eines Krankenhauses, das früher einmal der Palast eines Kronprinzen war; ein paar Gassenjungen, die mit Bewegungen von Balletttänzern einen Korbball von einem zum andern kicken; eine gigantische Filmwerbetafel mit einer bäuchlings liegenden, nur spärlich bekleideten jungen Dame, unter der die vorbeieilenden Passanten wie Wichtelmännchen wirken ... All das ist Bangkok!

Dieser beliebten, in geweihte Tücher gehüllten Statue werden Blumenopfer zu Füßen gelegt.

Zur ersten oberflächlichen Orientierung in dieser Stadt folgende sehr grobe Einteilung:

1. *Das frühe königliche Bangkok:* die Gegend um den Großen Palast, einschließlich Wat Phra Keo, Wat Po, Sanam Luang, Wat Suthat, Wat Rajabopitr, Große Schaukel.
2. *Das späte königliche Bangkok:* Chitralada-Palast (die heutige Residenz des Königs), Marmor-Tempel, Parlamentsgebäude, Dusit-Zoo.
3. *Das chinesische Bangkok:* Yaowaraj-Road und Umgebung.
4. *Das alte touristische Bangkok:* New Road, Oriental-Hotel, der untere Teil der Suriwong-Road und der Silon Road.
5. *Das neue touristische Bangkok:* der obere Teil der Suriwong Road und der Silom Road, die Umgebung des Dusit Thani-Hotels, Rajprasong, die Umgebung der Hotels Erawan und President.
6. *Relativ neue Wohngebiete:* die Seitenstraßen rechts und links von der Sukhumvit Road stadtauswärts bis Prakanong und darüber hinaus.
7. *Die neuesten Wohngebiete:* riesige Wohnviertel für die Mittel- und Oberschicht an der New Petchburi Road und der Autoschnellstraße nach Norden.
8. *Die wichtigsten Thai-Märkte:* Pratunam, Bangrak, Thevet, Klong Toey, um nur die größten zu nennen.

BANG
PHAT
Thowa Phitek
Road
Rajawhitee
Sukhotai
Wat Kemasiri
Nakhon Chaisri
Road
Phichai
Road
Sukhotai
Sukhantharam
Soi
Charan Sanitwong
Mae Nam Chao Phrang
Monastery
Road
Rajawhitee
Rama 5
Road
Sri
National Library
Ayuthaya
U Thong Nok
Prachakon
Dusit Zoo
Ampron
National Assembly
Klong Prapa
Prem
Gardens
Road
Luk Luang
Bank of Thailand
Ministry of Health
Flour Market
Phitsanulok
Nakhon Ratchasima Tai
Klong
Wat Benchamabopit
Marble Temple
Avenue
Rd.
Sri Ayuthaya
Chitralada Palace
New Arun
Samsen
Wat Indrawihan
Krung Kasem
Wisukasat
Road
Government
Buildings
Phitsanulok
Rama 5
Road
Sri Ayuth
Amarin
Pra Pin Klao Bridge
Arthit Road
Pra Sumera
Santitham
Rd.
Road
Royal Turf Club
Sawankhalok
UNICEF
Road
Thai
Royal Cermonial Barges
Klong Bangkok Noi
Road
Pra
Chahra
pong
Road
Pra Sumera
Luk Luang
Road
Rajatrinnamai
Vientai
Wat Bovornives
Road
Road
Rajadamnen Nok
Nakhon Sawan
Krung Kasem
Road
Thonburi Stn.
Chao Fa
Rachini Rd
Road
Road
Arun
N. Theatre
Rajadamnern
Majestic
Klang
Larn Luang
Road
Petchburi
Rama 6
Thamasat University
Royal
N. Museum
Democracy Monument
Paris-Theatre
Medical University
Chalerm Thai Theatre
Golden Mount
Wat Sakhet
Rak
Road
Wat Mahathat
Sanam
Luang
Rachini
Asdang
Old Library
Lakmuang
Road
Road
Rd.
Dinso
Wat Rachanada
Rd.
Road
Soi
Silapakorn University
Napralan Rd.
YOMMARA
BANGKOK
NOI
Amarin
Road
Maharaj
Bamrung
Muang
Wat Suthat
Bamrung Muang
Road
Rama 1
Wat Phra Kaeo
Sanam Chai
Ministry of Foreign Affairs
Wat Rajabopitr
Nakon
Luang
Mahachai
Yu Khon 2
Rd.
Wat Tepsirin
Krung Kasem
Road
Grand Palace
Arun Amarin
Fuan
Chareon
Krung New
Worachak
Central Hospital
Road
Nopa Wong Rd.
Wat Pho
Road
Pahurat
Road
Matri Chit
Phadung
N.tio
Stadiu
Soi
Wat Arun
Road
Road
Rachini
Asdang
Pahurat Market
Yaowaray
Road
Chareon Krung New
Sua Pa
Chakraphit
Tri Phet
Road
Nakorn Kasem
Chinese Town
Muang
Krung Thep Main Station
Road
Wat Kanrayanimit
Jahraward
Rd.
Road
Rama 4
Road
Road
Rong
Israphrap
Santa Cruz Monastery
Rd.
Road
Bangkok Memorial Bridge
Rajwong
Song Sawad
Golden Buddha
Wat Trimitr
Charu Muang
Rama 6
Thesbai 1
Wat Sany Krachai
Wat
Phrathumkhongka
Road
Rama 4
Soi
Somdej Chaophraya
Road
Kij
Phanich
Road
Klong Bangkok Yai
Mandarin
Road
Sub Road
Chao Krung Thon
Dindaeng
Road
Road
Road
THONBURI
Prachathipok
Road
Tha
Lard Ya
Si Phaya
Tawana Sherato
Trok
Road
Road
Buddha Osoth
Intra Phitak
Road
Lard Ya
Portugese Emb.
G.P.O.
Soi
Manohra
Phrachao-Taskin Statue
Royal Orchid Sheraton
Surawong
Narai
Deja Road
Wongwienyai Stn.
Charoen Rath
Trocadero
Peninsula
Silon
Oriental

Bangkok
1 km
SAPHANKHWAI
DIN DAENG
SIAM SQUARE
Continental
Victory Monument
Suan Pakkard Palace
Indra
First
Bangkok Palace
Siam Intercontinental
Hilton
President
Erawan
Amarin
Grace
Fortuna
Park
Federal
Ambassador
New Imperial
New Nana
Manhattan
Miami
Rajah
The Regent Bangkok
Windsor
Impala
Dusit Thani
Phramongkutklao Statue
Siam
TV-Station (Army)
Childrens Hospital
Womans Hospital
Athens-Theatre
Makasan Stn.
Theatre
Pratunam Market
Indonesian Emb.
Japanese Emb.
Brazilian Emb.
Pakistani Emb.
British Emb.
Swiss Emb.
Srilanka Emb.
Indian Emb.
Austrian Emb.
Turkish Emb.
Israeli Emb.
Spanish Emb.
Vietnamese Emb.
Dutch Emb.
Egyptian Emb.
NZ
Finnish Emb.
USA Emb.
Iranian Emb.
Cambodian Emb.
Baptist Church
Church
Siam Center
Siam Square
Wat Pathum Wan
Erawan Shrine
Chulalongkorn University
Royal Bangkok Sports Club
Turf
Lumpini Park
Pasteur Institute Snake Farm
Lumpini Stadium
Klong Samsen
Klong Saensaep
Rama 6
Rama 1
Rajawhitee
Phaholyothin Road
Phayathai
Dindaeng Road
Rangnom
Rajprorop
Makasan
New Petchburi
Expressway
(Superhighway)
Mitaphap
Asoke Dindaeng Road
Asoke Road
Pracha Songkhro
Sukhumrit Road
Wireless Rd.
Wireless (Wit Thayu)
Henry Dunante
Rajadamri
Sarasin
Polo
Chula 12
Chula 13
Chula 14
Soi Nana Nua
Soi Nana Tai 4
Ruamrudi
Chid Lom
Sompraong 1
Sompraong 3
Wadhana
Prasan Mitr
Sai Nam Thip
Phai Singto
Sailom
Ari
Sasna
Luecha
Athawinol
Sanam Pao
Rajprasong
Pajyothin
Saeng
Ruam
Chan
Chai
Lang Suan
Argentine Emb.
Belgian Emb.
30
31
32
33
34
35
36
37
38
39
45
46

Die Innenstadt

Nehmen Sie sich den Stadtplan von Bangkok vor, und suchen Sie den Großen Palast, Wat Phra Keo und das große Oval des Sanam Luang. Bei genauerem Hinsehen werden Sie feststellen, daß hier der Chao Phya-Fluß eine sehr starke Krümmung macht und zusammen mit dem schmalen Kanal (*klong*), der das umflossene Land durchschneidet, etwa die Form einer Mango bildet. Diese von Fluß und *klong* gebildete künstliche Insel war das ursprüngliche Bangkok, die ,,Innere Stadt'', und genau hier sollte jede Erkundung von Bangkok beginnen.

In diesem relativ kleinen Gebiet finden sich die meisten Sehenswürdigkeiten, die jeder Besucher der Stadt gesehen haben sollte und die ihn an die Bilder aus seinen Schulbüchern erinnern oder an Szenen aus dem Film *Der König und ich*. Wenn Sie vom Denkmal der Demokratie kommend die Rajadamnern Avenue — die thailändische Version der Champs Elysées — hinuntergehen und auf den baumumsäumten Sanam-Luang-Platz stoßen, erhebt sich dahinter im Sonnenlicht schimmernd Wat Phra Keo. Dieser Anblick fasziniert auch verwöhnte Weltenbummler.

The numbers in the margin in this section refer to the map on pages 60-61

Der ideale Ort, von dem Sie die Tour durch die Stadt beginnen sollten, ist das offizielle Zentrum von Bangkok. Es ist ein kleiner Tempel, nicht weit vom Verteidigungsministerium, genau gegenüber dem Eingang zum Wat Phra Keo.

1. Lakmuang
ศาลเจ้าหลักเมือง

Dieser Schrein beherbergt den **Lakmuang,** eine Steinsäule, die von Rama I. in den ersten Jahren seiner Regierung als Grundstein seiner neuen Hauptstadt errichtet wurde. Jede Entfernung innerhalb der Stadt wurde früher von diesem Stein aus gemessen. Jetzt wird der Lakmuang-Stein in seinem Tempelchen von vielen Einwohnern Bangkoks die magi-

Blumen und Weihrauch im Lakmuang-Tempel, der offiziellen Stadtmitte Bangkoks (oben). In einem Nebenraum wartet eine Tänzerin auf ihre Vorstellung, die von einem dankbaren Gläubigen nach Erfüllung seiner Wünsche durch den Tempelgeist arrangiert wird (Mitte). Wie die Krone auf dem Kopf der Tänzerin ragen die Türme des Großen Palastes und des Wat Phra Keo graziös in den Himmel (rechts).

sche Kraft, Wünsche erfüllen zu können, zugesprochen — sei es nun ein Gewinn in der Nationallotterie oder ein männlicher Erbe. Aus diesem Grund finden sich dort immer riesige Mengen von Blumenopfern und Räucherstäbchen.

Im angrenzenden Raum findet man sehr häufig Aufführungen klassischer Musik und Thaitänze, die den Geist gewogen machen sollen. Die günstigste Zeit, diesen kleinen Tempel zu besuchen, ist entweder an Feiertagen oder werktagnachmittags.

2 The Grand Palace
พระบรมมหาราชวัง

Der Große Palast (Grand Palace) ist jeweils Dienstag und Donnerstag von 9.00 bis 16.00 Uhr und am Montag, Mittwoch und Freitag bis 12.00 Uhr mittags geöffnet, wobei die Vorschrift, daß Männer eine Jacke und Frauen ein Kleid oder einen Rock tragen, befolgt werden sollte. Der Große Palast bildet einen Teil des Geländes, auf dem auch der Tempel des Smaragdenen Buddhas steht, der als königliche Kapelle dient. Der Palast, der von einer hohen, zinnenbewehrten Mauer umgeben ist und dessen Hauptzugang das gewaltige Piman-Jayasri-Doppeltor bildet, war ursprünglich vom ersten König von Bangkok im Jahre 1782 erbaut worden. Beinahe jeder nachfolgende König hat an dem Gebäudekomplex weitergebaut, so daß dieser heute eine faszinierende Mischung der verschiedensten Architekturstile von thailändisch bis viktorianisch bildet. Nach der Ermordung des Königs Ananda in dem Palast im Jahre 1946 zog der jetzt regierende König Bhumibol in den modernen, komfortableren Chitralada-Palast um. Seitdem ist der Große Palast nur noch Schauplatz von Staatsbanketten und anderen Zeremonien.

Chakri Maha Prasad
พระที่นั่งจักรีมหาปราสาท

Die königliche Residenz, die **Chakri Maha Prasad,** von der nur die Empfangsräume besichtigt werden können, entstand unter der Herr-

schaft von Rama V. (1868—1910) zur Feier des 100jährigen Jahrestages der Chakri-Dynastie. Dieses Gebäude ist eine eindrucksvolle Mischung von thailändischer und westlicher Architektur: Das Dach ist reiner Thai-Stil, wogegen die übrigen Gebäudeteile, die von einem Engländer entworfen wurden, am besten mit „kaiserlich-viktorianisch" charakterisiert werden könnten. Das oberste Stockwerk unter der zentralen Dachspitze beherbergt eine goldene Urne mit der Asche der Chakri-Könige. Die großzügigen Empfangsräume sind dekoriert mit Gemälden von früher regierenden Königen, Büsten ausländischer Herrscher und Kunstgegenständen. Im Zentrum des Gebäudes ist der prächtige Thronraum der Chakri-Dynastie, wo der König ausländische Botschafter und andere wichtige Besucher empfängt.

Die Halle auf der rechten Seite der Empfangsräume wird **Dusit Maha Prasad** genannt. Sie wurde von König Rama V. im Jahre 1789 gebaut und ist ein besonders eindrucksvolles Beispiel klassischer Thai-Architektur. Der Balkon mit Thron im nördlichen Flügel diente früher für königliche Empfänge im Freien. Unmittelbar vor der Dusit Maha Prasad ist ein wunderschöner kleiner Pavillon, der **Arporn Phimok Prasad.** Dieser „Auskleide-Pavillon", dessen Höhe der des königlichen Baldachins entspricht, diente zum Ablegen des zeremoniellen Hutes und Umhangs, nachdem der König sich von seinem Thron erhoben hatte, um in die Audienzhalle zu schreiten. Das zierliche Gebäude, das zu Recht als „der vollkommenste Pavillon Thailands" bezeichnet wird, wurde von Rama V. in seinem Sommerpalast Bang Pa-In in der Nähe von Ayuthaya nachgebaut. Eine Reproduktion war 1958 auf der Weltausstellung in Brüssel zu sehen.

Auf der linken Seite des Chakri

Dusit Maha Prasad
พระที่นั่งดุสิตมหาปราสาท

Arporn Phimok Prasad
พระที่นั่งอาภรณ์พิโมกข์ปราสาท

Vergoldete Straßenlaternen (oben) vermitteln Eleganz der Alten Welt vor dem Chakri-Thronraum im Großen Palast. Eine Thai-Familie (rechts) im Außenhof des Großen Palastes, von wo aus eine Tür zum Tempel des Smaragdenen Buddhas führt. Hier wird die Größe und Harmonie der Anlage deutlich.

Royal Harem
ตำหนักบรรดานางสนม

Borompiman Hall
พระที่นั่งบรมพิมาน

Amarin Vinichai Hall
พระที่นั่งอมรินทร์วินิจฉัย

3. Wat Phra Keo
วัดพระแก้ว (ศรีรัตนศาสดาราม)

Maha Prasad führt eine Tür zu den früheren **königlichen Frauengemächern (Royal Harem).** Kein Mann mit Ausnahme des Königs durfte diese Tür durchschreiten. Sogar heute noch ist dieser Bereich des Palastes für alle Besucher geschlossen, mit einer Ausnahme: des Gartenfestes nämlich, das der König einmal jährlich für Diplomaten und Mitglieder der Regierung an seinem Geburtstag gibt. Nördlich von den Frauengemächern liegt die **Borompiman-Halle,** von König Chulalongkorn als Residenz für den damaligen Kronprinzen gebaut, der später König Rama VI. wurde. Der Mord an König Ananda geschah in diesem Gebäude.

Die **Amarin Vinichai-Halle** in der Nähe der Tür zu den Frauengemächern ist ein anderes der wenigen noch existierenden Gebäude aus der ersten Bauperiode unter Rama I. Die verschwenderisch ausgemalte Audienzhalle wird heute noch für Krönungsfeierlichkeiten benutzt oder für die Übergabe von Orden durch den König. Bei Ordensverleihungen ist der König auf dem Thron zunächst von zwei Vorhängen, den sogenannten *Phra Visud,* verborgen. Erst auf ein Fanfarensignal hin öffnen sich diese Vorhänge, und der König erscheint in seinem prunkvollen Ornat.

Wat Phra Keo, der **Tempel des Smaragdenen Buddhas,** schließt sich an den Großen Palast an. Er dient dem Monarchen als der sogenannte königliche Tempel für seine zahlreichen religiösen Pflichten. Es besteht kein Zweifel, daß er wohl zu den bedeutendsten Sehenswürdigkeiten der Welt zählt mit der Vielfalt seiner vergoldeten Türme, Pavillons, Tempelgebäude und mythologischen Fabelwesen.

Es gibt in Thailand kein anderes Bauwerk, das ausländischen Besuchern einen ähnlich starken Eindruck vermitteln könnte. Das Tempelgelän-

de ist an Sonntagen und buddhistischen Feiertagen frei zugänglich. Werktags wird Eintritt erhoben.

Um Wat Phra Keo wirklich würdigen zu können, sollte man ihm mindestens zwei Besuche abstatten. Für den ersten empfiehlt sich einer der Tage, an dem Eintritt verlangt wird; es sind dann relativ wenig Leute auf dem Tempelgelände, und Sie können in Muße die Schätze dort bewundern. Zum zweitenmal sollten Sie ihn aber auf jeden Fall an einem der Tage besuchen, an dem das Tempelgelände für jedermann frei zugänglich ist. Nur dann können Sie einen Eindruck von der großen Bedeutung des Tempels und seiner hochverehrten Buddhafigur im Leben der thailändischen Gläubigen gewinnen. Sie sehen die Betenden, die auf dem Marmorboden vor dem goldenen Altar knien; Sie hören das Gemurmel der Bittenden, und Sie riechen den Duft der Blumenopfer und der brennenden Räucherstäbchen. In ein fremdes Licht getaucht, blickt der relativ kleine Buddha von seinem hohen Standplatz herab. Nur an solchen Tagen können Sie die Rolle, die der Smaragdene Buddha in den langen Jahren der thailändischen Geschichte gespielt hat, fühlen.

Wat Phra Keo war ursprünglich von Rama I. im Jahre 1782 erbaut worden, um das heilige Standbild des Phra Keo oder den Smaragdenen Buddha zu beherbergen. Niemand kennt die genaue Herkunft dieser kleinen, 75 cm hohen Figur, aber einige Experten sind davon überzeugt, daß es sich um das Werk eines Künstlers aus dem Norden handelt.

Bis zum heutigen Tag sitzt er nun auf seinem vergoldeten Altar, 11 m hoch über den Gläubigen, fast verloren im Qualm der Räucherstäbchen. Über ihm ist ein neunstufiger Schirm aufgespannt, und an jeder Seite hängen Kristallkugeln, die Sonne und

Der Smaragdene Buddha leuchtet im Neonlicht (oben), während ein chinesischer Wächter aus Stein draußen Wache hält (Mitte). Das Königliche Pantheon (rechts) ist der Öffentlichkeit einmal im Jahr zugänglich.

Mond repräsentieren. Dreimal im Jahr, zu Beginn jeder neuen Saison, wechselt der König persönlich die Roben des Smaragdenen Buddhas: eine goldene, mit Diamanten besetzte Tunika für die heiße Jahreszeit, einen golddurchwirkten Umhang mit blauem Muster für die Regenzeit und einen Überwurf aus solidem Gold, der mit Emaille verziert ist und ihn von Kopf bis Fuß einhüllt, für die kühle Jahreszeit.

Sie finden auf dem Tempelgelände eine solche Fülle von Gebäuden, Pavillons, *chedis* und *prangs* sowie vergoldete Statuen von Göttern und Göttinnen, daß eine vollständige Aufzählung aller ein weiteres Buch füllen würde.

Die Wände der Wandelhalle, die um den gesamten Haupttempel herumführt, sind mit Fresken bemalt, die Episoden aus dem *Ramakien,* der thailändischen Version des indischen Originals des *Ramayana*-Epos darstellen. Die Wandgemälde entstanden unter der Regierung von Rama III. (1824—1850), mußten aber von seinen beiden Nachfolgern restauriert werden. 1932, im Zuge einer grundlegenden Restaurierung, schlich sich bedauerlicherweise ein nicht zu übersehender westlicher Einfluß ein. Die für die schönen Künste zuständige Behörde führt derzeit wieder eine Restaurierung der Fresken durch. Der Beginn der Geschichtenfolge ist unmittelbar am Eingang zum Tempelgelände. Beim Durchschreiten der Gänge werden Sie Schlachtenszenen der *Ramakien-Könige,* Intrigen und humorvolle Szenen sehen, wobei die interessanteste Figur der weiße Affen-Gott Hanuman ist, der auch bei den klassischen Thai-Tänzen die beliebteste Figur abgibt. Marmortafeln, die unterhalb der Gemälde angebracht sind, erläutern in Gedichtform jede Szene der Geschichte.

Auf einer breiten Marmorterrasse,

höher als das übrige Gelände, stehen das Königliche Pantheon, die Bibliothek (Mondop) und eine goldene *stupa*, die von Rama IV. errichtet wurde. Das **Königliche Pantheon** enthält lebensgroße Statuen von Königen der gegenwärtigen Dynastie und ist der Öffentlichkeit nur einmal im Jahr am 6. April, dem Chakri-Tag, zugänglich. Vor dem Gebäude stehen viele vergoldete Statuen von mythologischen Lebewesen, unter ihnen liebenswerte *kinaree.* Hinter dem Pantheon ist die Bibliothek, umgeben von Denkmälern heiliger weißer Elefanten, die während der Regierungszeit der ersten fünf Chakri-Könige in Thailand gefunden wurden. Nicht weit davon entfernt ist ein großes detailliertes Modell des berühmten Khmer-Tempels von Angkor Wat.

Wat Po, bei den Einheimischen bekannt unter dem Namen Wat Phra Jetupon, ist das älteste und größte Kloster in Bangkok und bedeckt eine Fläche von fast acht Hektar. Es liegt auf der linken Seite des Großen Palastes und ist in zwei Hälften geteilt, wovon die eine die Wohnräume der Mönche enthält und die andere die verschiedenen religiösen Gebäude des Klosters. Diese beiden Teile sind getrennt durch die enge Jetupon-Straße. Auf dieser marschierte König Rama I. am 6. April 1782, dem Gründungstag der Chakri-Dynastie, von Kambodscha zurück nach Thonburi.

Sechzehn Tore sind in die gewaltigen Außenmauern des Wat Po eingelassen, aber nur zwei, beide in der Jetupon-Straße, sind für die Allgemeinheit geöffnet. Das Tempelgelände ist so weitläufig und so voller Gebäude, Pavillons, Statuen und abgeschlossener kleiner Höfe und Gärten, daß viele Besucher sich völlig überwältigt von diesem Anblick fühlen.

Der erste Tempel des Klosters wurde schon im 16. Jahrhundert gebaut. Dennoch erlangte der Platz erst wirk-

12. Wat Po
วัดโพธิ์ (เชตุพนวิมลมังกลาราม)

Royal Pantheon
ปราสาทพระเทพมิตร.

Im ältesten, größten Tempel Bangkoks, dem Wat Po (oben), wird der Besucher mit einer Vielzahl von Gebäuden und Gegenständen konfrontiert. Als „Thailands erste Universität" war der Tempel mit eindrucksvollen Wandgemälden und verschiedensten Objekten ausgestattet worden. Obwohl am populärsten wegen des riesigen „Liegenden Buddhas", bietet der Tempel auch interessante Details in Keramikornamenten (rechts).

liche Bedeutung, als Bangkok zur Hauptstadt wurde. Die ersten vier Könige, die in Bangkok residierten, nahmen sich des Wat Po ganz besonders an. Alle vier trugen wesentlich zur Verschönerung bei; die vier großen *chedis* im Westen der Hauptkapelle erinnern an sie: Das früheste, mit grünem Mosaik verzierte *chedi* wurde von Rama I. und das späteste, ein blaues *chedi*, von Rama IV. Mitte des 19. Jahrhunderts erbaut. Im ganzen gibt es auf dem Tempelgelände 91 andere *chedis* — 71 kleinere und 20 größere. Die kleinen enthalten die Asche von Mitgliedern des Königshauses, die größeren Buddha-Reliquien.

Die überwältigende Menge und Vielfalt der Dinge, die in Wat Po zu sehen sind, sind dann zu verstehen, wenn man sich klarmacht, daß die frühen Könige den Tempel als die wichtigste Quelle der öffentlichen Erziehung ansahen. Wat Po wurde daher früher auch ,,Thailands erste Universität" genannt. Gewisse Gegenstände wurden über das Tempelgelände verteilt, einzig und allein aus dem Grund, um den Gläubigen Wissen zu vermitteln. So illustrieren die verkrümmten Figuren auf einer kleinen künstlichen Erhebung Methoden der Massage und der Meditation, wie sie von Einsiedlern praktiziert werden. Es gibt 20 kleine Hügel auf dem Klostergelände, um geologisches Wissen zu vermitteln. In den meisten Gebäuden sind Wandinschriften zu finden, die so unterschiedliche Themen wie militärische Verteidigung, Astrologie, Moralregeln, Literatur und Archäologie behandeln. An den Wänden des kleinen, offenen Pavillons sind Platten angebracht, die Heilmethoden für verschiedene Krankheiten beschreiben.

In den modernen Gebäuden auf der linken Seite arbeiten die Heilpraktiker der alten Schule. Zwischen

16.00 und 18.00 Uhr finden sich hier viele Menschen ein, um sich nach den alten Methoden behandeln zu lassen.

Die größte Attraktion für die meisten Besucher ist jedoch die gigantische Statue des **Liegenden Buddhas (Reclining Buddha)** — 46 m lang, 15 m hoch — und vollständig vergoldet. (Die Einlegearbeiten auf den riesigen Fußsohlen, die die 108 glückbringenden Zeichen darstellen, sind deshalb besonders faszinierend, weil sowohl für Buddhisten wie für Hindus die untersten Teile des Körpers das repräsentieren, was geistig am wenigsten entwickelt ist.) Keinesfalls darf versäumt werden, die Überreste der Wandgemälde genau zu betrachten, die in dem Raum mit dem „Liegenden Buddha" noch vorhanden sind. Obwohl in äußerst schlechtem Zustand, gehören sie doch zu den besten traditionellen Thai-Gemälden, die es in Bangkok noch zu besichtigen gibt, und zeigen viele faszinierende Einzelheiten des täglichen Lebens in Thailand. Im Hof vor diesem Gebäude finden Sie Souvenirstände. Das Beste, was dort wohl zu kaufen ist, sind Steindrucke, die von dem Relief am Haupttempel abgenommen wurden und die Szenen aus dem *Ramakien*-Epos zeigen.

Die riesigen Steinfiguren mit den großen Hüten (wahrscheinlich Darstellungen von Europäern), die die Tore des Wat Po bewachen, sowie die liebenswerten kleinen steinernen Tiere und Pagoden, die überall über das Tempelgelände verstreut sind, kamen nach Thailand als Ballast auf den königlichen Reisbooten.

Eines der schönsten, wenn auch kleineren Gebäude in dem Tempel, nahe der vier großen *chedis,* ist die Bibliothek, die von oben bis unten mit Porzellanscherben dekoriert ist.

Das Pramane-Gelände

Zwischen dem Wat Phrao Keo und dem Beginn der Rajadamnern Avenue stoßen Sie auf einen riesigen ovalen Platz, der sowohl unter den Bezeichnungen **Sanam Luang** (Königlicher Platz) als auch **Pramane-**Platz (Königlicher Verbrennungsplatz) bekannt ist. Traditionsgemäß war dieser Platz für die Verbrennungen verstorbener Könige bestimmt. Der letzte König, der hier verbrannt wurde, war Rama III., ein Bruder des gegenwärtigen Herrschers. In einem bemerkenswerten Abweichen von der Tradition wurden die Opfer der Revolution von 1973 während einer vom König selbst organisierten Feier auf dem Pramane-Platz verbrannt.

4. Sanam Luang
สนามหลวง

Reclining Buddha
พระไสยาสน์

Meistens jedoch dient er ganz anderen, weniger ernsten Zwecken. Für die Thais ist er einer der beliebten Plätze, um am späten Nachmittag bummeln (*paitio*) zu gehen. Unter der Woche werden dort Fahrräder vermietet und Fußballspiele veran-

Auf dem Wochenendmarkt im Pramanegelände (links) vermischen sich Gegenwart und Vergangenheit; rechts erkennen wir das Nationalmuseum im Kaleidoskop des nächtlichen Lichtermeers.

staltet. Von Mitte Februar bis Ende April — wenn am Nachmittag regelmäßig mit einer frischen Brise gerechnet werden kann, die die Hitze erträglicher macht — sind Drachenkämpfe die große Sensation. Sie beginnen ungefähr um 16.30 Uhr. Ein Drachenkampf in Thailand ist sicher eines der größten Vergnügen, um einen anstrengenden Arbeitstag zu beenden. Neben der Thammasat-Universität werden eine Reihe von provisorischen Restaurants aufgebaut; so können Sie sich mit einem Glas Bier und einer Auswahl thailändischer Spezialitäten vor sich gemütlich auf einen Stuhl setzen (die Nachmittagssonne geht hinter Ihrem Rücken unter) und das Treiben beobachten. Obwohl es dort immer Scharen von Kindern gibt, die kleine Drachen in Form von Schlangen, Fledermäusen oder Vögeln steigen lassen, sind die Drachenkämpfe selbst aber ausnahmslos eine Angelegenheit für Erwachsene: Viele Unternehmen und auch Behörden haben ihre eigenen Mannschaften, und es gibt ein ausgefeiltes Punktesystem, nach dem die Kämpfe bewertet und am Ende der Saison die Preise verteilt werden.

Zwei verschiedene Arten von Drachen stehen sich gegenüber: der *chula* oder ,,männliche" Drachen, der bisweilen mehr als zwei Meter lang ist und eine Mannschaft von zehn oder mehr Männern benötigt, und der *pukpao,* der ,,weibliche" Drachen, der wesentlich kleiner und schneller ist und nur von einem einzigen Mann gelenkt wird. Während des Kampfes ist das Feld in zwei Hälften geteilt. Das Gebiet des *chula* ist neben dem Wat Phra Keo und das Gebiet des *pukpao* auf der anderen Seite. Der Zweck des Kampfes ist folgender: Der große Drachen überfliegt die Grenzlinie, fängt einen kleinen Drahen ein, zieht sich mit ihm zurück und bringt ihn zum Absturz.

Der Sanam Luang war bekannt für seinen Wochenendmarkt, der inzwischen an einen anderen Ort verlegt wurde. Es gibt nichts in Bangkok, was sich mit diesen Markttagen vergleichen ließe. Der frühe Morgen oder der späte Nachmittag ist wegen der günstigeren Temperatur am besten geeignet, obwohl viele schattenspendende Tamarisken den Platz umsäumen und die Restaurants Markisen haben. Außerdem gibt es eine Menge von Erfrischungsständen, die einem die furchtbare Hitze erträglicher machen.

An jedem Wochenende folgt der Aufbau des Marktes der gleichen Routine. Wenn Sie auf der Brücke stehen, die den Klong Lawd zur Rajadamnern Avenue überquert, werden auf Ihrer rechten Seite Pflanzen zum Verkauf angeboten.

Auf der gegenüberliegenden traßenseite gibt es gebrauchte Bücher. Dies ist der einzige Teil des Marktes, der während der ganzen Woche unverändert bleibt. Neben dem Sanam Luang — in Richtung Rajadamnern Avenue und Royal-Hotel — spezialisiert man sich auf Lebensmittel und fertige Speisen; auf der anderen Seite (Richtung Napralan Road) auf Kleider, Stoffe und Haushaltswaren. Dazwischen liegt der vielleicht faszinierendste Teil des Marktes, wo Tiere wie Baby-Pythonschlangen und thailändische kunstgewerbliche Erzeugnisse wie Musikinstrumente oder Antiquitäten (meist Kopien), Halbedelsteine, Heilkräuter und vieles andere zum Kauf angeboten werden.

Feilschen auf dem Sanam Luang ist unumgänglich; feste Preise gibt es nicht. Wenn Sie nicht feilschen wollen, werden Sie kaum übervorteilt, denn die Thais selbst sind davon überzeugt, daß die Preise insgesamt hier niedriger sind als sonstwo in Bangkok. Sollten Sie müde werden, bestellen Sie sich einen Eiskaffee.

Ein Sikh (oben) hält Kleidungsstücke auf dem Wochenendmarkt feil. Inder spielen eine bedeutende Rolle im Handelsleben Thailands. In einer hufeisenförmigen Galerie im Wat Mahathat bietet eine Reihe vergoldeter Buddhastatuen (rechts) einen Anblick weltentrückter Gelassenheit.

9. Silapakorn University
มหาวิทยาลัยศิลปากร
7. Thammasat
มหาวิทยาลัยธรรมศาสตร์

8. National Library
หอสมุดแห่งชาติ

10. Wat Mahathat
วัดมหาธาตุ

Auf der anderen Seite des Sanam Luang, auf dem Weg vom Wat Phra Keo zum Nationalmuseum, kommen Sie zunächst an der **Silapakorn-Universität** vorbei, der Universität der bildenden Künste. Der ältere Teil dieser Universität war früher ein Palast, und trotz vieler moderner Neubauten finden sich immer noch schattige Höfe. Häufig werden hier Kunstausstellungen abgehalten. Außerdem ist ein kleines, aber sehenswertes archäologisches Museum vorhanden.

Das nächste Gebäude ist die **Nationalbibliothek (National Library)** und auf dem gleichen Gelände der **Wat Mahathat (Tempel der großen Reliquie)**, der während der Regierung Ramas I. errichtet worden war. Wat Mahathat ist ein bedeutendes buddhistisches Lehrinstitut, besonders auf dem Gebiet der Meditation. Bevor Rama IV. König wurde, verbrachte er einen großen Teil seines Priesteramtes in diesem Tempel.

Auf dem großen Gelände zwischen dem *Wat* und dem Nationalmuseum steht die **Thammasat-Universität,** die kurz vor dem Zweiten Weltkrieg gegründet wurde und heute eine von Thailands führenden Ausbildungsstätten auf den Gebieten von Recht und Wirtschaftswissenschaften ist. Viele Führer der Revolution von 1973 kamen von Thammasat. Oft finden politische Versammlungen auf dem großen Platz vor dem Auditorium statt. Mit Ausnahme eines altmodischen, ziemlich viktorianisch wirkenden Verwaltungsgebäudes gibt es auf dem Gelände der Thammasat-Universität in bezug auf Architektur wenig zu sehen. Will man aber über die Einstellung der thailändischen Studenten gerne mehr erfahren, kann man mit Sicherheit jemanden finden, der bereit ist, sich bei einem Kaffee oder einer Coca-Cola über aktuelle Dinge zu unterhalten.

Das **Nationalmuseum**, wahrschein-

6. National Museum
พิพิธภัณฑ์สถานแห่งชาติ

lich das größte in ganz Südostasien, liegt in unmittelbarer Nähe der Thammasat-Universität und besteht aus einer Gruppe älterer Gebäude, an die auf jeder Seite 1966 zwei neue Flügel angebaut wurden. Es ist mit Ausnahme von Montag und Freitag täglich von 9.00 bis 12.00 Uhr und von 13.00 bis 16.00 Uhr geöffnet. Der Eintritt kostet nur 5 Baht. An Samstagen und Sonntagen ist freier Eintritt. Jeden Dienstag, Mittwoch und Donnerstag um 9.30 Uhr wird vom Museum eine englischsprachige Führung veranstaltet.

Abgesehen von den unermeßlichen Schätzen an Antiquitäten hat das Museum selbst eine interessante Geschichte. Die ältesten Gebäude datieren zurück bis 1782 und wurden als Palast des Zweiten Königs (eine Art stellvertretendem König) erbaut. Ursprünglich gehörte zu dem Palast ein großer Park, der sich bis zum Wat Mahathat erstreckte und die nördliche Hälfte des jetzigen Pramane-Platzes bedeckte. Das Amt des stellvertretenden Königs wurde von Rama V. abgeschafft.

Sivamokkha Biman Hall
พระที่นั่งศิวโมกข์พิมาน

Das erste Gebäude links vom Eingang ist die **Sivamokkha Biman-Halle,** die ursprünglich als an einer Seite offene Audienzhalle gebaut worden war. Jetzt beherbergt sie die prähistorische Kunstausstellung, speziell Gegenstände aus Bronze und hübsch bemalte Tongefäße, die in Ban Chieng (Nordostthailand) gefunden wurden und weltweit großes Interesse bei den Archäologen hervorrufen. In der Nähe des Eingangs befindet sich auch die **Buddhasaiwan-Kapelle,** die von dem damaligen stellvertretenden König zur Ausübung seiner privaten Andacht errichtet worden war. Sie enthält einige sehr gut erhaltene Wandgemälde mit Szenen aus dem Leben Buddhas sowie die berühmte Bronze-

Buddhaisawan Chapel
ตำหนักพุทไธสวรรย์

Das Nationalmuseum in Kürze

Dem eiligen Besucher soll das Folgende eine kurze Darstellung der Hauptperioden der Kunst Thailands vermitteln.

DAVARAVATI (6. bis 11. Jahrhundert): Die Statuen haben breite, gewöhnlich lächelnde Gesichter und eng gelocktes Haar. Häufig zeigt sich hier indischer Einfluß, besonders in den Gewändern. In den Räumen 32 und 33 werden Sie Davaravati-Figuren aus Terrakotta finden, und zwar nicht nur Buddhastatuen, sondern auch lebendig wirkende Gruppen.

SRIVICHAYA (8. bis 13. Jahrhundert): Gleichzeitig mit dem Davaravati-Stil kam diese Richtung aus Gegenden im Süden und ist sehr stark beeinflußt von der Kunst der Javaner. Bronzestatuen aus der Srivichaya-Periode sind in Raum 35 zu sehen.

LOP BURI (KHMER) (11. bis 14. Jahrhundert): Vergleichbar, manchmal sogar identisch mit dem Kunststil in Kambodscha. Die Lop Buri-Sammlung von Stein- und Bronzefiguren ist in den Räumen 29 und 31.

CHIANG SAEN (12. bis 20. Jahrhundert): Aus dem nördlichen Thailand, ziemlich plump wirkend, die Darstellung der Gesichter fast chinesisch mit sehr kleingelocktem Haar. Die Ausstellung ist in Raum 41.

SUKHOTHAI (13. bis 15. Jahrhundert): Dies ist der erste rein thailändische Stil. Versäumen Sie keinesfalls die berühmte schwarze Bronzestatue des „Wandelnden Buddhas", ein Standbild, das in Thailand mit am häufigsten reproduziert wird. Die Sukhothai-Figuren werden in den Räumen 42 und 43 gezeigt.

AYUTHAYA (15. bis 18. Jahrhundert): Ein gemischter Stil, graziös wirkende, aber stilisierte Figuren. Der verschwenderische Schmuck spiegelt den Reichtum und die Macht des Königreiches wider. Diese Sammlung findet sich in den Räumen 44 und 45.

BANGKOK oder *RATANAKOSIN* (spätes 18. Jahrhundert bis heute): Runde, fast süßlich wirkende Gesichter und fein ausgearbeitete Thai-Gewandung. Leider ist dieser Stil im Museum nicht sehr gut vertreten.

Tamnak Daeng
ตำหนักแดง

11. National Theater
โรงละครแห่งชาติ

11. Nattasin
โรงเรียนนาฏศิลป์

The National Museum is housed partly in an old royal palace (below) and contains a comprehensive collection of Thai art.

statue (im Sukhothai-Stil) des *Pra Buddha Sihing,* einer Figur, die von den Thais hoch verehrt wird. Ein anderes interessantes Gebäude auf dem Museumsgelände liegt hinter dem Pavillon mit prähistorischer Kunst und heißt **Tamnak Daeng** („Rotes Haus"). Es diente früher als Residenz einer älteren Schwester von König Rama I. und stand ursprünglich auf dem Gelände des Großen Palastes. In ihm befindet sich eine faszinierende Sammlung von Möbeln aus der Zeit der früheren Könige.

Der schön proportionierte alte Palast des stellvertretenden Königs beherbergte früher die vollständige Sammlung des Museums. Heute befinden sich hier rein ethnologische Gegenstände wie Elefantensättel, Porzellan, Baldachins, Möbel aus den königlichen Haushalten, Waffen und ähnliches. Die buddhistische Kunstsammlung enthält auch Ausstellungsstücke aus den meisten asiatischen Ländern. Die größte Attraktion ist zweifellos die thailändische Kollektion, die mit der frühesten Daravati-Periode beginnt und mit der letzten Ratanakosin-(Bangkok-)Periode endet. Broschüren und Merkblätter sind am Eingang erhältlich.

Nachdem Sie aus dem Tor des Museums kommen und sich nach links wenden, sehen Sie das **Nationaltheater**. Hier finden zu bestimmten Gelegenheiten Aufführungen von klassischen Thai-Tänzen statt. Ersatzweise sollten Sie die **Nattasin-Tanzschule** besuchen, die sich hinter dem Nationaltheater in einem der alten Gebäude des ehemaligen Palastes des Zweiten Königs befindet. Hier werden die Schüler in den komplizierten Bewegungen und Schritten des Maskentanzes *khon* ausgebildet, des Tanzdramas, das früher ausschließlich vor dem König und dessen Hofstaat aufgeführt wurde.

Der Hofraum des Nationalmuseums

Andere Tempel und Sehenswürdigkeiten

Einer der vielleicht attraktivsten kleinen Tempel in Bangkok, der **Wat Rajabopitr,** wird allerdings von wenigen Touristen besucht, obwohl er eine architektonische Sensation darstellt. Er befindet sich nahe des Innenministeriums beim Klong Lawd. Von Chulalongkorn im Jahre 1863 erbaut, spiegelt der Tempel das starke Interesse des Königs an westlicher Kunst wider sowie seine Versuche, diese mit traditionellen thailändischen Stilelementen zu verschmelzen. Das wichtigste Kennzeichen des Wat Rajabopitr ist der hohe vergoldete *chedi.* Dieser Tempelturm wölbt sich über einem runden Raum, der eine Steinstatue des Buddhas aus Lop Buri beherbergt, welcher auf der *naga*, der heiligen Schlange, sitzt. Der untere Teil des *chedi*, das darum herumliegende Klostergebäude und die Außenseite der Kapelle (*bot*) sind vollständig bedeckt mit Bruchstücken von farbigem chinesischem Porzellan, einer ungewöhnlich dekorativen Mischung von Blau, Gelb, Rot und Grün, die viel zu dem einmaligen Charme dieses kleinen Tempels beiträgt. Die Türen und Fenster des *bot* sind mit Perlmutter eingelegt und stellen verschiedene Ehrenbezeigungen dar, die vom König verliehen werden.

13. Wat Rajabopitr
วัดราชบพิตร (สถิตมหาสีมาราม

Wat Rajabopitr wurde schon vor König Chulalongkorns erster Europareise gebaut. Trotzdem zeigt sich dessen starkes Interesse an der westlichen Baukunst unübersehbar in der runden Kapelle, deren Baustil sich an italienische Gotik anlehnt und den Beschauer irgendwie an einen überladen ausgeschmückten Ankleideraum erinnert. Der König ging in seinem Interesse, einheimische und fremde Kultureinflüsse zu mischen, noch weiter, als er 40 Jahre später den Wat Benchamabopit vollständig aus weißem italienischem Marmor erbaute.

14. Giant Swing
เสาชิงช้า

Die Bamrung Muang Road führt vorbei am Innenministerium (nördlich vom Wat Rajabopitr und östlich vom Wat Phra Keo) zum Platz der **Großen Schaukel (Giant Swing** bzw. **Sao Ching Cha).** Gehen Sie zu Fuß die Bamrung Muang Road hinunter. In dieser Straße finden Sie alte Läden, die Gegenstände für Tempel und Hausaltäre verkaufen. Die Große Schaukel in der Mitte des Platzes ist aus zwei riesigen roten Holzmasten gebildet, die durch einen gebogenen Querbalken verbunden sind. Die Schaukelzeremonie, die wohl wegen ihrer Gefährlichkeit heute nicht mehr abgehalten wird, war Bestandteil eines volkstümlichen Rituals zu Ehren des Brahmanen-Gottes Phra Isuan, der jeden Januar zehn Tage lang auf die Erde kommen soll.

14. Wat Suthat
วัดสุทัศน์ (เทพวราราม)

Wat Suthat, gegenüber der Großen Schaukel, wurde unter dem ersten König von Bangkok begonnen und während der Regierungszeit des dritten Königs (1824—1851) beendet. Der Tempel ist bekannt für seine außergewöhnlich große *bot* (Kapelle), von der gesagt wird, daß sie die höchste von ganz Bangkok sei. Bedeutend ist außerdem die große *viharn* (Halle zur Aufbewahrung von Kultgegenständen), umgeben von einer Galerie vergoldeter Buddhastatuen. Die wichtigste Figur, der *Phra Buddha Chakyamuni,* ist schon im 14. Jahrhundert gegossen worden und stand ursprünglich in einem Tempel in Sukhothai. Beeindruckt von der Größe und Schönheit dieser Buddhastatue, brachte sie Rama I. dann flußabwärts nach Bangkok.

Nach der Vollendung befahl der König, daß die Schnitzwerkzeuge in den Fluß geworfen werden sollten, damit niemand mehr die Möglichkeit haben würde, die Schnitzereien zu kopieren. Der Zugang zum Tempel ist in der Thi Thong (Dinso) Road.

Tauben fliegen auf vom Wat Rajabopitr (links), wo sie von inneren Verdienst suchenden Gläubigen gefüttert werden. Die Große Schaukel (oben) erhebt sich über dem Verkehr wie ein nationales Monument. Während des rituellen Schaukelns mußten die konkurrierenden Teams so hoch schwingen, daß die Schaukelseile parallel zur Erde standen. Ein Bronzepferd (rechts) im Wat Mahathat zeichnet sich gegen den Himmel ab.

An der Stelle, an der die Rajadamnern Avenue den Klong Banglampoe überquert, außerhalb der Überreste der alten Stadtmauer von Bangkok, erhebt sich der **Goldene Hügel (Golden Mount)**, eine Hauptattraktion der Stadt und lange Jahre der höchste Punkt von Bangkok. Ayuthaya hatte einen großen künstlichen Hügel, und Rama III. beschloß daher, auch in Bangkok einen solchen Hügel aufschütten zu lassen. Wegen des weichen Bodens hier erreichte dieser jedoch nicht die geplante Höhe, und so dauerte es bis zur Regierungszeit von Chulalongkorn (Rama V.), bis der Bau des Hügels abgeschlossen war: 78 m hoch, mit einem Treppenaufgang von 318 Stufen. Ein vergoldeter *chedi* auf seinem Gipfel enthält Buddha-Reliquien, die Rama V. von Lord Curzon, dem damaligen Vizekönig von Indien, geschenkt bekam.

Wat Sakhet am Fuß des Hügels war ursprünglich während der Ayuthaya-Periode errichtet worden. Die Legende berichtet, daß Rama I. hier auf seinem Weg zur Krönung in Thonburi Rast machte und eine zeremonielle Waschung vornahm; bekannt wurde der Tempel später auch dadurch, daß hier die Einäscherung von Verstorbenen durchgeführt wurde. Der Tradition entsprechend war der Pramane-Platz ausschließlich für die Verbrennung von Königen und anderen Mitgliedern der königlichen Familie vorgesehen. Wer nicht von königlichem Rang war, mußte daher für diese Zeremonie außerhalb der Stadtmauern gebracht werden, und da der Wat Sakhet-Tempel unmittelbar vor einem der Haupttore lag, war er der ideale Platz dafür.

In jedem November sind Wat Sakhet und der Goldene Hügel Schauplatz eines der bezauberndsten Feste von Bangkok. Restaurantbuden und Dutzende von kleinen Schauspielbühnen werden aufgebaut, der Hügel

16. Wat Sakhet
วัดสระเกษ (มหาวรวิหาร)

16. Golden Mount
ภูเขาทอง

Bangkoks höchster Punkt, der Goldene Hügel (oben), bietet den besten Überblick über die ihm zu Füßen liegende Stadt. Alter und Kraft eines Amuletts (rechts) sind schwer festzustellen, aber die Bildnisse von Buddhas, Königen und Heiligen erzählen fesselnde Geschichten. Für manche bezahlen gläubige Thais viele Tausende von Baht.

17. Wat Rachanada
วัดราชนัดดา (วรวิหาร)
17. Amulet Market
สนามพระ

ist in farbiges Licht getaucht und die Gläubigen pilgern mit Kerzen in den Händen in Prozessionen zur Kapelle auf der Hügelplattform. Die Restaurants entlang des *klong,* der am Goldenen Hügel vorbeifließt, sind auch außerhalb der Festzeit empfehlenswert.

Hinter dem Chalerm Thai-Kino, an der Rajadamnern Avenue in der Nähe des Goldenen Hügels und nur ein kurzes Stück die Mahachai-Straße hinunter, verbirgt sich **Wat Rachanada.** Dieser Tempel ist einen Besuch wert wegen seines **Amulett-Marktes.**

Die meisten Thailänder sind felsenfest von der schützenden Kraft von Amuletten, die sie gewöhnlich an einer goldenen oder silbernen Kette um den Hals tragen, überzeugt. Daher wird auch auf die Auswahl des genau richtigen Amuletts die größte Sorgfalt verwandt. In der Mehrzahl handelt es sich um kleine Buddhafigürchen, oft aus Terrakotta und eingesiegelt in Plastik, aber man findet auch viele kleine Götter und Göttinnen, denen schützende Kräfte zugesprochen werden. Einige, mit besonders starken Kräften, werden für Tausende von Baht verkauft, sind aber nach Meinung ihrer Käufer diese Kapitalanlage unbedingt wert. Die thailändischen Methoden der Auswahl eines Amuletts erscheinen einem Ausländer sehr geheimnisvoll und haben offensichtlich wenig mit dem Alter oder der Schönheit des Amuletts zu tun. Der Besucher aus dem Westen sollte sich jedoch klarmachen, daß der wesentliche Zweck des Tragens eines solchen Anhängers religiöser Natur ist — auch wenn er nichts mit dem Buddhismus zu tun hat. Rund um die Stände für Amulette verkaufen Gold- und Silberschmiede Kettchen und eine große Auswahl anderer Anhänger sowie Buddhastatuen für Hausaltäre.

Auf der anderen Seite des *klong* beim Goldenen Hügel mündet die Rajadamnern Avenue in einen dreispurigen Boulevard. Er führt zum Platz der ehemaligen Nationalversammlung. Dieser wird vom Reiterstandbild des Königs Chulalongkorn beherrscht, der maßgeblich an dem Entstehen dieses Teils von Bangkok beteiligt war. An seinem Todestag, dem 23. Oktober, drängen sich hier Studenten und Beamte, die Kränze und Blumengebinde vor der Statue niederlegen. Hier werden auch Truppenparaden am Geburtstag des Königs und am Tag der Streitkräfte abgehalten. Auf der linken Seite des Platzes befinden sich die **Amphorn-Gärten,** ein weitläufiger Park mit Brunnen und schattigen Bäumen, wo viele Gesellschaftsfunktionen unter Teilnahme des Königs stattfinden, so auch der jährliche Basar des Roten Kreuzes im Januar. Die **Nationalversammlung (National Assembly)** aus weißem Marmor mit einer gewaltigen Kuppel im neoklassizistischen Stil wurde im Jahre 1907 von König Chulalongkorn als Thronhalle erbaut. Man braucht eine Sondererlaubnis, um das Innere des Gebäudes zu betreten, das geschmückt ist mit riesigen Wandbildern von bedeutenden Ereignissen aus der thailändischen Geschichte. 1974 zog das Parlament in neue Gebäude in der Nähe um.

Hinter dem alten Parlamentsgebäude liegt **Vimarn Mek,** das angeblich weltgrößte vergoldete Teak-Bauwerk und selbst so kostbar wie die Schätze, die es birgt. König Chulalongkorn baute Vimarn Mek (Wolkenhaus) — im Jahr 1900 noch in den Außenbezirken von Bangkok gelegen — als Landsitz für die königliche Familie. Der 100 Zimmer große Palast ist angefüllt mit Kristall, Fabergé-Schmuck und anderen Gegenständen, die Thai-Prinzen im 19. Jahrhundert von Europa mitbrachten.

18. National Assembly
รัฐสภา

21. Amporn Gardens
สวนอัมพร

Inmitten allen Prunks des Königreichs findet die Investitur des Kronprinzen Vajiralongkorn in der Nationalversammlung statt (oben). Der Vater des Prinzen, König Bhumibol, hat die Monarchie gestärkt. Marmorlöwen (rechts) bewachen den Eingang zum Wat Benchamabopit, bei dessen Errichtung der fortschrittliche König Chulalongkorn stark von der traditionellen Tempelarchitektur abwich.

23. Wat Benchamabopit
วัดเบญจมบพิตร (ราชวรวิหาร)

König Chulalongkorns Unternehmung zog eine wahre Völkerwanderung nach sich, denn viele Adlige ließen sich in der Umgebung nieder. Bis heute hat das Viertel seinen vornehmen Charakter mit herrschaftlichen Gebäuden bewahrt.

Verläßt man die Royal Plaza ostwärts auf der Sri Ayuthaya Road, gelangt man zu einem der schönsten Tempel der Stadt: **Wat Benchamabopit,** der Marmortempel — der neueste der königlichen Tempel. Er wurde von König Chulalongkorn 1901 begonnen und zehn Jahre später nach dessen Tod beendet. Der Name bedeutet „Tempel des fünften Königs“. Er ist einer der ungewöhnlichsten Tempel Bangkoks, denn der Architekt, ein Halbbruder des Königs, hielt sich keineswegs streng an den traditionellen Stil. Für die Hauptgebäude wurden ausschließlich Carrara-Marmor verwendet. Ungewöhnlich sind auch der Hof des Tempels und die gelben chinesischen Ziegeldächer. Zwei riesige Marmorlöwen (*singha*) bewachen den Eingang zur Hauptkapelle. Der mit Marmorplatten ausgelegte Hof des Tempels mit seinen zahllosen Tauben erinnert an die italienische Renaissance. Versuchen Sie unbedingt am frühen Morgen oder am Abend hierherzukommen, wenn die Mönche sich in der Kapelle versammeln, um zu singen. In der Galerie rund um den Hof des Tempels befinden sich 51 Buddhastatuen aus den verschiedensten Perioden. Jede Stilrichtung des thailändischen Buddhismus ist hier vertreten, ebenso wie Beispiele aus China, Indien, Tibet und Japan. Einige sind Originale, andere Kopien, alle jedoch einheitlich knapp überlebensgroß. Das Hauptstandbild ist eine Kopie des berühmten *Phra Buddha Chinaraj* aus Phitsanulok.

Beim rückwärtigen Eingang zum Hof des Tempels steht ein riesiger

Bodhi-Baum, der fast 80 Jahre alt ist. Er wurde hier als Setzling eines Bodhi-Baums aus Südthailand eingepflanzt, der von Buddha Gaya in Indien, Buddhas Geburtsort, nach Thailand gebracht worden war.

Ein Kanal mit Wasserschildkröten trennt die religiösen Gebäude von den Wohnquartieren der Mönche, wo der jetzige König kurz nach seiner Krönung seine Mönchszeit verbrachte. Neben den Mönchszellen befinden sich die **Royal Ordinations-Pavillons,** die man besichtigen sollte.

Weiter unten, an der Sri Ayuthaya Road, befindet sich der **Chitralada-Palast,** die königliche Residenz. Von der Straße aus kann man hiervon außer einigen traditionellen Thai-Gebäuden und der königlichen Versuchsfarm für Milchkühe nicht viel sehen. Das Gelände zwischen dem Palast und dem Gebäude der Nationalversammlung (der Eingang ist an der Rajawiti-Road) nimmt der **Kao Din-Zoo,** gewöhnlich auch **Dusit-Zoo,** ein. *Kao Din* bedeutet ,,Berg aus Erde'', und das Gelände wird so genannt wegen des künstlichen Hügels, der einen Ausblick über den gesamten Park gestattet. Er ist in Bangkok für Familienausflüge beliebt, insbesondere an Wochenenden. Gibbon-Affen schwingen sich von Baum zu Baum, es gibt eine Affen-Show, und man kann auf Elefanten reiten. Da die Thais gerne kleine Zwischenmahlzeiten zu sich nehmen, gibt es viele Restaurants und Erfrischungsstände. Auch ein See ist angelegt, wo man Ruderboote mieten kann. Hier werden auch die königlichen weißen Elefanten in einem sehr aufwendigen Gehege gehalten. Von alters her gehört jeder weiße Elefant, der in Thailand geboren wird, dem König, und nach einer komplizierten und im Detail vorgeschriebenen Untersuchung wird das Tier nach Khao Din ge-

Dusit
ดุสิต

Royal Ordination Pavilion

20. Chitralada Palace
พระราชวังสวนจิตลดา

19. Khao Din (Dusit) Zo
สวนสัตว์ดุสิต (เขาดิน)

Im gähnenden Maul des Nilpferdes (oben) im Dusit-Zoo ist Platz genug. Der Zoo befindet sich in einem weitläufigen Park mit Gehwegen und Grünanlagen. Die Schaufenster in den engen, geschäftigen Gassen des Chinesenviertels bieten immer wieder etwas Neues; so beispielsweise die Werbung eines Zahnarztes und eines Wahrsagers (rechts).

bracht, wo es zusammen mit seinen Artgenossen ausgewähltes Futter bekommt und auch sonst in jeder Beziehung ungewöhnliche Aufmerksamkeit genießt. (In den alten Tagen wurde die Macht eines Königs z.T. auch daran gemessen, wieviel weiße Elefanten er besaß.) Wie Sie feststellen werden, sind diese Elefanten jedoch nicht weiß, sondern fast rosa gefärbte Albinos, die — seltsam genug — irgendwie doch königlicher wirken als gewöhnliche Elefanten!

Der Zoo beherbergt außerdem eine besonders schöne Auswahl von Vögeln in einer Voliere auf dem Gipfel eines künstlichen Hügels und eine Vielzahl anderer Tiere wie Giraffen, Känguruhs, Krokodile, einheimische Zwerghirsche und sogar Bären, denen sogar ab und zu Eisblöcke in den Käfig gelegt werden. Der Zoo ist täglich von 7.00 bis 18.00 Uhr geöffnet.

Das **Chinesenviertel** von Bangkok ist ein großes, nicht sehr genau abgegrenztes Gebiet auf beiden Seiten der zwei großen Straßen Charoen Krung (New Road) und Yaowaraj. Die Suapa (Rajawong) Road teilt es etwa in zwei gleich große Hälften. Während des Tages herrscht in diesen unvorstellbar verkehrsreichen Straßen ein Lärm, der sogar für Bangkok beeindruckend ist. Ein wenig ruhiger wird es, wenn man in eine der schmalen Seitengassen abbiegt, die von Läden gesäumt werden, in denen alles nur Vorstellbare verkauft wird: von Motorrädern bis zu Vogelnestern, chinesischen Papierlaternen und Antiquitäten aus China. Viele von Bangkoks führenden Banken und Handelshäusern haben noch immer ihre Hauptverwaltung in diesem Viertel, was darauf zurückgeht, daß ursprünglich der gesamte Handel Thailands in den Händen der Chinesen lag, die die größte Minoritätengruppe des Landes bilden; knapp die Hälfte der Bevölkerung Bangkoks. Die meisten

24. Yaowaraj
ย่านเยาวราช (ไชน่าทาวน์)

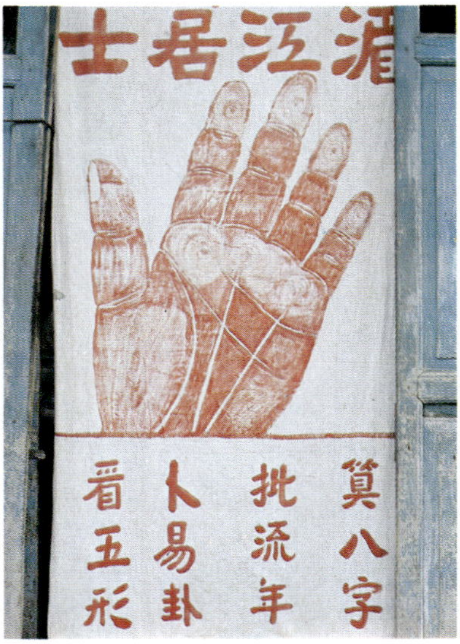

von ihnen haben jetzt auch Büros auf der anderen Seite der Stadt eröffnet.

Die **Yaowaraj Road** ist berühmt für ihre Goldläden. Hunderte davon liegen einer neben dem anderen. Sie sehen alle gleich aus und verkaufen außerdem fast alle Artikel zu genau den gleichen Preisen, da der Goldpreis von der Regierung festgelegt ist. Aus ganz Bangkok treffen sich hier die Leute, um ihr Geld in Goldkettchen anzulegen. Geht es bei den Kunden dann finanziell aufwärts, kommen sie zurück und tauschen die erste Kette gegen eine schwerere um. Geht es mit dem Wohlstand bergab, so finden sie in Yaowaraj auch eine große Anzahl von Pfandhäusern. Während der Nacht wird es in Yaowaraj ein wenig ruhiger, aber ein anderes Phänomen ersetzt den Lärm des Straßenverkehrs, wenn sich Tausende kleiner Zugvögel auf den Telefondrähten über der Straße niederlassen.

Ein anderer Teil des Chinesenviertels, der die Besucher aus aller Welt anzieht, heißt **Pahurat,** wo Stoffe verkauft werden. Die Preise, die hier für Stoffe — besonders importierte Ware aus Japan oder Europa — verlangt werden, sind im allgemeinen erheblich niedriger als anderswo.

Im Herzen von Chinatown findet man alte schmale Gassen, die unter dem Namen **Nakorn Kasem** bekannt sind und in vielen Reiseführern auch der **Markt der Diebe** genannt werden. Dies ist ein etwas irreführender Begriff, denn in Wirklichkeit handelt es sich hier um ein respektables Viertel. In den meisten Läden werden so unromantische Gegenstände wie z.B. elektrisches Beleuchtungszubehör, Toiletten, Wasserpumpen und ähnliches verkauft. Die besondere Anziehungskraft für die Touristen liegt jedoch in den beinahe zwei Dutzend Antiquitätenläden, die ihre Schätze entlang der Fußwege ausgebreitet haben. Vor nicht allzulanger Zeit mußte

26. Nakorn Kasem
เวิ้งนครเกษม

25. Pahurat Market
ตลาดผ้าพาหุรัด

Antiquitäten und Ramsch in einem Laden (oben) auf dem „Markt der Diebe" in Chinatown. Hier kann man sehr günstig einkaufen, und Diebe gibt es nicht mehr als anderswo auch. Nicht überwältigend ist die Umgebung des Goldenen Buddhas (rechts), der aus 5 1/2 Tonnen solidem Gold besteht. Jahrhundertelang unter einer Gipsschicht verborgen, wurde das Gold erst durch Zufall entdeckt.

27. Wat Trimitr
วัดไตรมิตร

jeder Antiquitätenliebhaber, der einen Gelegenheitskauf machen wollte, nach Nakorn Kasem gehen; nicht selten fand man wertvolle Stücke in diesen staubigen, kaum beleuchteten Läden. Heute ist davon nicht mehr viel zu finden; viele der alten Händler von Nakorn Kasem sind inzwischen reich geworden und haben elegante Läden mit Klimaanlage auf der anderen Seite Bangkoks in den Touristenzentren aufgemacht. Aber noch immer kann der gewitzte Käufer hier seltene Dinge entdecken. Er muß allerdings sehr gut handeln können, und es gilt der Grundsatz, daß jeder Preis um mindestens 25 % gedrückt werden kann. Die besten Gelegenheitskäufe macht man bei chinesischen Artikeln: Porzellan, Möbel mit Perlmutteinlage, Wandschirme aus Rosenholz und Schnupftabakbehälter. Außer Antiquitäten werden in vielen Läden auch neue, aber sehr schöne und meistens auch billige Öllampen aus Messing oder Kupfer sowie Reproduktionen der glockenförmigen Lampen verkauft.

Nicht weit entfernt von der Bahnstation Hua Lampong, wo sich Yaowara-Straße und Charoen Krung Road kreuzen, befindet sich **Wat Trimitr**, berühmt wegen des **Goldenen Buddhas.** Er wurde durch Zufall gefunden, als eine Baufirma den Hafen von Bangkok vergrößerte. Die von einer Gipsschicht umgebene Figur wurde nach ihrer Entdeckung vorübergehend nach Wat Trimitr gebracht, während man ein Gebäude für die ständige Unterbringung der Buddhastatue errichtete. Bevor das Standbild jedoch mit einem Kranwagen in seine neue Behausung transportiert werden konnte, durchweichte ein Wolkenbruch die Gipsschicht. Als sich durch unvorsichtige Behandlung die Figur aus der Halterung löste und zu Boden fiel, zerbrach der Belag, und man sah das Gold durch-

Experts believe the Golden Buddha was camouflaged to keep the invading Burmese from finding it in early Ayuthaya.

schimmern. Bei der Reinigung der 3 m hohen und 5 1/2 t schweren Statue wurde festgestellt, daß sie aus purem Gold besteht. Experten sind der Ansicht, daß sie wahrscheinlich ursprünglich in einem Ayuthaya-Tempel stand und im 18. Jahrhundert mit einem Gipsbelag versehen wurde, um sie vor burmesischen Eindringlingen zu verbergen. Diese Vorsichtsmaßnahme war so gut, daß selbst die Thais 200 Jahre lang davon getäuscht wurden.

Die **Neue Straße (Charoen Krung)** war früher der Marktplatz für Touristen und *farang* (Ausländer). Vor ungefähr zehn Jahren jedoch begann allmählich die Verlegung der Läden in das Rajprasong-Ploenchit-Viertel. Von Bedeutung sind hier das Hauptpostamt, die Botschaften Portugals, Finnlands und Frankreichs, das Oriental-Hotel und vor allem der **Bangrak-Markt.** Um zu diesem Markt zu kommen, folgen Sie der New Road in südlicher Richtung. Kurz nach der Oriental Lane sehen Sie zwischen Straße und Fluß unzählige Verkaufsstände mit frischen Früchten und Gemüse. Hier herrscht große Geschäftigkeit, denn die Leute kommen aus ganz Bangkok in der Meinung, daß Obst und Gemüse hier billiger und frischer seien. Es gibt mehr als zehn Arten von Bananen und für nur wenige Baht süße Ananas und Papayas. Eine tropische Weintraubenart, von der Landwirtschaftlichen Universität entwickelt, wird das ganze Jahr über angeboten. Die bei den Thais jedoch beliebtesten Früchte sind Mangos und Durians, die beide nur während der heißen Zeit auf den Märkten zu finden sind. Wenn Sie bisher nur Mangos aus der Karibik oder aus Mexiko gegessen haben, werden Sie begeistert sein, denn die thailändischen Mangos haben zweifelsohne einen ungleich delikateren Geschmack. Durian ist eine

Charoen Krung
ถนนเจริญกรุง

29. Bangkrak Market
ตลาดบางรัก

Das moderne Bangkok

große, stachlige, irgendwie prähistorisch aussehende Frucht, die Sie entweder lieben oder hassen werden. Niemand ist hier neutral. Wenn Sie eine Durian haben möchten, bezahlen Sie zwischen 20 Baht für eine der gewöhnlicheren Sorten bis zu mehreren hundert Baht für die beste Qualität, die *Kanyao* („langstielige"). Falls Sie zum erstenmal Durian essen, sollten Sie daran denken, daß eine sehr reife Frucht bei Raumtemperatur wesentlich intensiver schmeckt als eine geeiste, noch reifende Frucht.

Wat Yannawa
วัดยานนาวา

An der Neuen Straße, weiter nach Süden, liegt **Wat Yannawa** in der ungewöhnlichen Form einer Arche.

30. Siam Center
ศูนย์การค้าสยาม

31. Siam Square
ย่านสยามสแควร์

Außer seinen unzähligen Tempeln und anderen traditionellen Sehenswürdigkeiten bietet Bangkok dem Besucher auch neue Attraktionen. Links (westlich) vom malerischen Siam Intercontinental Hotel an der Rama I.-Straße liegt das **Siam Center,** ein neues klimatisiertes Einkaufszentrum mit drei Stockwerken von Läden, die für den Touristen von Interesse sind. In einem Laden im ersten Stock werden kunstgewerbliche Gegenstände der nördlichen Bergstämme verkauft: schöne Stickereien, heimgesponnene Stoffe, Korbwaren, Taschen usw. Die Preise hier sind günstiger als in den meisten Touristenläden, und der Verdienst kommt den eingeborenen Bergstämmen zugute.

32. Wat Pathum Wan
วัดปทุมวัน (วนาราม)

33. Royal Sports Club
ราชกรีฑาสโมสร

Rechts (östlich) vom Siam Intercontinental Hotel, neben einer Schule, steht **Wat Pathum Wan,** auch „Lotus-Tempel" genannt wegen der unzähligen Lotusblumen und Wasserlilien, die auf der Rückseite des Tempels in einem Teich blühen. Der *bot* enthält einige sehenswerte Wandgemälde aus der Zeit Ramas V. (1868 bis 1910). Der Tempel selbst war jedoch schon von Rama IV. errichtet worden und stand im Park eines Sommerpalastes — damals weit außerhalb der Stadt —, den der König an besonders heißen Tagen aufsuchte. Der Palast ist längst abgerissen; der größte Teil des Parks ist jedoch noch vorhanden, obwohl man immer wieder Gerüchte über angeblich existierende Pläne für den Neubau eines Hotels oder Einkaufszentrums hört. So bilden die Teiche mit ihren kleinen Inseln und die riesigen Bäume einen faszinierenden Gegensatz zu der sie umgebenden stark belebten Geschäftsgegend. Eine Eigentümlichkeit des Wat Pathum Wan ist die Tatsache, daß er der beliebteste Tempel der Taxifahrer von Bangkok ist.

Die tropischen Früchte und Blumen Thailands werden auf dem Bangrak-Markt (links) verkauft. Er befindet sich zwischen New Road und dem Chao Phya in Gehentfernung vom Oriental-Hotel.

Das große Einkaufsgelände gegenüber vom Siam Intercontinental, das sich von der Phya Thai-Straße bis zur Henri-Dunant-Straße erstreckt, heißt **Siam Square.** Dieses Gebiet ist bei den Thais sehr beliebt, da es drei große Kinos besitzt, das Siam, das Lido und das Scala, und außerdem Dutzende von relativ teuren thailändischen und chinesischen Restaurants und Cafés. Weiterhin gibt es einige gute Buchhandlungen, Antiquitätenläden und viele Schneider, die sich auf moderne Herren- und Damenkleidung spezialisiert haben.

An der Henri-Dunant-Straße, die von den meisten Thais noch mit ihrem alten Namen Sanam Ma (Rennplatz-Straße) bezeichnet wird, finden sich zwei wichtige alte Institutionen Bangkoks. Wenn man im Süden den Siam Square hinter sich läßt, kommt man links zum **Royal Bangkok Sports Club,** einem multinationalen privaten Club mit Golfplatz, Swimmingpool und Tennisplätzen, wo in den trockenen Monaten sonnabends Pferderennen veranstaltet werden. Der Club selbst ist für Nichtmitglieder geschlossen, jedoch können die Rennveranstaltungen von der Öffentlichkeit durch separate Eingänge besucht werden. Die Pferde gehören zu einer besonders kleinen Rasse, die in

Britisch-Malaya speziell für Rennen in den Tropen gezüchtet wurde.

Dem Club gegenüber liegt das tempelähnliche Gebäude der Fakultät der schönen Künste der **Chulalongkorn-Universität,** der ältesten und bekanntesten Universität des Landes. Das Universitätsgelände erstreckt sich von der Henri-Dunant- bis zur Phya Thai-Straße und beherbergt 14 Fakultäten. Die Universität wurde von König Rama VI. (1911—1925) gegründet und nach seinem Vater, König Chulalongkorn, benannt.

Dieses Viertel Bangkoks hat auch gute Einkaufsmöglichkeiten, z.B. am Siam Square (nördlich der Chulalongkorn-Universität) mit einer Fülle von Läden, die von Büchern bis hin zu Muscheln alles verkaufen. Im Westen, jenseits der Phya Thai Road, liegt das riesige Mahboonkrong Center mit zwei Warenhäusern, zwei Kinos und unzähligen Geschäften.

Anziehungspunkt für Touristen und Thais ist der **Erawan Shrine** (Rama 1 Road nach Osten). Mit Bitten um Wohlstand oder ein gutes Examen opfern Thais hier einer Statue des Hindu-Gottes Brahma. Ursprünglich vom Erawan Hotel errichtet, um Hilfe in einer Zeit vermehrter Unglücksfälle zu erflehen, ist der Schrein auch heute eingehüllt in Weihrauchschwaden und Jasmin. Zum Dank für die Erfüllung eines Wunsches bringen die Gläubigen hölzerne Elefanten dar oder engagieren Tanzgruppen.

Das Schauspiel dauert Tag und Nacht, und dennoch ist der Platz eine Enklave des Friedens inmitten einer der lautesten Straßen dieser Stadt.

In der Nähe liegen weitere Einkaufsstraßen mit dem **Peninsula Plaza** in der Rajdamri Road (Nähe Regent Hotel). **Galleries Lafayette** und andere exquisite Geschäfte verkaufen Luxusartikel aus aller Welt.

35. Erawan Shrine
เอราวัณ

34. Chulalongkorn
จุฬาลงกรณมหาวิทยาลัย

Rajadmri Arcade
ราชดำริอาเขต

36. Rajprasong
ราชประสงค์

Gaysorn
ก. ย่านถนนเกษร

Daimaru Store
ข. ห้างสรรพสินค้า ไดมารู

Wem nach amerikanischer Küche und McDonalds gelüstet, findet seine Sehnsüchte erfüllt im Amarin Plaza in der Ploenchit Road (östlich des Schreins). An der Kreuzung Ploenchit/Chidlom Road steht der größte von **Central Department Stores** mit einer großen Abteilung für thailändisches Kunsthandwerk, der zu Souvenirkäufen verlockt.

Auf der Rajdamri Road vom Schrein nach Norden kommt man zu **Rajdamri Arcade** und **Bangkok Bazaar** — Märkte mit zahllosen kleinen Läden auf engstem Raum und Händlern, die die Gehsteige belagern.

37. Pratunam Market
ตลาดประตูน้ำ

Klong Saen Sap
คลองแสนแสบ

38. Snake Farm
ฟาร์มงู

Diese Einkaufszentren stellen quasi die Verbindung her zwischen den Nobelgeschäften der Rajprasong und der Bazaaratmosphäre des **Pratunam-Marktes** (ein Block weiter nördlich), dem beliebten Einkaufsort für viele Thais. *Pratunam-Markt,* ein beliebter Einkaufsort für viele Thais. *Pratunam* bedeutet „Wasser-Tor", abgeleitet von der Schleuse an der Brücke, die verhindern soll, daß der **Klong Saen Sap** auf der rechten Seite (östlich) von dem Klong auf der linken Seite, der zum Chao Phya-Fluß fließt, überflutet wird. Unter der Brücke werden Waren aus Stroh verkauft, auch kann man ein Boot für eine Fahrt auf dem Klong Saen Sap mieten, einem der wenigen noch wirklich belebten *klongs* in Bangkok. Die Nudel-Restaurants am Pratunam-Markt werden besonders spät in der Nacht besucht.

Südlich vom Einkaufszentrum an der Rama I.-Straße liegt das **Pasteur-Institut**, das dem Thailändischen Roten Kreuz gehört. Einheimische kommen hierher, um bei niedriger Gebühr gegen Cholera, Pocken und Typhus geimpft oder wegen Tollwut behandelt zu werden. Darüber hinaus wurde das Institut aber inzwischen zu einer Touristenattraktion ersten Ranges, und zwar aufgrund seiner

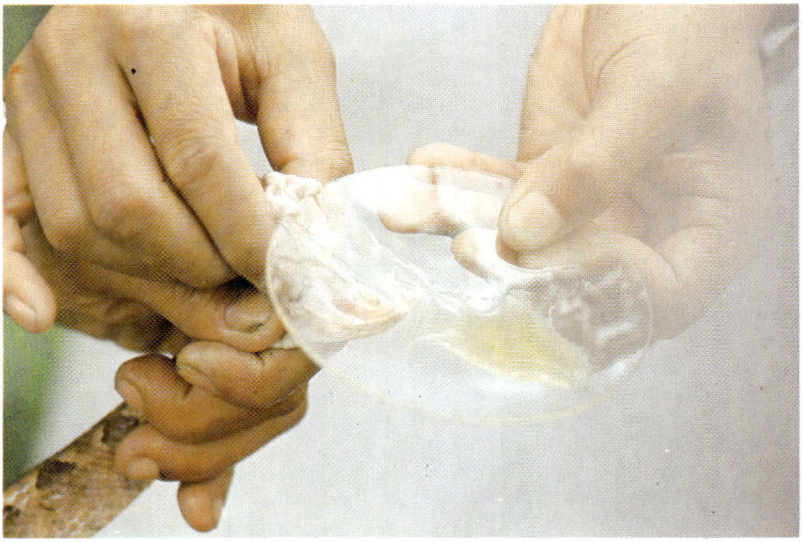

Bunt geschmückt von Gläubigen ist der Erawan-Schrein einer Hindu-Gottheit (links). Der dort wohnende Gott hat während der Errichtung des Erawan-Hotels die Zahl der Unfälle auf der Baustelle wesentlich vermindert.

Jeden Donnerstagmorgen werden auf der Schlangenfarm die Schlangen „gemolken", und aus ihrem Gift wird Serum gegen Schlangenbisse gewonnen.

Schlangenfarm (Snake Farm). Unter riesigen, schattenspendenden Bäumen befinden sich drei tiefe Gruben mit Hunderten von Giftschlangen für die Produktion von Serum gegen Schlangenbisse. Dieses Serum wird vor allem in die Provinzen versandt, wo Schlangenbisse in den Reisfeldern sehr häufig vorkommen. Die meisten Schlangen auf der Farm sind Königskobras (einige 3 bis 4 m lang), gewöhnliche Kobras und Rüssel-Vipern. Jeden Donnerstag um 10.00 Uhr morgens werden die Schlangen „gemolken". Zwei Arbeiter, die in die Gruben steigen, als ob sie zum Kaffeetrinken gehen würden, greifen nonchalant die ihnen als geeignet erscheinende Schlange heraus. Einer schiebt eine kleine Glasplatte unter die Giftzähne, während der andere den Kopf hält und auf eine Stelle hinter den Augen drückt, worauf eine gelbliche Flüssigkeit auf dem Glas aufgefangen wird. Die Gleichmütigkeit, mit der diese Schlangen behandelt werden, wird Ihnen eine Gänsehaut über den Rücken jagen, aber zur Beruhigung kann man auf einem Plakat lesen: „Giftschlangen sind von Natur aus nicht aggressiv und greifen nur an, wenn sie gereizt werden." Obwohl die Angestellten gut ausgebildet sind, hat es doch in der Vergangenheit schon Unfälle gegeben. So wurde vor ein paar Jahren ein Arbeiter, der eine der Gruben reinigte, von einer schlecht gelaunten Königskobra angegriffen und gebissen. (Diese Schlangenart ist weniger wegen der Stärke ihres Giftes gefürchtet als wegen der Menge, die sie bei einem Biß abgibt.) Der Mann wurde durch schnelle Behandlung mit dem hier produzierten Serum ohne Schwierigkeiten gerettet.

Das auf diese Weise gewonnene Gift wird Pferden eingespritzt, die in Ställen in der Nähe der Gruben gehalten werden. Den Tieren wird in regelmäßigen Abständen Blut entnommen, das untersucht wird. Wenn sich Antikörper in ausreichender Menge gebildet haben, wird das Serum vom Blut separiert und tiefgefroren in die Provinzen und Nachbarländer versandt.

Für Pflanzenliebhaber, besonders aus Ländern mit gemäßigtem Klima, kann eine Reise in tropische Länder die Erfüllung eines langgehegten Traumes bedeuten. **Tropische Gärten** kennen keine Saison, und in Ländern wie Thailand sind sie das ganze Jahr über in Blüte.

Unglücklicherweise ist Bangkok für Besucher, die gerne die Gärten anderer Leute betrachten möchten, eine Stadt mit hohen Mauern, von denen viele noch zusätzlich mit einer Schicht von zerbrochenem Glas gesichert sind. Eine Fahrt durch die teuren Wohngebiete ist daher nicht besonders lohnend. Bangkok hat auch keinen Botanischen Garten. Solchem am nächsten kommt vielleicht die Landwirtschaftliche Kasetsart-Universität am Stadtrand beim Don Muang-Flughafen. Es gibt aber eine Menge von Blumenmärkten und privaten Gärten, die für Besucher geöffnet sind und die einen hervorragenden Eindruck vom Reichtum Thailands an Blüten und Pflanzen vermitteln. Einer der bekanntesten Gärten liegt östlich der Kreuzung von Sri Ayuthaya Road und Phaya Thai Road und gehört zum **Suan Pakkard-Palast,** wo Prinzessin Chumbhot von Nagara Svarg, die zu den führenden Landschaftsgärtnern und Kunstsammlern Thailands gehört, residiert. Die besonders schönen Gärten enthalten zahlreiche Pflanzen, die die Prinzessin aus der ganzen Welt und auch aus den thailändischen Dschungeln zusammentragen ließ. Ein Besuch des Suan Pakkard-Palastes ist aber auch aus anderen Gründen zu

39. Suan Pakkard Palac
วังสวนผักกาด

In den gepflegten Gärten des Suan Pakkard-Palastes der Prinzessin Chumbhot befindet sich ein besonders schöner Lackpavillon, der in einem alten Tempel nahe Ayuthaya gefunden wurde.

empfehlen: Fünf alte, im traditionellen thailändischen Stil errichtete Gebäude in den Palastgärten beherbergen eine Sammlung von Buddhastatuen, Khmerstandbildern, alten Gemälden, Porzellan, Musikinstrumenten und den Regalien des verstorbenen Prinzen Chumbhot. Am äußeren Rand der Gärten finden Sie einen einmaligen kleinen Lackpavillon, den der Prinz in einem Tempel nahe Ayuthaya entdeckt hatte und zerlegt nach Bangkok brachte, wo er sorgfältig restauriert wurde. Die schwarzgoldenen Wände des Pavillons werden allgemein als Meisterwerke der thailändischen dekorativen Kunst betrachtet. In verschiedenen anderen Gebäuden sind Sammlungen von Muscheln, Kristallen, bemalten Töpferwaren und Bronzegegenstände aus prähistorischen Beerdigungsstätten in der Nähe von Ban Chieng in Nordostthailand ausgestellt. Der Palast ist jeden Dienstag, Donnerstag und Sonntag geöffnet. Der Eintritt beträgt 30 Baht.

40. Thevet Market
ตลาดดอกไม้เทเวศน์

Pflanzenliebhaber, die am Wochenende nicht in Bangkok sind, sollten den ständigen **Blumenmarkt in Thevet** (oder auch Theves) besuchen, wo viele Pflanzenhändler ihre Stände während der Woche aufgestellt haben. (Sagen Sie dem Taxifahrer, daß er zum *talat dokmai Thevet* fahren soll.) In einer kühlen Straße, die zum Fluß führt und von Flamboyant-Bäumen beschattet wird, gibt es ungefähr 50 Läden, in denen all die Pflanzen verkauft werden, die Bangkoks Gärten zieren. Auf der anderen Seite des Klong Krung Kasem, der hinter den Läden verläuft, ist der größte Kokosnuß-Markt von Bangkok. Dorthin kommen die Boote von den Plantagen aus der Provinz und löschen ihre Ladung. Achten Sie auf die großen dekorativen, kegelförmigen Körbe, die nur zum Ausladen und Messen der Kokosnüsse dienen.

Tame pelicans and sea gulls have the run of Suan Pakkard's carefully trimmed green lawns.

The Siam Society
สยามสมาคม

Die Brücke über den *klong,* die mitten in den Blumenmarkt hineinführt, ist ein hervorragender Standplatz für jeden Fotografen.

Die Blüte, die inzwischen fast zur thailändischen Nationalpflanze wurde, ist die **Orchidee.** Fast 1000 Arten wachsen wild in diesem Land, und die Zucht der Hybrid-Arten ist seit langem ein populäres Hobby. Sie werden praktisch kein Haus sehen — auch nicht in Slum-Gegenden —, an dem nicht wenigstens ein Topf mit Orchideen hängt. Während der letzten zehn Jahre ist die Orchideenzucht ein blühendes Geschäft geworden; heute verläßt kein Flugzeug Bangkok in Richtung Europa, das nicht einige der charakteristischen langen Kartons mit Orchideen-Blüten oder ganze Pflanzen mit sich führt.

Orchideen-Liebhaber können eine der zahlreichen Farmen besuchen, wo Orchideen für den Export gezüchtet werden. Die meisten von ihnen sind auf der anderen Seite des Flusses, in Thonburi, oder rechts und links der Schnellstraße, die zum Flughafen führt, wo die Luft und das Wasser frischer und sauberer sind. Es gibt solche Gärtnereien aber auch überall in der Stadt. Die meisten haben nichts dagegen, wenn Besucher kommen. Einige der größeren Farmen sind Phairot's Orchids, Yanawa, T. Orchids, Napa Orchid und CY Orchid.

Die **Siam Society** ist eine vom König geförderte Forschungsgruppe, die schon 1904 gegründet wurde, um die Geschichte, Botanik, Zoologie, die Anthropologie und die Sprache Thailands zu studieren. Die Society veröffentlicht eine Zeitschrift, die von Experten geschriebene Artikel über diese Themen enthält, desgleichen Spezialliteratur über Gebräuche und Gärtnerei. Die Zeitschriften und Bücher werden im Büro der Society verkauft.

1. Jim Thompsor's
บ้านทรงไทยของ จิม ทอมป์สัน

Wer sich für die Kultur von Nordthailand interessiert, sollte nicht versäumen, das Kamthieng-Haus auf dem Gelände der Siam-Society zu besuchen. Dieses besonders schöne Haus, das ungefähr 120 Jahre alt ist, war das Heim der Vorfahren einer prominenten Familie in Chiang Mai, die es der Siam Society stiftete. Mit der finanziellen Hilfe der Asia Foundation wurde es zerlegt, nach Bangkok gebracht und sorgfältig in dem Garten der Siam Society wieder zusammengefügt. Es wurde beschlossen, in dem Haus ein ethnologisches Museum der nordthailändischen Volkskunst und Kultur einzurichten — ein sehr guter Entschluß, da das Nationalmuseum keine derartige Sammlung besitzt. Zu den Ausstellungsstücken gehören die verschiedensten Gebrauchsgegenstände, die von Bauern und Fischern täglich verwendet werden, außerdem schöne Schnitzereien von Tempeln und Wohnhäusern, Lackwaren sowie Trachten der Volksstämme im Gebirge. Achten Sie besonders auf die schöngeschnitzten Türrahmen aus Teakholz von traditionellen Wohnhäusern, die auch im Norden heute mehr und mehr verschwinden. Diese Balken bildeten den Eingang zu dem Hauptraum des Hauses und werden im Dialekt des Nordens *ham yon* genannt, was ,,heilige Hoden" bedeutet, denn man war früher davon überzeugt, daß der Hauptraum nicht nur die Geister der Vorfahren der Familien enthält, sondern auch die Virilität der gegenwärtigen männlichen Bewohner. Wenn ein altes Haus in Nordthailand abgerissen wird oder wenn ein neuer Eigentümer einzieht, werden oft noch am gleichen Tag die *ham yon* symbolisch dadurch kastriert, daß durch starke Schläge die magischen Kräfte zerstört werden, die sich während der Zeit des früheren Hauseigentümers in ihnen ange-

Pflanzenliebhaber kommen in Thailand, wo tropische Gärten ganzjährig blühen, voll auf ihre Kosten. Versäumen Sie nicht, den Thevet-Blumenmarkt (links) zu besuchen. Als Somerset Maugham Haus und Kunstsammlung Jim Thompsons besichtigte, bemerkte er zu dem Eigentümer: ,,Sie besitzen nicht nur schöne Dinge, sondern haben sie, was sehr selten ist, auch auf eine sehr schöne Art und Weise aufgestellt."

sammelt haben. Ein Führer für das Kamthieng-Haus und seine Sammlung steht in der Bibliothek zur Verfügung.

Am Klong Maha Nag, am Ende der Soi Kasemsong II, steht **Jim Thompsons Haus,** welches für Besucher montags und donnerstags morgens geöffnet ist. Es ist ein Haus bzw. eine Ansammlung von sieben zusammengebauten Häusern im Thai-Stil, erbaut von dem bekannten Amerikaner, der am Ende des Zweiten Weltkrieges nach Thailand kam und die thailändische Seidenindustrie aufbaute. 1967, während eines Besuches der Cameron-Highlands in Malaysia, verschwand Thompson auf geheimnisvolle Weise.

Außer für sein Interesse an der Seidenindustrie ist Thompson auch für seine einmalige Sammlung asiatischer Kunstgegenstände und für das Haus bekannt, in dem er diese Sammlung zusammentrug und das seine Erben nach seinem Verschwinden unverändert ließen. „Sie haben nicht nur wunderbare Dinge in Ihrer Sammlung", schrieb Somerset Maugham einst an Thompson nach einem Abendessen in dessen Hause, „Sie haben diese Gegenstände, was vielleicht noch seltener ist, auch in besonders schöner Art und Weise aufgestellt." Überall in den mit Teakholz verkleideten Räumen befinden sich Hunderte von Stücken chinesischen blau-weißen Ming-Porzellans. Man findet dort die größte öffentliche Bencharong-Sammlung („Fünf Farben", ein buntes Porzellan, das früher in China nur für den Export nach Thailand hergestellt wurde), außerdem burmesische Statuen, seltene steinerne Buddhastandbilder aus dem 17. Jahrhundert, einen Tisch, den König Rama V. zum Kartenspielen verwendete, oder solche Merkwürdigkeiten wie den reizenden kleinen „Mäuse-Palast", einen reichge-

Von einem Mosaik aus zerbrochenen Keramik- und Glasscherben bedeckt, ragt der Turm des Wat Arun hoch über den Chan Phya-Fluß auf der anderen Seite von Bangkok (oben). Mit einer Höhe von 79 m zählt er zu den höchsten religiösen Bauwerken Thailands. Fein bemalte goldene Türen (rechts) gewähren Einlaß zu den Pavillons auf dem Tempelgelände.

Jenseits des Flusses

43. Wat Arun
วัดอรุณ (ราชวรวิหาร)

schnitzten Käfig für weiße Mäuse. Der Garten um das Haus ist ein tropischer Mini-Dschungel. Wenn Sie von der Terrasse über den *klong* schauen, können Sie die Häuser der ersten Seidenweber Thompsons sehen, wo glänzende Stränge von Seidenfäden ausgespannt sind, um in der Sonne zu trocknen. Der Eintrittspreis beträgt 20 Baht, die ohne Abzug an die örtliche Blindenschule gehen, die schon zu Lebzeiten Thompsons von ihm gefördert wurde. Die Thompson Silk Company ist in der Suriwongse Road.

Wat Arun, der **Tempel der Abenddämmerung,** liegt auf der anderen Seite von Bangkok, in der Schwesterstadt Thonburi, und kann leicht und auf interessante Art mit einem Wasser-Taxi von jeder Landungsbrücke entlang des Flusses erreicht werden. (Der nächste Anlegepunkt für die Fähre ist genau gegenüber dem Tempel, an der Tha Thien-Station.) Als König Taksin die Hauptstadt in Thonburi gründete, stand an dieser Stelle ein älterer Tempel mit dem Namen Wat Chaeng. König Rama II. von Bangkok faßte in den ersten Jahren des 19. Jahrhunderts den Entschluß, den Tempel zu vergrößern und den Mittelturm von 15 m auf seine heutige Höhe von 79 m zu bringen, wodurch er zum höchsten religiösen Gebäude des Landes wurde. Wegen des weichen Bodens an dieser Stelle dauerte das Bauvorhaben viele Jahre und wurde schließlich während der Regierungszeit seines Nachfolgers beendet. Der Mittelturm (*prang*) ist vollständig mit einzementierten bunten Stücken chinesischen Porzellans bedeckt. Die Erbauer hatten nicht genug Porzellan für das riesige Gebäude, und so sah sich Rama III. gezwungen, seine Untertanen zu verpflichten, jedes Stück zerbrochenen Porzellans für die Vollendung der Tempeldekoration abzuliefern. Auf diese Weise wurden die fehlenden vielen Tausende von Stücken beigebracht. Man kann auf vier steilen Treppen den Turm bis zur halben Höhe ersteigen und hat dann eine wunderbare Aussicht über das Tempelgelände und den Fluß.

44. Royal Barges
เรือพระที่นั่ง

Einige gute Wandgemälde bedecken das Innere des *bot*. Es gibt auch eine Anzahl von Statuen, ähnlich denen im Wat Po, und viele hübsche Pavillons. In zweien davon stehen die Steinfiguren zweier religiöser Fanatiker, die auf dem Tempelgelände Selbstmord begingen.

Den Besuch des Wat Arun kann man mit der Besichtigung der **königlichen Barken (Royal Barges)** verbinden, die auf der Thonburi-Seite des Flusses am Klong Bangkok Noi nahe der Thonburi-Bahnstation liegen. Diese feingeschnitzten Boote wurden vom König am Ende der Regenzeit für den königlichen *kathin* verwendet, wenn er Kleider und andere Geschenke vom Großen Palast zu den Mönchen des Wat Arun brachte. Bei dieser Zeremonie saß der König in der größten Barke auf einem Thron und führte die Schiffe an, auf denen prächtig gekleidete Ruderer sangen, während sie diese Boote den Fluß hinauf bewegten. Dieses Schauspiel war vor ungefähr zehn Jahren zuletzt zu sehen. Man hört aber Gerüchte, daß der König die Barken reparieren lassen und die alte Tradition wiederaufnehmen wird. Die königliche Barke, *Sri Supannahong* genannt, ist das älteste und am reichsten geschnitzte Boot. Fast 43 m lang, benötigt es eine Mannschaft von 54 Ruderern, zwei Steuerleuten, zwei Offizieren sowie einem Flaggoffizier, einen Mann, der den Rudertakt angibt und einen Sänger.

Wenn man schon in Thonburi ist, so bietet eine Fahrt zum **Schwimmenden Markt** auf dem Klong Dao Kanong einen Einblick in das noch aktive Leben der Wasserstraßen Thailands. Bangkok wurde einst das ,,Venedig des Ostens" genannt, so zahlreich und bedeutend waren die Kanäle und Flußläufe, die das gesamte Gebiet kreuz und quer durchzogen und ein ausgedehntes Netz von Transportwegen bildeten. Tatsächlich gab es wohl bis zum Anfang unseres Jahrhunderts in diesem Gebiet weniger Straßen auf dem festen Land als Wasserwege.

Viele der *klongs,* besonders innerhalb Bangkoks, sind inzwischen aufgefüllt und durch Straßen ersetzt worden. So verschwindet mehr und mehr das früher hier so typische Leben auf dem Wasser. Auf dem Hauptstrom des Chao Phya und auf den anliegenden Kanälen wird es sich nicht völlig verdrängen lassen.

Ausländer, die schon lange in Bangkok leben, mögen Ihnen vielleicht vom Ausflug nach Thonburi abraten, um dort den ,,floating market" kennenzulernen — mit der Begründung, daß er nicht mehr das sei, was er früher war, sondern vielmehr

Floating Market
ตลาดน้ำ

Endlessly interesting traffic moves along the Chao Phya River flowing through the heart of Bangkok.

zu einer Touristenfalle geworden ist. Und im gewissen Sinne haben sie sicher recht! Seit der Markt vor etwa 20 Jahren von den Reiseagenturen entdeckt wurde und nach den Tempeln zur beliebtesten Sehenswürdigkeit geworden ist, hat er gewiß eine Menge von seiner Ursprünglichkeit verloren, und die Thais, die ihre Waren dorthin zum Verkauf bringen, sind auch nicht gegen den Glanz des Dollars, der Mark oder des Yen immun geblieben. Aber vergessen Sie nicht, daß diese langjährigen Kenner Bangkoks den langsamen Wechsel mitgemacht haben. Besucher, die den „floating market" zum ersten Mal sehen — und das am frühen Morgen — sind eigentlich immer begeistert und zählen ihn zu einem der Höhepunkte ihres Aufenthalts.

Damnern Saduak
ดำเนินสะดวก (ตลาดน้ำ)

Klong Dao Kanong
คลองดาวคะนอง

Am einfachsten besucht man den Markt auf einer der Rundfahrten, die täglich an der Landungsstelle in der Nähe des Oriental-Hotels an der Oriental Avenue in Höhe der Charoen Krung (New Road) beginnen. Diese Touren führen gewöhnlich zuerst zum Schwimmenden Markt und dann auf dem Rückweg zu den königlichen Barken und zum Wat Arun. Sie beginnen früh am Morgen, gegen 7.00 Uhr, und dauern für gewöhnlich vier Stunden. Wenn Sie auf eigene Faust losziehen möchten, können Sie ein privates Boot dort oder an einem anderen Landeplatz mieten. Das wird aber wahrscheinlich mehr kosten.

Um den Schwimmenden Markt von der Anlegestelle am Oriental-Hotel aus zu erreichen, fährt das Boot in Richtung Süden zu der Krungthep-Brücke. Dort biegt es nach rechts (westlich) in den Klong Dao Kanong ein, um dann durch mehrere kleine *klongs* zum Zentrum des Marktes am Klong Dao in der Nähe des Wat Sai zu fahren. Ein möglichst früher Beginn der Fahrt ist deshalb empfehlenswert, weil der Markt ungefähr um 7.30 Uhr morgens anfängt. Eine Stunde später bietet der Klong Dao nicht viel mehr als jeder andere Kanal in Thonburi (abgesehen von den Souvenirläden, die hier konzentriert sind). Wenn Sie ihn aber rechtzeitig erreichen, werden Sie Hunderte von Boote sehen. Mädchen mit breitrandigen Strohhüten, die an Lampenschirme erinnern, paddeln die Boote. Von anderen Booten aus werden fertige Speisen verkauft — die unvermeidlichen Nudeln, gebratene Bananen, frische Kokosnußmilch und kleine joghurtähnliche Süßigkeiten, die in Bananenblätter eingewickelt sind.

Von der Kritik über die wachsende Kommerzialisierung des „floating market" beunruhigt, wirbt die Touristen-Organisation von Thailand (T.O.T.) inzwischen für einen ähnlichen Markt außerhalb von Bangkok auf dem Klong **Damnern Saduak** in der Provinz Ratchaburi, etwa eine Autostunde entfernt im Südwesten der Stadt. Dieser Besuch ist jetzt häu-

fig in Touren eingeschlossen, die zu dem großen *chedi* in Nakhon Pathom und dem Kwai-Fluß bei Katchanaburi führen. Außer der Tatsache, daß es hier viel weniger Touristen gibt als im „floating market“ in Thonburi, hat der Markt in Damnern Saduak den Vorteil, daß er bis etwa 10.00 Uhr dauert.

Die Tour zu diesem Markt verläßt Bangkok an der Memorial-Brücke, folgt dann der Straße Nr. 4 nach Nakhon Pathom. Nach 25 km biegt man links in die Straße Nr. 325 nach Damnern Saduak ein, das auf dem Weg nach Samut Songkram liegt.

Für die üblichen **Wasser-Touren** dienen jedoch der Chao Phya-Fluß und *klongs* in Thonburi, die in etwa noch so aussehen wie vor 50 Jahren. Ohne unter Ampeln, Auspuffgasen und Verkehrsstaus leiden zu müssen, brausen die Boote an typischen Thai-Häusern, Obstgärten, Palmen und Tempeln vorbei. Vom Fluß aus betrachtet man diese Stadt mit ganz anderen Augen. Aus einem völlig neuen Blickwinkel sehen Sie schöne alte europäische Gebäude wie die französische und die portugiesische Botschaft gleich neben dem Oriental-Hotel, heruntergekommene alte Geschäftshäuser, auffallend geschmückte chinesische Tempel, die königliche Anlegestelle mit ihrem Thai-Pavillon und die hochaufragenden Türme des Großen Palastes und Wat Phra Keo.

Wenn Sie ein Motorboot nehmen möchten, um auf dem Fluß oder auf einem *klong* herumzufahren, gelten die gleichen Regeln. Die kleinen, schlanken Schiffe heißen *hang yaos* („Langschwänze“) und werden für etwa 40 Baht pro Stunde gemietet. Dabei sollten Sie aber den Preis unbedingt vor der Abfahrt aushandeln. Sie können jedoch auch in eines der zahllosen Wasser-Taxis steigen, die auf regelmäßigen Routen die *klongs* befahren. Wenn Sie die regulären

Klong Saen Sap
คลองแสนแสบ

Fährschiffe benutzen wollen, müssen Sie nach den *rua rew* fragen, wie diese öffentlichen schnellen Boote heißen.

Auf dem Chao Phya können Sie allerdings auch größere und komfortablere Boote mieten, die ganz speziell den Touristen zur Verfügung stehen. Diese eignen sich besonders gut für Fahrten auf dem Fluß selbst (ein *hang yao* ist besser für die Erforschung der schmaleren, flacheren *klongs*). Der Anlegeplatz am Oriental-Hotel ist zum Mieten eines Bootes bekannt, und die meisten Bootsleute hier sprechen etwas englisch und sind daran gewöhnt, ausländische Touristen aufzunehmen.

Die Supatra Company Ltd. (254, Arun Amari Road, Thonburi) führt täglich Rundfahrten auf dem Fluß für Gruppen von 15 bis 25 Personen durch oder — mit einem größeren Boot — für Gruppen zwischen 30 und 40 Personen.

Das Oriental-Hotel führt mit dem hoteleigenen Luxusboot ,,Oriental Queen" Fahrten flußaufwärts nach Ayuthaya durch. Die Gäste werden anschließend wieder nach Bangkok zurückgebracht. Man kann den Ausflug aber auch in umgekehrter Reihenfolge machen; in jedem Fall ist er um 17.00 Uhr beendet. Der Preis beträgt pro Person einschließlich Mittagessen einige hundert Baht. (Der improvisationsfreudige Besucher sollte dagegen mit dem regulären Boot nach Ayuthaya fahren, das vom Tha Tien-Anlegepunkt in der Nähe des Wat Po abgeht. Man nimmt ein *rua kao* — ,,weißes Boot" — nach Baan Phan, wo man in ein *hang yao* für die Fahrt flußabwärts umsteigt.) Jeden Mittwoch wird auf der ,,Oriental Queen" eine sogenannte *candlelight cruise* auf dem Fluß veranstaltet. Die Fahrt dauert von 20.00 bis 23.00 Uhr, und der Fahrpreis schließt Dinner und Tanz ein. Für die neueste Attraktion hat ein junger Amerikaner gesorgt, der eines der großen hölzernen Reisschiffe umgebaut hat. Mit der ,,Tassaneeya Nava", wie er es nennt, führt er *sunset cruises* durch.

Einer der interessantesten *klongs* für Ausflüge innerhalb Bangkoks selbst ist der **Klong Saen Sap,** der von den Schleusen von Pratunam durch das Wohngebiet von Bangkapi und anschließend durch malerische Reisfelder strömt. Vermutlich hatte einer der ersten Könige von Bangkok diesen Kanal ausheben lassen, um mit Kriegsschiffen das Meer und von dort aus Kambodscha erreichen zu können. Sehr günstige Punkte, um eines der dort verkehrenden Motorboote zu besteigen, sind an der Ekamai-Brücke bei der Soi 63 der Sukhumvit Road oder an der Prakanong Klong Tan-Brücke bei der Soi 71 der Sukhumvit Road. Wenn Sie von Pratunam nach Bangkapi fahren, werden Sie zwar mehr westliche Häuser sehen als solche im Thai-Stil, aber auch einige sehenswerte Moslem-Siedlungen. Falls Sie dagegen im Zentrum der Stadt, an der Soi 63 oder Soi 71, ein Boot nehmen und südwärts nach Prakanong und darüber hinaus fahren, werden Sie bald in wirklich ländliches Gebiet kommen. Einst gab es auf gewissen *klongs* käufliche Damen, die als ,,Wasserbabys" bekannt waren. Sie wohnten auf Booten, die von diskreten Bootsleuten gerudert wurden und deren Fenster mit Vorhängen verhängt waren, und gingen hier ihrem uralten Gewerbe nach. Die Leute, die in einfachen Pfahlhäusern an den *klongs* wohnen, benutzen diese nicht nur zum Einkaufen und als Verkehrswege, sondern baden auch darin. Ihr Trinkwasser schöpfen sie aber nicht, wie viele Besucher zu denken scheinen, aus den *klongs*. Dafür gibt es Boote, die frisches Wasser aus großen Tonkrügen verkaufen.

Auf den alten Kanälen Bangkoks läßt sich immer noch am besten studieren, wie man in der Stadt lebt. Eines der zahllosen Schnellboote bei der Fahrt ins Grüne auf einem engen Stadtkanal.

Der thailändische Boxkampf

Ein thailändischer Boxring sieht zwar wie jeder andere auf der Welt aus, aber was innerhalb des Ringes vorgeht, ist einzigartig: eine Mischung von Ballett und Artistik einerseits und von ständigen Versuchen grober Körperverletzung andererseits. Der Unterschied wird schon offensichtlich, sobald die Kämpfer den Ring betreten. Sie tragen zwar die bekannten Handschuhe und Boxtrikots. Zusätzlich aber haben sie um den Kopf ein buntes Band gebunden, worunter meist ein Glücksamulett befestigt ist, und sie sind barfuß. Häufig tragen sie eine Jasmingirlande um den Hals. Ehe der Kampf beginnt, vollführen sie einen eigenartigen, sehr langsamen kleinen Tanz, der dazu dient, ihre Talente in stilisierter Form zu zeigen. Einem Außenseiter mag es erscheinen, als ob die Tänze sich ziemlich ähnlich wären. Aber tatsächlich hat jedes Boxlager seine eigene, unterschiedliche Version, und Kenner können sofort sagen, aus welchem Lager ein Kämpfer kommt. Ein Quartett, das aus einer javanischen Flöte, einer Zimbel und zwei langen Trommeln besteht, begleitet diesen Tanz und auch den Kampf. Es spiegelt dabei die Aktionen wider und erhöht das Tempo, wenn der Kampf auf dem Höhepunkt ist und sich die Aufregung steigert.

Das thailändische Boxen hat seinen Ursprung in der Ayuthaya-Periode, wo es aus einer Kunst der Selbstverteidigung in einen Showkampf umgewandelt wurde. Die kuriose Kombination von balletthafter Grazie und mörderischer Wildheit, begleitet und verstärkt durch Musik, macht es zu einem aufregenden Sport für die Zuschauer. Die Regeln verbieten nur das Allernotwendigste, nämlich ,,Judogriffe sowie den Gegner zu werfen oder ihn zu beißen, zu treten oder zu bespucken, während er auf dem Bo-

Thai-style boxing combines ballet, gymnastics, and more than a little mayhem: anything goes, short of biting.

den liegt''. Außerdem kann jeder der beiden Boxer seine Füße, Ellenbogen, Beine, Knie und Schultern im Kampf einsetzen. Die bloßen Füße sind das übliche Mittel für den Angriff. Sie brauchen einen Kampf nur für kurze Zeit zu beobachten, um zu merken, daß die geringe Größe eines thailändischen Boxers kein Maßstab für seine Fähigkeiten ist.

Bis vor etwa 40 Jahren trugen die thailändischen Boxer keine Handschuhe, sondern umwickelten ihre Fäuste mit Hanfstricken, in die sie manchmal sogar gemahlenes Glas hineinrieben. Es war außerdem üblich, den Kampf so lange dauern zu lassen, solange beide Kämpfer noch aufrecht stehen konnten. Jetzt gibt es drei Runden von genau jeweils drei Minuten Dauer. Thailändisches Boxen kann man in Bangkok im **Rajadamnern Stadion** (Rajadamnern Avenue) sehen, und zwar am Montag, Mittwoch, Donnerstag und am Sonntag. Außerdem gibt es Veranstaltungen im **Lumpini Stadion** (Rama IV. Road), und zwar am Dienstag, Mittwoch, Freitag und Samstag. Zwei thailändische Boxer wurden Weltmeister im Fliegengewicht, und als Resultat davon rivalisiert nun das Boxen im westlichen Stil mit dem älteren ,,Thai Boxing''.

Obwohl die Veranstaltungen in Bangkoks Stadien um 5.00 Uhr nachmittags beginnen, findet der Hauptkampf des thailändischen Boxens erst gegen 7.00 Uhr abends statt. Die Plätze am Ring kosten etwa 100 Baht. Aber man kann auch in den hinteren Rängen für 30 Baht sitzen. Diese sind häufig durch Drahtgitter von den teuren Ringplätzen getrennt, um die Besserzahlenden gegen die Flaschen zu schützen, die dann fliegen, wenn man gegen die Entscheidung des Kampfrichters protestiert.

Rajadamnern Stadium
สนามมวยราชดำเนิน

45. Lumpini Stadium
สนามมวยลุมพินี

TOPLES
TOPLES
TOPLES
TOPLES

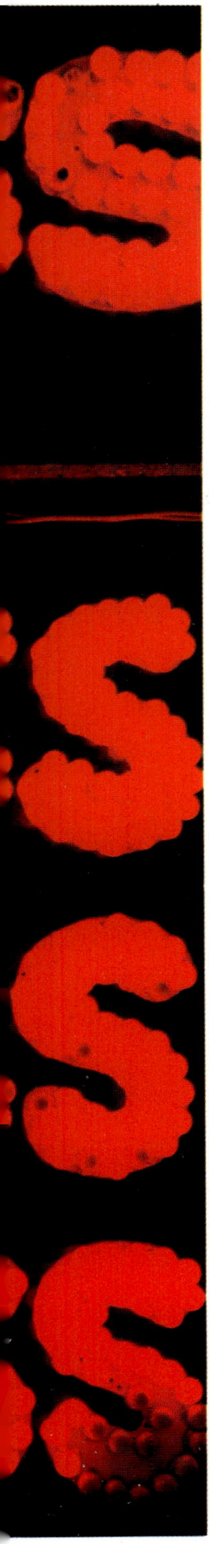

Bangkok bei Nacht

Wenn es Nacht wird, taucht ein anderes Bangkok auf. **Bangkok bei Nacht** hat viele Gesichter, und es bietet beinahe jede Art von Amüsement. Einige Teile der Stadt verwandeln sich in endlose Neonlandschaften mit Bars und Nachtclubs, vor denen Kundenschlepper die Attraktionen ausrufen. Restaurants, Kinos und Massagesalons sind voll, speziell am Wochenende, und fast jeder Taxichauffeur in der Nähe eines der großen Hotels ist nur zu bereit, mehr oder weniger anzügliche Vorschläge zu machen, manchmal sogar auf gedruckten Karten in verschiedenen Sprachen.

Obwohl man nun keinen Teil des Nachtlebens der Stadt als ausgesprochen *farang* bezeichnen kann — was bedeutet, daß keine Thailänder dorthin gehen —, so findet sich in einigen Gegenden doch vorwiegend europäische Kundschaft. An erster Stelle steht hier **Patpong,** eine kurze Privatstraße, die zwischen Silom und Suriwong-Straße in der Nähe des Dusit Thani-Hotels verläuft. Vor 15 Jahren beherbergte Patpong nur ein oder zwei solide Nachtclubs und einige gute Restaurants. Nun findet man vom einen Ende bis zum anderen fast nur Nachtclubs, und die reichen noch nicht einmal aus, denn es gibt nun auch Patpong II, die parallel verläuft. Die Lokale hier in Patpong wechseln die Namen, Besitzer und auch das Aussehen mit solch verwirrender Geschwindigkeit, daß Informationen in Reiseführern beinahe schon vor der Drucklegung überholt sind. Immer wird das Spektrum hier von ,,verkommen" bis ,,einigermaßen kultiviert" reichen. Die meisten Bars bieten irgendwelche Attraktionen, um die Besucher anzuziehen: barbusige Tänzerinnen, alte Filme,

„Topless" blinkt es im neonerleuchteten Patpong-Viertel, wo viele Go-go-Clubs, Restaurants und Massagesalons zu finden sind. Das Nachtleben von Bangkok bleibt nach wie vor eine der größten Attraktionen Thailands.

Wettbewerbe im Pfeilwerfen und ,,special shows", bei denen gelegentlich sogar die Polizei auftaucht (allerdings ohne die Gäste zu behelligen). In Patpong II gibt es einige der besten Massagesalons. Wenn Sie übrigens zufällig ein paar besonders attraktive junge Damen auf den Gehwegen entlangschlendern sehen sollten, und zwar besonders zwischen Patpong und der Dusit Thani nahe der Silom, dann ist es sehr wahrscheinlich, daß es sich hier ganz bestimmt nicht um Damen handelt, sondern um das, was die Thailänder ,,*kra-toes*" (Transvestiten) nennen.

In den Jahren, als Thailand das führende Urlaubs- und Erholungszentrum für die amerikanischen Soldaten in Vietnam war, entstand entlang der New Petchburi Road ein ähnliches Nachtleben. Das Gebiet beginnt bei der Asoke (Soi 21) und hieß allgemein **The Strip.** Die Clubs nannten sich z.B. The San Francisco oder Jack's American Star Bar und boten amerikanisches Essen und Country Music. Die Massagepaläste sahen hier aus wie eine Kreuzung zwischen einer Kegelbahn und einem herrschaftlichen Haus. Außerdem gab es unzählige Stundenhotels. Das waren diskrete motelähnliche Einrichtungen, wo man mit dem Auto direkt vor das gemietete Zimmer fahren konnte. Es gibt heute Tausende solcher Hotels in ganz Bangkok, und zwar für jedes Portemonnaie. Diejenigen im Gebiet zwischen der Sukhumvit und der New Petchburi Road gehören zu den ausgefallensten. In letzter Zeit ist die New Petchburi Road besonders durch ihre großen Restaurants unter freiem Himmel bekannt geworden, die sich auf Fisch spezialisieren. Außerdem gibt es dort jetzt einige Restaurants, in denen man in privaten Räumen essen kann und von hauchdünn bekleideten Kellnerinnen gefüttert wird.

Für diejenigen, die sich unter Nachtleben noch etwas anderes vorstellen, gibt es eine Reihe von Bars

Patpong
ย่านพัฒนพงศ์
The Strip
โชว์ (ตามบาร์หรือไนท์คลับ)

Klong Toey
คลองเตย

Massage parlor
สถาน อาบ อบ นวด

am **Klong Toey** in der Hafengegend, nahe dem Zolltor, das zu den Docks führt. Hauptsächlich von Schiffsbesatzungen besucht, bieten diese Bars eine Atmosphäre, wie man sie sich in schlechten alten Filmen im Shanghai vor der Revolution vorstellte.

Wenn die Thais abends ausgehen, tendieren sie dazu, in großen Gruppen loszuziehen und dabei ihre Frauen und Freundinnen zu Hause zu lassen. (Ganz vernachlässigt sind die Ehefrauen allerdings auch nicht, denn an der Rajadamnern Avenue gibt es eine ganze Anzahl von Tagesclubs, die sich — ausgenommen, daß sie schon mittags geöffnet sind — kaum von Nachtclubs unterscheiden. Häufig sieht man hier Gruppen von ehrenwert aussehenden Damen ihr Mittagessen einnehmen.)

Normalerweise gehen acht oder zehn männliche Freunde nach der Arbeit oder nach der Schule in ein thailändisches oder chinesisches Restaurant. Nachdem sie sich mit einigen Flaschen *Mekong* gestärkt haben, begeben sie sich für ein paar Stunden in einen Nachtclub oder einen Massagesalon. Der Abend wird fast immer mit einem späten kleinen Essen in einem Nudelrestaurant oder in einem der großen Märkte enden. Pratunam ist dabei der bevorzugte Treffpunkt. Manchmal verbringen sie den Abend auch mit Bowling, einem Sport, der in den letzten zehn Jahren im gesamten Land sehr beliebt wurde.

Ob der **Massagesalon (Massage parlot)** nun in Bangkok entstand, wie es einige behaupten, oder ob er hier nur seine Vervollkommnung erfuhr, ist eine rein akademische Frage. Sicher aber ist, daß es Massagesalons seit 20 Jahren in Bangkok gibt. Inzwischen sind es viele hundert: von verdächtig aussehenden Etablissements in dunklen schmalen Straßen bis zu großartigen Palästen aus Glas und Marmor. Und hier wird wirklich Massage angeboten; entweder die einfache oder jene lokale Verfeinerung, die aus völlig ungeklärten Gründen ,,Because" heißt und bei der die Masseuse sowohl mit ihren Händen als auch mit ihrem gesamten Körper massiert. In den größeren Massagesalons sitzen die Mädchen hinter einer Glasscheibe, die nur in einer Richtung durchsichtig ist, und der Besucher wählt eine von ihnen aus, indem er ihre Nummer nennt. Das ist so ähnlich, als ob man sich einen Fisch aus einem Aquarium in einem Fischrestaurant aussuchen würde. Man begibt sich dann in einen komfortablen Raum, der einen Massagetisch enthält und sehr häufig auch eine Badewanne mit heißem Wasser. Erfrischungen wie Bier und andere Getränke kann man bestellen. Für gewöhnlich dauert eine Massage eine Stunde. Die Preise liegen zwischen 50 Baht und mehreren hundert Baht, was ausschließlich von der Ausstattung des Massagesalons abhängt. Die Mädchen erhalten einen Teil dieser Summe, aber ein Trinkgeld wird erwartet — ein kleines Trinkgeld im Falle einer einfachen Massage und ein größeres im Falle zusätzlicher ,,special services". Hier soll noch ein häufig anzutreffendes Mißverständnis geklärt werden: Ein Massagesalon ist kein Bordell, und die Masseusen sind auch keine Prostituierten. Der Preis, den Sie in den meisten Etablissements für eine Massage bezahlen, berechtigt Sie für diese und für nichts anderes. (Die Arrangements, die Sie mit dem Mädchen treffen, bestehen nur zwischen Ihnen und ihr.) Andererseits muß zugegeben werden, daß die Popularität dieser Orte sowohl bei den Thailändern als auch bei den *farangs* wohl kaum nur allein der Passion für körperliche Gesundheit und Hygiene zugeschrieben werden kann.

Wenn es dunkel wird, zeigt sich Bangkok von einer völlig anderen Seite. In einem Nachtclub heizt ein Go-go-Mädchen die Stimmung an.

Im Südosten von Bangkok

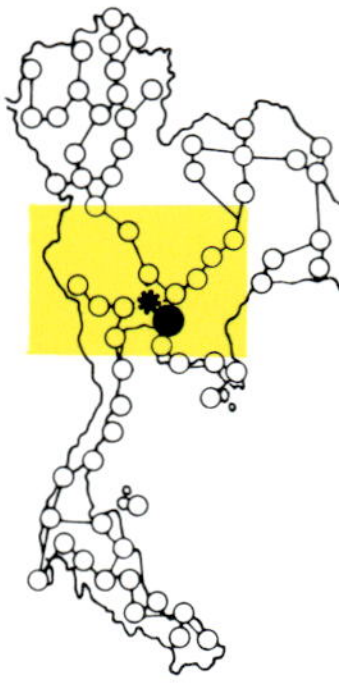

Bangkok ist nicht nur für Handel und Regierung der Mittelpunkt Thailands, sondern auch für den Tourismus. Obwohl immer mehr Touristen täglich in die entfernten Provinzen reisen, unternimmt die große Mehrheit doch ihre Besichtigungstouren in der Stadt selbst oder im Umkreis von 100 km. Aus diesem Grund sind die meisten der neueren Attraktionen, wie die *Ancient City*, der Rosengarten und die Krokodil-Farm, alle leicht mit einer kurzen Fahrt von der Stadt aus zu erreichen. Dazu kommen die traditionellen Sehenswürdigkeiten wie z.B. Bang Pa-In und die Ruinen von Ayuthaya, die am äußeren Rand der Zentralebene Thailands liegen. Darüber hinaus können die bekanntesten Ferienorte an der Ostküste des Golfs von Thailand ohne Schwierigkeiten bequem von Bangkok aus bei einem Wochenendausflug erreicht werden. Hervorragende Schnellstraßen führen heute von Bangkok aus in alle Richtungen, und eine Fahrt, die früher drei oder vier Stunden dauerte — z.B. nach Ayuthaya —, ist heute in weniger als einer Stunde durchzuführen. So kann der Besucher, der nur wenig Zeit zur Verfügung hat, in zwei oder drei Tagen Ausflüge in die nähere Umgebung der Hauptstadt organisieren und dabei die Hauptattraktionen in der Nähe von Bangkok besichtigen. Schlagen Sie mit uns einen spiralenförmigen Bogen um die Stadt. Wir beginnen im Südosten von Bangkok.

1. Crocodile Farm
ฟาร์มจระเข้

Die **Krokodil-Farm** liegt in der Samut Prakarn-Provinz, nahe der Stadt Pak Nam an der Flußmündung, 30 km oder eine halbe Stunde Autofahrt südöstlich der Hauptstadt die alte Sukhumvit-Straße (Route 3) entlang. Eine Broschüre beschreibt die Farm als eine „gute Mischung zwischen Tierreservat und Geschäft". Die Krokodile, deren Häute zu Damenhandtaschen verarbeitet werden,

mögen sich an der ersten Charakterisierung stören, die Richtigkeit der zweiten wird jedoch niemand in Frage stellen. Nachdem er vor 25 Jahren mit einem Kapital von nur 10 000 Baht (oder 5000 US-Dollar) begonnen hatte, besitzt der Eigentümer heute drei Farmen, die auf einen Wert von über 100 Mio. Baht (oder 5 Mio. US-Dollar) geschätzt werden.

2. Ancient City
เมืองโบราณ

Der Höhepunkt eines Besuches der Farm ist eine Vorführung, bei der die Pfleger in den Teich, in dem es von Krokodilen wimmelt, steigen und sie grob herumstoßen. Die Sensibleren unter den Zuschauern mögen der Ansicht sein, daß diese Behandlung fast kränkend auf die Tiere wirken müsse, wenn man bedenkt, was mit ihnen am Ende ihrer Show-Karriere geschieht; die meisten finden es jedoch aufregend und unterhaltend. Nachdem den Tieren die Haut abgezogen worden ist, wird ihr Fleisch übrigens an verschiedene Restaurants in Samut Prakarn und Bangkok verkauft, deren Kunden behaupten, es munde wie Froschschenkel. Außer Krokodilen bietet die Farm noch andere zoologische Attraktionen. So gibt es zwei Elefanten, auf denen man reiten kann, einige Gibbons — eine in Thailand inzwischen geschützte Tierart —, verschiedene Giftschlangen sowie einen kleinen Zoo.

The numbers in the margin in this section refer to the map on page 96.

Ebenfalls in Samut Prakarn, ein paar Kilometer von der Krokodil-Farm entfernt, liegt die Attraktion mit dem klingenden Namen **Ancient City**, die sich selbst als das größte Freilichtmuseum der Welt bezeichnet. Finanziert von einem Millionär aus Bangkok, benötigt die Errichtung des 80 ha großen und wie Thailand auf der Landkarte geformten Geländes auf ehemaligen Reisfeldern mehr als drei Jahre. Es gibt dort maßstabgetreue Nachbildungen — einige davon in Originalgröße — von berühmten Tempeln und Baudenk-

Mensch und Bestie in einer atemberaubenden Show auf der Krokodilfarm (links). In der „Alten Stadt" finden sich viele Nachbauten von Ruinen und Tempeln sowie eine bemerkenswerte Kunstsammlung (oben).

Nordöstlich von Bangkok

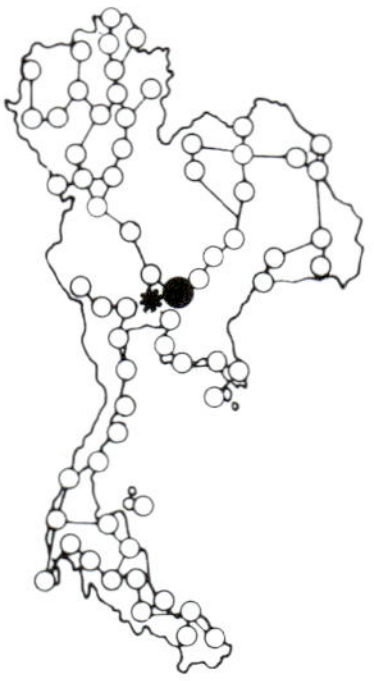

3. Nakhon Nayok
นครนายก (จังหวัด. ตัวเมือง)
4. Salika Waterfall
น้ำตกสาลิกา
5. Wang Takrai Park
วังตะไคร้

mälern aus allen Teilen des Landes, die z.T. schon lange nicht mehr existieren, wie beispielsweise der Große Palast und die königliche Kapelle von Ayuthaya. Darunter findet sich auch die Rekonstruktion des gewaltigen Tempels von Khao Phra Viharn an der thailändisch-kambodschanischen Grenze, der vor einigen Jahren vom Internationalen Gerichtshof nach langen Auseinandersetzungen über seine Zugehörigkeit Kambodscha zugesprochen worden war.

Gegenwärtig gibt es auf dem Gelände mehr als 60 Gebäudekomplexe aus 15 Jahrhunderten thailändischer Geschichte, das Modell eines Thai-Dorfes, einen kleinen „Schwimmenden Markt", verschiedene Souvenirläden und schließlich ein Thai-Restaurant. Der König selbst hat das Gelände bereits mehrmals mit Gästen besucht, unter denen im Jahre 1972 Königin Elizabeth und Prinz Philip waren.

Nahe genug an Bangkok für einen problemlosen Tagesausflug, bietet die Ostprovinz **Nakhon Nayok** Wasserfälle, einen hübschen Naturpark und malerische Tempel. Die reizvollste Route zu dieser Provinz bildet die Straße 305, die von der Nationalstraße 1 nördlich von Bangkok abzweigt, entlang dem Kanal nach Ongkharak in nordöstlicher Richtung verläuft und dann durch Reisfelder und über kleine Flüsse hinweg zur Stadt Nakhon Nayok führt, die etwa 140 km von der Hauptstadt entfernt liegt. Von dieser Straße aus führt die Straße 33 nach Nordwesten, und nach ein paar Kilometern zweigt eine andere Straße nach rechts ab zu zwei Wasserfällen und dem Wang Takrai Park. Nach weiteren 11 km trifft man auf eine Kreuzung. Geradeaus kommt man zum **Salika-Wasserfall.** In der Nähe des Parkplatzes gibt es einige sehr hübsche Gartenrestaurants und Stände, an denen Früchte und Getränke verkauft werden.

Wenn man an der obengenannten Kreuzung nach links fährt, kommt man zum **Wang Takrai Park.** Auf dem Weg dahin sollten Sie am Tempel **Chao Pau Khun Dan** anhalten, der nach einem der Ratgeber des Königs Naresuan benannt wurde, von dem man sagt, daß sein Geist dieses Gebiet beschütze. Der **Wang Takrai Park,** der 80 ha groß ist, wurde in den fünfziger Jahren von Prinz Chumbhot (vom Suan Pakkard-Palast in Bangkok) errichtet. Auf dem gegenüberliegenden Ufer des kleinen Flusses, der durch den Park fließt, steht jetzt eine Statue von ihm. Prinzessin Chumbhot, die Frau des Gründers, hat den Park sehr sorgfältig bepflanzen lassen, und so findet man viele Arten von Blumen und Bäumen, einschließlich einiger importierter Sorten. Entlang beider Ufer des

Blattgold schmückt den heiligen Felsen des Tempels von Chao Pau Khun Dan (Mitte). Auf einem abgeernteten Reisfeld hütet ein Junge seinen gutmütigen Wasserbüffel (rechts).

Flüßchens, das durch den 2 km langen Park fließt, liegen hübsch angelegte Gärten unter riesigen Bäumen. Es gibt hier übrigens auch Bungalows zu mieten. Die Besucher können im Parkrestaurant essen, bevor sie nach Bangkok zurückfahren. Die Straße, die am Parkausgang nach links führt, überquert einen Fluß und stößt dann nach 5 km auf den **Nang Rong-Wasserfall**, eine dreiteilige Kaskade, die in ein tiefes Tal stürzt. Auch hier warten Fruchtstände und Restaurants auf den Besucher.

6. Nang Rong Waterfall
น้ำตกนางรอง

Der **Khao Yai Nationalpark** liegt 205 km nördlich von Bangkok und bedeckt etwa 2000 qkm in vier Provinzen. Er ist der nächstgelegene Ausflugsort in den Bergen von Bangkok aus. Die Regierung hat dieses kühle Erholungsgebiet mit Bungalows, Hotels und Restaurants, einem Golfplatz (18 Löcher) und vielen Wegen und Straßen versehen. Von Bangkok aus kann man in drei bis vier Stunden nach Khao Yai („Großer Berg") fahren, und zwar auf der Straße 1 in Richtung Norden nach Saraburi. In der Nähe von Saraburi, etwa 107 km von der Hauptstadt entfernt, muß man dem „Friendship Highway" (Route 2) nordostwärts folgen. Etwa 58 km hinter Saraburi biegen Sie rechts auf die Dhanarajata-Straße ein und fahren weitere 24 km, bis Sie den Fuß des Berges erreichen. Von hier an beginnt die Straße zu steigen und windet sich zwischen den Hügeln bergan bis zu dem Dorf **Nong Khing** auf einer der Bergspitzen des Khao Yai. In Nong Khing sollten Sie im Khao Yai-Restaurant essen und sich dann überlegen, wo Sie wohnen möchten: Einmal gibt es 16 luxuriöse Bungalows mit Zweibettzimmern und vier mit Dreibettzimmern, Bad, Wohnzimmer und Räumen für die Diener; außerdem 14 Einbett- und vier Zweibettzimmer in Motels. Für größere Gruppen sind

7. Khao Yai Park
อุทยานแห่งชาติเขาใหญ่

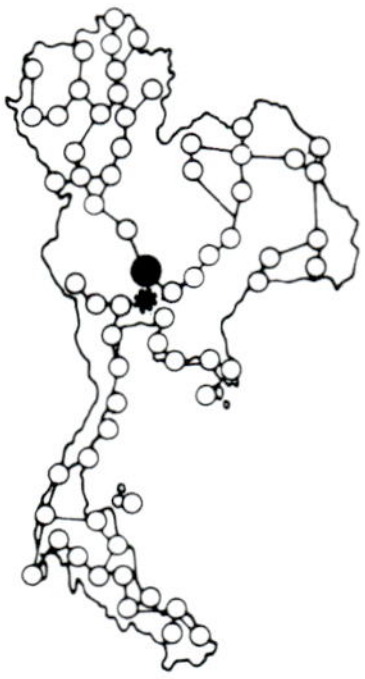

8. Ayuthaya
อยุธยา (ตัวเมือง)

die billigsten Unterkünfte die Touristenhäuser, die bis zu zehn Leute in einem Raum unterbringen.

Die höchsten Gipfel des Khao Yai liegen im Osten, im Korat-Gebiet: Nadelbäume, Laubbäume, die während der heißen, trockenen Saison ihre Blätter abwerfen, Palmen und Bambus wachsen überall im Park. Abhängig von der Jahreszeit, fallen die Nachttemperaturen unter 15 Grad Celsius. In den Bäumen sieht man häufig Affen, Gibbons und Languren. Wilde Elefanten, die aber nicht gefährlich sein sollen, Bären, Tiger, Wildschweine und andere Tiere bevölkern das riesige geschützte Reservat.

Von Nong Khing aus sollten Sie über einen der vielen Pfade zum Orchideen- oder Hew Suwat-Wasserfall wandern. Wenn Sie im Park zu zelten beabsichtigen, sollten Sie die Parkwächter informieren, wo Sie Ihre Zelte aufstellen möchten.

Ayuthaya war — wie die ersten Europäer, die dort lebten, zugeben mußten — größer als damals London oder Paris. 1767 wurde es jedoch von den Burmesen eingenommen und so gründlich zerstört, daß es nie wieder aufgebaut wurde.

Die Lage Ayuthayas war sorgfältig so ausgewählt worden, daß sich die Stadt gut verteidigen ließ; nämlich an dem Zusammenfluß von drei Flüssen. So war es nur notwendig, die Schleife des Chao Phya mit einem Kanal zu verbinden, um Ayuthaya in eine Insel zu verwandeln.

In den vier Jahrhunderten, die ihrer Gründung im Jahre 1350 folgten, wurden auf und um die künstliche Insel herum eine große Anzahl von Tempeln und Palästen gebaut, die durch Kanäle verbunden waren. Der glitzernde Reichtum dieser Stadt, der fremde Besucher so sehr erstaunte, reizte die Burmesen auf ihrer Suche

Gästebungalows (oben) werden vom Thailändischen Fremdenverkehrsbüro (TOT) am Seeufer im Khao Yai-Nationalpark vermietet. Die einsamen Pfade dort bieten Naturliebhabern reizvolle Entdeckungen.

Pridi Damrong Bridge
สะพานปรีดีดำรง

Chandrakasem Palace
วังจันทรเกษม

nach Kriegsbeute so, daß sie Ayuthaya völlig zerstörten.

Das heutige Ayuthaya ist eine geschäftige Provinzstadt, die entlang der Hauptstraße von der **Pridi Damrong-Brücke** bis etwas über den **Chandrakasem-Palast** hinausreicht. Die meisten Besucher, die Ayuthaya besichtigen, machen von Bangkok aus eine Tagestour hierher. Möchten Sie der Geschichte Ayuthayas mehr Zeit widmen, so stehen Ihnen nur ein einziges Motel und zwei chinesische Hotels gegenüber dem Chandrakasem-Palast zur Verfügung. Die Hotels sind sauber, aber spartanisch und sehr billig. In der Nähe des Marktes gibt es kleine Restaurants unter freiem Himmel, die vorzüglich für Ihr körperliches Wohl sorgen, und wenn Sie etwas Romantik lieben, so bietet Ayuthaya nicht nur ein, sondern zwei schwimmende Restaurants.

Die passendste Art, in einer Wasserstadt anzukommen, ist natürlich mit dem Boot. Außerdem gibt es noch bequeme Bus- und Zugverbindungen von Bangkok aus. Beide Verkehrsmittel brauchen eineinhalb Stunden. Mit dem Auto ist man von Bangkok aus auf der gut ausgebauten Straße sogar in knapp einer Stunde in Ayuthaya, zumindest wenn man erst einmal den ewigen Verkehrsstockungen in Bangkok entkommen ist.

Diese Ausflüge können in Bangkok arrangiert werden (siehe Bangkok — ,,Ausflüge mit dem Boot'').

Wenn man erst einmal in Ayuthaya ist, so ist es einfach, am Landesteg nahe dem Chandrakasem-Palast eine Rundfahrt auf einem der typischen Schnellboote zu buchen. Pro Stunde sollte so ein Boot nicht mehr als 40 oder 50 Baht kosten.

Kurz nachdem Ihre Bootstour begonnen hat, kommen Sie am Zusammenfluß des Nam Pasak und des Chao Phya an dem beeindruckenden **Wat Phanan Choeng** vorbei. Dieser

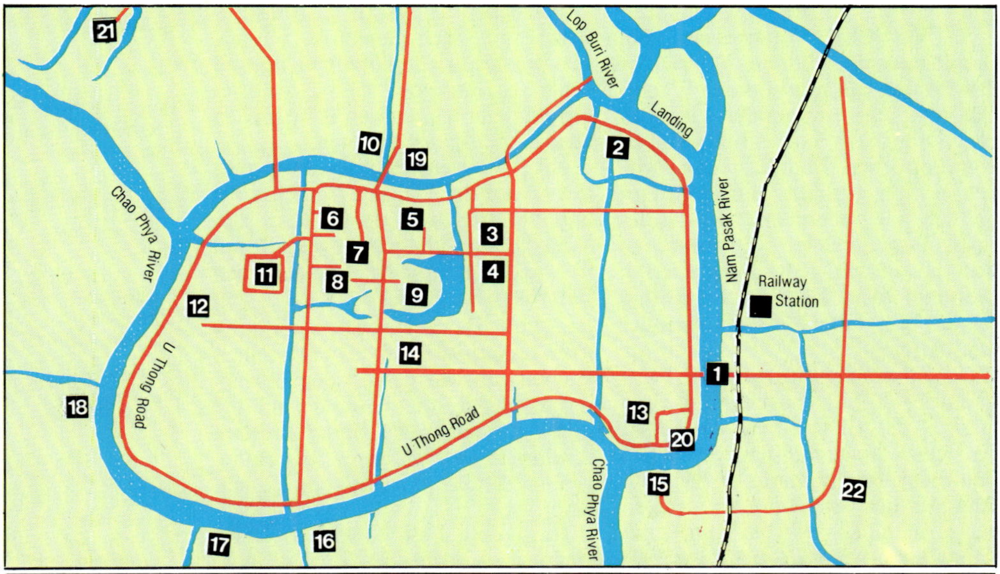

AYUTHAYA

1. Pridi Damrong Bridge
2. Chandrakasem Palace
3. Wat Raj Burana
4. Wat Mahathat
5. Wat Dhamik Raj
6. Wang Luang (Royal Palace)
7. Wat Phra Sri Samphet
8. Viharn Phra Mongkol Bopit
9. Wat Phra Ram
10. Wat Na Phra Meru
11. Wat Lokaya Sutha
12. Queen Suriyothai Memorial
13. Wat Suwan Dararam
14. Chao Phya National Museum
15. Wat Phanan Choeng
16. Wat Buddhaisawan
17. St. Joseph's Cathedral
18. Wat Chai Wattanaram
19. Wat Konthi Thong
20. Phom Phet Fortress
21. Phu Kao Thong
22. Wat Yai Chai Mongkol

Tempel, der 26 Jahre vor Ayuthaya gegründet wurde, beherbergt einen riesigen sitzenden Buddha, der so nahe an das Dach reicht, daß er es selbst zu halten scheint. Wat Phanan Choeng war früher besonders bei den chinesischen Händlern Ayuthayas beliebt, die hier zu beten pflegten, bevor sie auf eine lange Reise gingen.

Ayuthaya war einst von starken Befestigungsmauern umgeben. Heute sind davon nur noch Reste erhalten. Das beste Beispiel finden Sie in **Phom Phet,** gegenüber von Wat Phanan Choeng auf der anderen Flußseite.

Flußaufwärts von Wat Phanan Choeng gesehen, steht der kürzlich wiederhergerichtete **Wat Buddhaisawan.** Weiter flußaufwärts erinnert die restaurierte katholische **St. Josephs Cathedral** an die große europäische Bevölkerungsgruppe, welche die Stadt in ihrer Glanzzeit hatte. An der Biegung des Flusses steht eine von Ayuthayas bekanntesten Ruinen: **Wat Chai Wattanaram.** Ein Buddha auf einem hohen Podest vor den Ruinen hält hier einsame Wacht. Der stattliche *prang,* der hier von *chedis* umgeben ist, und die Reihen von kopflosen Buddhastatuen wirken in ihrer grünüberwucherten Isoliertheit wie verzaubert. Dies bildet einen faszinierenden Gegensatz zu dem pedantisch genau restaurierten **Denkmal der Königin Suriyothai (Queen Suriyothai Memorial)** auf der Stadtseite.

Der Zusammenfluß des Chao Phya und des Lop Buri markiert den alten Flußteil des Chao Phya, der durch den Kanal abgeschnitten wurde. Im Laufe der Jahrhunderte ist der Fluß schmaler und seichter geworden, so daß er heute fast wie ein künstlicher Kanal aussieht. Hier planschen die Kinder im Wasser oder paddeln geschickt in kleinen Booten, und Schwärme von Gänsen schwimmen hoheitsvoll auf dem undurchsichtigen Wasser. Auf vielen Wäscheleinen hängen safranfarbige Roben zum Trocknen und kennzeichnen so die am Ufer gelegenen Klöster. Sogar die allgegenwärtigen Geisterhäuschen stehen halb unter Wasser. Wenn das Boot unter den letzten Brücken hindurchfährt und dann wieder am Landeplatz nahe dem Chandrakasem-Palast ankommt, scheint das Ufer vor Aktivität zu vibrieren.

Der **Chandrakasem-Palast,** der als „Palast der Front" bekannt war, stand ursprünglich außerhalb der Stadtmauern. Die Burmesen zerstörten den Palast, aber König Mongkut ließ ihn später wieder aufbauen. Er beherbergt heute ein kleines Museum. Vom Palast aus kann man den geräuschvollsten Teil der Stadt überblicken, wo ein unaufhörlicher Strom von Fahrzeugen — einschließlich der wohl lautesten *samlors* von ganz Thailand — vorbeitost.

Der alte königliche Palast **Wang** Luang wurde von den Burmesen völlig dem Erdboden gleichgemacht. Die verbliebenen Ziegelsteine transportierte man nach Bangkok, um die Hauptstadt wiederaufzubauen, und so lassen nur noch einige zerstörte Grundmauern unter den Bäumen den ehemaligen Palast erahnen.

Nicht weit entfernt von hier steht der königliche Tempel **Wat Phra Sri Sanphet,** der auf dem Gebiet des Wang Luang ähnlich eingeschlossen ist wie der Tempel des Smaragdenen Buddhas im Großen Palast von Bangkok. Der goldbedeckte Buddha *Phra Sri Sanphet,* der dem *wat* seinen Namen gab, wurde von den Burmesen völlig zerstört. Heute sind die drei zentralen *chedis* dieses Klosters restauriert und bilden zu den umliegenden Ruinen einen königlichen Kontrast.

Nach dem Fall Ayuthayas stand ein riesiger bronzener Buddha jahrhundertelang ungeschützt neben dem

Wat Phanan Choeng
วัดพนัญเชิง

Wat Buddhaisawan
วัดพุทไธศวรรย์

St. Joseph's Cathedral
วัดคริสต์ของ เซนต์ โยเซฟ

Wang Luang
วังหลวง

Wat Chai Wattanaram
วัดชัยวัฒนาราม

Wat Phra Sri Sanphet
วัดพระศรีสรรเพชญ

Queen Suriyothai Memorial
อนุสาวรีย์สมเด็จพระศรีสุริโยทัย

Handel und Transport auf der Ebene um Ayuthaya spielten sich früher ausschließlich auf dem Wasser ab. Typische Thai-Lastkähne, bis zur äußersten Grenze beladen, werden in langer Reihe flußabwärts geschleppt.

Viharn Phra Mongkol Bopitr
วิหารพระมงคลบพิตร

Wat Raj Burana
วัดราษฎร์บูรณะ

Wat Phra Sri Sanphet. Seine Flamme der Erkenntnis und einer seiner Arme wurden bei dem Zusammensturz des Daches zerbrochen. Vor 20 Jahren wurde um die restaurierte Statue das **Viharn Phra Mongkol Bobitr** gebaut. Dieser Platz mit einem großen Parkplatz und sehr vielen Souvenirläden ist häufig der Ausgangspunkt für Besichtigungstouren von Ayuthaya.

Wat Phra Ram
วัดพระราม

Wat Mahathat
วัดมหาธาตุ

Wat Dhamik Raj
วัดธรรมิกราช

Im gleichen Gebiet befindet sich auch einer der ältesten Tempel, **Wat Phra Ram,** der 1369 von dem Sohn des Gründers Ayuthayas begonnen wurde und den man später völlig restauriert hat. Noch immer stehen die Elefantentore der alten Mauer, und die Hauptterrasse wird von einem *prang* beherrscht, der von einer ganzen Galerie *nagas, garudas* (mythologischen Sonnenvögeln) und Buddhastatuen aus Stuck umgeben ist. Der *prang* von Wat Phra Ram spiegelt sich in dem Teich Beung Phra Ram, der fast die gesamte Tempelanlage umgibt.

Zwei von Ayuthayas schönsten Tempeln stehen nebeneinander auf der anderen Seite des Teiches, gegenüber von Wat Phra Ram. **Wat Raj Burana** wurde von dem siebenten König von Ayuthaya zur Erinnerung an seine Brüder gebaut und beherbergte viele schöne Bilder und königliche Juwelen, die während seiner Restauration im Jahre 1958 entdeckt wurden. Die zwei *chedis* an der Straßenkreuzung enthalten die Asche der königlichen Brüder, der Prinzen Ai und Yo. Von **Wat Mahathat** auf der anderen Straßenseite ist außer dem Fundament seines riesigen *prang* nur wenig übriggeblieben.

Wie kommt es eigentlich, daß Ruinen immer soviel mehr Anklang finden als Restaurationen? Ein ausgezeichnetes Beispiel, das diese Frage beantwortet, ist der **Wat Dhamik Raj.** Um einen gefährlich schräg ste-

henden *chedi* herum sitzen Reihen von Löwen, die ihn gegen die herankriechende Vegetation zu verteidigen scheinen. Aber es ist zu spät — schon sind einige der Statuen vom Grün bedeckt, und aus den Köpfen anderer wächst das Unkraut heraus.

Wat Suwan Dararam
วัดสุวรรณดาราราม

Wat Suwan Dararam wurde gegen Ende der Ayuthaya-Periode gebaut. Es ist hervorragend restauriert worden und gut erhalten. Die Wände des *bot* haben Fundamente, die zum Zentrum hin geneigt sind, was typisch für die Architektur jener Zeit ist. Schönverzierte Säulen tragen das Dach, und die inneren Mauern sind mit reizvollen Fresken geschmückt. Der *wat* wird auch heute noch als Tempel benutzt. Er besitzt eine geradezu magische Atmosphäre. Am Ufer gegenüber des Alten Palastes steht ein weiteres restauriertes Gebäude, **Wat Na Phra Meru.** Hier beherbergt ein kleiner *viharn* einen steinernen Davarati (Buddha, der im Gegensatz zu den üblicherweise in Yogaposition dargestellten Buddhas auf „europäische Art" sitzt). Die Statue wurde in den Ruinen des Wat Mahathat gefunden und soll ursprünglich aus Nakhon Pathom gekommen sein. Der *bot* enthält eine im Ayuthaya-Stil sitzende Buddhafigur auf dem Altar.

Wat Lokaya Sutha
วัดโลกยะสุธา

Von dem *chedi* der Königin Suriyothai führt eine gewundene Straße zum **Wat Lokaya Sutha.** Außer einem riesigen liegenden Buddha, der — nachdem er von den ihn einst umgebenden Wänden befreit wurde — nun ruhig die Aussicht betrachtet, ist wenig erhalten.

Wat Na Phra Meru
วัด ณ พระเมรุ

Nahe der Brücke führt ein Steig den Besucher hinunter zum Fluß und zum **Wat Na Phra Meru.** Die schmale Brücke ist in der Mitte gerade hoch genug, um ein Boot darunter durchfahren zu lassen. Auf dem anderen Ufer führen die federnden Planken geradewegs in ein Kloster, dessen

„Warum sind Ruinen immer reizvoller als Restaurationen?" Im Wat Raj Burana findet man hier eine zerbrochene Statue (oben), dort die Überreste eines Tors und eines Tempelturms (rechts). Die vollständige Zerstörung von Ayuthaya 1767 durch die Burmesen hinterließ Ruinen, die nur eine vage Vorstellung von der einstigen Größe und Pracht der Gebäude der alten Hauptstadt geben.

Golden Mount Chedi
พะเนียดคล้องช้าง

Wat Konthi Thong
วัดกณฑ์ทอง

Wat Yai Chai Mongkol
วัดใหญ่ชัยมงคล

Tempelgong in einem Turm am Ufer aufgehängt ist. Ein Mönch zeigt Ihnen den Weg zu einer Hintertür, von der aus Sie zu den abgelegenen Ruinen des **Wat Konthi Thong** gelangen.

Viele weitere Relikte kann man in Ayuthayas **Chao Phya-Museum** sehen und noch mehr außerhalb der Stadt. An der Straße nach Bangkok gibt es eine Menge vollgestopfter Läden, in denen Geisterhäuschen verkauft werden, passend zu jeder Art von Haus, sei es eine ärmliche Hütte oder ein herrschaftliches Gebäude. Wenn Sie links abbiegen, kommen Sie zum **Wat Yai Chai Mongkol,** der eine riesigen *chedi* besitzt. Im Zweikampf tötete König Naresuan, auf einem Elefanten reitend, im Jahre 1592 den Kronprinzen von Burma. Der *chedi* wurde als Gegenstück zur Phu Kao Thong-Pagode, die im Norden Ayuthayas steht, zur Feier dieses Sieges gebaut. Zeitgenössische Buddhastatuen säumen den Innenhof.

Im Norden von Ayuthaya beherrscht der **Phu Khao Thong-Tempel (Golden Mount Chedi)** , der besser als der *,,Goldene Berg Chedi''* bekannt ist, das flache Land. Von seinen oberen Terrassen aus hat man einen wunderbaren Rundblick über die Reisfelder. Dieser Tempel wurde von den Burmesen nach ihrer früheren, weniger zerstörerischen Eroberung im Jahre 1569 errichtet und später von den Siamesen in ihrem eigenen Stil umgebaut.

Wenn man in die entgegengesetzte Richtung des ,,Goldenen Berges'' geht, so führt die Straße in den einzigen **Elefantenkral**, den es in Thailand heute noch gibt. Dieser Kral ist ein Überbleibsel aus jenen Tagen, als die Elefanten nicht nur gefangen genommen und zur Arbeit im Dschungel abgerichtet wurden, sondern auch ein wesentlicher Bestandteil einer starken Armee waren. Wenn man am Rande dieses riesigen Geländes steht,

kann man sich gut vorstellen, wie der Lärm dieser gewaltigen Tiere Ayuthaya zu seinem Höhepunkt verhalf; den Abstieg zu einem bedeutungslosen Provinzstädtchen konnten auch die Elefanten nicht verhindern.

Bang Pa-in, eine hübsche Ansammlung von Palästen und Pavillons, die früher von den Königen von Thailand als Sommerresidenzen benutzt wurden, liegt in geringer Entfernung flußabwärts von den Ruinen Ayuthayas. Man kann es auf dem Wasser mit einem der Ausflugsboote wie der „Oriental Queen" oder mit dem Auto in etwa einer Stunde von Bangkok aus erreichen. Schon im 17. Jahrhundert hielten sich die Herrscher von Ayuthaya in Bang Pa-in während der heißen Jahreszeit auf. Aber die Gebäude, die man heute sieht, stammen erst aus dem späten 19. bzw. frühen 20. Jahrhundert. Der schöne, von einem See umgebene Palast ist eine Mischung aus italienischem und viktorianischem Stil. Er wurde von Rama V. erbaut und ist den Besuchern nicht zugänglich. Man kann aber einen reichgeschmückten Palast im chinesischen Stil besichtigen, in dem der König während seiner Besuche wohnte. Der Pavillon **Aisawan Tippaya** in der Mitte eines Teiches ist eines der schönsten Beispiele reiner thailändischer Architektur.

Die ehemalige Sommerhauptstadt von Siam, **Lop Buri,** liegt 155 km nördlich von Bangkok. Ohne sich zu beeilen, kann man Lop Buri von Bangkok aus in weniger als vier Stunden mit dem Auto erreichen. Die Fahrt durch die fruchtbarste Reisgegend Thailands ist ausgesprochen schön.

In Lop Buri hat man Geräte aus der Jungsteinzeit und der Bronzezeit in großen Mengen gefunden. In der Davaravati-Periode (6.—11. Jahrhundert) war es eine große Stadt, zur

9. Bang Pa-in
วังบางปะอิน

10. Lop Buri
ลพบุรี (ตัวเมือง, จังหวัด)

Aisawan Tippaya
พระที่นั่งไอศวรรย์ทิพย์อาสน์

In der Sommerresidenz der thailändischen Könige findet sich eine bezaubernde Ansammlung von eleganten Palästen und Pavillons. Der am meisten fotografierte Pavillon des Landes (oben) scheint auf den See von Bang-Pa-in zu schwimmen. Grimmige Gesichter (rechts) schmücken eine Ecke des Phra Prang Sam Yod in einem Khmer-Tempel in Lop Buri.

Lop Buri Palace
วังลพบุรี (นารายณ์ราชนิเวศน์)

Suttha Sawa Pavilion
ตำหนักสุทธาสวรรค์

Dusit Maha Prasat Hall
พระที่นั่งดุสิตมหาปราสาท

Glanzzeit der Könige von Angkor (11. und 12. Jahrhundert) sogar Provinzhauptstadt des Khmer-Reiches. Dann kamen die Thais, die übrigens den meisten der heute noch erhaltenen Gebiete ihren Stil gaben.

Die ersten Bemühungen des Königreiches von Siam, diplomatische Kontakte mit dem Westen herzustellen, gingen im 17. Jahrhundert von Lop Buri aus. Unter König Narai war es dann etliche Jahre eine geschäftige internationale Stadt.

Narai war jedoch einer der vom Glück am wenigsten begünstigten Könige der Ayuthaya-Dynastie. Die letzten Szenen seines Lebens spielten in Lop Buri, im **Suttha Sawa-Pavillon.** Als er im Mai 1688 todkrank in diesem Pavillon lag, ergriff sein Verteidigungsminister Phra Phetracha die Macht. Nur 16 seiner Pagen, die ihm treu geblieben waren, wachten entsprechend der alten Sitte bei dem sterbenden König. Als dem König klar wurde, daß die Rebellen diese Diener niemals lebend aus dem Palast herauslassen würden, rief er einen buddhistischen Abt zu sich, der sie zu Mönchen weihen sollte, denn die safranfarbenen Roben würden ihnen ihre Sicherheit garantieren. Als Gegengabe bot er dem Orden den Suttha Sawa Pavillon als Tempel an. Die Richtigkeit dieser Überlieferung wurde durch die Handlungsweise des späteren Königs Mongkut bestätigt. Als er im 19. Jahrhundert den Palast von Lop Buri wieder zurückeroberte, mußte er dem Orden zum Ausgleich für den Pavillon und das umliegende Gelände anderes Land überlassen.

Das Gelände des **Lop Buri-Palastes** (Narai Raja Niwes-Palast) ist von massiven Mauern umgeben, die noch immer das Zentrum der modernen Stadt beherrschen.

Die **Dusit Maha Prasat-Halle** ist das einzige Gebäude aus der Zeit König Narais, das heute noch steht. Die-

se Halle wurde für die Audienz gebaut, die der König 1685 dem Chevalier de Chaumont, dem Gesandten Ludwigs XIV., gewährte. Es wird berichtet, daß eine der Mauern vollständig mit Spiegeln, die der französische König als Geschenk übersandt hatte, bedeckt war.

Ein weiteres Gebäude aus der Narai-Periode, das sich auch auf dem Palastgelände befindet, ist der **Chantra Paisan-Pavillon.** Es war das erste Gebäude, das unter König Narai gebaut wurde; später wurde es von König Mongkut restauriert und ist heute Teil des Museums der bildenden Künste. Die hölzernen Verzierungen des Daches haben keine guten Proportionen und verderben irgendwie den Gesamteindruck, aber die klassische Form des Grundrisses aus der Ayuthaya-Periode ist bemerkenswert. Die durchhängende Form der mehrstöckigen Dächer ist ebenfalls klassisch und ausgesprochen elegant.

Neben dem Paisan-Pavillon steht der **Phiman Mongkut-Pavillon,** ein dreistöckiges Herrschaftshaus im Kolonialstil, das in der Mitte des 19. Jahrhunderts unter König Mongkut gebaut wurde. Die unglaublich dicken Wände und die sehr hohen Zimmer lassen erkennen, wie man der Sommerhitze erfolgreich begegnete, bevor es Klimaanlagen gab. In dem kleinen, aber sehr charaktervollen Haus, einem Teil des Museums der bildenden Künste, ist eine Sammlung von Bronzen, chinesischem und Sukhothai-Porzellan, von Münzen, buddhistischen Fächern und Schattenspielfiguren ausgestellt. Einige der Stücke, besonders die Bronzeköpfe aus der Ayuthaya-Zeit und das Benchurong-Porzellan, sind ganz besonders schön.

Weitere Gebäude, die auf dem Palastgelände besucht werden sollten, sind die acht Kavaliershäuser hinter dem Museum. Zu Zeiten des Königs Mongkut beherbergten sie die Hofdamen, ihre Kinder und die Dienerschaft. Eines der Gebäude wurde in ein **Bauern-Museum** umgewandelt, in dem die traditionellen Geräte der thailändischen Landwirtschaft ausgestellt sind.

König Narai hatte einen griechischen Ratgeber, Constantine Phaulkon, den der König mit dem Titel *Chao Phya Vichien* adelte, d.h. soviel wie „der ehrenwerte, siegreiche Herr". Obwohl Phaulkon nicht offiziell der Außenminister war, so brachte er doch die Verbindungen Siams mit den europäischen Mächten zustande. Seine Ambitionen verführten ihn allerdings, sich auch in die Innenpolitik einzumischen, womit er sich höchst unpopulär machte beim buddhistischen Klerus und dem Beamtentum König Narais. Als der König auf dem Totenbett lag, ergriff sein Verteidigungsminister die Macht und ließ Phaulkon köpfen. Die Überreste von Phaulkons großem Palast in Lop Buri konkurrieren mit denen des Königspalastes.

Phaulkons Gebäude, die etwas nördlicher vom Narais-Palast liegen und jetzt von Unkraut überwachsen sind, zeigen Spuren westlichen Einflusses: gerade Wände und Verzierungen über den Fenstern im westlichen Stil. Dieser Gebäudekomplex ist den Besuchern nicht zugänglich; einmal vielleicht, um Vandalismus vorzubeugen, und außerdem wohl auch, um vor den Besuchern die schockierende Vernachlässigung der Ruinen zu verbergen.

Von besonderem Interesse in Lop Buri sind zwei bedeutende Überreste der Khmer- und Vorkhmer-Periode. Einer ist ein Schrein aus Laterit aus dem 13. Jahrhundert mit drei Türmen, die ihm den thailändischen Namen **Phra Prang Sam Yod** eintrugen.

Das zweite Relikt ist ein Hinduturm **(Prang Khaek** auf thailändisch) im Zentrum der Stadt, der genauer gesagt aus einer Gruppe von drei La-

Ein Elefantenritt im Zeitlupentempo beendet einen Tag im Rosengarten, eine Attraktion für Touristen, die möglichst viel auf einmal sehen wollen.

Chantra Paisan Pavilion
พลับพลา จันทรไพศาล

Phiman Mongkut Pavilio
พลับพลาพิมานมงกุฎ

Phra Prang Sam Yod
พระปรางค์สามยอด

Prang Khaek
ปรางค์แขก

Farmers Museum
พิพิธภัณฑ์เกษตรกร

11. Rose Garden
สวนสามพราน

Im Westen von Bangkok

terittürmen besteht und wahrscheinlich während des 11. Jahrhunderts gebaut und von König Narai im 17. Jahrhundert restauriert worden ist.

32 km oder eine knappe Autostunde westlich der Hauptstadt, an der Route 4, die nach Nakhon Pathom führt, liegt der **Rosengarten.** Er umfaßt ein sehr großes Gebiet bezaubernder Gartenanlagen, und natürlich gibt es dort auch Rosen. Hier finden Sie ein modernes Hotel mit Versammlungsräumen, dazu traditionelle Thaihäuser, die man über Nacht mieten kann, einige erstklassige Restaurants, ein Schwimmbad, einen Golfplatz, eine Bowlingbahn, Möglichkeiten für Bootsfahrten und Wasserski auf dem Fluß und ein thailändisches Modelldorf, in dem jeden Nachmittag für die Touristen eine Kulturshow aufgeführt wird. Dem kritischen Reisenden wird dies ein wenig zu berechnend klingen, aber irgendwie ist es das nicht. Die ganze Angelegenheit ist mit so viel Geschmack arrangiert, die Gärten sind so schön, daß viele gehetzte Touristen, die widerstrebend hierherkamen, den *Rose Garden* voll des Lobes wieder verlassen.

Eine Nummer der täglichen Vorführung wird Sie sicher interessieren: der Sport *takraw* ist eine Neuheit für Leute aus dem Westen. Man kann ihn übrigens auch in Bangkok zu Gesicht bekommen. Mehrere Jungen oder Männer, die im Kreis stehen, versuchen einen geflochtenen Ball dadurch in der Luft zu halten, daß sie ihn in beliebiger Reihenfolge von einem zum andern schlagen und dabei jeden Teil des Körpers außer den Händen benutzen, ohne daß der Ball den Boden berührt. Man könnte *takraw* den thailändischen Nationalsport nennen, denn Männer jeden Alters verbringen ihre Freizeit damit.

Wenn Sie während der Zeit der Drachenkämpfe in Bangkok sind, können Sie an jedem Werktagnachmittag die Teams am Ende der Rajadamnern Avenue am Sanam Luang in Aktion sehen.

54 km westlich von Bangkok, über den Rosengarten hinaus, an der Route 4, befindet sich **Nakhon Pathom.** Wenn Sie auf die Stadt zufahren, sehen Sie schon aus der Ferne eine riesige Kuppel, welche die gesamte Landschaft beherrscht. **Phra Pathom Chedi** ist mit seinen 127 m das höchste buddhistische Bauwerk der Welt.

Das ursprüngliche *chedi* Phra Pathom war klein und wurde vor mehr als tausend Jahren während der Mon-Herrschaft gebaut, als das kulturelle Leben in der Gegend einen Höhepunkt erreicht hatte. Im Jahre 1057 belagerte König Anurdha von Burma die Stadt und hinterließ sie für die nächsten hundert Jahre in Ruinen. Erst im Jahre 1853, als König Mongkut das alte *chedi* besuchte und von seiner Bedeutung als ältestes buddhistisches Monument in Thailand beeindruckt war, begann die Restaurierung des Tempels. Das ursprüngliche Gebäude war jedoch in einem solch desolaten Zustand, daß an eine Restaurierung nicht gedacht werden konnte. Und so wurde ein neues *chedi* auf dem alten gebaut. Auch dieses stürzte dann während eines Regensturmes zusammen, und schließlich wurde das Bauwerk von König Chulalongkorn in der heutigen Form fertiggestellt.

12. Nakhon Pathom
นครปฐม (ตัวเมือง, จังหวัด)

Das massive *chedi* ruht, in einen riesigen quadratischen Park eingebettet, auf einer kreisrunden Plattform, die mit Bäumen bepflanzt ist, welche Bedeutung in Buddhas Leben hatten.

Phra Pathom Chedi
พระปฐมเจดีย์

In den Tagen, als sich das Verkehrsleben noch auf Kanälen abspielte, brauchte ein königlicher Besucher

Das höchste Denkmal des Buddhismus in der Welt (oben) erhebt sich wie eine Kathedrale über Nakhon Pathom. Im November ist der Turm beleuchtet (rechts). Samut Sakhon ist ein typischer thailändischer Fischerhafen.

13. Samut Sakhon
สมุทรสาคร (ตัวเมือง, จังหวัด)

mehr als einen Tag, um nach Nakhon Pathom zu gelangen, und so ist es nicht verwunderlich, daß hier mehrere Paläste und Residenzen gebaut wurden. Der **Sanam Chand-Palast** hat einen schönen *sala* (Versammlungspavillon), in dem jetzt staatliche Behörden untergebracht sind. Zu dem Palast gehört auch noch ein Gebäude, das eine höchst ungewöhnliche thailändische Interpretation der Tudor-Architektur widerspiegelt. Vor dem Gebäude steht eine große Statue von Yaleh, dem Lieblingshund König Ramas IV. Der Hund, der wegen seiner Wildheit am ganzen Hof unbeliebt war, wurde von der Gefolgschaft des Königs vergiftet.

Die beste Verkehrsverbindung zum Hafen von **Samut Sakhon**, wo man einen guten Eindruck vom thailändischen Leben an der Küste erhält, ist die Eisenbahn von Thonburi aus, Bangkoks Schwesterstadt. Die Mae Klong-Bahn arbeitet mit Verlust. Wegen ihrer Bedeutung für die Bevölkerung der drei Provinzen westlich von Bangkok wurde sie allerdings nicht stillgelegt. Für 5 Baht können Sie den „Expreß" benutzen, der etwa jede Stunde von der Wong Wien Yai-Station in Thonburi abfährt.

Auf der 40-Minuten-Fahrt kommen Sie zunächst durch die Vorstädte, dann durch üppige Gemüsegärten, durch Kokosnußpflanzungen und Reisfelder. Samut Sakhon, das auch Mahachai genannt wird, ist ein geschäftiger Fischereihafen und liegt am Zusammenfluß des Tachim-Flusses, des Mahachai-Kanals und des Golfes von Thailand. Am Hauptlandesteg gibt es eine Turmuhr und ein Restaurant, das, wie man sich denken kann, ausgezeichnete Fischgerichte anbietet, z.B. gegrillte Krabben mit Gemüse. Auf dem **Fisch-**

markt gleich nebenan laden die Fischer Unmengen von Fischen, Krabben, Tintenfischen und Langusten aus.

Am Anlegesteg des Fischmarktes kann man ein Boot mit einem Außenbordmotor für 40 Baht mieten, das einen zum wichtigsten Tempel von Samut Sakhon bringt, dem **Wat Chom Long,** der an der Mündung des Tachim liegt. Die meisten der Gebäude sind modern, außer einem alten *viharn* gleich rechts vom Landesteg des Tempels. Das ausgedehnte Gelände ist sehr schön mit Büschen und Bäumen bepflanzt.

Ein paar Kilometer von der Stadt **Kanchanaburi** entfernt, überquert eine eigenartige Eisenbahnbrücke den Meklang-Fluß. Gelegentlich quält sich ein Motorrad zwischen den Eisenbahnschienen über die Bücke. Sobald der andere Name des Flusses erwähnt wird, lüftet sich das Geheimnis, das hinter der ungewöhnlichen Eisenkonstruktion steht. Der Meklang-Fluß — auch bekannt unter dem Namen Kwai Yia — wird überspannt von der berühmt-berüchtigten **„Brücke am Kwai“.** Der Mittelteil der Brücke war gegen Ende des Zweiten Weltkrieges durch alliierte Bomber zerstört und später so einfach wie möglich wiederaufgebaut worden.

Die Stadt Kanchanaburi in der Provinz mit dem gleichen Namen liegt ungefähr 122 km nordwestlich von Bangkok, über Nakhon Pathom hinaus und nicht weit von der Grenze zwischen Thailand und Burma. Hier begannen die Japaner unter dem Einsatz alliierter Kriegsgefangener mit dem Bau einer 415 km langen Eisenbahnlinie zum Drei-Pagoden-Paß an der burmesischen Grenze — ein Unternehmen, das unter unvorstellbaren Opfern an Menschenleben vollendet wurde. Schätzungsweise starben hier

Wat Chom Long
วัดชมล่อง

15. River Kwai Bridge
สะพานข้ามแม่น้ำแคว

14. Kanachanaburi
กาญจนบุรี (ตัวเมือง, จังหวัด)

Zu Flößen zusammengebunden, treiben Bambusstäbe flußabwärts zum Markt (oben). Der heute so friedlich scheinende Fluß wird überspannt von der berüchtigten „Brücke am Kwai“, die im Zweiten Weltkrieg von alliierten Kriegsgefangenen gebaut wurde. Auf dem Heldenfriedhof von Kanchanaburi erinnern 6982 Gräber an die Opfer des Bahnstreckenbaus (rechts). Eine alte Lok dampft noch heute täglich über die Brücke.

100 000 Zwangsarbeiter und 16 000 alliierte Kriegsgefangene durch Grausamkeiten, Unterernährung, Krankheiten oder allgemeine Erschöpfung während des Streckenbaus. In Kachanaburi markieren endlose Reihen von Kriegsgräbern den Platz der letzten Ruhe von genau 6982 dieser alliierten Soldaten.

Obwohl die Brücke über den Kwai wahrscheinlich einen großen Teil ihres Ruhms dem Roman von Pierre Boulle und der späteren Verfilmung verdankt, ist sie auch vom historischen Gesichtspunkt aus einen Besuch wert. Man kann sie von Kanchanaburi aus mit dem Schiff oder per *samlor* erreichen. Das Touristenbüro, das an der Hauptstraße von Kanchanaburi gegenüber dem alliierten Kriegsfriedhof liegt, kann Ausflüge zur Brücke und ihrer Umgebung arrangieren. In der Nähe der Brücke gibt es eine Kombination von Landungssteg und Restaurant, von wo aus man eine ausgezeichnete Aussicht auf die Züge hat, die gelegentlich die Brücke überqueren. Der Fußweg über die Brücke ist nicht so gefährlich, wie er aussieht. Nischen erlauben es den Passanten, sich beim unerwarteten Nähern eines Zuges in Sicherheit zu bringen. Nahe der winzigen *Kwai Bridge station* ist eine Dampflokomotive ausgestellt, die kurz nach dem Krieg benutzt wurde

Die thailändische Regierung kaufte die gesamte Eisenbahn für 50 Mio. Baht von den Alliierten. Damit kaufte sie ,,die Katze im Sack", denn erstens hatten die Engländer schon viele Kilometer Schienen an der burmesischen Grenze abgebaut, und zweitens bedurfte die Strecke dringend der Überholung. Die Gefangenen hatten sich nämlich beim Bau der Eisenbahn die größte Mühe gegeben, eine möglichst schlechte Arbeit zu lie-

fern. Abgesehen von der häufigen Bombardierung war das Bohlenholz zudem oft schon morsch, bevor es verlegt werden konnte. Kurz vor Ende des Krieges zerstörten englische Bomber aus Ceylon den vierten, fünften und sechsten Bogen der Brücke.

Während des Baus der Eisenbahn gab es aber auch ein erfreuliches Ereignis: Ein holländischer Kriegsgefangener entdeckte in der Nähe, wie er glaubte, Überreste aus dem Neolithikum. Erst 1961 allerdings wurde die Richtigkeit seiner Annahme durch eine thailändisch-dänische Archäologengruppe bestätigt und damit ein ganz neuer Aspekt der thailändischen Vorgeschichte gefunden. In einem kleinen Museum in der Nähe der Ausgrabungsstätte sind viele der Funde, einschließlich eines Skelettes, ausgestellt. Der Löwenanteil dieser ersten neolithischen Funde in diesem Teil Südostasiens befindet sich im Nationalmuseum in Bangkok. Längst wächst wieder Zuckerrohr über dem ehemaligen Ausgrabungsort, doch von Zeit zu Zeit leiten Studenten hier erneut Ausgrabungen. In der Nähe liegt die staubige kleine Stadt Ban Keo.

Lange bevor Kanchanaburi im letzten Krieg seine strategische Rolle spielte, war es ein dauerndes Schlachtfeld für die Auseinandersetzungen zwischen Siamesen und Burmesen, und noch heute gibt es Zeichen der alten Kämpfe. Nördlich von Ban Keo, vor der Station Wang Po, stehen die Ruinen der Khmer-Stadt **Muang Sing,** der ,,Stadt der Löwen''.

Muang Sing
เมืองสิงห์

In der Gegend um Kanchanaburi gibt es unendlich viele Höhlen und Wasserfälle, und wenn Sie Zeit haben, werden Sie die **Erawan-** oder **Elefanten-Wasserfälle** etwa 67 km nördlich von Kanchanaburi finden.

Erawan Falls
น้ำตกเอราวัณ

Weiterhin können Sie aber auch den Zug von Kanchanaburi aus in

Keo Pang Falls
น้ำตกเขียวพัง

Sai Yok Falls
น้ำตกไทรโยค

Tham Kung
ถ้ำค้ง

An old locomotive chugs across the River Kwai Bridge, which inspired the famous novel.

Richtung Westen nach Nam Tok nehmen, eine Eisenbahnstation mit Übernachtungsmöglichkeit. In der Nähe von Nam Tok befinden sich die **Kao Pang-Fälle.** Hier fließt das Wasser über eine Reihe von Kalksteinstufen herab. In einer Dreistundenfahrt können Sie von dort aus mit dem Boot zu den **Sai Yok-Wasserfällen** gelangen, deren Wasser direkt in den Fluß stürzen. Auf dem Weg nach Sai Yok fließt der Fluß an der **Tham Kung-Höhle** mit ihren eindrucksvollen Stalagmiten und Stalaktiten vorbei. Bis zu den alten Pagoden, die den Drei-Pagoden-Paß kennzeichnen, und zur Grenze nach Burma braucht man noch mehrere Tage.

Um die ganze Schönheit des River Kwai zu erfahren, sollte man mehrere Tage an seinen Ufern verbringen. 32 km von Kanchanaburi liegt die River Kwai Farm; 80 km entfernt ist das River Kwai Village Hotel. Flußaufwärts wurde eine neue Hotelidee verwirklicht: die Flotels, Häuschen aus Naturmaterialien auf Bambusflößen. Zehn dieser schwimmenden Flußhotels gibt es auf dem Kwai-Noi-Arm des Flusses. Man erreicht sie auf einer dreistündigen Bootsfahrt oder über die Straße. (Übernachtungen müssen in den Reservierungsbüros in Bangkok vorab gebucht werden.)

Viele Hotels und Flotels organisieren Ausflüge in den Dschungel zu Höhlen, Wasserfällen und Dörfern der Karen und Mon. Schienenreste der Death Railway existieren noch in den herrlichen Baumbuswäldern.

Die staatliche thailändische Bahngesellschaft bietet eine Ganztagesfahrt (samstags, sonntags und feiertags) mit folgendem Programm an (Ausgangspunkt Hualampong Station): Nakhon Pathom chedi, River-Kwai-Brücke, POW-Friedhof, Kao-Pang-Wasserfälle und ein kurzes Stück auf der Route der Death Railway zur Endstation bei Nam Tok.

DIE ZENTRALEBENE

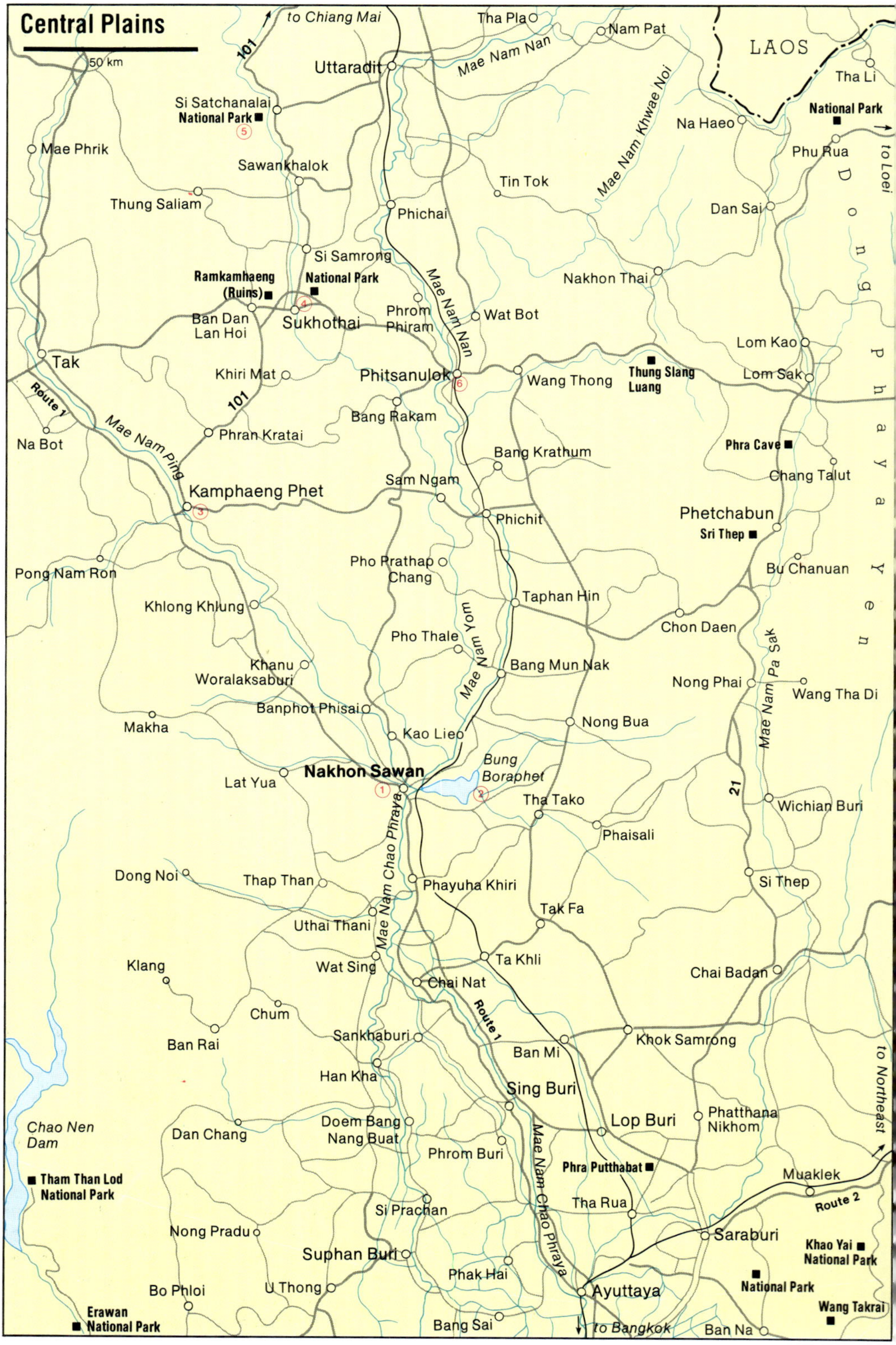
Central Plains
50 km
to Chiang Mai
101
Uttaradit
Tha Pla
Nam Pat
Mae Nam Nan
LAOS
Tha Li
Si Satchanalai
National Park
5
Mae Phrik
Sawankhalok
Thung Saliam
Tin Tok
Mae Nam Khwae Noi
Na Haeo
National Park
Phu Rua
to Loei
Dan Sai
Phichai
Si Samrong
Ramkamhaeng (Ruins)
National Park
4
Sukhothai
Ban Dan Lan Hoi
Phrom Phiram
Mae Nam Nan
Wat Bot
Nakhon Thai
Lom Kao
Lom Sak
Dong Phaya Yen
Tak
Route 1
Khiri Mat
Phitsanulok
6
Wang Thong
Thung Slang Luang
101
Na Bot
Mae Nam Ping
Phran Kratai
Bang Rakam
Bang Krathum
Phra Cave
Chang Talut
Kamphaeng Phet
3
Sam Ngam
Phichit
Phetchabun
Sri Thep
Pong Nam Ron
Pho Prathap Chang
Bu Chanuan
Khlong Khlung
Taphan Hin
Chon Daen
Pho Thale
Mae Nam Yom
Khanu Woralaksaburi
Bang Mun Nak
Nong Phai
Wang Tha Di
Mae Nam Pa Sak
Banphot Phisai
Makha
Kao Lieo
Nong Bua
Lat Yua
Nakhon Sawan
1
Bung Boraphet
2
Tha Tako
21
Wichian Buri
Phaisali
Mae Nam Chao Phraya
Dong Noi
Thap Than
Phayuha Khiri
Si Thep
Uthai Thani
Tak Fa
Klang
Wat Sing
Ta Khli
Chai Badan
Chai Nat
Route 1
Chum
Ban Rai
Sankhaburi
Ban Mi
Khok Samrong
Han Kha
Sing Buri
to Northeast
Chao Nen Dam
Dan Chang
Doem Bang Nang Buat
Lop Buri
Phatthana Nikhom
Phrom Buri
Tham Than Lod National Park
Phra Putthabat
Mae Nam Chao Phraya
Muaklek
Si Prachan
Tha Rua
Route 2
Nong Pradu
Saraburi
Khao Yai National Park
Suphan Buri
Phak Hai
National Park
Bo Phloi
U Thong
Ayuttaya
Wang Takrai
Erawan National Park
Bang Sai
to Bangkok
Ban Na

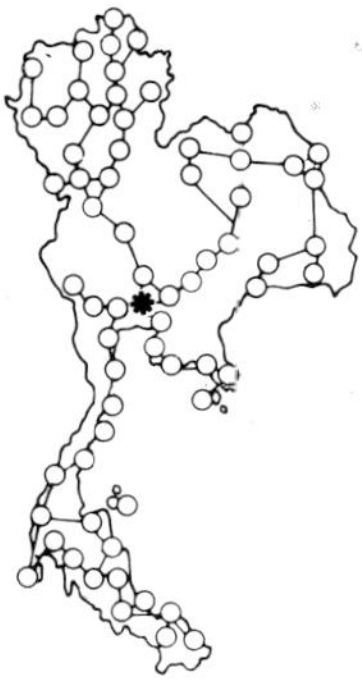

Das Zentrum

Eine Gruppe von einfachen strohgedeckten Bauernhäusern liegt fast völlig versteckt inmitten großer luftiger Bambusgehölze, die sich leise im Winde bewegen: wie eine kleine Insel inmitten eines unabsehbaren grasgrünen Meeres, das sich scheinbar endlos in alle Richtungen erstreckt, nur von ähnlichen Inseln eines dunkleren Grüns durchsetzt oder gelegentlich auch von dem orangefarbenen Dach und der glitzernden Vergoldung eines buddhistischen Tempels, der wie ein unwirkliches Juwel aus dem Meer herausragt...

Das ist die **Zentralebene,** das fruchtbare Herz des Landes, wohin schon die ersten Thailänder von den Bergen im Norden und aus den Dschungeln des Südens in ununterbrochener Folge einwanderten. Hier gründeten sie ihre größten Städte und konzentrierten sie ihre Macht.

Wenn Sie gegen Ende der Trockenzeit, also im Mai, über die große Ebene fahren, sehen Sie auf den Feldern Bauern mit blauen Hemden und großen Strohhüten, die mit ihren breitrückigen Wasserbüffeln die von der Trockenheit rissige Erde umpflügen. Ungefähr einen Monat nach den ersten Regenfällen schimmert Wasser in den flachen Reisfeldern, und die jungen Pflanzen sind von einer intensiven grünen Farbe, die fast Augenflimmern bereitet. Im Oktober hören die Regenfälle plötzlich auf, die Halme werden goldbraun, und es ist Erntezeit. Die Leute kommen aus ihren kleinen versteckten Dörfern, aus den Tempeln, in denen sie die Monate der Regenzeit als Mönche verbracht hatten, aus der Stadt, wo sie als Gelegenheitsarbeiter tätig waren, zurück auf die Felder. Sie alle sind in erster Linie von der Reisernte abhängig. Und so finden sich alle gesunden Familienmitglieder zur Ernte auf den Feldern zusammen. Später dann, wenn die Ernte eingebracht ist, kommt die Zeit für Feste und Entspannung. Die Luft über der zentralen Hochebene ist Hunderte von Kilometer weit dunstig vom Abbrennen der Stoppeln, womit die Erde für den nächsten Anbauzyklus vorbereitet wird.

Der kolossale sitzende Buddha des Wat Si Chum (umseitig) meditiert in Gelassenheit in den Ruinen von Sukhothai. Hier in der fruchtbaren zentralen Ebene liegt die Geburtsstätte der Thai-Nation.

Mehrere bedeutende Flüsse bewässern dieses fruchtbare Kernland Thailands, vor allem natürlich der breite Chao Phya, der wie eine Arterie vom Norden bis hinunter zum Golf von Thailand fließt. Er bewässert die Reisfelder durch ein unglaublich weit verzweigtes Netz von kleinen Strömen und künstlichen Kanälen.

Die Geschichte Thailands hat sich entlang dieser Flüsse bewegt, durch diese fruchtbaren Felder, und die Überreste der verschiedenen Epochen sind überall in dieser Region verteilt, die wie ein archäologisches Skizzenbuch wirkt: Die Türme im Stil Angkors von Lop Buri, wo die Khmer einst herrschten, um den Reichtum der Ebene für sich nutzbar zu machen; die weitverstreuten Ruinen weiter im Süden in der Nähe von Bangkok — Reste von dem, was einst das große Ayuthaya war; bedenklich geneigte Pagoden und die Außenmauern von verfallenen Palästen, halb überwachsen von der üppigen Vegetation, die nur zu bereit ist, die Herrschaft zu übernehmen, wenn sich der Mensch abwendet. Die von Smog eingehüllte Millionenstadt Bangkok, die letzte Hauptstadt, die auf der Zentralebene erbaut wurde, schimmert am Horizont, halb bedrohlich, halb Traum, quälend nahe, doch in mancher Hinsicht weit entfernt vom Leben der Bauern.

Die breiten Autostraßen, wie z.B. die Nationalstraße 1, schneiden nun mit ihren chromblitzenden Autos, dröhnenden Lastwagen und klimatisierten Tourenbussen durch die Felder in alle Richtungen des Landes. Die Jumbo-Jets donnern über die

Ebene auf ihrem Weg zum Flughafen Bangkoks, dem Don Muang Airport. Selbst auf den Feldern durchbricht nun manchmal der Klang des Transistorradios das Schweigen der Tradition. Trotz all dieser Vorboten des 20. Jahrhunderts empfindet man doch noch stark die Zeitlosigkeit dieses Teils von Thailand, denn im Grunde genommen hat sich gerade hier im Verlauf der letzten Jahrhunderte nichts geändert. Die Großstädte wie Bangkok und die größeren Städte mit ihrer Massenproduktion und gehetzten Einheitlichkeit wirken von hier aus gesehen wie eine kurzfristige Verirrung der Menschheit, konzentriert entlang der Autostraßen, als ob sie sich dadurch von ihrer Realität selbst überzeugen lassen wollte. Außerhalb der großen Städte ist die Zentralebene immer noch die Region kleiner unabhängiger Dörfer und Weiler, jedes von ihnen um die wichtigen Dinge des täglichen Lebens geordnet: die Familie, die Reisfelder und die Tempel. Diese Dörfer sind einfach, aber sie sind keinesfalls, für thailändische Verhältnisse, arm. In den felsigen Bergen des Nordens und im unfruchtbaren Nordosten wird Landwirtschaft oft zu einer unergiebigen, schlecht vorhersehbaren Beschäftigung, und die Felder gelangen häufig in die Hände der Geldverleiher.

Ganz im Gegensatz dazu zeigt sich die Natur in der Zentralebene immer freigebig: Das Land bleibt gewöhnlich in der gleichen Familie für viele Generationen, und solche Probleme wie die Ungleichmäßigkeit der Besitzverteilung waren in diesem Landesteil nie von besonderer Bedeutung. Nicht allzu viele der jungen Leute entscheiden sich gegen das Landleben und versuchen ihr Glück in der Hauptstadt; die Älteren tendieren dazu, so-

Das Umsetzen der jungen Reispflanzen in den schlammigen Feldern der zentralen Ebene wird gemeinschaftlich durchgeführt. Trotz der harten Arbeit bleibt Zeit für Fröhlichkeit.

wohl in politischer als auch in sozialer Hinsicht konservativ zu sein. Daß ein bekannter Erfinder in Bangkok an so etwas wie einem „mechanischen Büffel" arbeitet, der das Pflügen der Reisfelder erledigen soll, beeindruckt die Bauern nicht besonders. Sie werden auch weiterhin dem langsamen, geduldigen Tier vertrauen, dessen Rücken breit genug ist, um mehrere Kinder zu tragen und mit dessen Hilfe die Felder seit Ewigkeiten bestellt wurden.

Nur relativ wenige Bauern in der Zentralebene — nämlich diejenigen, die von progressiven Landwirtschaftsschulen und Universitäten zurückgekehrt sind — beginnen die alten Methoden in Frage zu stellen. Sie fragen sich, ob dieses fruchtbare Gebiet auch in Zukunft genügend Erträge liefern wird, um die Bevölkerung, die von 17,5 Millionen nach dem Zweiten Weltkrieg auf heute etwa 40 Millionen angewachsen ist, zu ernähren.

Wegen ihrer Stabilität und auch wegen ihrer traditionellen Lage im Zentrum des nationalen Geschehens sind es die Bauerndörfer der Zentralebene, in denen man das thailändische Leben in seiner ursprünglichsten Form beobachten kann. Häufiger als in irgendeinem anderen Teil des Landes sieht man hier auch heute noch Häuser im klassischen Stil. Wie die Tempel haben auch die Häuser getäfelte Wände und steile Dächer, die dem Himmel zuzustreben scheinen. Auch die Gesichter der Menschen, die hier leben, zeigen viel seltener den Einfluß der Chinesen, der Laoten, der Burmesen und der Malaysier, all der Rassen, die sich in den Städten und den Grenzregionen mit den Thais vermischt haben. In den Weilern mit ihren Großfamilien, ihrer Gemeinschaftsarbeit auf den Feldern, dem Vertrauen in den Dorf-

Die flachen Reisfelder werden bald zu einem grünen Meer, das sich endlos nach allen Seiten zu erstrecken scheint.

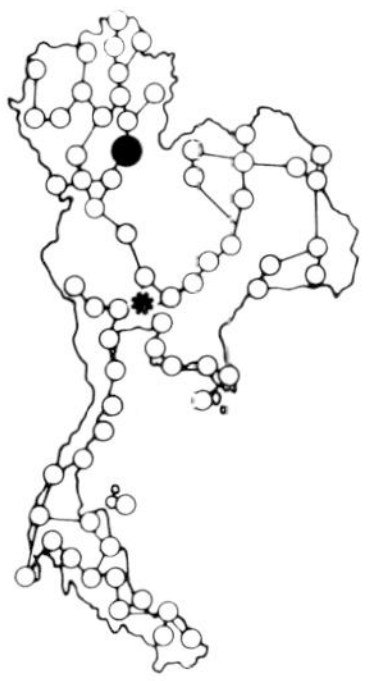

The numbers in the margin in this section refer to the map on page 128.

tempel als der sozialen und geistigen Basis sowie dem fest verwurzelten Gefühl für Unabhängigkeit kann man die stärksten und dauerhaftesten Aspekte des thailändischen Charakters finden.

Im allgemeinen erreicht man seinen Bestimmungsort in der Zentralebene wie auch in den meisten anderen Teilen Thailands schnell und auf komfortable Art. Die größeren Städte im Zentrum sind mit der Hauptstadt durch Straße, Eisenbahn und Flugzeug verbunden. Am besten ausgebaut ist der Busverkehr. Mehrere ,,Superbus''-Gesellschaften bieten heute Schnellverbindungen im Bus mit Klimaanlage und Tonbandmusik zu den wichtigsten Orten in Thailand und zum Teil sogar auch nach Malaysia.

Die staatliche Eisenbahn befördert Sie durch die Zentralebene etwas gemächlicher auf der Linie, die etwas östlich der Straße 1 verläuft. Auf dem Weg nach Chiang Mai führt die Fahrt durch Ayuthaya, Nakhon, Sawan, Phitsanulok und Uttaradit. Im ,,Northern Express'' gibt es Schlafwagen 1. Klasse mit Klimaanlage und auch Liegewagen in der 1. und 2. Klasse. Im Speisewagen wird ausgezeichnetes thailändisches Essen und europäisches Frühstück serviert.

1. Nakhon Sawan
นครสวรรค์ (ตัวเมือง, จังหวัด)

Nakhon Sawan ist wegen seiner Lage an mehreren Straßen und Flüssen, die den nördlichen und den zentralen Teil Thailands verbinden, von jeher ein bedeutender wirtschaftlicher Umschlagplatz gewesen. Die Flüsse Ping, Yom und Nan, die durch das nördliche Hochland fließen, treffen sich oberhalb von Nakhon Sawan. Unter ihrem alten Namen Paknam Po spielte die Stadt eine bedeutende Rolle im Teakholzhandel. Hier wurden nämlich die großen Teakholz-Flöße, die manchmal schon zwei oder drei Jahre von den Wäldern im Norden unterwegs waren, zum Weitertransport auf dem Fluß Chao Phya nach Bangkok zu kleineren Flößen zusammengebunden. Solche Flöße sind immer noch auf dem Fluß oberhalb von Nakhon Sawan zu sehen.

Wat Chomkiri Nagaproth
วัดจอมคีรีนาคพรต

In der modernen Handelsstadt gibt es nur noch wenige Spuren des alten Nakhon Sawan. Den bemerkenswertesten Tempel findet man außerhalb der Stadt, auf der anderen Seite des Chao Phya: Auf einem kleinen Hügel steht hier **Wat Chomkiri Nagaproth.** Das Hauptgebäude stammt aus der Sukhothai-Periode, aber der Buddha, der auf einem von Dämonen getragenen Thron sitzt, stammt aus der Ayuthaya-Periode. Hinter dem Haupttempel befindet sich eine große feinverzierte Bronzeglocke, die etwa hundert Jahre alt ist und zwischen Ziegelpfeilern hängt.

2. Bung Borapet
บึงบรเพ็ด

Ein beliebter Ausflug für diejenigen, die in oder in der Nähe von Nakhon Sawan leben, führt nach **Bung Borapet,** einem See, der nur zu bestimmten Jahreszeiten existiert und der 2 km östlich liegt. Dieses tiefgelegene Gebiet dient während der Regenzeit als Reservoir. Zum Höhepunkt des Monsuns im September und Oktober bedeckt der See ein Gebiet von etwa 120 qkm. Am besten besucht man ihn in einer hellen Mondnacht in der kühlen Saison, wenn man auf der Insel in der Mitte des Gewässers ein Picknick veranstalten kann.

3. Kamphang Phet
กำแพงเพชร (ตัวเมือง, จังหวัด)

Die ,,Neue Stadt'' **Kamphang Phet** liegt 3 km von der Straße 1 entfernt am östlichen Ufer des Ping-Flusses. Diese Stadt wurde von König Li Thai (1347—1368) aus der Sukhothai-Dynastie gebaut, um die ältere Stadt Chakangrao an der gegenüberliegenden Seite des Flusses zu ersetzen. Beide dienten Sukhothai als Garnisonsstädte. Auf der rechten Seite der Zufahrtsstraße nach Kamphang Phet stehen die Überreste des Laterit-Forts **Phom Seti**, das dazu diente, die Vor-

Phom Seti
ป้อมเศรษฐี

Verwitterung hat den Stuck von dieser Statue in der alten Festungsstadt Kamphang Phet entfernt und so die modern anmutende Steinmetzarbeit darunter zum Vorschein gebracht.

Wat Chedi Klang
วัดเจดีย์กลาง

läuferin der heutigen Stadt zu verteidigen. Die Straße etwas weiter aufwärts liegt das gut restaurierte **Wat Chedi Klang,** das ebenfalls ein Überbleibsel der früheren Stadt Chakangrao ist.

Museum
พิพิธภัณฑ์

Nachdem man die Brücke über den Ping überquert hat, kommt man in die moderne Stadt. Nahe dem Zentrum mit seinen zahlreichen Reis-und Nudelrestaurants steht das schöne **Provincial-Museum,** das eine der herrlichsten Sivabronzen in Thailand beherbergt. Diese lebensgroße Figur wurde im Auftrag des Gouverneurs von Kamphang Phet im ersten Viertel des 16. Jahrhunderts gegossen. Zu Beginn der Herrschaft von König Chulalongkorn (1898—1910) kam ein deutscher Besucher in die Stadt, der so begeistert von dem Standbild war, daß er Kopf und Hände abbrach, um sie mitzunehmen. Der damalige Gouverneur, der zu ängstlich war, einen *farang* (Ausländer) einzusperren, schickte in Windeseile einen Bericht nach Bangkok, daß die unbezahlbaren Fragmente per Boot unterwegs seien. In Bangkok wurde der Deutsche von Beamten aufgehalten, denen er erklärte, daß er die Teile dem Museum in Berlin geben wolle. König Chulalongkorn, dessen geschickte Diplomatie Thailand vor noch viel ernsteren Bedrohungen durch den Westen bewahren sollte, fand einen Weg, sowohl den Deutschen zu beschwichtigen als auch diese kulturellen Schätze für sein Land zu erhalten. Er versprach eine genaue Kopie der ganzen Sivastatue nach Deutschland zu schicken, so daß die Fragmente in Thailand bleiben könnten. Und der König löste dann auch sein Wort ein.

Die Atmosphäre dieser Gegend bestimmend, sitzt der Buddha in weltentrückter Einsamkeit inmitten der Ruinen von Wat Phra Keo im alten Kamphang Phet (oben). Die üppige Vegetation tarnt die zerfallenden Gebäude und Statuen. Der Kopf eines Buddhas (rechts) liegt am Boden, gestürzt wie die vielen Königreiche, die inzwischen entstanden und wieder verschwunden sind.

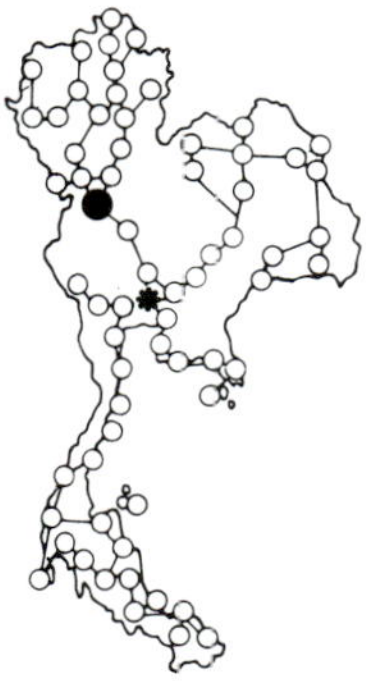

Wenn man die Festungen und Tempel besichtigen will, muß man mit dem Auto oder Bus fahren, da sie in beträchtlicher Entfernung von der modernen Stadt liegen. Ein Besuch der **Festungen von König Li Thai** offenbart, warum die Stadt Kamphang Phet oder ,,Diamant-Mauer'' genannt wurde. Die massiven Erdwälle, die von Laterit bedeckt waren, erheben sich heute noch mehr als 6 m über den Graben, auf dem nun Wasserlilien schwimmen.

Die wichtigsten Monumente von Kamphang Phet liegen nordwestlich der mit Mauern umgebenen Stadt. Die Mönche, die sie bauten, gehörten einer Sekte an, die hauptsächlich in Wäldern lebte und die im hohen Maße von Lehrern aus Sri Lanka beeinflußt worden war.

Wat Chang Rob
วัดช้างรอบ

Wat Phra Si Iriyaboth
วัดพระศรีอริยพรต

Wat Phra Si Iriyaboth erhielt seinen Namen nach den Buddhastatuen, die in vier Körperhaltungen dargestellt sind (*si* bedeutet ,,vier'' und *iriyaboth* bedeutet ,,Haltung'') und auf dem zentralen rechteckigen *mondop* (Heiligtum) stehen. Die stehende Statue ist zum größten Teil intakt mit ihrem originalen Stucküberzug, der den Kopf und den unteren Teil des Körpers bedeckt. In ihr haben Sie ein eindrucksvolles, typisches Beispiel einer Sukhothai-Skulptur.

Der andere Tempel, **Wat Chang Rob** oder ,,Tempel der Elefanten'', besteht aus dem Grundriß einer großen Lateritstupa, die von Elefantenkaryatiden umrahmt ist, einer Darstellungsform, die aus Sri Lanka stammt. Die Reihe von Elefanten an der Südseite ist fast komplett, an den anderen Seiten fehlen jedoch einige. Unglücklicherweise ist auch die Spitze dieses großen Monuments verschwunden.

Das magische Zentrum des alten Siam

4. Sukhothai
สุโขทัย (ตัวเมือง, จังหวัด)

Non Prasat
นอนปราสาท

Ramkamhaeng
พิพิธภัณฑ์สถานแห่งชาติรามคำแหง

Wat Mahathat
วัดมหาธาตุ

Wenn Sie in Richtung der antiken Stadt **Sukhothai**, nordöstlich von Kamphang Phet, fahren, kommen Sie zunächst durch das neue Sukhothai, eine trostlose und staubige Ansammlung von Häusern. Etwa 12 km weiter erreicht die Straße die Stadtgrenzen des alten Sukhothai durch das Tor **Kampaeng-hak** („Zerbrochene Mauer"). Die Reste dieser gewaltigen Befestigung lassen erkennen, daß das Maginot-Konzept nicht neu war: Die Hauptstadt wurde von nicht weniger als drei Reihen Erdwällen und zwei Gräben umschlossen, und zwar in einem Umkreis von 1400 mal 1800 m.

In der Nähe des Kampaeng-hak-Tores befindet sich das **Ramkamhaeng-Nationalmuseum,** das eine gute Einstimmung für den Stadtrundgang bietet. Es enthält eine attraktive Sammlung von Sukhothai-Skulpturen, Keramik und weiteren Kunstgegenständen und stellt auch Gegenstände aus anderen Perioden aus. Die Eingangshalle wird von einer wertvollen Bronzestatue eines wandelnden Buddhas beherrscht. Diese Art von Statue wird als eine der schönsten Neuerungen auf dem Gebiet der Skulpturen der Sukhothai-Periode (1230 bis etwa 1440) angesehen. Es hatte vorher auch schon verschiedene Versuche gegeben, die Haltung von Standbildern zu variieren, aber die Bildhauer von Sukhothai waren die ersten, die den Buddha schreitend darstellten.

Zu dieser Zeit nahmen die Thais den Theravada-Buddhismus an und baten Sri Lanka um klösterliche Hilfe. Trotzdem blieb der Hindu-Einfluß stark, wie man im Museum an zwei Statuen von Hindu-Göttern erkennen kann, die den wandelnden Buddha flankieren. Diejenige an seiner rechten Seite, mit den kombinierten Attributen von Vishnu und Siva, ist besonders schön. Ebenfalls bemerkenswert ist ein Steintorso einer Gottheit (*Apsara*) im Khmer-Stil.

Wie schon ihre Vorfahren sitzen diese Bauern bei der Mittagsrast vor der Statue des „Wandelnden Buddhas" in Wat Chetupon. Dieses Standbild in Sukhothai wird als eines der bedeutendsten seiner Art bezeichnet.

Ein bedeutendes Objekt, das im Zwischenstock ausgestellt ist, ist eine Kopie der berühmten Steininschrift von König Ramkamhaeng, dessen Original das wertvollste Ausstellungsstück des Nationalmuseums in Bangkok ist. Die Inschrift aus dem Jahre 1292 wurde im **Non Prasat** (Palasthügel) gefunden, von dem heute nur noch eine leicht erhöhte Terrasse aus Erde und Ziegelsteinen zu sehen ist. Im Jahre 1833 entdeckte der Kronprinz Mongkut, der den thailändischen Thron 1851 bestieg, diesen Stein. Darauf hatte König Ramkamhaeng seine Eroberungen in den umliegenden Königreichen einmeißeln lassen sowie auch die Tatsache, daß er im Jahre 1283 das siamesische Alphabet einführte — ein Fortschritt, der die meisten seiner Eroberungen überdauert hat. Der Stein stand, ebenso wie der Thron von König Ramkamhaeng, auf dem Non Prasat, und obwohl man heute kaum mehr als die Terrasse sehen kann, war dies das Zentrum des alten Siam.

Innerhalb der Stadtmauern von Sukhothai stehen die Ruinen von etwa 20 *wats* und Klöstern. Das größte von ihnen ist **Wat Mahathat.** Es ist nicht endgültig geklärt, wer diesen Tempel, „das magische und geistige Zentrum des Königreiches" (A. Griswold), gründete. Man kann aber mit einigem Recht annehmen, daß es König Sri Indraditya (1220?—1250) war, der erste König der Sukhothai-Dynastie. Seine heutige Form verdankt Wat Mahathat einem Umbau, der unter König Lo Thai um 1345 herum vollendet wurde. Der ursprüngliche Entwurf war eine quadratische Plattform mit vier Lateríttürmen in den Ecken und einem Turm im Zentrum. Dies wurde vor wenigen Jahren bei Renovierungsarbeiten des Departments of Fine Arts festgestellt. Die vier Axialtürme, die heute noch stehen, sind im Khmerstil erbaut; allerdings mit Stuckverzierungen, die von Köng Lo Thai hinzugefügt wurden. Der zentrale Turm liegt jetzt versteckt unter den Grundmauern von Lo Thais ,,Lotusblüten''-Turm. Die Axialtürme waren mit dem Hauptturm durch Stützbogen aus Laterit verbunden, die noch immer zu sehen sind. Das wichtigste Buddhastandbild, das von König Li Thai (1347—1368) in Bronze gegossen wurde, steht jetzt im Wat Suthat in Bangkok.

In den 20 anderen Tempeln innerhalb der Mauern und den etwa 70 in der Nachbarschaft wiederholen sich bekannte architektonische Themen. Die folgende kurze Liste, die unter Mithilfe von Prof. Prinz Subhadradis Diskul, einer Autorität auf dem Gebiet der Geschichte und Kunst von Sukhothai, aufgestellt wurde, beinhaltet die Namen der Monumente.

Wat Sri Sawai, der südwestlich von Wat Mahathat liegt, war ursprünglich ein Hindu-Tempel, der ein Siva bildnis enthielt. Erhalten sind dreistöckige Türme, die in einem etwas modifizierten Khmerstil gebaut sind mit Stuckdekors (15. Jahrhundert).

Wat Sra Sri
วัดสระศรี

Wat Sra Sri, der auf dem Weg zum südlichen Tor der Stadt liegt, hat einen Turm (*chedi*), der denen in Sri Lanka gleicht. Die Ordinationshalle (*bot*) steht auf einer Insel im Osten des Turmes. Die Ruinen des Haupttempels bestehen aus sechs Säulenreihen, die zu einem gutrestaurierten sitzenden Buddha führen. Nördlich des Wat Mahathat gelegen, haben **Wat Chana Songgram** und **Wat Trakuan** besonders schöne *chedis* im ceylonesischen Stil, von denen allerdings nur noch der untere Teil erhalten ist.

Wat Chana Songgram
วัดชนะสงคราม
Wat Trakuan
วัดตระกวน
Wat Sri Sawai
วัดศรีไสว

Wenn Sie die mit Mauern umgebene Stadt durch das nördliche San Luang-Tor (,,Tor des königlichen Schreins'') verlassen und etwa 1 km

Die Größe und Bedeutung des alten Königreiches spiegelt sich im Wat Mahathat (oben), dem „magischen und spirituellen Zentrum des Reiches", wider. Die vier Tempeltürme wurden im Stil der Khmer gebaut, die vor den Thais hier lebten. Ein Fries im gleichen Tempel zeigt Mönche, die in Anbetung versunken aus der Vergangenheit hervortreten (rechts).

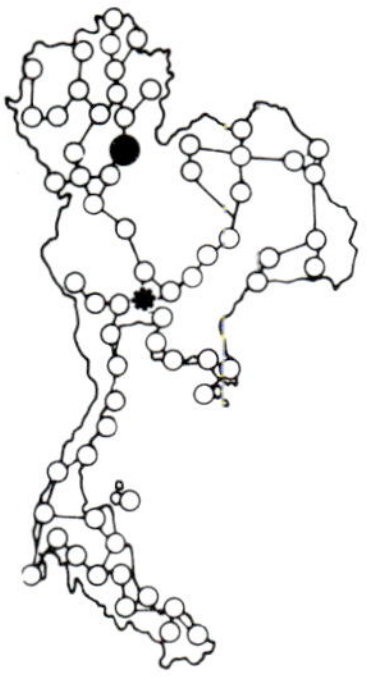

Wat Phra Phai Luang
วัดพระพายหลวง

weit gehen, erreichen Sie den bedeutenden Tempel **Wat Phra Phai Luang.** Er bestand ursprünglich aus drei Laterittürmen, die mit Stuck bedeckt waren, und wurde wahrscheinlich im späten 12. Jahrhundert erbaut, als Sukhothai noch Teil des Khmer-Reiches war. Es ist möglich, daß dieser Tempel das ursprüngliche Zentrum von Sukhothai war, da Wat Mahathat erst in einer späteren Zeit entstand. Das Fragment eines sitzenden Steinbuddhas aus dem Jahre 1191, der Zeit des Khmer-Königs Jayavarman VII., wurde hier gefunden und befindet sich jetzt auf dem Gelände des Ramkamhaeng-Museums. Während einiger Restaurierungsarbeiten, die dann in der Mitte der sechziger Jahre vom Fine Arts Department durchgeführt wurden, brach ein großer Stuckbuddha im zentralen Turm zusammen und gab dabei zahlreiche kleinere Standbilder in seinem Inneren frei.

Im Osten des Haupttempels steht eine Ziegelstein-Stupa in Pyramidenform. Ursprünglich enthielt sie sitzende Stuckbuddhas in jedem Stockwerk aus dem späten 13. Jahrhundert. Später wurden die Nischen mit Ziegelsteinen zugemauert, die dann während einer im Jahre 1953 begonnenen Restaurierung wieder entfernt wurden. Als Köpfe der Stuckbuddhas auf dem Antiquitätenmarkt in Bangkok erschienen, stellte man fest, daß die Stupa ausgeplündert worden war. Das Fine Arts Department schickte eine Kommission zu der Stupa, aber das größte Unheil war schon geschehen. Die Köpfe, die den Gesichtern nach dem Chiang-Saen-Stil zugeordnet werden, befinden sich — soweit sie noch im Lande sind — entweder in privaten Sammlungen oder im Nationalmuseum in Bangkok.

Jenseits des Wat Phra Phai Luang steht **Wat Si Chum,** in dem sich einer der größten sitzenden Buddhas des

Königreiches befindet. Der *mondop* — der Tempel, in dem die Statue steht — wurde in der zweiten Hälfte des 14. Jahrhunderts gebaut, aber der Buddha selbst, der *Phra Achana* oder ,,Verehrungswürdige'', soll derjenige sein, der in König Ramkamhaengs Inschrift erwähnt ist. Innerhalb der Mauern des *mondop* gibt es eine Treppe, die zu einem Zwischenraum hinter dem Kopf der Statue führt.

Südlich der von Mauern umgebenen Stadt steht eine weitere Gruppe von Tempeln und Klöstern. Eines der interessantesten Gebäude ist **Wat Chetupon,** in dem die Schutzmauer des *viharn* aus Schieferplatten in der Form einer Holzimitation errichtet wurde. Auch die Tore bestehen aus riesigen Schieferplatten, die in den nahe gelegenen Bergen abgebaut wurden. Sie ähneln in verkleinerter Form den Megalithen in Stonehenge in England. Auch die Brücken, die über den Graben führen, der den Tempel umgibt, sind aus Schieferplatten. Im Hauptturm des Wat Chethupon stehen Buddhastatuen in der stehenden, ruhenden, gehenden und sitzenden Position.

,,Im Westen der Stadt Sukhothai'', so liest man in König Ramkamhaengs Inschrift, ,,ist ein Wald, in dem der König geopfert hat. Dort steht ein großer, sehr schöner *viharn,* der das gewaltige Standbild eines stehenden Buddhas enthält.'' Dieser Ort wird jetzt **Wat Saphan Hin** genannt, was soviel heißt wie ,,Kloster der Steinernen Brücke''. Man hat es wohl so bezeichnet, weil man es nur über eine Treppe aus großen Schieferplatten erreichen kann. Die Statue steht auf dem Kamm eines flachen Hügels und kann auch noch aus weiter Entfernung eingesehen werden. Sie ist 12,5 m groß mit erhabenen Händen in der Haltung der ,,gebenden Beschützung''.

Wat Si Chum
วัดศรีชุม

Wat Saphan Hin
วัดสะพานหิน

Wat Chetupon
วัดเชตุพน

In der Nähe der Ruinen von Sukhothai werden Amulette und Halbedelsteine verkauft (links), letzte Reste der spirituellen Ausstrahlung dieses Königreiches. Scherben (Mitte) liegen am ehemaligen Standort eines uralten Brennofens in Sukhothai, wo chinesische Töpfer das typische Sawankhalok-Porzellan herstellten. In der Schwesterstadt stehen die Ruinen des Wat Chedi Chet Thaew (rechts).

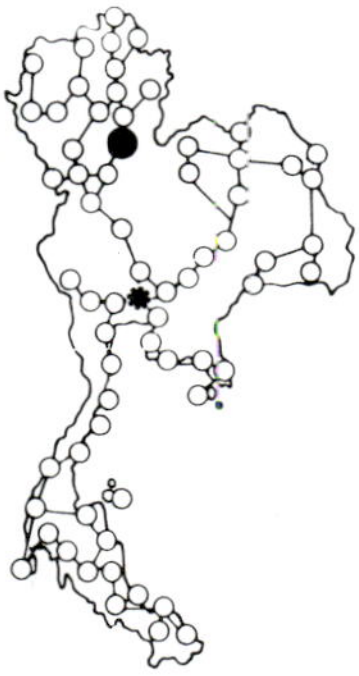

Wat Pa Mamuang
วัดผะมาเมือง

Wat Chang Lom
วัดช้างล้อม

5. Si Satchanalai
ศรีสัชนาลัย (ตัวเมือง, อำเภอ)

In diesem westlichen Gebiet kann man noch viele andere Monumente finden. Sie wurden wahrscheinlich von Mönchen gebaut, die aus Sri Lanka kamen und es vorzogen, ihre Klöster im Wald aufzubauen. Ein weiteres Gebäude, das sehenswert ist und nahe der Straße nicht weit vom westlichen Tor von Sukhothai liegt, ist **Wat Pa Mamuang** („Tempel des Mangohains"), wo König Li Thai im Jahre 1361 einen berühmten Mönch der Theravada-Sekte einsetzte.

Etwa 55 km nördlich der modernen Stadt Sukhothai, entlang einer Asphaltstraße, die übrigens ständig repariert zu werden scheint, liegt die alte Stadt **Si Satchanalai.** (Rund 1,5 km vor dem neuen Ort muß man die Brücke über den Yom-Fluß überqueren.) Zur gleichen Zeit wie Sukhothai in der Mitte des 13. Jahrhunderts gegründet und Sitz des Vizekönigs von Sukhothai, wurde sie in allen Berichten als Zwillingsstadt der Hauptstadt erwähnt.

Das erste und wichtigste Monument, das man innerhalb der Mauern von Si Satchanalai besichtigen sollte, ist **Wat Chang Lom.** Es gibt kaum Zweifel, daß es sich hier um den „von Elefanten umgebenen Tempel" handelt, der auch in der berühmten Steininschrift des Ramkamhaeng erwähnt wird.

Der große König läßt dort berichten, daß er 1285 begonnen hatte, diesen Tempel zu bauen, um einige besonders heilige Überreste des *Lord Buddha* zu beherbergen, und daß der Bau sechs Jahre später beendet wurde. Es ist die einzige noch existierende *stupa,* die mit völliger Sicherheit König Ramkamhaeng zugeordnet werden kann. Der große glockenförmige Turm in der Art, wie man sie auch auf Sri Lanka findet, ist aus Laterit und steht auf einem zweistöcki-

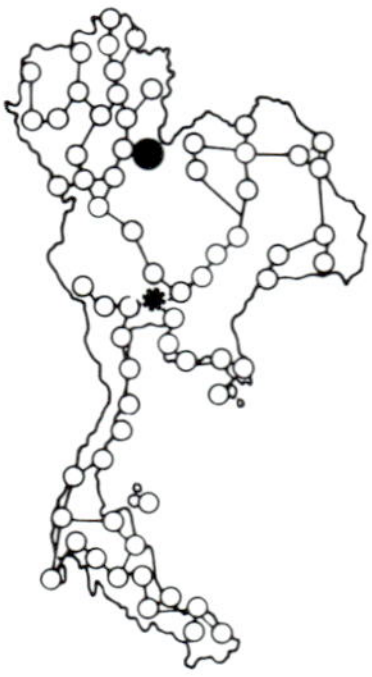

gen, rechteckigen Fundament. Das obere Geschoß enthält Nischen für Buddhastatuen, die jetzt allerdings größtenteils leer sind, während im unteren Stockwerk 39 Elefanten-Karyatiden aus Lateritblöcken zu sehen sind.

Wat Chedi Chet Thaew
วัดเจดีย์เจ็ดแถว

Südlich des Elefanten-Tempels stehen die Ruinen von **Wat Chedi Chet Thaew** mit sieben Reihen von *stupas,* in denen die Asche der Vizekönige von Si Satchanalai enthalten sein soll.

Wat Nang Phy
วัดนางพี

Noch weiter südlich, in der Nähe der massiven Stadtwälle, stehen die Überreste von **Wat Nang Phy,** des ,,Tempels der Königin". Er ist schon wegen seiner schönen Stuckverzierungen an einer der äußeren Mauern sehenswert. Diese Stuckarbeiten, die wahrscheinlich aus dem 16. Jahrhundert stammen, haben einige Ähnlichkeit mit europäischem Barock.

Drei weitere sehenswerte Tempel sind **Wat Khao Phanom Pleung** und **Wat Khao Suwan Kiri,** die auf zwei benachbarten, durch einen Fußweg verbundenen Hügeln stehen. **Wat Prasi Ratana Mahathat,** einer der schönsten Tempel im Umkreis, liegt 2 km südöstlich der alten Stadt und ist nur mit der Fähre zu erreichen. In Satchanalai kann man übrigens noch echt antike Sawankhalok-Keramik kaufen.

6. Phitsanulok
พิษณุโลก

Von **Phitsanulok,** einer Stadt, die über 500 Jahre lang in Thailand berühmt war, gibt es nur noch wenige Überreste aus der Vergangenheit, da vor Jahren ein verheerendes Feuer wütete, das den größten Teil der alten Stadt dem Erdboden gleichgemacht hat. Die neue Stadt ist eine ziemlich langweilige Ansammlung von identischen Häusern mit Läden. Trotzdem kann dies nicht von ihrer außergewöhnlich schönen Lage ablenken.

Zum Glück verschonte das große Feuer den **Wat Mahathat,** den

Schlangenförmige Blumenmuster beleben die verputzten Wände im Wat Chedi Chet Thaew in Si Satchanalai (links). Die heilige Ruhe des Buddhas (Mitte) im Wat Prasi Ratana Mahathat — ebenfalls in Si Satchanalai — wird von den Köpfen einer heiligen Schlange beschirmt. Ein kleiner Junge (rechts) fährt auf einem Jahrmarkt in der Nähe von Phitsanulok Karusell.

Wat Mahathat
วัดมหาธาตุ

Haupttempel in Phitsanulok. Er ist noch immer, wie seit Jahrhunderten, Mittelpunkt der Frömmigkeit. *Phra Buddha Chinaraj,* die Statue im zentralen *bot,* wird in ganz Thailand verehrt. Leider bewirkt diese Tatsache, daß dort ein schwunghafter Handel mit religiösen Gegenständen getrieben wird. Der so sehr verehrte Buddha ist sitzend dargestellt, mit rundem Gesicht im Sukhothaistil, massigem Körper und Fingern, die alle die gleiche Länge haben. Früher gab es zwei weitere Bronzestatuen der gleichen Art im Wat Mahathat.

Der *bot,* der dem *Phra Buddha Chinaraj* als Schrein dient, vermittelt dem Besucher eine Vorstellung des alten Stils der thailändischen religiösen Architektur. Das dreistufige Dach fällt steil zu den niedrigen Seitenwänden ab und zieht so die Aufmerksamkeit des Besuchers auf die glänzende Figur am Ende des Raumes.

Auf beiden Seiten der Statue stehen zwei hölzerne Kanzeln aus der späten Ayuthaya-Zeit von hervorragender Qualität. Die große Kanzel links ist für einen Chor von Mönchen vorgesehen, die buddhistische Texte im alten Pali singen, während die kleinere auf der anderen Seite einem einzelnen Mönch dient, der die Gesänge in Thai übersetzt.

Der *prang* im Zentrum des Tempelkomplexes wurde von König Borom Trai Lokanat im Khmer-Stil wiederaufgebaut. Besonders sehenswert ist der Kreuzgang, der um diesen Turm herumläuft, da er Buddhastatuen aus verschiedensten Perioden enthält, von denen einige von großem künstlerischen Wert sind. Außerdem gibt es ein wahres Warenlager von Gegenständen, die dem Tempel geschenkt wurden, einschließlich seltener thailändischer und chinesischer Keramiken.

North Thailand
50 km
BURMA
BURMA
BURMA
Mae Sai
Chiang Saen
Chiang Khong
Mae Chan
Tha Ton
Fang
Chiang Rai
1019
1020
107
Thoeng
Mènam Khong (Mekong)
Nam Mae Taeng
Mae Suai
Muang Ngai
Pa Daed
Chiang Kam
Wiang Pa Pao
Thung Chang
Wiang Ko Sai National Park
Pai
Chiang Dao
Phrao
Chun
Mae Hong Son
Nam Tok Mae Surin National Park
Phayao
Pua
Mae Taeng
Pong
Tha Wang Pha
1007
Wang Nua
Route 1
Mae Rim
Doi Pui National Park
Nam Mae Chaem
Mae Nam Wang
Chiang Muan
Khun Yuam
Doi Saket
Mae Nam Yom
Doi Suthep
San Kamphaeng
Nan
Chiang Mai
Ngao
Chae Hom
108
Pha Tai Caves
Lamphun
1080
Mae Klang
Pa Sang
Sa
Doi Khun Tan National Park
103
Mae La Noi
Mae Chaem
Chom Thong
Mae Tha
Song
105
Ban Hong
Hang Chat
Lampang
Rong Kwang
Mae Sariang
Na Noi
Hot
Mae Ping Mae Hat-Mae Kor National Park
Mae Nam Ping
Mae Sanam
Ko Kha
Long
Phrae
106
Den Chai
Fah Tha
Sop Prap
Wang Chin
Sirikit Dam
Om Koi
Tanen Taunggyi
Li
101
Tha Pla
La Po Khi
Nam Pat
Uttaradit
Thoen
Mae Nam Nan
Phumiphon Yanhi Dam
Si Satchanalai
National Park
Mae Phrik
Si Satchanalai (Ruins)
Sawankhalok
Sam Ngao
Thung Saliam
Phichai
Tha Seng Yang
Si Samrong
Nakhon Thai
Ban Tak
Ramkamhaeng (Ruins)
National Park
Yakhi-kan
Mae Ramat
Ban Dan Lan Hoi
Sukhothai
Wat Bot
Hlaingbwe Chaung
Tak
12
Mae Nam Nan
105
Lang Sang National Park
Khiri Mat
Phitsanulok
Thung Slang Luang National Park
Mae Nam Ping
Mae Sot
Kawkanik
Kamphaeng Phet
Sam Ngam
Phichit
166
Pong Nam Ron
Khlong Khlung
Taphan Hin
Route 1
Pho Thale
Umphang
Bang Mun Nak

Eine Region mit ureigenem Charakter

Noch eine Gruppe einfacher Häuser, jedoch in Architektur und Atmosphäre anders als die in der Zentralebene. Anders ist auch die Umgebung: Das Dorf ist noch entlegener als die Weiler dort; statt eines Ozeans von Reisfeldern sind hier felsige Hügel und im Nebel verborgene Berge; eine wilde, fast straßenlose Gegend, in der man Entfernungen nicht in Kilometern, sondern in Wegstunden mißt. In diesen dschungelbedeckten Bergen — geheimnisvoll und nur in groben Zügen auf Landkarten erfaßt, für Außenstehende fast unzugänglich — leben ungewöhnliche Menschen. Meo mit ihren riesigen schwarzen Turbanen und klirrendem Silberschmuck; Yao mit ihren herrlich bestickten Kleidern und einer Sprache, die bis vor wenigen Jahren nur von einer Handvoll Missionare verstanden wurde; und einige fast legendäre kleine Gruppen wie die Phi Tong Luang, die „Geister der gelben Blätter", von denen angenommen wurde, daß sie nur in Sagen lebten, bis eine Expedition sie in ihrem Dschungelversteck fand und mit der modernen Welt bekannt machte. Hier, in den *„verlorenen"* Tälern, wo Felder mit verbotenen Mohnblumen blühen, beginnt der komplizierte Pfad illegaler Aktivitäten, der auf den Straßen vieler größerer Städte des Westens endet. Schlafmohnanbau und sein Nebenprodukt Opium sind seit mehr als 20 Jahren in Thailand verboten.

Aber für die Schmuggler ist es einfacher, nach Laos oder Burma über die Grenze ins notorische Goldene Dreieck zu wechseln, als es für die Behörden ist, dieses wilde Terrain ausreichend abzupatrouillieren. In letzter Zeit hat man zunehmenden Erfolg. Von seinem Winterpalast auf dem Doi Suthep bei Chiang Mai leitet der König selbst ein großzügiges „Anbauprogramm für Ausweichernten", das auf die Bergstämme zugeschnitten ist, die traditionsgemäß ihr Haupteinkommen durch Schlafmohnanbau bezogen. Missionare und Organisationen wie die unter königlicher Schirmherrschaft stehende Hill Tribe Foundation finden Märkte für die ausgezeichneten Handarbeiten der Stämme. Und Angehörige der Polizeielite, der „Border Patrol", besuchen die abgelegenen Bergdörfer — nicht nur, um Ordnung zu halten, sondern auch, um Schulen einzurichten und um zum erstenmal moderne Medizin zu bringen. Noch sind die Bergbewohner exotische „Außenseiter" im täglichen Leben Thailands, aber sie finden allmählich ihren Platz in der Nation und durchbrechen die traditionelle Mauer der Isolierung.

Doch der Norden hat mehr zu bieten als exotische Bergstämme und Dschungelwildnis. Er ist außerdem reich an geschichtlicher Vergangenheit. Hier waren die großen Königreiche, lebten legendäre Herrscher und bestand ein künstlerisches Schaffen, das sich weit über die Gründung der

In den blaugrünen Bergen Nordthailands (das Bild auf den vorherigen Seiten zeigt das Land bei Mae Sariang) leben in großer Zurückgezogenheit exotische Bergstämme. Oben: Reisbauer beim Dreschen.

ersten Thai-Hauptstadt Sukhothai im 13. Jahrhundert hinaus zurückerstreckt. Der gefeierte Smaragd-Buddha, die am meisten verehrte Statue Thailands, wurde im Norden gefunden (viele Experten glauben, daß sie auch hier geschaffen wurde). Der Smaragdene Buddha verbrachte einen Großteil seiner frühen Jahre in verschiedenen Tempeln des Nordens. Eine Legende besagt, daß König Mengrai von Chiang Saen, der den Norden im 13. Jahrhundert regierte, so mächtig gewesen sei, daß er sich beim Beschluß, eine neue Hauptstadt (das heutige Chiang Mai) zu gründen, an königliche Freunde aus anderen Teilen des Landes einschließlich Sukhothais wenden konnte, damit sie ihm bei der Auswahl eines passenden Platzes behilflich seien. Die hoheitlichen „Vermesser" hörten von einem vielversprechenden Ort, wo man eine außerordentliche „Versammlung" von Tieren beobachtet haben wollte: zwei weiße Sambarhirsche (heute ausgestorben), zwei weiße indische Hirsche und eine weiße Maus mit fünf Jungen. Hier wurde gebaut.

Der Norden war Schauplatz epischer Kämpfe, burmesischer Invasionen, des Aufstiegs und Verfalls unabhängiger Königreiche, die nur weitläufig mit den herrschenden Städten des Zentralteiles des heutigen Landes verbunden waren. Bis Anfang dieses Jahrhunderts war der Norden von Bangkok aus nur auf einer komplizierten Flußfahrt oder mehrwöchigen Reise mit Elefanten erreichbar. Es gibt heute noch Einwohner in der Hauptstadt, die sich an den großen Tag erinnern, als endlich Ende der zwanziger Jahre — nach über zehnjährigem Tunnelbau durch die Berge — die Eisenbahnlinie nach Norden

Zur täglichen Garderobe einer Meo-Frau gehören die kunstvoll geschmückte Kleidung und der Kopfputz. Obwohl die Bergstämme in der Nähe von Chiang Mai ihre eigene Kultur haben, ist ihr Leben in unaufhaltsamer Umstellung begriffen.

eröffnet wurde. Es ist deshalb nicht weiter verwunderlich, daß die Region sich ein bestimmtes ureigenes Wesen bewahrt hatte, daß Touristen aus anderen Teilen Thailands hierher wie in ein ,,fremdes'' Land kommen und die Vielzahl und Schönheit der Tempel mit ihren herrlichen Teakholzschnitzereien und burmesisch beeinflußten Dekorationen (in Chiang Mai allein gibt es mehr als hundert), die Pracht der wilden Orchideen, die massenweise in den Hügeln wachsen, die Sitten und Bräuche der Menschen (unter ihnen der nette Brauch, ein Gefäß mit kühlem Wasser vor dem Tor für durstige Fremdlinge aufzustellen) und die sagenhafte Schönheit der Mädchen zu bewundern. Hier blühen uralte Handwerkszweige, die anderswo entweder den Maschinen zum Opfer fielen oder nie existiert haben.

Auch ist die Kultur des Nordens nicht speziell für die Touristen, die in Scharen dorthin ziehen und die Provinz zu Thailands Hauptstadt gemacht haben, erhalten worden. Im Gegenteil — trotz aller Höflichkeit spürt man noch immer ein gewisses Gefühl der Überlegenheit gegenüber den aufdringlichen ,,Neuankömmlingen'' aus Bangkok. Sie haben auch ihre eigenen Ansichten über das, was sie im Interesse des ,,Fortschritts'' akzeptieren und was nicht. Während des Vietnamkrieges z.B., als die Amerikaner Thailand zu einem Haupterholungszentrum für ihre Truppen machten, hatten einige Profitjäger aus der Hauptstadt die Idee, Chiang Mai in ein Vergnügungszentrum zu verwandeln. Die Stadtväter von Chiang Mai sagten dazu höflich, aber bestimmt nein. Wenn die Soldaten die Kultur des Nordens bewundern wollten, bitte, sie wären willkommen — aber wenn sie Dinge suchten, auf die Bangkok speziali-

In Gedanken versunken, raucht eine Frau burmesischer Abstammung eine selbstgedrehte Zigarre auf dem Markt in der Grenzstadt Mae Hong Son.

siert sei, dann würden sie sich dort viel besser amüsieren.

Neben Sitten und Gebräuchen, Kunsthandwerk und einer gewissen Beschaulichkeit hat sich der Norden auch seine Vorliebe für Feste bewahrt, die hier häufiger und mit mehr Enthusiasmus als sonstwo in Thailand gefeiert werden. In den Wintermonaten — zwischen Oktober und Ende Januar — findet man mit Bestimmtheit irgendein Fest, vom berühmten Loy Krathong-Wasserfest, wofür in Chiang Mai Hotels schon Monate im voraus gebucht sind, bis zu lokalen Festen, wie dem Einbringen der Knoblauchernte bei Lamphun, wobei eine der Dorfschönen zur „Miß Knoblauch" gewählt wird.

Der Norden ist außerdem eine Region großer Naturschätze und szenischer Schönheit. In den riesigen Hartholzwäldern schaffen Arbeitselefanten noch immer die Stämme bergab an den Fluß, von wo aus sie zur Mühle geflößt werden.

Auf den Hochplateaus gedeihen Tabak, Kaffee, Tee, Erdbeeren, Knoblauch und eine ausgezeichnete Frucht mit dem Namen *Lamyay,* deren jährliche Ernte — wie könnte es auch anders sein? — Grund für ein Fest ist. Auf dem Doi Inthanon, Thailands höchsten Berg, werden Versuche im Anbau von Äpfeln, Pfirsichen, Pflaumen und anderen subtropischen Früchten durchgeführt. Die Produktion von Schnittblumen ist eine weitere neue Industrie, und im Winter sind die Blumengeschäfte in Bangkok mit ungewohnten Gladiolen, Löwenmäulchen, Nelken und anderen im Norden gezüchteten Blumen gefüllt.

Heute ist es einfacher, nach Norden zu kommen, als zu der Zeit, da man per Boot und Elefant reisen

Eine Frau des Karen-Stammes inmitten der Stümpfe niedergebrannter Bäume, die wie Borsten aus dem jungen Reis ragen. Die nomadisierenden Karen haben diesen Hügel bei Mae Sariang mit Feuer gerodet.

mußte. Inlandflüge der Thai Airways führen mindestens fünfmal am Tag von Bangkok nach Norden. Zumindest zwei dieser Flüge gehen täglich direkt nach Chiang Mai, und die anderen Flüge machen Zwischenlandungen in den Provinzhauptstädten Lampang, Phrae, Phitsanulok und Chiang Rai.

Es fahren auch täglich mehrere Züge und viele Busse von Bangkok nach Norden. Der beste Zug, der ,,Daily Express'', verläßt Bangkok am späten Nachmittag, hält in Ayuthaya, Lop Buri, Nakhon Sawan, Phichit, Phitsanulok, Uttaradit, Den Chai, Lampang und Lamphun und ist früh am nächsten Morgen in Chiang Mai. Während der Schulferien und besonders zur Zeit des Songkran, Mitte April, oder des Loy Krathong-Festes im Winter, wenn alle Hotels in Chiang Mai voll sind, sollte man entsprechend rechtzeitig buchen.

Wenn der Expreß voll belegt ist, kann man immer noch bequem und billig im Bus mit Klimaanlage nach Norden fahren. Jeden Tag fahren drei Busse von der Phaholyothin Road in Bangkok zum Expreß-Trip nach Chiang Mai. Der erste Bus fährt in aller Herrgottsfrühe um 5.25 Uhr ab. Acht ganz moderne Busse, aber ohne Klimaanlage, machen die 700-km-Fahrt in etwa neun Stunden (statt 15 Stunden mit der Bahn). Von der Nordstation kann man auch mit dem Bus nach Chiang Rai, Lampang, Bhumibol-Damm (Tak) und Sukhothai kommen.

Für Autofahrer verläßt Route 1 die Zentralebene nahe Kamphang Phet, geht durch die Provinz Tak, das Tor zum Norden, und folgt dem Fluß Wang N/NO nach Lampang. Von Lampang kann man entweder die Allwetterstraße nach Chiang Mai nehmen oder weiter auf Route 1 nach Chiang Rai fahren. Man sollte versuchen, mehrere Abstecher auf den landschaftlich schönen Nebenstraßen des Nordens zu machen. Berichte, die hin und wieder von Aufruhr entlang der Straßen des Nordens berichten, sollten Sie nicht unbedingt davon abhalten. Die meisten dieser Zwischenfälle finden in äußerst abgelegenen Gegenden zwischen Soldaten, Mitgliedern der Behörden oder Straßenbautrupps statt; Touristen sind selten davon betroffen.

Versuchen Sie, den Norden während der kühlen Saison (Ende November bis Februar) zu besuchen. Zu dieser Zeit sind die Tage meist klar und sonnig, aber nicht zu heiß.

Reisen weiter nördlich nach Burma ist legal noch nicht möglich, da die burmesische Regierung keine Visa für den Grenzübergang per Straße von Thailand her ausstellt. Jahrelang war es Reisenden erlaubt, den Mekong von Chiang Khong nach Ban Houei in Laos zu überqueren. Da jetzt die Beziehungen zwischen beiden Ländern nicht geklärt sind, sollte man erst bei der Botschaft von Laos in Bangkok nachfragen.

Ein Kuhhirt (links) in der Nähe von Hot mit seinem alten Steinschloßgewehr auf der Vogeljagd. Gegen einen plötzlichen Wolkenbruch schützt ein Wegwerfhut aus lederartigen Blättern (oben).

Tak,
Tor zum Norden

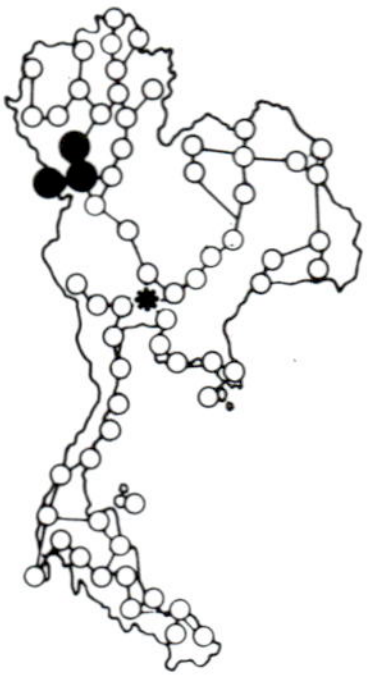

1. Mae Sot
แม่สอด (อำเภอ, ตัวเมือง)

Einer der ersten interessantesten Plätze des Nordens gibt sich burmesisch: **Mae Sot** nahe der burmesischen Grenze, direkt westlich von Tak. Tak selbst, das Tor des Nordens, hat wenig Interessantes zu bieten, aber man kann es als Basis für Abstecher nach Mae Sot und zum Bhumibol-Damm benutzen.

Lastwagenkapitäne opfern zwar am Geisterhaus am Fuße des Phawoh Mountain und beten um sichere Fahrt nach Mae Sot, aber Straße 105 zieht durch Wälder in ein friedliches Tal mit Miniaturbauernhäusern, weißen *chedis* und reich verzierten Tempeln im burmesischen Stil.

Ein Wirrwarr von kurzen Straßen, Buden auf dem Gehsteig, Fahrrädern und Einkäufern zu Fuß: Mae Sot blüht als „Hinterwäldler-Handelszentrum". Die Stadt hat sogar eine kurze Rollbahn. Läden bieten ihre Waren auf thai, chinesisch, burmesisch und englisch an.

Eine 5 km lange Fahrt von Mae Sot bringt Sie zur Grenze mit Burma. Auf dem Weg dorthin kann man einen reichverzierten burmesischen Tempel besichtigen. Dieser Tempel hat ein rechteckiges Dach mit roten Ziegeln und silbernen Verzierungen, die einen Turm bilden. Innerhalb der heiligen Stätte findet man vier Buddhastatuen, von denen einer Gold und Edelsteine aus dem Ohrläppchen „rieseln". Man fährt zum Fluß Moei weiter, der die Grenze zwischen Thailand und Burma bildet.

Wer Zeit hat, hält auf dem Weg von Mae Sot nach Tak beim *nikhorn* („Ansiedlung") für Lisu-, Lahu- und Meo-Bergstämme am Doi Mussu an. Ungefähr 12 km außerhalb von Tak liegt der Luang Larn-Nationalpark, in dem sich Wasserfälle hinter Bambushainen verstecken. Die Straße 105 trifft bald wieder die Route 1 nach Norden, nach Tak.

Ehe die Hauptverkehrsstraße ge-

Die Straße, die sich westlich von Tak in Richtung auf die burmesische Grenze zuschlängelt (links), endet unmittelbar hinter Mae Sot. Man hofft, daß sie eines Tages einen Teil des Asian Highway bilden wird, der Istanbul mit Singapur verbindet. Zwei schüchterne Karen-Mädchen (rechts) kommen zur Straße herunter, um Früchte und Gemüse zu verkaufen.

2. Tak
ตาก (ตัวเมือง, จังหวัด

3. Ban Tak
บ้านตาก

4. Bhumibol Dam
เขื่อนภูมิพล

Wat Phrae
วัดแพร่

Wat Sibunruang
วัดศรีบุญเรือง

baut wurde, war **Tak** ein wohlhabender Flußknotenpunkt für Waren, die von Chiang Mai nach Bangkok gingen. Heutzutage kommt man in Tak nicht mehr mit dem Sampan an, sondern auf einer kleinen Straße, die sich durch gepflegte Gärten und um einen Teich bei den Provinz-Verwaltungsbüros schlängelt. Zwischen dem Markt, den alten Holzhäusern und dem Fluß Ping liegt eine breite, eintönige Esplanade, damit es während der notorischen Springfluten in der Regenzeit nicht allzu viele Überschwemmungen gibt.

Tak bietet wenig mehr zur Besichtigung als den Fluß bei Sonnenuntergang und zwei Tempel im nördlichen Teil der Stadt: **Wat Phrae** und **Wat Sibunruang.** Der letztere hat einen goldgedeckten *chedi* und beherbergt *Phra Buddhamon,* eine frühe Sukhothaistatue. Übernachten kann man in Tak in verschiedenen billigen Hotels: Tawee Sak, Tak Charoen Suk und dem Bhumibol (mit Klimaanlage). Abseits von Route 1, etwa 20 km von Tak entfernt, erstreckt sich das Dorf **Ban Tak**, winzig und unberührt, in prekärer Lage über dem Fluß Ping. Häuser auf Stelzen und eine wackelige Fußgängerbrücke sehen hinab auf Kinder, die gegen die Strömung des Ping anschwimmen. Bei Sonnenuntergang färbt sich der Ping silbern, und Boote treiben wie Schattenspielsilhouetten über das reflektierte Licht.

Der **Bhumibol-Damm** (auch Yannhee Damm genannt) liegt nördlich von Ban Tak ungefähr 29 km bei einer Linksabzweigung von Route 1. Wer eine Erlaubnis hat, kann über den 154 m hohen Zementbogen fahren und das Reservoir, das sich mehr als 100 km nordwestlich zum Hot-Distrikt, nicht weit von Chiang Mai, erstreckt, besichtigen. Dieser Riesendamm liefert genug Elektrizität, um Bangkok und 37 von Thailands 72

Der Bhumibol-Damm in der Nähe von Ban Tak kontrolliert den Wasserstand eines Reservoirs (rechts), das so flach ist, daß man es auf einem Bambussteg trockenen Fußes überqueren kann (links).

Provinzen mit Strom zu versorgen. Der Bhumibol Guesthouse-Komplex hat neun Häuser, zwei davon mit Klimaanlage. Haus 100 (mit Klimaanlage) hat 26 Zimmer und mäßige Preise. Unterhalb des Bhumibol-Dammes liegt eine Ministadt für die Arbeiter mit Quartieren, einer Schule, den Büros der Energy Authority, einem Restaurant und einer Pier, von der aus man schwimmen kann.

Ungefähr 63 km hinter der Bhumibol-Damm-Abzweigung kreuzt Straße 106 die Route 1 bei **Thoen.** Als Ursprungsort von „Glückssteinen" hat Thoen einen gewissen Anspruch auf Ruhm. Jeder *Phong Kam* enthält eine Vielzahl von Farben und „Szenen". Einige Steine sind durchsichtig und haben in ihrem Inneren außerordentliche Formationen, die wie blaue Haarsträhnen, Dschungelmoos oder sogar wie die Skyline einer Großstadt aussehen.

Von Thoen nach Lampang geht Route 1 über teakwaldbedeckte Hügel und einen Bergpaß, reich mit Geisterhäuschen versehen, ehe sie in das breite Yom-Flußtal mit seinen Viehweiden hinabsteigt. Ungefähr 18 km südlich von Lampang kreuzt Route 1 die Straße nach **Kho Kha.** Wenn man nach rechts abbiegt, die Stadt durchfährt, den Fluß Wang überquert und sich nach 3 km links hält, kommt man zu einem eleganten alten Tempel: **Wat Lampang Luang.** Der Tempel wird von Gelehrten wegen seines Alters und seiner kunstvollen Verzierungen geschätzt. Nur das Tempelgelände ist von einer bewehrten Stadt, die hier vor mehr als einem Jahrtausend blühte, übriggeblieben. Man glaubt, daß er von einer Lom Buri-Prinzessin, Cham Dewi, gegründet worden sei, die zwei Söhne hatte. Einer wurde König von Lampang, der andere von Lamphun. Der **Wat,** im 16. Jahrhundert vollständig neu erbaut, webt ein goldenes Muster in die

6. Ko Kha
เกาะคา (ตัวเมือง, อำเภอ)

Wat Lampang Luang
วัดลำปางหลวง

5. Thoen
เถิน (ตัวเมือง, อำเภอ)

Wat Pha Sang
วัดฟ้าสาง

Wat Phra Keo DonTau
วัดพระแก้วดอนเต้า

Geschichte des Nordens. Vor ungefähr 200 Jahren besetzten burmesische Eindringlinge den Tempel. Der Legende zufolge schlüpften Thai-Angreifer durch ein Abflußrohr, um den Feind zu überraschen und zu überwältigen. Von einem Loch in der Balustrade wird behauptet, daß es von der Kanonenkugel stammt, die den burmesischen General tötete. Das Tempelmuseum enthält lackierte Bücherschränke und hölzerne *tong*-Embleme, die wie steife Fahnen an Stangen hängen, und viele juwelengeschmückte Buddhas. Am meisten verehrt wird ein kleiner Smaragdbuddha, von dem man glaubt, daß er aus dem gleichen Jaspis geschnitzt wurde wie sein berühmtes Gegenstück in Bangkok.

7. Lampang
ลำปาง (ตัวเมือง, จังหวัด)

Wat Chedi Sao Phra
วัดเจดีย์เสาพระ

Ungefähr 18 km hinter Ko Kha erreicht Route 1 die Provinzhauptstadt **Lampang.** Halb so groß wie Chiang Mai und weit weniger entwickelt, versinnbildlicht Lampang den ländlichen Frieden Nordthailands. In keiner anderen Stadt Thailands widersteht der Pferdewagen weiterhin dem Vormarsch der Taxis.

Zwei Tempel im burmesischen Stil in der Stadt sind einen Besuch wert. Am Fuße des *chedi* im **Wat Pha Sang** am linken Ufer des Wang-Flusses stehen sieben Kapellen, eine für jeden Tag der Woche. Am rechten Ufer zeigt **Wat Phra Keo Don Tau** eine wunderbare Verschmelzung burmesischer und einheimischer Architektur. In der Kapelle aus dem 18. Jahrhundert sind die Decken ein Kaleidoskop aus eingelegter Emaille, Perlmutter und geschliffenem Glas.

Ungefähr 18 km hinter Ko Kha stehen moderne Hotels: das Siam, Sri Sangar, Lampang und Asia Lampang. Nördlich der Stadt stehen die 20 kreidigen Türme des **Wat Chedi Sao Phra** inmitten der Reisfelder. Chiang Mai liegt 100 km nördlich.

Der ländliche Tempel von Lampang Luang (links) mit seinen feinen Dekorationen (rechts) ist einer der ältesten in Thailand. Dorfmusikanten spielen bei der Ordination eines neuen Mönches (Mitte).

Chiang Mai, Perle des Nordens

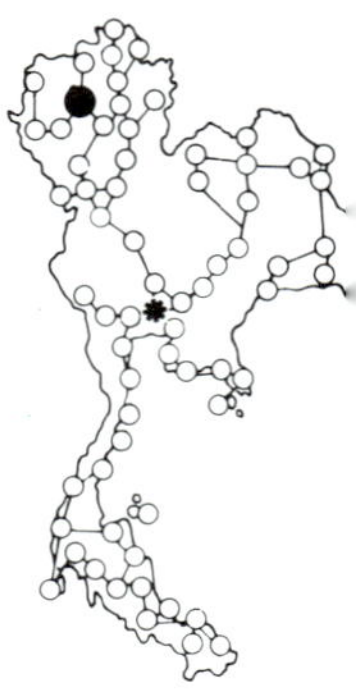

8. Chiang Mai
เชียงใหม่ (ตัวเมือง, จังหวั

Eine Kakophonie von Tausenden von Motorrädern und *thuk-thuks* (dreirädrige motorisierte Taxis) hämmert auf die Trommelfelle ein; unzählige Souvenirläden, deren Waren auf die Straße überquellen, strapazieren die Augen. Noch vor ein paar Jahren ein beschaulicher Flecken, ist die Stadt heute mit einer Patina aus Modernität überzogen, die es aber glücklicherweise nicht fertigbringt, das echte **Chiang Mai** vollkommen zu verdecken. Chiang Mai liegt 710 km nördlich von Bangkok in einem Tal, 305 m über dem Meeresspiegel, und während der Trockenzeit bildet es ein willkommenes Asyl vor der klebrigen Hitze der Hauptstadt. Die zweitgrößte Stadt Thailands, mit einem erstaunlichen Aufgebot an Kunsthandwerk, imposanter Berglandschaft, historischen Tempeln und farbenfrohen Bergstämmen, begrüßt Besucher noch immer mit einem anmutigen *wai* und macht Fremde zu Freunden.

Auf der grünen Masse des nahen Doi Suthep erhebt sich, gleichsam als szenischer Hintergrund zur Stadt, **Wat Prahat** mit kristallener Klarheit in der kühlen Morgenluft, die man im Dezember fast als kalt bezeichnen kann. Zur Frühstückszeit füllt sich schon ein Minibus (möglicherweise am Stadtgraben) mit einer Gruppe „abgehärteter" Reisender, die zu einer dreitägigen Dschungeltour nach Fang, 150 km nördlich, ausziehen. Der trübe Stadtgraben sieht nicht besonders vielversprechend aus, aber zwei kleine Jungen halten trotzdem ihre Angelschnüre ins Wasser. Ein älterer Mönch, der genau wie Sie erkennt, daß dies der beste Frühstücksplatz in Chiang Mai ist, bezahlt sein ihm gespendetes Frühstück, indem er die kniende Kellnerin segnet. Ein neuer Tag hat in Chiang Mai angefangen.

Transport in Chiang Mai ist denkbar einfach. Die Busfahrscheine für

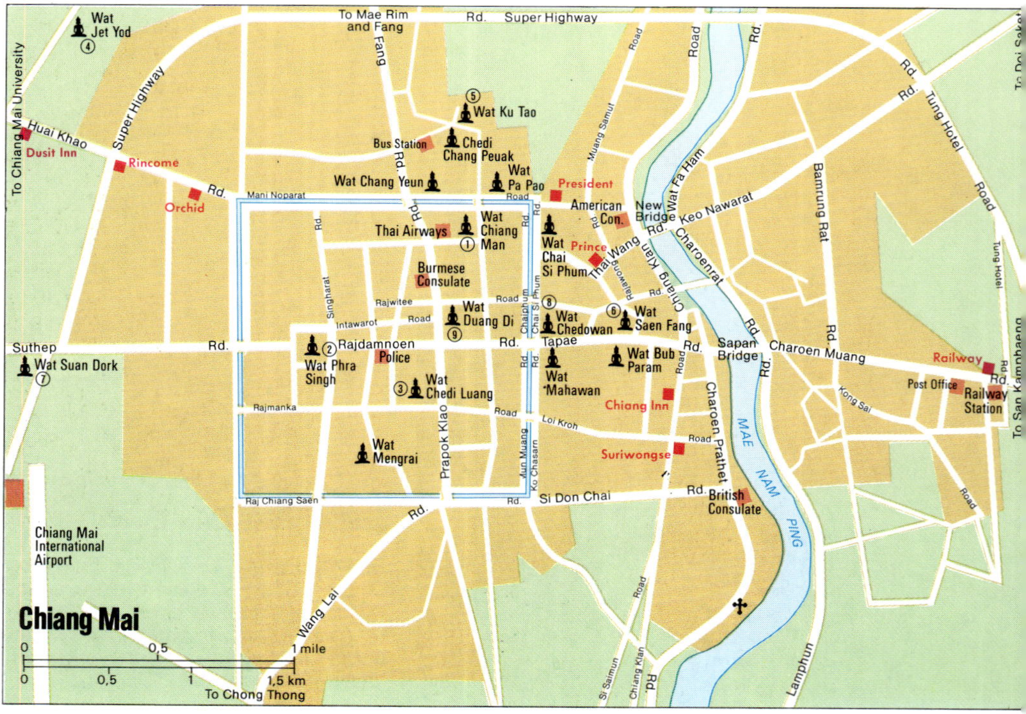

Cool, leisurely Chiang Mai combines small-city charm with a multitude of fascinating things to see and do.

Wat Chiang Man
วัดเชียงแมน

jede Stadtfahrt kosten einen Baht, und manche haben so verschlungene Fahrtrouten, daß man für dieses Geld eine ganze Stadtrundfahrt macht. Für *thuk-thuks* sollte man für fast alle Strecken nicht mehr als 2—4 Baht zahlen. Geruhsamer betrachtet man Chiang Mai in *samlors,* oder man leiht sich ein Fahrrad und fährt selbst. Die Touragenten am östlichen Tor des Stadtgrabens machen ein ausgezeichnetes Geschäft mit dem Verleih von Fahr- und Motorrädern. Die Thailändische Touristen-Organisation hat in Chiang Mai in der Praisanee Road 135 eine Zweigstelle, wo man Ihnen gerne weitere Tips gibt, was Sie sonst noch in Chiang Mai unternehmen können.

Die Geschichte Chiang Mais ist so alt wie die Geschichte Thailands selbst. Im 13. Jahrhundert, als Thais zu Tausenden aus dem südlichen China flüchteten, regierte König Mengrai über ein Thai-Königreich in der Gegend von Chiang Rai. Als Kublai Khan 1287 Pagan zerstörte, formte Mengrai eine lebenslange Allianz mit den Königen von Sukhothai. Durch seine südlichen Grenzen gesichert, eroberte Mengrai 1292 das alte Mon-Königreich bei Haripoonchai und gründete danach (1298) seine neue Hauptstadt in Chiang Mai.

Zu Anfang war Chiang Mai mit Stadtgraben und Mauern eine große Stadt, die Eindringlinge zurückwarf und die Mon und Khmer im Osten überschattete. Aber weniger als 100 Jahre nach der Gründung entwickelten sich Spannungen zwischen Chiang Mai und Ayuthaya. Während der nächsten 400 Jahre waren die Grenzen zum Süden unsicher und feindselig. Im 16. Jahrhundert warf Ayuthaya eine Invasion aus Chiang Mai zurück, und von 1550 bis 1650 begann Chiang Mais Macht zu sinken. Im frühen 18. Jahrhundert griffen die Burmesen an. Die Kämpfe dauerten bis 1775, und obgleich die Burmesen zum Schluß besiegt wurden, war Chiang Mai von jahrhundertelangen Kämpfen erschöpft; die Einwohner wanderten ab, so daß die Stadt bis 1796, als sie unter den Einfluß des heutigen Siam kam, verlassen war.

Die ersten Strahlen der Morgensonne erleuchten den *bot* von **Wat Chiang Man.** Der *chedi* dahinter ist von Reihen von Elefantenpfeilern „gestützt". In diesem ältesten Tempel von Chiang Mai, gebaut von Mengrai, der hier während des Stadtbaues residierte, befinden sich im Quartier des Abtes zwei alte, hochverehrte Buddhastatuen. Auf Verlangen werden einem diese Statuen gezeigt. Ein Buddha ist aus Kristall *(Phra Sae Tang Tamani).* Diese kleine Statue wurde von Mengrai von Lamphun nach Chiang Mai mitgebracht. Vor diesem „Umzug" soll sie schon 600 Jahre in Lamphun gewesen sein. Von einem kurzen „Zwischenspiel" in Ayuthaya abgesehen, ist die Statue seit dieser Zeit in

Die zweitgrößte Stadt Thailands begrüßt den Besucher immer noch mit der graziösen „Wai"-Geste und macht aus dem Fremden einen Freund. Eine Statue im Wat Prasingh entbietet diesen traditionellen Gruß (oben).

Chiang Mai geblieben und wird an jedem 1. April mit großem Zeremoniell durch die Stadt getragen. Die andere Buddhastatue ist aus Stein (Phra Sila) in Basrelief, und man nimmt an, daß sie aus Indien (etwa 8. Jahrhundert) stammt.

In Chiang Mais wichtigstem Tempel **Wat Prasingh,** gegründet 1345, scheint das ausgedehnte Tempelgelände das Verkehrsgeräusch der Hauptstraße, die bis an den Tempel heranreicht, auszuschließen. Im Wat sind mehrere Gebäude, darunter eine gute Bibliothek. Die kleine Kapelle hinter dem uralten *chedi* beherbergt die Hauptbuddhastatue, die eine lange und zweifellos reich ausgeschmückte Geschichte hat. Sie soll mehr als 1500 Jahre alt sein und aus Sri Lanka stammen. Man sagt, daß sie während der Sukhothaiperiode in Siam auftauchte und zum Schluß ihren Weg nach Chiang Mai fand. Da die Statue im Sukhothaistil ist und es ähnliche Statuen in Bangkok und Nakhon Si Thammarat gibt, kann man schwer sagen, wieviel Wahrheit an dieser Geschichte ist: Jede der „Kopien" könnte das Original sein. Fest steht, daß der Kopf der Statue von Chiang Mai 1922 gestohlen wurde und der jetzige eine Reproduktion ist.

Wat Prasingh
วัดพระสิงห์

Im Südosten von Wat Prasingh ist die bröckelnde Basis eines riesigen *chedis* sichtbar. 1545 erschütterte ein starkes Erdbeben Chiang Mai und stürzte den 90 m hohen Turm der 500 Jahre alten Pagode von **Wat Chedi Luang.** Dieser monströse *chedi* ist nie wieder repariert worden. 84 Jahre lang hatte der ruhelose Smaragd-Buddha sein „Quartier" in diesem Wat. Romantischerweise wird behauptet, daß König Mengrai in der Nähe durch Blitzschlag getötet wurde. Nahe beim Eingang zum Wat steht ein hoher Gummibaum. Wenn er fällt, so behauptet die Legende,

Wat Chedi Luang
วัดเจดีย์หลวง

Wat Jet Yod
วัดเจ็ดยอด

Eindrucksvoll geschnitzte, vergoldete Türen (links) im Wat Prasingh, einem der bedeutendsten Tempel Chiang Mais. Die Stadt hat viele andere reizvolle Schreine, z.B. den Wat Duang Di (Mitte), dessen Hauptturm mit farbigen Spiegeln eingelegt und von einem Sonnenschirm und von Löwenwächtern umrahmt ist. Chedis unterstreichen die historische Bedeutung des Wat Suan Dok (rechts), wo die Asche der Herrscherfamilie aufbewahrt wird.

Wat Prathat
วัดพระธาตุดอยสุเทพ

Wat Keo Tao
วัดกู่เต้า

Wat Saen Fang
วัดแสน

Wat Suan Dok
วัดสวนดอก

Chiang Mai University
มหาวิทยาลัยเชียงใหม่

Wat Chedovan
วัดเชตวัน

Chiang Mai Zoo
สวนสัตว์เชียงใหม่

wird Chiang Mai ein großes Unglück zustoßen.

Außerhalb der Stadtmauern erlitt **Wat Jed Yod** seinen Schaden von mehr irdischer Seite. Baubeginn war 1453, und der quadratische *chedi* hat, wie der Name besagt, sieben Spitzen. Er wurde als Imitation eines ähnlichen Tempels in der burmesischen Hauptstadt Pagan gebaut, was jedoch die Burmesen nicht davon abhielt, ihn 1566 während einer ihrer periodischen Invasionen schwer zu beschädigen.

Chiang Mai selbst hat noch mehr Tempel, die einen Besuch wert sind. **Wat Keo Tao,** hinter der Busstation versteckt, hat einen sonderbaren zwiebelförmigen *chedi,* der wie ein Haufen sich verkleinernder Kugeln aussieht. **Wat Saen Fang** mit seinem ungewöhnlichen Kloster erreicht man durch eine enge Gasse, die von langen *nagas* bewacht wird. Die Masse der kleinen *chedis* im **Wat Suan Dok** enthält die Asche der königlichen Familie Chiang Mais. Und der riesige mittlere *chedi* soll nicht weniger als acht Reliquien *Lord Buddhas* enthalten. **Wat Chedovan,** nahe dem Osttor, hat drei ziegelgedeckte *chedis* und eine Menagerie von Fabelwesen aus Stein.

Eine Straße mit Haarnadelkurven führt 12 km aufwärts zu Chiang Mais bekanntestem Tempel. Siebenköpfige *nagas* ,,knurren" den Besucher an, und ihre Keramikschwänze schlängeln sich die 290 Stufen, die zum **Wat Prathat (Doi Suthep)** führen, hinauf.

Den Abstecher nach Doi Suthep und seinem vergoldeten Tempel kann man zu einem interessanten Morgenausflug von Chiang Mai aus machen. Die Straße zu dem Heiligtum auf dem Berg verläßt die Stadt in der nordwestlichen Ecke und überquert die mit Reisfeldern bedeckte Ebene (Transport kann man am ,,Tor des

weißen Elefanten" arrangieren). Nach dem großen Krankenhaus kommt man zu der ziemlich neuen **Chiang Mai-Universität,** die offiziell 1965 auf ihrem 200 ha großen Kampus eröffnet wurde. Etwas weiter werden in einer Baumschule viele von Nordthailands Baumsorten gezogen. Ungefähr 7 km aus der Stadt heraus fängt die Straße an, Doi Suthep zu „ersteigen". Dort ist der Eingang zum **Chiang Mai-Zoo.**

Kurz nach Beginn des Aufstiegs kommt man an der Statue des Mönches Krupan Srivichai vorbei, der 1934 mit der Konstruktion der ersten Straße zum Tempel begann, um ihn Pilgern zugänglicher zu machen. Die fertige Straße geht bis an den Fuß des Tempels, wo man die Autos abstellen muß. Den Tempel auf der Spitze erreicht man über eine Treppe mit 290 Stufen, die von zwei Nagabalustraden flankiert sind. Die beiden heiligen Stätten, Tempel und Kloster, wurden im Innern seitdem durch Gaben von Pilgern unterhalten.

Die Außenfront zwischen den beiden Toren, die ins Kloster führen, ist weitgehend restauriert worden, aber im Innern der beiden heiligen Stätten sind reichdekorierte Fassaden mit Wandgemälden, die buddhistische Geschichten darstellen. Außerdem gibt es Buddhastatuen im Sukhothai- und im Chiang Saen-Stil. Der 24 m hohe *chedi* ist von vergoldeten Bronzeschirmen umgeben und mit gravierten Goldziegeln gedeckt. Vom Parkplatz von Wat Prahat geht die Straße noch ungefähr 5 km weiter aufwärts zum **Bhubing Palace,** dem Sommerpalast König Bhumibols.

In ungefähr 1300 m Höhe sind die Palastanlagen mit vollständig eingerichteten Audienzsälen, Gasthäusern, Speisesälen und Küchen, so daß Staatsangelegenheiten hier in diesem abgelegenen Hügelpalast weitergeführt werden können.

Bhubing Palace
ตำหนักภูพิงค์ราชนิเวศน์

Meo Village
หมู่บ้านแม้ว

Ungefähr 400 m vor dem Palasteingang führt ein Pfad 2 km zu einer Straßenkreuzung. Die linke Abzweigung davon führt zu einem **Meo-Dorf.** Die ersten 2 km kann man mit Jeep befahren, aber den Rest muß man zu Fuß zurücklegen. Der Pfad steigt zwar steil an, aber man braucht nur ungefähr 10 Minuten lang zu klettern. Auf dem Weg trifft man freundlich lächelnde Meo, die frisch erlegtes Wild tragen, oder vielleicht einige Frauen auf dem Nachhauseweg. Das Meo-Dorf besteht aus mehreren Hütten, die alle am Berg entlang ,,gepfercht" sind. Die Menschen sind äußerst freundlich und begierig, zu reden und zu fragen. Kinder mit ungewaschenen Gesichtern in grellroten und schwarzen Kostümen winken Ihnen freundlich zu. Es sieht so aus, als ob jeder sein halbes Gewicht in Schmuck um den Hals trüge. Diese Menschen gehören zu den Bergstämmen, die dem Norden Thailands soviel Lokalkolorit verleihen. Sie sind Nomaden, von denen man Gruppen auch im benachbarten Burma und Laos findet. Einst waren die Meo ganz auf den Anbau von Mohn für ihren Unterhalt angewiesen. Als die Regierung begann, sie zu überreden, sich weniger schädlichen Ernten zuzuwenden, fand man nebenbei heraus, daß die Stämme eine große Touristenattraktion darstellen. Die Meofrauen, klein und aktiv, tragen schwere, dunkelblaue Röcke, mit Bändern in Rot und Weiß bestickt. Da dieses Dorf relativ zugänglich ist, sieht es viel mehr Besucher als die meisten anderen Stammesdörfer. Für Leute, die keine Zeit haben, weiter ins Innere Thailands vorzustoßen, bietet dieses Meo-Dorf ein typisches Beispiel des Lebens der Bergstämme. Der Nachteil besteht jedoch darin, daß sie vielen Touristen ausgesetzt sind, die sie ,,geldbewußt" gemacht haben. Sie bestehen darauf, sich fürs

Im Abendlicht verehren die Gläubigen das Heiligtum auf dem Doi Suthep (links). Das junge Mädchen (Mitte) und der alte Mann, der seine Zigarette durch eine Wasserpfeife raucht (rechts), leben in dem nahen Meo-Dorf.

Fotografieren sogleich bezahlen zu lassen. Das ist jedoch für Thailand ungewöhnlich. Die meisten Tourunternehmen, wie Diethelm, können Ausflüge zu unberührten, weniger oft besuchten Dörfern der Bergstämme arrangieren.

Man kann die Bergstämme auch im **Old Chiang Mai Cultural Centre** südlich der Stadt sehen. Hier kann man jede Nacht zum **Kantoke** (einem Bankett) gehen und mit gekreuzten Beinen auf dem Boden sitzend im nordthailändischen Stil den traditionellen Thai-Tänzen und -Gesängen zuhören und zusehen. Darauf folgt eine ausgezeichnete echte Schau der Bergstämme, und Sie haben Gelegenheit, die Kostüme und Tänze der sieben Stämme der Gegend zu bewundern (Meo, Rote und Weiße Karen, Lisu, Lahu, Yao und Akha).

In den Wäldern um Chiang Mai arbeiten immer noch Elefanten. Nicht weit von der Hauptstraße entfernt, ungefähr 58 km nach Norden, veranstaltet ein unternehmungslustiger Holzfällerlagerbesitzer jeden Tag eine „**Arbeitselefanten-Show**".

Was fängt man eigentlich mit einem riesigen geschnitzten Elefanten an? Es muß eine gute Antwort geben, denn jeder zweite Kunstgewerbeladen in Chiang Mai scheint einen zu haben. Chiang Mais Auswahl an Schnitzereien ist enorm. Elefanten gibt es von Streichholzschachtelgröße bis zu den obengenannten Riesen. Besuchen Sie Chiang Mai Carving in der Rat Chiang Saen Road, wo 200 junge Leute jeden Morgen Teakelefanten, Puppen und Möbel schnitzen. Alle Schnitzer lernen die Kunst zu Hause, da die Gesellschaft kein Risiko mit Anfängern eingehen will. Ein Zeichner entwirft Muster für diese Schnitzer. Interessenten sollten von diesen eingesessenen Schnitzern kaufen, da das meiste in den Straßen

Elephant Show
การแสดงของช้าง

Lacquerware
ไม้แกะสลัก (เคลือบแลคเกอร์)

verkaufte Teakholz grün ist und innerhalb weniger Monate splittert.

Jeder der vielen Handwerkszweige von Chiang Mai scheint seine eigene Ecke in der Stadt einzunehmen. Ein guter Ort, die gesamte Auswahl an Handarbeiten kennenzulernen, ist die **Tapae Road** nahe dem östlichen Tor, wo Läden alles verkaufen. Man kann in einem einzigen Laden Lackwaren, Seiden, Baumwolle, Kleidung und Schmuck erstehen. Einer der beliebteren Läden dieses Allzweckzentrums ist Hudson Enterprises, geleitet von einem sehr englischen Herrn, Roy Hudson, der während des Krieges in Südostasien aktiv war und sich zum Schluß in Chiang Mai niederließ, um der ,,einheimische" Experte für alles in Nordthailand zu werden. Abends werden die Tapae Road und die nahe Chang Kiam Road zu Einkaufsstraßen, die es mit Londons Carnaby Street aufnehmen können.

Umbrellas
ร่ม
Silk
ผ้าไหม

Nachdem so Ihr Appetit richtig geweckt ist, können Sie die einzelnen Handwerkszweige näher erforschen. Beim Südtor ist die **Silberschmiedstraße**, die **Wulai Road**, wo alle Arten von Schmuck und Juwelen hergestellt werden. Die Läden sehen vielleicht modern aus, aber in den Hinterzimmern stehen die Silberschmiede wie eh und je mit bloßem Oberkörper und hämmern silberne Schalen über eisernen Pflöcken aus. Sie formen die komplizierten Muster der Bergstämme oder Szenen aus den bekannten *Ramayana*-Sagen oder Geschichten von Buddhas vielen Inkarnationen. Eine Anzahl von Läden in Chiang Mai verkaufen, abgesehen von den Erzeugnissen der Silberschmiede, auch den einfacheren Schmuck der Bergstämme. Die meisten Stämme ziehen Silber dem Papiergeld vor. Die Frauen tragen meist ihren Reichtum in Form schwerer Ketten und Ohrringe mit sich herum. Gleich hinter den Silberläden, an der Straße nach Chom Thong, blüht die **Lackwarenindustrie (Lacquerware).** Über einem Rahmen aus Bambusstreifen muß der Lack aufgetragen, getrocknet und dann mit einem Gemisch aus Spezialasche und Lehm poliert werden. Es braucht unzählige Schichten von Lack, um die schönen schwarzgoldenen Tabletts, Teller oder Schalen oder ein buntes orange, grünes oder gelbes Gefäß herzustellen. Die Ähnlichkeiten der Lackwaren mit denen aus Burma sind das Resultat des kulturellen Vermischens, das in dieser Gegend seit Jahrhunderten stattgefunden hat.

Silversmiths
ช่างเงิน
Wulai Road
ถนนวู่ลาย
9. Bor Sang
บ่อสร้าง

Schirmmacher und **Seidenweber** in Chiang Mai befinden sich östlich der Stadt, über den Fluß hinüber und am Bahnhofhotel vorbei. Von den Reisfeldern abgesehen, bietet die Fahrt fast ein europäisches Bild mit einer alten, baumbestandenen Straße, den Obstgärten und den Bergen im Hintergrund. Nach 9 km führt eine Linksabzweigung nach **Bor Sang.** Dort bieten frischgefärbte Papierschirme, die vor jedem zweiten Haus zum Trocknen stehen, einen Augenschmaus. Die Häuser sind gleichzeitig Läden, in denen man außer den fröhlichen Schirmen, die hier in echter Heimarbeit hergestellt werden, auch Handtaschen kaufen kann.

Die Schirmproduktion beginnt mit Rohrstöcken, die junge Männer geschickt mit ihren Äxten zuschneiden. Junge Mädchen machen aus Bambusstreifen die Rahmen, über die man mit großer Sorgfalt am Ort hergestelltes durchscheinendes Papier klebt. Einige der Maler scheinen es weniger genau zu nehmen, denn während sie mit ihren farbigen Pinseln Zickzack- oder Rosenmuster malen, reden sie oder sehen im Fernseher von nebenan mit.

10. San Kamphaeng
สันกำแพง (ตัวเมือง, อำเภอ)

3 km hinter der Abzweigung nach Bor Sang sind in der Bezirksstadt **San Kamphaeng** viele Frauen mit dem

Blicken Sie einem Elefanten in der Elefantenschule nördlich von Chiang Mai ins Auge! Arbeitselefanten werden immer noch in den Teakwäldern des Nordens eingesetzt, wo das Terrain steil und die Lasten schwer sind.

Cotton cloth
ผ้าฝ้าย

Weben von Seide und Baumwolle auf den traditionellen Thai-Webstühlen beschäftigt. Hier kann man Thailands bekanntestes Handwerkserzeugnis in Geschäften, die mit Farben überladen sind, zur Begleitmusik der Handwebstühle kennenlernen, die in den Nebenzimmern klappern. Von solch kleinen modernen Zugeständnissen wie einem Stück Draht oder Nagel abgesehen, haben sich die Webstühle während der letzten 50 Jahre oder noch länger kaum verändert. In konzentrierter Arbeit kann ein Weber ungefähr 6 m Stoff pro Tag herstellen. Nur junge Augen können lange in dem schlechen Licht, das durch die Gitterfenster in die Webstuben fällt, arbeiten. Wie die Stoffgeschäfte in Pa Sang (siehe unten) sind die Läden von San Kamphaeng voll von gewesenen oder noch hoffnungsvollen Schönheitswettbewerbsteilnehmern.

Antiques
วัตถุโบราณ

Thai Celadon
กระเบื้องเคลือบไทย

Direkt östlich von San Kamphaeng kann man durch die Ruinen eines Töpferzentrums streifen, wo vor 300 Jahren chinesische Handwerker eine bestimmte Art regionaler Tonwaren brannten. Heute wird dies unter dem Namen **Thai Celadon** hergestellt. Ton und Feldspat, die in dieser Gegend gefunden werden, eignen sich besonders gut zur Herstellung von Töpferwaren und geben ihnen die charakteristischen Eigenschaften. Heute werden diese Tonwaren in der Thai Celadon Factory an der Fang Road (mehrere Kilometer nördlich von Chiang Mai) und in der Chiang Mai Sankalok Factory (in Chiang Mai) produziert. Besichtigungsfahrten in diese Fabriken finden jeden Tag außer Montag statt.

Eine kurze Fahrt ungefähr 13 km hinter San Kamphaeng bringt Sie nach Doi Saket, wo ein Lotusblumenteich mit Namen Nong Bua ein beliebtes Wochenendziel von Chiang Mai für *paitio* ist.

11. Pa Sang
ป่าซาง

Für Leute mit schmalem Geldbeutel hat **Pa Sang,** 36 km südlich von Chiang Mai, traditionelle und augenbetörende **Thai-Baumwolle** zu bieten. In dieser Gegend, die die schönsten Mädchen ganz Thailands hervorbringt, behauptet dieses Dorf, die allerschönsten zu haben. Schneider im Dorf verwandeln Ihre Seiden- oder Baumwollstoffe in Kleider; fertige Hemden, Blusen und Kleider kann man spottbillig in Chiang Mai oder in den umliegenden Dörfern einkaufen.

Nicht alles ist nagelneu: Chiang Mai ist außerdem eine Schatzkiste für **Antiquitätensammler.** Kleine Metallgewichte in Form von Elefanten und Vögeln, die man in vielen Läden findet, sind Opiumgewichte. Leider spricht das Großangebot von Antiquitäten in Chiang Mai Bände über das ökonomische Geschick des benachbarten Burma. Viele der Antiquitäten sind aus Burma herausgeschmuggelt, um auf dem schwarzen Markt gegen Gebrauchsgegenstände eingetauscht zu werden.

„Kunstgewerbe der Vergangenheit, das entweder Maschinen zum Opfer fiel oder anderswo nie existierte, blüht hier immer noch!“ Ein Silberschmied in Chiang Mai (links); Papierschirme trocknen in Bor Sang (rechts).

Vorsicht auf den Straßen Chiang Mais am 13. April und für einige Tage danach, denn es ist gut möglich, daß einem aus blauem Himmel ein Guß aufs Haupt fällt. Grund für diese unerwarteten „örtlichen Schauer" ist Songkran, Thailands Neujahr. Songkran fällt in die heißeste Zeit der Trockenperiode und wird in Chiang Mai mit besonders großem Enthusiasmus gefeiert, wenn das Wetter am heißesten und trockensten ist. Wie kann man ein Fest in der Trockenzeit auch besser feiern, als daß man Wasser über alle und jeden schüttet?

Das andere wichtige Fest in Chiang Mai ist viel friedlicher. Während des Vollmonds spät im Oktober oder Anfang November glitzert der Fluß von Tausenden kleiner Lichter. Unzählige Kerzen schwimmen in kleinen Booten, den *krathongs,* flußabwärts. Das Fest heißt Loy Krathong und ist in dieser nördlichen Hauptstadt besonders bezaubernd.

Chiang Mai hat eine große Auswahl an Hotels: vom luxuriösen Rincome, Suriwongse und dem Chiang Inn, wo die Zimmer mehrere hundert Baht kosten, bis zum altmodischen Station Hotel und den freundlichen Gasthäusern, wo ein nettes Zimmer mit Bad nur 40 bis 50 Baht kostet. Beliebte Gasthäuser sind Poung Keo („PK" genannt) und Saitum nahe am Ostgraben oder das Lieblingsziel der sparsam Reisenden, Je T'aime, in ruhiger Lage auf der anderen Seite des Flusses, dem Stadtzentrum gegenüber.

Nachts findet man an den geschäftigen Essenständen am alten Osttor der Stadt ein langes Menü mit einigen der besten und billigsten Speisen Thailands. Darets Restaurant hat eine verführerische Auswahl an Früchten, die, durch den Blender gepreßt, in eisgekühlte Getränke verwandelt werden. Die Kombination von Wassermelone und Orangen muß man selbst trinken, beschreiben läßt sich so etwas Köstliches nicht. Hier ist auch der Thai-German Milch-Stand, wo die Resultate eines erfolgreichen Versuchs, Molkereiprodukte in Thailand einzuführen, verkauft werden.

Zwei der beliebtesten „Futterplätze" Chiang Mais haben, damit es nicht zu einfach wird, den gleichen Namen: „Pat's". Wenn man sich umdreht und die supergeschäftigen Stände betrachtet, dann ist der mit den meisten Menschen Pat's. Möglicherweise ist das den energischen Kellnerinnen zuzuschreiben, die, wenn man auf einen anderen Stand zugeht, schnell hinzuspringen und einen in die „richtige" Richtung schieben. Auf der anderen Seite des Grabens, etwa hundert Meter nach Norden, ist der andere Pat's. Dies ist Pat's Tavern Grill und ein beliebtes Restaurant für jeden, der westliche Nahrung oder eine wohlgefüllte Bar sucht.

Wer die authentische Küche des Nordens wünscht, muß zu Aroon Rai und den Restaurants auf beiden Seiten davon auf der gegenüberliegenden Seite des Grabens gehen. Dort findet man echte nordthailändische Gerichte zu äußerst erschwinglichen Preisen.

Im Rincome Hotel oder im Old Chiang Mai gibt es das traditionelle *Kantoke*-Dinner. Man sitzt auf dem Boden um einen niedrigen Tisch (daher der Name), und den Gästen wird eine Auswahl an Curries mit dem klebrigen Reis, der bei keiner Mahlzeit des Nordens fehlen darf, serviert.

Vorsicht, daß es Ihnen nicht so geht wie Thomas Sammuelson, der zu Anfang des 17. Jahrhunderts als erster Mann des Westens die Stadt der Blumen besuchte. Von der Stadt „verführt", wurde ihm von seinem Arbeitgeber mitgeteilt: „Da Sie außerordentlich nachlässig waren, ist es einzig und allein Ihre Schuld, daß Sie

Der Sonnenuntergang vergoldet den am meisten verehrten Tempel in Nordthailand, Wat Haripoonchai in Lamphun. Sein ältestes Gebäude stammt aus dem 9. Jahrhundert, noch vor der Einwanderung der Thais.

Chiang Mai has hotels and restaurants to suit the needs and tastes of all kinds of travelers.

Abstecher nach Lamphun

so lange dort geblieben sind. Wir brauchen Ihre Dienste nicht mehr.“

Man kann von Chiang Mai aus verschiedene interessante Abstecher machen, wie Ausflüge nach Lamphun, Mae Hong Son und Doi Inthanon.

12. Lamphun
ลำพูน (ตัวเมือง, จังหวัด)

Die Straße nach **Lamphun** (26 km südlich von Chiang Mai) kreuzt die Narrawat-Brücke in Chiang Mai und folgt dann dem Fluß Ping. Ungefähr 4 km von der Brücke führt eine Abzweigung nach rechts an der Shell-Station zu einem Sommerweg und zu einer kleinen Umleitung. Der Sommerweg führt am fünfstöckigen *chedi* im burmesischen Stil des Wan Chedi Liem vorbei und über Wat Pa Peu auf der rechten Seite dann nach 4 km zu den Toren des **McKean Leprosariums.** Hier werden mehrere hundert Leprakranke und deren Angehörige in einem parkähnlichen Gelände auf einer abgelegenen Halbinsel, die vom Ping und einem seiner Nebenflüsse gebildet werden, behandelt und versorgt.

McKean Leprosarium
สถานบำบัดโรคเรื้อนแมคเคน

Wat Haripoonchai
วัดพระธาตุหริภุญไชย

Lamphun selbst ist berühmt für zwei alte Wats, attraktive Frauen und junge, reich tragende *Lamyai*-Bäume (Frucht). Lamphun liegt am rechten Ufer des Kuang, eines Nebenflusses des Ping. Einst war diese Provinzstadt auf der Hauptverkehrsstraße nach Chiang Mai, aber jetzt führt eine neue Hauptstraße an Lamphun vorbei, was man vielleicht als Segen ansehen sollte, denn die Stadt hat sich ihre würdevolle binnenländische Atmosphäre bewahrt, die ihrer historischen Bedeutung zukommt. Lamphun war einst Sitz des Haripoonchai-Königreiches. Auf dem Platz des alten Palastes steht heute **Wat Haripoonchai** auf der linken Seite von Lamphuns Hauptstraße. Sie sollten Wat Haripoonchai durch den Flußeingang betreten, denn der Tempel ist zum Fluß hin ausgerichtet. Große Löwenstatuen bewachen den

Haupteingang, der den Kuang überblickt. Innerhalb des großen Gehöftes studieren Mönche in einer großen Buddhistenschule, die zwischen den Monumenten und Gebäuden, welche bis ins späte 9. Jahrhundert zurückreichen, liegt. Dies macht den Wat zu einem der meistverehrten in Nordthailand. Die Basis des 50 m hohen goldgedeckten *chedi* in der Mitte des Hofes ist das älteste Gemäuer des Tempels. Zehn Jahrhunderte jünger, aber noch immer von respektablen Alter, steht die Bibliothek mit ihrem vergoldeten Dach links von einem Sala, in dem sich einer der größten Bronzegongs der Welt befindet. Der Sala wurde 1915 nach einem Feuer wiederaufgebaut. Das etwas ,,unorganisierte" Tempelmuseum enthält typische Beispiele verschiedener Stile alter buddhistischer Kunst, einschließlich eines seltenen silbernen Buddhakopfes. Ein anderes kleines Gebäude ist mit grellen Fresken bemalt, die zeigen, wie die Guten belohnt werden und die Schlechten ihren ,,Lohn" kriegen.

1 km westlich des Stadtgrabens von Lamphun steht **Wat Kukut,** auch unter dem Namen **Wat Chama Devi** bekannt. Die Gebäude sind uninteressant, aber der Tempel hat zwei ungewöhnliche *chedis.* Der größere der beiden ist fünfstöckig. Jedes ,,Stockwerk" hat drei Nischen, von denen jede eine Buddhastatue enthält — eine imposante Sammlung von 15 Buddhastatuen auf jeder Seite oder zusammengerechnet 60 Buddhastatuen, die von ihrem altehrwürdigen Platz herabblicken.

Ehe man die Provinz Lamphun verläßt, sollten sich Obstliebhaber und Gärtner nach **Tonkham** begeben, um sich dort den ,,10 000-Baht-*Lamyai*-Baum" anzusehen, der seinem Besitzer jährlich eine erkleckliche Summe durch den Verkauf der Früchte und Samen einbringt.

Wat Chama Devi
วัดจามเทวี

Wat Kukut
วัดกุกุฏ

Der junge Mönch (oben Mitte) ist sich nicht bewußt, daß ihn sein Spaziergang geradewegs auf den Umschlag dieses Buches führt. Viele Männer werden schon in früher Jugend Novizen, andere widmen wenigstens einige Monate ihres Lebens in einem Kloster ausschließlich den Lehren Buddhas. Im Doi Inthanon Nationalpark donnert ein schlammiger Wasserfall über die Felsen zu Tal (rechts).

Nach Hot und Mae Hong Son

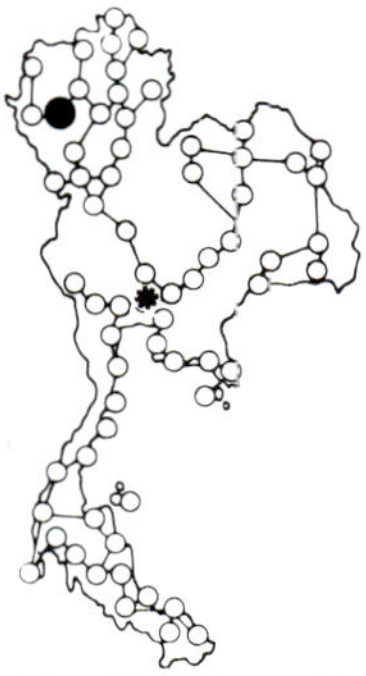

Mae Klang Waterfall
น้ำตกแม่กลาง
Pakau Na Waterfall
น้ำตกพะโกนา

13. Doi Inthanon National Park
อุทยานแห่งชาติดอยอินทนนท์

Doi Inthanon
ดอยอินทนนท์

Der Ausflug nach Lamphun kann auch mit einem Besuch in **Pa** gekoppelt werden. Es liegt ungefähr 12 km südwestlich von Lamphun an der Straße 106 und ist das Baumwollzentrum bei Chiang Mai.

Von Chiang Mai fliegt Thai Airways mehrmals in der Woche in 40 ungemütlichen Minuten über wolkenbedeckte Hügel nach **Mae Hong Son.** Die Überlandbusse brechen täglich um 7.00 Uhr am Chiang Mai Main Gate zur elfstündigen „Hufeisenfahrt" von 368 km durch Hot und Mae Sariang auf; sie kommen durch den Dschungel nach Norden, passieren die Shan Settlement Khun Yuan und erreichen in der Abenddämmerung Mae Hong Son. Wem es an der nötigen Zeit für die gesamte „Hufeisenfahrt" fehlt, dem empfiehlt sich die Halbtagesfahrt mit dem Mietauto nach Hot und zurück.

Dieser Ausflug mit dem Auto nach Mae Hong Son beginnt in Chiang Mai auf der Straße 108 in südlicher Richtung. Kurz vor Kilometerstein 57 biegt man nach rechts ab und fährt 10 km zum Eingang des **Doi Inthanon Nationalpark,** benannt nach seiner Hauptattraktion, Doi Inthanon, mit 2596 m der höchste Berg des Landes. Mädchen kommen und bieten „Perlenketten" an, und in kleinen Läden am Flußufer unterhalb des **Mae Klang-Wasserfalls** gibt es kaltes Bier. Von den Läden geht man 20 m aufwärts, um diesen mächtigen Wasserfall mit seiner lautstarken Mischung aus braunem Wasser und weißer Gischt zu betrachten. Gut sichtbare Pfade führen die felsigen Hügel hinauf. Einer geht um die Seite der Felsblöcke herum zu einem Blick auf die breiteren Fälle **Pakau Na,** die 120 m über die breiten, schroffen Abhänge wie über eine flüssige Straße fließen.

Doi Inthanon ist ein Kalkauswuchs, der zu der langen geologi-

schen „Schlange“ gehört, die sich von Yunan in Südchina in südöstlicher Richtung erstreckt und bis hinunter nach Irian Jaya zutagetritt. Aber Doi Inthanon, Thailands höchster Berg, ist nur ein Ausläufer in der südlichen Folge des Himalayagebirges. Auf den Hängen des Inthanon hört man noch das Trompeten von Arbeitselefanten, wo Karen und Meo in isolierten Dörfern leben. Sie wandern aber langsam ab, da der Berg jetzt Naturschutzgebiet ist.

Wenn man sich mit den Parkbehörden in Chiang Mai vorher verständigt, dann kann man drei- bis fünftägige Trekks zu Fuß oder auf Ponys den Berg hinauf machen. Die Wildlife Association unterhält Lagerplätze, die den Wandernden einfache Unterkunft gewähren.

Am Kilometerstein 58 auf Straße 108 liegt ungefähr 1 km südlich der Parkabzweigung die Stadt **Chom Thong.** Der Ruhm der Stadt beruht auf dem eleganten **Wat Phra Thai Si Chom Thong,** wo vom matten Licht zurückgeworfene Strahlen eine ungewöhnlich schöne Sammlung von bronzenen Buddhas hervorheben. Das Kloster knarrt vor Alter, genauso wie die hängenden Zweige der Bäume des Hofes. Der *chedi* im burmesischen Stil datiert aus dem Jahre 1451, und die heilige Stätte selbst ist nur 50 Jahre später erbaut worden. Die breite Treppe, die zu der Fassade mit den Holzschnitzereien führt, ist eigentlich der Hintereingang.

Ein großer **Prang,** reich mit Blumenmustern zusammen mit Vögeln und *nagas* beschnitzt, beherrscht den Tempelgrund. Vier stehende Buddhas, als himmlische Ritter gekleidet, flankieren den Prang. Obgleich ein Großteil des Tempels die burmesische Vorliebe für Überdekoration widerspiegelt, ist die zentrale Buddhafigur mit der bewachenden *naga* außerordentlich „thai“ und ähnelt der

14. Chom Thong
จอมทอง (ตัวเมือง, อำเภอ)

Wat Phra Thai
Si Chom Thong
วัดพระธาตุศรีจอมทอง

Exquisite Holzschnitzereien und die Ruhe eines alten Bodhi-Baumes kennzeichnen Wat Phra Thai Si Chom Thong (oben). Sein Turm im burmesischen Stil stammt schon aus dem 15. Jahrhundert. Armbänder aus weißen Hemdknöpfen (rechts) schmücken die Arme junger Karen-Mädchen in der Nähe des alten Hot. Die Frauen der meisten Bergstämme sind sehr geschickt in der Herstellung von Schmuck für ihre Kleidung.

Ancient Hot
ฮอดเดิม

Wang Lung
วังหลัง

5. Hot
ฮอด (ตัวเมือง, อำเภอ)

berühmten Statue im Wat Prasingh in Chiang Mai. Auf jeder Seite des Prang sind in Schreinen Sammlungen von Miniatur-Buddhafiguren aus Gold und Silber, einige mit Juwelen besetzt und aus Metall, andere aus Kristall geschnitzt.

Weiter nach Süden, auf Straße 108, wird der nördliche Einfluß deutlich sichtbar: Man trifft auf stilisierte Elefanten, in die Rückwände von Ochsenkarren geschnitzt; *Lamyai*-Bäume und Felder mit Bohnen; riesige Körbe, in denen die Bauern Reis dreschen; und schattige *salas* mit strohgedeckten Dächern, die verstreut auf den Reisfeldern stehen.

Hot, 88 km südwestlich von Chiang Mai auf Straße 108, sieht aus wie eine Stadt, die erst eine solche werden will. Einst lag Hot 15 km weiter südlich an der Mündung des Ping, aber die Stelle ist jetzt unter dem Wasserspiegel des Stausees versunken. Läden, Hotels und Restaurants wurden in dieser neuen Stadt hastig aufgebaut.

Weiter südlich, an der Straße 1012, liegt das eigentliche **alte Hot (Ancient Hot).** Riesige, vom Regen verwaschene *chedis* stehen wie ehrwürdige Überreste der Zeit, als Hot Teil des frühen Königreiches des Nordens war, in der Landschaft. Ausgrabungen an dieser Stätte haben Goldschmuck, Amulette und Stuckschnitzereien zutagegefördert, die jetzt im Museum in Chiang Mai stehen.

Straße 1012 geht weiter nach **Wang Lung,** einem winzigen Dorf, das sich seinen Unterhalt mit dem Verkauf von getrockneten Fischen verdient, die in dem vom Bhumibol-Damm geschaffenen Staubecken gefangen werden.

Die Karen haben einen Großteil dieses Gebietes besiedelt. Den Hals unter einer Masse schwarzer Perlen versteckt, die Mieder reich mit bunter Flickenarbeit verziert, kommen die

Karen girls at Hot decorate their daily dress with black-bead necklaces and novel bracelets made of white shirt buttons.

16. Ob Luang Gorge
ขอดออบหลวง

Karen-Frauen nach Wang Lung, um einzukaufen. Man kann dort ein Boot mieten und für eine Stunde durch die bambus- und schilfbestandenen Inseln in der Mündung des Mae Ping hinaus auf die riesige Wasserfläche am oberen Ende des Reservoirs gleiten.

Von Hot führt Straße 108 nach Westen über den Fluß Chaem und an seinem rechten Ufer entlang nach Mae Sariang. Ungefähr 17 km von Hot geht die Straße durch die **Ob Luang-Schlucht,** Thailands ,,Grand Canyon'', jedoch von weit kleineren Proportionen als dieser.

Hinter der Schlucht windet sich die Straße wie eine Schlangentänzerin. Am Wegrand findet man Schmetterlinge und Blüten mit ,,Fransen''. Wer heiße Quellen liebt, sollte 4 km hinter der Schlucht nach links abbiegen und noch 5 km weiterfahren, ehe er an einer einsamen Schwefelquelle mit einem kleinen Lagerplatz ankommt. Es ist selten jemand dort.

Die Fahrt nach Mae Sariang, dem Bezirkssitz, ist aufregender als die Stadt selbst. Die Straße führt wie eine Achterbahn über den Berg, und die kleinen Bambus- und Laubhütten, die in diesen Hügeln versteckt liegen, kann man nicht einmal mit dem Motorrad erreichen. Die meisten Dörfer dieser Gegend gehören den Skaw-Karen, einer der größten Gruppen der Bergstämme in Thailand, die sich entlang der ganzen Grenze zwischen Burma und Thailand zum Süden hin bis hinunter nach Chumphon angesiedelt haben. In den feuchten Tälern pflanzen sie ,,nassen'' Reis auf steilen Terrassen. Die nomadischen Karen brennen den Wald ab, um auf den entstehenden Lichtungen neuen Reis zu pflanzen. Durch die Brandrodung sind die Hänge ,,mottenzerfressen'', und die Erosion hat großen Schaden verursacht. An den Hängen

Im Laufe von vielen Jahrtausenden in den Felsen eingeschnitten, wird die Ob Luang-Klamm (links) etwas vollmundig „Grand Canyon Thailands" genannt. Die Straße nach Mae Sariang gibt ab und zu den Blick frei auf die Dörfer der Karen (Mitte). Riesige Steinlöwen (rechts) flankieren zwei vergessene Treppen, die zum Doi Kong Mou hoch über dem verschlafenen Mae Hong Son hinaufführt.

18. Mae Hong Son
แม่ฮ่องสอน (ตัวเมือง, จังหวัด)

17. Mae Sariang
แม่สะเรียง (ตัวเมือง, อำเภอ)

stehen verkohlte **Baumstümpfe** wie schwarze Bartstoppeln im Grün der neuen Reissprößlinge. An manchen Stellen führt die Erde um hohe rote Erdbänke herum. Frische Schlammhaufen auf dem Asphalt bezeugen, daß Erdrutsche nicht selten sind, denn die Seitenböschungen können nicht den ,,Überlauf" abhalten. Die Lösung dieses Problems liegt in der Anpflanzung von Kiefern. Obgleich man Kiefern nicht im tropischen Thailand vermutet, sind sie zur Wiederaufbereitung des Bodens gut geeignet. Ihre Wurzeln formen unter der Oberfläche ein ausgedehntes Netz, das die Erde festhält, und die Samen verbrennen nicht.

Eingebettet zwischen Bergen, liegt **Mae Sariang** 103 km westlich von Hot an der Kurve, wo Straße 108 sich nach Norden wendet. Dieser kleine Distriktssitz und Handelsflecken hat nur einen Tempel im burmesischen Stil und einen Laden mit Karen-Kunsthandwerk. Straße 108 geht über einen rauhen Pfad nach Norden von Mae Sariang durch Bergpanoramen, die zu den atemberaubendsten Thailands zählen, nach **Mae Hong Son**. Mae Hong Son paßt zu Thailand wie das letzte Stück eines Puzzles. Hinter Dschungelketten und eingefaßt von den Shan-Staaten Burmas im Norden und Westen, profitiert die Provinz friedlich von Jahren einer gewissen Vernachlässigung durch die Außenwelt. Hier findet man noch allweltliche Ruhe. Die Anwesenheit von Karen, Meo, Lawa, Shan, Lisu, Lahu und Burmesen, die alle die ethnischen Thailänder an Zahl weit überragen, verleiht dem schlechtgehüteten Geheimnis, daß Mae Hong Son an den Grenzschmugglerpfaden liegt, noch Pikanterie.

Die Stadt ist nur morgens geschäftig. Um 7.30 Uhr ist der Markt schon halb leer, Verkäufer packen ihre Bündel mit ,,langen" Bohnen,

Trockenfisch, Chips aus Schweineschwarte, Kohl, mohrrübengroßen Chillies, Zigarrentabak und Betelnüssen ein. Um 8.00 Uhr ist der Markt dann leer. Die kleinen Gebäude der Stadt werden überragt von tiefgrünen Bergen, die von versteckten Tälern durchzogen sind.

Vom Doi Kongmou, er liegt 250 m über Mae Hong Son, hat man einen ausgezeichneten Ausblick auf die Stadt und ihre Umgebung. Nachts leuchten die *chedis* von **Wat Prathat Doi Kongmou** auf dem Hügel wie scheue Leuchtfeuer der Zivilisation in dieser entfernten Ecke Thailands.

Um über Land nach Chiang Mai zurückzukommen, muß man auf der Straße 108 über Mae Sariang und Hot fahren. Eine kürzere Route durch Pai nach Mae Teng, 40 km nördlich von Chiang Mai auf befestigter Straße, ist geplant.

Um den Grenzposten **Fang** zu erreichen, nimmt man die Straße 107 beim Elefantentor nach Norden aus Chiang Mai hinaus, fährt an der Thai Celadon-Fabrik vorbei und weiter nach **Mae Rim** (13 km). Dort kann man am **Mae Sa Waterfall** die Ruhe der nördlichen Hügelregion genießen (Bungalows am Flußufer; gute Wandermöglichkeiten). Im nahegelegenen *Sala* gibt es ein interessantes *Trainings Camp* für Arbeitselefanten.

Die Straße 107 geht weiter nach Norden durch Reisfelder und kleine Dörfer. Rechts in der Ferne sieht man die Silhouette von Chiang Dao. Langsam verläßt die Straße das flache Ackerland, kommt in die Mae Ping-Schlucht und folgt dann dem rechten Flußufer durch eine abwechslungsreiche Landschaft. Ungefähr 60 km von Chiang Mai auf der Straße 107 zweigt ein Sommerweg nach links ab und führt zum **Doi Chiang Dao,** 2186 m über dem Meeresspiegel. Man braucht einen Jeep

21. Fang
ฝาง

19. Mae Sa Waterfall
น้ำตกแม่สา

20. Doi Chiang Dao
ดอยเชียงดาว

Diese junge Mutter mit Kind (links) gehört ethnisch nicht zum Thai-Volk, sondern zu einem kleinen Bergstamm, der den Thais in Mae Hong Son zahlenmäßig überlegen ist. Licht flutet (Mitte) durch ein Loch im Dach der Grotte von Chiang Dao nördlich von Chiang Mai. Benutzen Sie lokale Verkehrsmittel (rechts) zu einer atemberaubenden Fahrt über die Stromschnellen zwischen Chiang Rai und Tha Thon.

oder ein ,,Scrambler''-Motorrad, um diesen 9 km langen Pfad, der in 1000 m Höhe zu einem Aussichtsplatz am Berg führt, zu bewältigen. Hier unterhält die Regierung eine Station, von der aus Beamte zu Fuß zu den Bergstämmen, die an den Hängen des Doi Chiang Dao und der benachbarten Berge leben, ausziehen und ihnen Beistand leisten. In der nahegelegenen Baumschule experimentieren Gärtner mit neuen Teesorten, die vielleicht eines Tages in der ganzen Region angebaut werden.

20. Chiang Dao Cave
ถ้ำเชียงดาว

72 km von Chiang Mai entfernt liegt an der Straße 107 die Stadt Chiang Dao. Am Stadtende führt eine unbefestigte Straße nach links 6 km zur **Chiang Dao-Höhle.** Bei der Höhle findet man Buddhastatuen sowie einen kleinen weißen *chedi* mit vielen Türmchen.

Fang selbst liegt 152 km von Chiang Mai entfernt. Der Bezirk um Fang verbindet die Elemente des Westens mit den Mysterien des Ostens. Während der fünfziger Jahre gab es im Gebiet, nachdem hier Öl gefunden wurde, einen ,,Schwarzes-Gold-Rush'', aber die Produktion hat nie gehalten, was man sich davon versprach. Die einzige Methode, jetzt schnell reich zu werden, ist illegal, verwerflich und gefährlich: Opiumschmuggel. Fang liegt an der burmesischen Grenze, im Anschluß an das berüchtigte Goldene Dreieck, und ist ein ,,natürlicher'' Weg für Opium. Die Behörden haben Überresten von Chiang Kai-sheks Kuomintang-Armee gestattet, sich in Fang niederzulassen und als Hilfsgrenzpatrouille diese sonst hoffnungslos ,,löcherige'' Grenze abzuriegeln. Die Soldaten sprechen Hunanesisch und flohen Ende der vierziger Jahre aus China.

Die Yao mit ihrer charakteristisch bestickten Kleidung leben auch in den Bergen um Fang. Die Frauen tra-

Chiang Rai und das Goldene Dreieck

gen schwarze, mit roten oder zyklamfarbenen Wollpompoms geschmückte Hüte, und die Babys auf ihrem Rücken haben kleine bestickte Kappen auf. Es kommt vor, daß junge Mädchen ein ganzes Jahr lang an den großen Stoffbahnen für die Hosen ihrer Hochzeitskleidung sticken.

Die Regierung hat auf breiter Basis mit den Yao gearbeitet, um andere Ernten als Ersatz für das lukrative Opium einzuführen. Ein Dorfältester der Yao, der ein Dorf mit 15 Häusern unter sich hat, zählte stolz seine neuen Erzeugnisse auf: Kartoffeln, Mais, Knoblauch, Schweine und Hühner. Seine Augen weiteten sich noch, als er die Größe des Zuchtschweines beschrieb, das dem Dorf vom König übergeben worden war.

Von Fang führt eine schlechte Straße 24 km nördlich nach **Tha Thon** an der Grenze nach Burma. Dort kann man sich für eine aufregende Fahrt von fünf bis sechs Stunden den Mae Kok hinab nach Chiang Rai ein Boot leihen.

Wer Fang besucht hat, möchte vielleicht die nördlichste Krone Thailands, eingebettet zwischen Burma und Laos — die Gegend, die man das ,,Goldene Dreieck" nennt —, näher kennenlernen.

In Vogelfluglinie liegt **Chiang Rai** nur ungefähr 65 km östlich von Fang; aber zur Zeit schlängelt sich die Straße 1001 unbefestigt und in schlechtem Zustand von unterhalb Fangs durch Mae Suai nach Chiang Rai. Deshalb fängt ein Abstecher nach Chiang Rai in Chiang Mai, dem Hauptausgangspunkt für den Norden, an.

Chiang Rai (mit Chiang Mai) ist auf dem Luftweg mit Thai Airways zu erreichen, die von Bangkok über Chiang Mai (Zwischenlandung) nach Chiang Rai fliegt. Sonst fährt man entlang Route 1, die von Lampang

22. Tha Thon
ท่าทอน

23. Ngao
งาว (ตัวเมือง, อำเภอ)

Auf der Straße von Lampang nach Ngao: Ein kurzer Halt in der FIO-Elefantenschule (links); Geisterhäuschen liegen am höchsten Punkt der Straße (Mitte); Kalksteinformationen in Tham Pha Thai (rechts).

Tham Pha Thai Cave
ถ้ำตามพระทัย

weiter nach Norden führt, nach Chiang Rai.

Route 1 windet sich auf ihrem Weg 81 km über Berge nach **Ngao** nordöstlich von Lampang. Am höchsten Punkt der Straße, unterhalb der beiden felsigen Gipfel, halten Fahrer an (oder tuten nur, falls in Eile) und verneigen sich, um den *phis,* von denen man glaubt, daß sie im Paß leben, ihren Respekt zu erweisen.

Dank der Forestry Industry Organization (FIO) säumen junge Teakbäume den Weg entlang der Route 1 zwischen Lampang und Ngao. Die FIO unterhält auch eine Elefantentrainingsschule ungefähr 54 km von Lampang, 1,5 km westlich von der Hauptstraße hinter Pang-la Village.

19 km vor der Bezirksstadt Ngao führt eine Abzweigung nach links (weniger als 1 km) zu einem kleinen Hain aus Teakbäumen. Sie markiert den Eingang zu **Tham Pha Thai,** vielleicht der interessantesten Höhle Thailands. Man klettert über 283 Zementstufen am Quartier der Mönche vorbei zum riesigen bogenförmigen Eingang der Grotte. Davor steht ein weißer *chedi*; darin sitzt, nahe der sonnenbeleuchtetsten Ecke, eine vergoldete Buddhastatue. Am interessantesten jedoch ist ein kolossaler Stalagmit, der sich wie eine weiße Explosion aus einem See von Kalkstein erhebt. Oft führt ein Novize die Besucher hinunter in die Höhle, um ihnen bizarre Kalksteinformationen zu zeigen, die sich mit wenig Phantasie als Throne, als ein Kaninchen oder eine Schildkröte entpuppen. Grüne Schlangen winden sich um die elektrischen Drähte oder rollen sich in Nischen zusammen. Der Novize erklärt, daß diese Schlangen unter Schutz stehen und noch nie jemanden gebissen haben. Der 400 m lange Weg in die Höhle stoppt bei einem kleinen Hügel aus Fledermausguano. Von der Decke fällt Licht in Streifen in die

Höhle und projiziert silberne Silhouetten von fliegenden Fledermäusen auf die Wände.

Ungefähr 12 km, bevor man nach Ngao kommt, zur linken Seite von Route 1, „verströmt" **Wat Chong Kram** (im burmesischen Stil) trotz beängstigenden Verfalls seinen Charme. Die Decke wird immer krummer, im gleichen Maße wie die stützenden Balken im Schlamm versinken; wie ein Reisebuch lakonisch empfiehlt: „Ansehen, ehe er umfällt."

Route 1 geht weiter durch Ngao und dann nach 49 km nach **Phayao,** eine Bezirksstadt, die am östlichen Ufer eines flachen Sees am Fuß eines 1700 m hohen Berges liegt. Nach außenhin erscheint Phayao klein und unbedeutend, ist aber für Archäologen von Interesse, da die Stadt im 11. Jahrhundert auf einer noch älteren verlassenen Stätte wiedererbaut wurde. Aus den Überresten eines Grabens und aus acht Stadttoren, die eine Fläche von 2 qkm umschließen, glauben die Archäologen folgern zu können, daß diese älteste Stätte noch vor der Bronzezeit entstanden ist. Verläßt man Phayao, liegt zwischen der Straße und dem See der **Wat Si Khom Kham,** den die Fachleute wegen seines 400 Jahre alten, 16 m hohen Buddhas als den bedeutendsten Tempel der Region ansehen.

Wat Si Khom Kham
วัดศรี่กมขำ

Wat Chong Kram
วัดช่องกราม

Von **Phayao** geht Route 1 dann 194 km nach Norden, zur Provinzhauptstadt **Chiang Rai**, die in Thailands nördlichster Provinz liegt. Obgleich die Stadt durch tägliche Flüge von Thai Airways mit dem 940 km entfernten Bangkok verbunden und wegen ihrer Lage nahe der Grenzen zu Laos und Burma von strategischer Bedeutung ist, hat sich Chiang Rai in kommerzieller Weise langsam entwickelt. König Mengrai, der auch Chiang Mai als bewallte Stadt gründete, baute Chiang Rai 1262. Laut Legende entschloß sich der König,

25. Chiang Rai
เชียงราย (ตัวเมือง, จังหวัด)
24. Phayao
พะเยาว์ (ตัวเมือง, อำเภอ)

Überlandbusse fahren praktisch überall (oben), meistens mit haarsträubender Geschwindigkeit. Die Nahaufnahme einer Yao-Stickerei (rechts) zeigt die bunte Kompliziertheit der Muster, mit denen die Frauen der Bergstämme ihre Kleider verzieren. In den zahlreichen Umsiedlungsbereichen Nordthailands gehören heute Weberei und Stickerei für viele zu den Möglichkeiten, sich den Lebensunterhalt zu verdienen.

weitere Regionen im Süden seines Landes in Chiang Saen zu erobern, nachdem sein Lieblingselefant in südlicher Richtung davongelaufen war. Die Suche nach dem Elefanten führte an die Ufer des Flusses Kok, wo sich der König entschloß, Chiang Rai zu erbauen. Heute steht eine Statue von König Mengrai nördlich von Chiang Mai.

26. Mae Chan
แม่จัน (ตัวเมือง, อำเภอ)

Wat Prasingh
วัดพระสิงห์

Wat Phra Keo
วัดพระแก้ว

Zwei Tempel in Chiang Rai sind von Interesse: **Wat Prasingh** und **Wat Phra Keo.** Beide zeichnen sich dadurch aus, daß sie einst berühmte Statuen beherbergt haben. *Chedi* und *viharn* im Wat Prasingh, wo, wie die Legende behauptet, eine berühmte Theravada-Statue gestanden hat, sind zu oft restauriert worden, um genaue Datierungen zu erlauben, aber Dokumente verweisen auf das 15. Jahrhundert oder noch früher. Wat Phra Keo hinter Wat Prasingh soll die „erste Residenz" des Smaragd-Buddhas gewesen sein, der jetzt im königlichen Tempel gleichen Namens in Bangkok steht. Westlich von Wat Phra Keo erhebt sich der Ngam Muang-Hügel. Im Wat auf der Spitze des Hügels glaubt man, daß eine Reliquie die Knochen des Königs Mengrai enthält, die dort von einem seiner Söhne beigesetzt wurden.

Chiang Rai hat mehrere annehmbare Hotels mit Klimaanlage.

Von Chiang Rai geht Straße 100 29 km nach Norden, nach **Mae Chan** (erst nach Straßenverhältissen erkundigen). Einst war die winzige Bezirksstadt Zentrum für Silberschmiedearbeiten, heute ist sie Handelsposten für Akha und Yao, die dort kaufen und verkaufen. In den beiden Läden von Lao Tzan, einem Yao-Kaufmann, und Lao Taa (er ist halb Chinese und halb Lisu, wie die Kuomintang-Soldaten) kann man noch Silber- und andere Handarbeiten der Stämme besichtigen.

Bergstämme

Ungefähr 2 km hinter Mae Chan führt eine Abzweigung links der Straße 110 über eine unbefestigte Straße durch ein Tal, das für seinen Reis berühmt ist. Der Pfad geht weiter in die Hügel, bis zum Doi Thong („Fahnenberg"). Von der Mae Kam Community Station (Gemeindeentwicklungs-Station) auf dem Berg gehen staatlich finanzierte Helfer den Bergbewohnern in der Landwirtschaft und bei Bauprojekten zur Hand. Der Pfad führt vom Mae Kam Centre weiter bis zu einem **Akhadorf,** Ko Saen Chai. Die Akha werden zu den am wenigsten „zivilisierten" Bergstämmen gerechnet, waren dem Westen in einem Trend jedoch um mehrere Nasenlängen voraus: Akhafrauen trugen Minis, lange ehe sie sonstwo modern wurden. Die Akha, die in Thailand nur in der Chiang Rai-Provinz leben, bauen charakteristische hölzerne Schaukeln und halten zur Neujahrszeit „Schaukelzeremonien" ab, um Glück zu „erschwingen" und die Fruchtbarkeit der Erde zu erhöhen.

Von den Akha abgesehen, leben noch die folgenden Bergstämme in der Chiang Rai-Provinz: Yao, Blaue und Weiße Meo, Lisu, Lahu, Lahu Shi und Skaw, P'wo Karen. Jede Hauptgruppe spricht ihre eigene Sprache und folgt animistischen Gebräuchen (auf den Glauben von Geistern gestützt) sowie anderen, später angenommenen Religionen. Die meisten Stämme kamen während der letzten 100 Jahre von China über Burma und Laos nach Thailand. Am besten bekannt sind wahrscheinlich die Meo, einesteils, weil mehrere Dörfer nahe bei Chiang Mai liegen, andererseits wegen der Stammesaufstände, auch als Meo-Kriege bekannt, die während der sechziger Jahre aufflammten.

Im Grunde schüchtern und stammesbewußt, siedeln sich die Berg-

Akha village
หมู่บ้านชาวเขาอาข่า

Durch ein Entwicklungszentrum in Mae Kam hilft die Regierung den in der Nähe lebenden Bergstämmen, z.B. diesem Aka-Jungen (links), einem Yao-Geschwisterpaar (Mitte) und zwei Lisu-Mädchen (rechts).

Lahu
ลาฮู

Karen
กะเหรี่ยง

Yao
เย้า

Meo
แม้ว

Lisu
ลีซู (หรือ ลีซอ)

stämme in spezifischen Höhen an. Einige bauen ihre Dörfer nur in über 1000 m Höhe. Die Angehörigen einiger Stämme haben sich zwar, je nach Missionsarbeit, zum Islam, Buddhismus und Christentum bekehrt, aber die meisten halten streng an ihren animistischen Überzeugungen fest. Sie schützen Häuser und Dörfer mit Altären, Fruchtbarkeitssymbolen, Totems und Objekten der Magie.

Ungefähr 70 000 **Karen** in Thailand leben in Mae Hong Son, Chiang Mai, Chiang Rai und Lamphun. Sie sind tibeto-burmesischen Ursprungs. Viele sind Christen, und ihr Glaube ähnelt dem der frühen Christen, was zu Spekulationen über ihre Herkunft und ihr Stammesalter führte, die beide unbekannt sind.

Fast 20 000 **Lisu,** auch tibeto-burmesischen Ursprungs, leben hier in Nordthailand und zum Süden hin, bis nach Tak, wo eine Gruppe in der Nähe eines ,,Schwarzen Lahu-Stammes'' siedelt. Verschiedene Bergstämme hausen oft friedlich eng nebeneinander. Die Lisu stammen vom Oberlauf des Salween-Flusses und verfolgen die väterliche Linie im animistischen Glauben.

Die **Lahu** sind für ihre Jagdfertigkeit berühmt. Es wird behauptet, daß einige Gruppen einen ,,Manngott'' anerkennen, der sich durch physische und magische Taten bewähren muß. In den **Yao-**Dörfern schlachtet man zur Feier des chinesischen Neujahrs ein Schwein, trinkt Riesenmengen Reiswein dazu und bleibt tagelang ,,feuchtfröhlich''. Die **Meo** haben ein Ritual für Freier, bei dem die Jünglinge in einer und die Mädchen in einer anderen Reihe stehen und sich Bälle zuwerfen, um ,,das Eis zu brechen''.

Durch Handelskontakte und Erziehung in *nikhorn* (Siedlungsschulen), die von der Regierung gebaut wurden, nehmen die Stämme lang-

Die Spitze des Goldenen Dreiecks

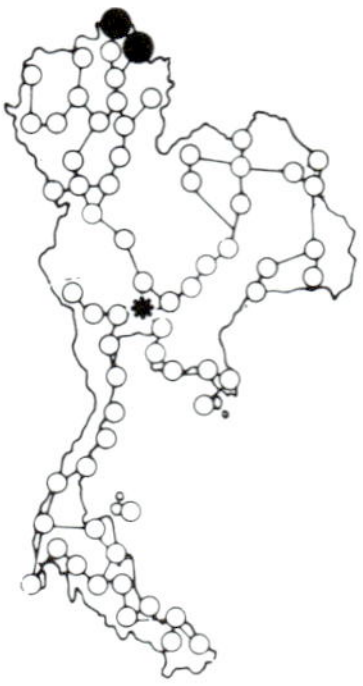

28. Chiang Saen
เชียงแสน (ตัวเมือง, อำเภอ)

27. Mae Sai
แม่สาย (ตัวเมือง, อำเภอ).

sam Thaikultur an. Der Verkauf ihrer Handarbeitserzeugnisse hat die Einkommen vieler Stämme verbessert. Organisationen wie die Thai Hillcrafts Foundation (mit Büros in Bangkok und Chiang Rai) und die Border Patrol Police (Grenzpolizei) haben einheimische und Auslandsmärkte für die farbenfrohen charakteristischen Stammeserzeugnisse geöffnet. Viele Läden in Bangkok und diversen anderen Städten verkaufen Schmuck, Stickereien, Schultertaschen und Webarbeiten der Bergstämme.

Von Mae Chan geht die Straße 101 direkt 34 km nach Norden, nach **Mae Sai,** dem nördlichsten Punkt Thailands. Mae Sai liegt mit Chiang Saen an der Spitze des Goldenen Dreiecks. Dieser Grenzbezirk macht gute Geschäfte, vor allem mit dem Verkauf von Schuhen an die Burmesen, die zu Einkaufsausflügen über die Grenze kommen. Viele Thais aus Chiang Rai *pai tio* in Mae Sai und besichtigen geruhsam die aus Laos und Burma eingeschmuggelten Waren.

Wenn man nach Süden auf Mae Chan zufährt, geht ein nordöstlicher Bogen von Straße 1010 zur alten Hauptstadt **Chiang Saen.** Gelehrte glauben, daß diese Stadt Ende des 13. Jahrhunderts gebaut und ungefähr 100 Jahre später befestigt wurde. Die Burmesen eroberten die Stadt, aber der erste König der Chakri-Dynastie eroberte sie später wieder zurück. Da er fürchtete, daß sich die Geschichte mit einer neuen burmesischen Invasion wiederholen könnte, ordnete Rama I. an, daß die Stadt zerstört werde. Chiang Saen blieb bis zur Zeit Ramas V. verlassen und wurde 1957 Bezirksstadt. Chiang Saens Lage am Mekong unterstreicht noch den Charme der alten Tempel. Gleich westlich der Stadt steht **Wat Pa Sak,** dessen Name sich auf die 300 Teak-(*sat*-)Stämme bezieht, die für

Wat Pa Sak
วัดป่าสัก

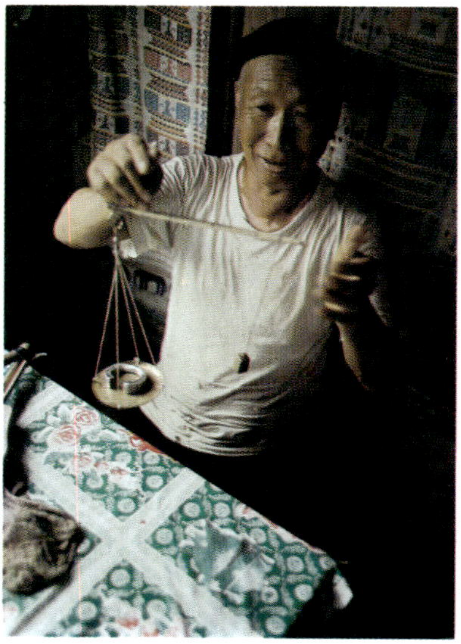

Die Tage sind gezählt, daß der Händler in Mae Chan ein Silberarmband nach Gewicht verkauft (links). Aber noch kann man im Norden gute Handarbeiten und Antiquitäten günstig erwerben. Dorfbewohner in der Nähe von Chiang Saen (rechts) benutzen zum Fischen eine kleinere Version der Stangennetze, die am Golf von Thailand verwendet werden.

29. Chiang Khong
เชียงของ

Wat Prathat Chom Kitti
วัดพระธาตุจอมกิตติ

Wat Chom Chang
วัดชมช้าง

Wat Ched Luang
วัดเจดีย์หลวง

30. Ban Houei Sai
บ้านห้วยไทร

die originale Einfassung verwendet wurden. Der Grundstein des Tempels wurde 1295 während der Herrschaft vom Ramkamhaeng gelegt. Frühere Srivichaya- und Davaravati-Einflüsse, zusammen mit dem vorherrschenden Sukhothaistil, sind am *that* (Reliquienkästchen), der Kleidung der Statuen und in den „laufenden" Stuckobuddhas erkennbar. Ungefähr 1 km westlich vom Stadttor liegt **Wat Prathat Chom Kitti** auf einem Hügel, von dem man einen guten Blick über die Stadt Chiang Saen hat. Chroniken der Stadt zufolge ist anzunehmen, daß der alte *that* mit dem schiefen Oberteil zuerst um das 10. Jahrhundert gebaut und seither zumindest zweimal wiederaufgebaut wurde. Unterhalb dieses Tempels liegt ein zerstörter *chedi* in **Wat Chom Chang.** Von dort führt eine Treppe weiter zur Stadt hinunter. Nahe beim Westtor der Stadt steht **Wat Chedi Luang** und eine Zweigstelle des Nationalmuseums. Der 60 m hohe *chedi* aus dem 16. Jahrhundert hebt sich sowohl durch Größe als auch durch Stil hervor. Seine Ziegel erheben sich von einer achteckigen Basis zu einem glockenförmigen Oberteil.

Landschaftlich besonders reizvoll ist die Rückfahrt nach Chiang Rai über **Chiang Khong** mit dem Boot den Mekong hinunter. Vor der etwa dreistündigen Fahrt sollte man sich auf jeden Fall erkundigen, ob die Gegend sicher ist. Der Fluß fließt, etwa in S-Form, zunächst nach Südosten zur Mündung des Kok River, dann mäandert er durch schöne Berge nach Norden und endlich wieder nach Süden für aufregende 20 km durch tiefe, schmale Strecken, durch Stromschnellen und Strudel unterhalb steiler, dschungelbedeckter Berghänge. Bei Chiang Khong weitet sich der Fluß etwas.

Auf den Hügeln des linken Ufers liegt die laotische Stadt **Ban Houei**

Eine Buddhastatue (links) im kleinen Museum Chiang Saen ist typisch für den Stil dieses Landstrichs. Die geisterhaften Ruinen einer französischen Zitadelle (oben) bewachen Ban Houei Sai jenseits ds Flusses in Laos.

Durch das Nantal

31. Nan
น่าน (ตัวเมือง, จังหวัด)

Sai, direkt gegenüber des Bezirkssitzes Chiang Khong. Beamte der laotischen Regierung arbeiten noch immer in den einst von Franzosen gebauten Festungswerken. Die Franzosen nannten die Stadt ,,Fort Carnot''. Wenn die Beziehungen zwischen Laos und Thailand gut sind und Sie die notwendigen Reisepapiere haben, nehmen Sie die Fähre über den Fluß nach Ban Houei Sai (aber bitte vorher bei der Einwanderungsbehörde in Chiang Khong erfragen, wie das Ihr Thailand-Visum beeinflußt). Früher gab es täglich Flüge in die schöne laotische Hauptstadt Luang Prabang mit Weiterverbindung nach Vientiane. Erkundigen Sie sich bei einem Reisebüro, ob es möglich ist, durch Laos nach Nordostthailand zu fliegen.

Von Chiang Rai kann man nach Osten durch Nordthailand nach **Nan** weiterfahren. Dazu folgt man der Route 1 querfeldein von der Provinzhauptstadt nach Süden durch Phayao und weiter nach Ngao, wo Straße 103 südwestlich in die Song- und Rong-Distrikte der Phrae-Provinz abzweigt. Einst ,,genoß'' Phrae einen Ruf als Provinz, wo man Revolverhelden mieten konnte; heute ist sie mehr für ihre Tabakplantagen bekannt. Von Rong Kwang geht Straße 101 dann 96 km nordöstlich nach Nan. Taxis befahren diese Routen mit Passagieren, die in Den Chai aus dem Zug steigen und nach Phrae und Nan wollen.

Straße 101 windet sich durch wenig besiedelte Hügel und Teakreservate. Manchmal sieht man Elefanten Stämme am Straßenrand entlangziehen. Die Regierung versucht durch Aufforstung die Abhängigkeit von der Teakeinfuhr zu verringern, aber Teakbäume wachsen langsam. Hinter dem Bezirk von Sa, 24 km, ehe man Nan erreicht, verläuft die Straße parallel zum Fluß Nan, der ein paar

Wat Phumin
วัดภูมินทร์

Kilometer weiter östlich nach Süden fließt. Im fruchtbaren Nantal wachsen Reis und Mais.

Die Stadtmauern Nans wurden 1857 neu erbaut, um die Originalmauern, die 40 Jahre vorher durch eine große Flut zerstört worden waren, zu ersetzen. Die Mauern sind mehr oder weniger in Kreisform, was auf einen Mon-Einfluß aus dem späten 14. Jahrhundert hindeutet, als die Stadt gegründet wurde. Die erste schriftlich belegte Siedlung der Nanprovinz datiert aus dem Jahre 1282, als Khung Fong, der Bruder des Begründers von Vientiane, in Wora Nakhom, 70 km nördlich der heutigen Provinzhauptstadt, hofhielt.

Nans Unzulänglichkeit verhalf der Provinz, verhältnismäßig frei zu bleiben, obgleich sie hin und wieder unter die Herrschaft von Chiang Mai, der Burmesen (200 Jahre) und anderer Mächte fiel, bis sie 1931 voll unter die Kontrolle Bangkoks kam. Die Gegenwart von Thaisoldaten zeigt, daß in der Gegend Sicherheitsprobleme herrschen. Die Stadt Nan jedoch ist sicher. Obwohl Nan meist kühl ist, hat das Theravat-Hotel eine Klimaanlage. Halten Sie Ausschau nach Artikeln aus Rohr, den berühmten Nan-Apfelsinen und Handarbeiten der Yaofrauen. Der interessanteste Tempel der Stadt steht direkt südlich vor den Sala Klang-Regierungsgebäuden. **Wat Phumin** wurde 1596 erbaut und während des 19. Jahrhunderts weitgehend restauriert. Die geschnitzten Tore sind fast mit den berühmten Toren des *viharn* von Bangkoks Wat Suthat (jetzt das Nationalmuseum) vergleichbar. Obgleich die Fresken des *wat* nicht von Experten restauriert worden sind, ,,erzählen" sie doch eine interessante Geschichte des Königreiches, mit Szenen, die die Ankunft von Fremdlingen zeigen, und sogar einige ,,gewagtere" komische Szenen.

Das fruchtbare abgelegene Nan-Tal (links) war einst das Zentrum eines frühen unabhängigen Königreiches. Nan hat viele bedeutende Tempel wie beispielsweise Wat Phumin (rechts), der vielleicht bekannteste dieser Gegend. Im Tempelinnern erzählen Fresken die Geschichte von Krieg und Frieden des alten Königreiches in Form von Schlachtenszenen und rüden Episoden zur Erheiterung des Besuchers.

Der „von Elefanten getragene“ Tempel bzw. der **Wat Chang Kham** liegt im Zentrum dessen, was früher die alte befestigte Stadt war, gegenüber den heutigen Regierungsgebäuden. Es ist eigentlich ein alter *chedi,* gestützt von Elefanten. Auf jeder Seite sind sieben Elefanten unter der zweiten Lage der Basis. Ein Nan-Prinz erbaute den *viharn* 1547. Zwei „laufende“ und ein stehender Buddha vor dem Hauptaltar sind gute Beispiele des Sukhothai-Stils. Eine Inschrift von 1547 bestätigt, daß die Hauptstatue in diesem Jahr aufgestellt wurde.

Im **Wat Phya Phu** sind zwei lebensgroße Sukhothai-Buddhas aus dem Jahre 1427. Die Inschrift auf dem einen besagt, daß die Statue im vierten Mondmonat jenes Jahres gegossen wurde. Die Zahl von fünf ähnlichen Buddhas in beiden Wats wurde gewählt, um sicherzugehen, daß der Prinz jener Ära als Mann zur Zeit des fünften Buddhas geboren wurde, und auch, um zu bekunden, daß der Buddhismus 500 Jahre bestehen würde.

Wat Chang Kham
วัดช้างข้าม

Wat Suan Tan, der einzige Tempel des Nordens mit einem Prang (einem runden, geschmückten Turm), hat auch einen interessanten, 500 Jahre alten sitzenden Bronzebuddha in seinem *viharn.* 1450 gab der erobernde König Tikoka von Chiang Mai den Leuten Nans sieben Tage, um genug Metall für eine neue Statue zu sammeln. Dann gab er den flüchtigen Sukhothai-Künstlern 100 Tage, um sie zu gießen. Die Statue heißt *Phra Khao Thip.*

Wat Suan Tan
วัดสวนตาล

Auf der anderen Seite des Flusses, gegenüber vom Wat Suan Tan, 3 km südöstlich der Stadt, thront **Wat Chae Haeng** auf einem kleinen Hügel. Hier halten die Einwohner Nans im vierten Monat des Mondkalenders ein fröhliches Fest mit einem Feuerwerk ab. Der Name des Tempels,

Wat Chae Haeng
วัดแช่แห้ง

Wat Phya Phu
วัดพญาภู

„Die Dürstenden zu laben", bezieht sich auf ein Ereignis in Buddhas Leben, von dem fromme Leute behaupten, es sage voraus, daß dieser Platz Reliquien beherbergen würde.

Wat Khao Nai
วัดเขาใน

33. Sao Din Canyon
เสาดิน (แคนยอน)

Wenn man südwestlich der Stadt auf einem Feldweg von Straße 101 abbiegt, kommt man zum **Wat Khao Nai,** wo man von einem kleinen Berg einen guten Ausblick auf Nan hat.

34. Phrae
แพร่ (ตัวเมือง, จังหวัด)

32. Phua
ปัว (ตัวเมือง, อำเภอ)

Wat Prathat Cho Mae
วัดพระธาตุช่อแฮ

Wem die vielen Militärkonvois mit schwerbewaffneten Soldaten nichts ausmachen, der kann von Nan 60 km nach Norden in die Bezirksstadt **Phua** fahren. Dort kümmern sich Missionare und Beamte, einschließlich eines Bezirksvorstehers, um einige tausend Angehörige der Bergstämme und anderer ethnischer Gruppen, die in Neuansiedlungen leben.

Ein landschaftlich reizvollerer und weniger aufregender Abstecher geht von Nan auf Straße 101 nach Sa, dann auf einem Sommerweg direkt nach Süden bis nach Na Noi. Ein paar Kilometer hinter Na Noi liegt **Sao Din Canyon,** eine kleine, aber vom Wind besonders schön geformte Felsformation, die in vielen Thaifilmen „verwendet" wird. Vom Canyon kehrt man auf Straße 101 zurück, fährt vorbei an der Einmündung der Straße 103 bei Rong Kwang und 31 km weiter nach **Phrae.** Dort, auf Straße 1022, ungefähr 1 km östlich der Stadt, steht auf einem kleinen Hügel, umgeben von Orchideen, **Wat Prathat Cho Mae.**

Ein Mönch steht neben den geschnitzten Türen des Wat Phumin in Nan (links). Jeder Stein wurde umgewendet und jeder Hügel durchwühlt in der an Edelsteinen reichen Gegend südwestlich von Phrae (oben).

Von Phrae folgt Straße 101 dem Fluß Yom. Um Sung Men herum kann man Hunderte von Menschen beobachten, die nach Edelsteinen suchen, wenn die Nachricht von neuen Funden sie alle auf die Suche nach „Instant-Reichtum" schickt. Ungefähr 10 km hinter Sung Men liegt Den Chia. Von dort ist mit der Bahn die kürzeste Strecke nach Uttaradit, der nächsten Provinzstadt. Mit dem Auto muß man die Straße 101 nach Satchanalai nehmen, dann nach Osten auf die Straße 102 abbiegen.

35. Uttaradit
อุตรดิตถ์ (ตัวเมือง, จังหวัด)

36. Sirikit Dam
เขื่อนสิริกิต

Die meisten Gebäude in **Uttaradit** sehen neu aus; und sie sind es auch. 1967 brannte die Stadt fast vollständig nieder. Von Uttaradit, das zwischen der Eisenbahnlinie und dem Fluß Nan liegt, kann man 55 km nach Osten zum **Sirikit-Damm** fahren, der nach der Königin benannt wurde. Der Damm wurde 1973 fertiggestellt. Er erzeugt Strom und gibt in der Trockenzeit große Mengen des so sehr benötigten Wassers an die Bauern von Uttaradit ab.

Von Uttaradit kann man einen Trip nach Nordosten starten, indem man nach Sukhothai fährt, dann auf Straße 12 nach Osten durch Phitsanulok, nach Lom Sak und weiter nach Norden auf Straße 203 nach Loei. Von Sukhothai kann man auch nach Bangkok zurückkehren, indem man auf Straße 101 nach Kamphang Phet fährt und dann Route 1 für den Rest des Weges zur Hauptstadt folgt.

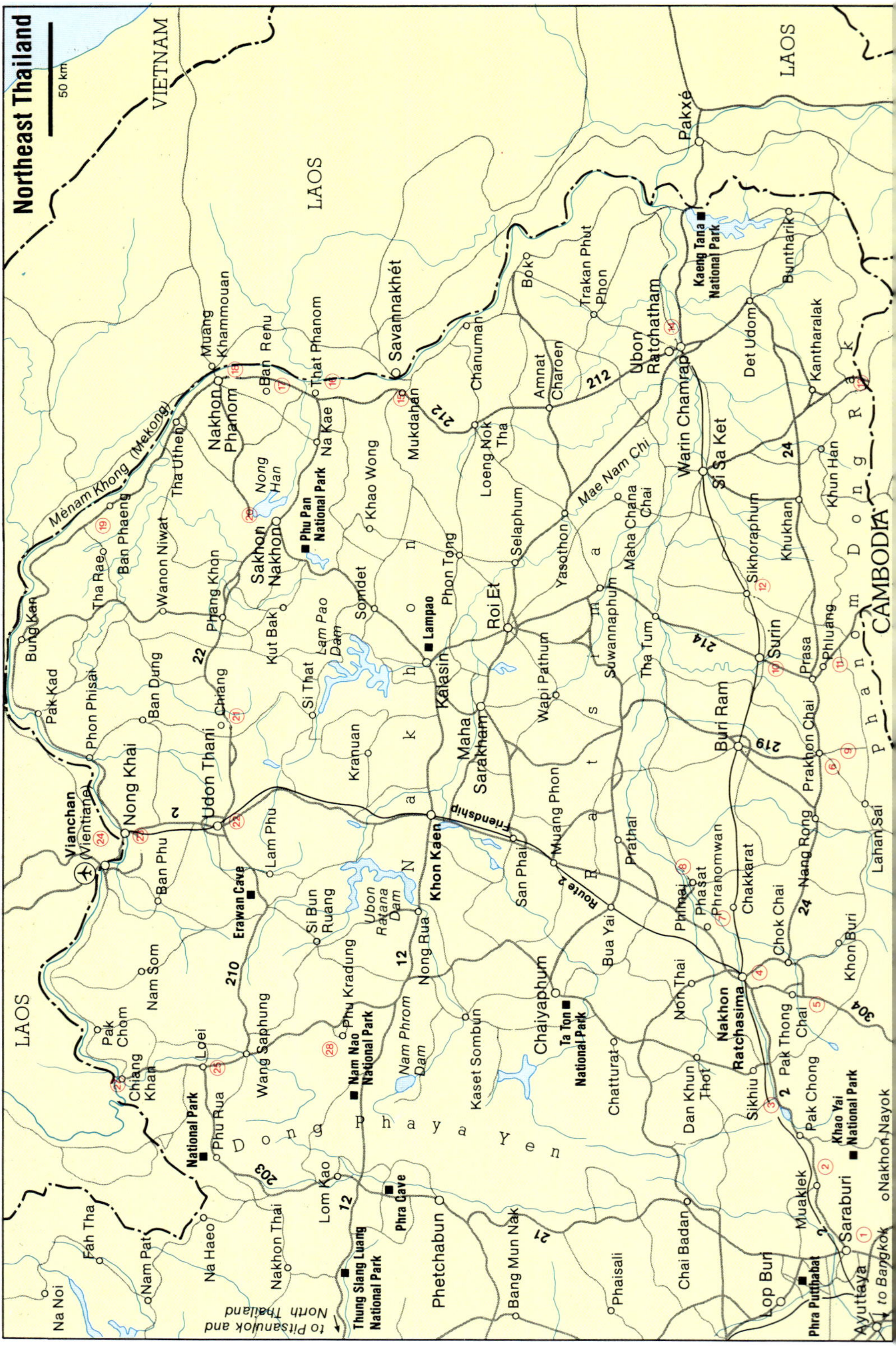

Northeast Thailand
50 km
VIETNAM
LAOS
LAOS
LAOS
CAMBODIA
Pakxé
Kaeng Tana National Park
Buntharik
Trakan Phut Phon
Bok
Det Udom
Kantharalak
Ubon Ratchatham
Warin Chamrap
Amnat Charoen
212
Chanuman
Savannakhét
Mukdahan
Loeng Nok Tha
Si Sa Ket
24
Khun Han
Sikhoraphum
Khukhan
Mae Nam Chi
Maha Chana Chai
Yasothon
Selaphum
Phon Tong
That Phanom
Ban Renu
Na Kae
Nakhon Phanom
Muang Khammouan
Tha Uthen
Mènam Khong (Mekong)
Nong Han
Phu Pan National Park
Sakhon Nakhon
Khao Wong
Somdet
Lampao
Kalasin
Roi Et
Suwannaphum
Tha Tum
214
Surin
Prasa
Phluang
Wapi Pathum
Maha Sarakham
Buri Ram
219
Prakhon Chai
Lahan Sai
Nang Rong
Phanom Dong Rak
Kut Bak
Lam Pao Dam
Si That
Kranuan
Phang Khon
Wanon Niwat
Ban Phaeng
Tha Rae
Bung Kan
Pak Kad
Phon Phisai
Ban Dung
22
Chiang
Udon Thani
Nong Khai
Vianchan (Vientiane)
Ban Phu
Lam Phu
Erawan Cave
Khon Kaen
Friendship
Route 2
Muang Phon
San Phai
Prathai
Phimai
Phasat Phranomwan
Chakkarat
Chok Chai
Khon Buri
Ubon Ratana Dam
Nong Rua
12
Si Bun Ruang
Phu Kradung
Nam Som
210
Wang Saphung
Loei
Pak Chom
Chiang Khan
Phu Rua
National Park
Nam Nao National Park
Nam Phrom Dam
Kaset Sombun
Chaiyaphum
Ta Ton National Park
Bua Yai
Non Thai
Nakhon Ratchasima
Pak Thong Chai
304
Chatturat
Dan Khun Thot
Sikhiu
Pak Chong
Khao Yai National Park
Nakhon Nayok
Dong Phaya Yen
203
Lom Kao
Phra Cave
Phetchabun
Na Haeo
Nakhon Thai
Fah Tha
Nam Pat
Na Noi
Thung Slang Luang National Park
to Pitsanulok and North Thailand
21
Bang Mun Nak
Phaisali
Chai Badan
Lop Buri
Phra Putthabat
Muaklek
Saraburi
Ayuttaya
to Bangkok

Thailand's age-old problem area, the Northeast is now undergoing many changes and the future is brighter.

Ein Problemgebiet in der Entwicklung

Ein kleines Dorf und nur wenig reizvoll. Ein verschlafener, staubiger Ort, ein paar kümmerliche Hühner im Schatten schäbiger Hütten. Kein Ort, den man sich auf einer Ansichtskarte vorstellen könnte, aber nur zu typisch für Hunderte von anderen Dörfern im Nordosten Thailands, einem Gebiet, das von anderen Thais *Issan* genannt wird und an dem Thailand schon seit langem chronisch leidet. Ein Gebiet, in dem Natur und zivilisatorische Verwahrlosung gemeinsam den Menschen dort das Leben schwermachen. Viele hier Ansässige stammen aus Laos und haben den ihrem Volk eigentümlichen Zug sanfter Duldsamkeit angesichts aller Widrigkeiten beibehalten. Sie hatten schon vielfach Gelegenheit, Nutzen aus dieser Eigenheit zu ziehen, denn im Nordosten lebt es sich mühsam. Der Boden ist leicht und unfruchtbar, und Erträge halten sich mit Mißernten die Waage. Entweder gibt es zuwenig oder zuviel Regen, und der Mekong kann ein Schrecken sein, wenn er über die Ufer tritt.

Die hauptsächlichen landwirtschaftlichen Erzeugnisse des Nordostens sind Baumwolle und Jute. Auch Maulbeerbäume gibt es, von denen sich die Raupen ernähren, um die Seide zu spinnen, die irgendwann einmal eine schöne Frau in Paris oder Rom schmücken wird.

Eine schlechte Verkehrslage tut ein übriges, um hier Industrieansiedlungen zu erschweren. Die Menschen im Nordosten fühlten sich daher oft mehr von der Hauptstadt angezogen und verließen ihre armen Dörfer, auch wenn sie dann in Bangkok nur niedrigste Arbeit fanden als Dienstboten, Tagelöhner oder Rikschafahrer. So nimmt es nicht wunder, daß politische Dissidenten zumeist aus dieser Gegend kommen und lauter nach Sozialreformen rufen als die aus anderen Teilen des Landes. Es ist der Nordosten, an den die meisten Thais denken, wenn sie von der Notwendigkeit allgemeiner Verbesserungen sprechen.

Da die Grenze zu Kambodscha geschlossen ist, ist der Nordosten Thailands die einzige Stelle, wo man die großartigen Ruinen aus der Geschichte der Khmer noch bewundern kann (vorherige Seiten: Muang Tham).

Allmählich geschieht auch etwas, und die Zukunft sieht für den Nordosten rosiger aus als je zuvor. In den späten fünfziger Jahren wurde von den Amerikanern und Thais gemeinsam der *Friendship Highway* gebaut. Diese „Straße der Freundschaft" hat den Nordosten, in dem immerhin ein Drittel der Gesamtbevölkerung lebt, auch während der Regenzeit leicht zugänglich gemacht, so daß Handwerker und Bauern ihre Erzeugnisse das ganze Jahr über zu den wichtigen Märkten nach Bangkok bringen können. Der frühere Premierminister Sarit Thanarat, der selbst aus dem Nordosten stammt, regte viele Hilfsprojekte an: Dämme, um das Überfluten der Felder und eine ausgedehnte Bewässerung zu steuern, Straßen, die auch entfernte Orte mit der Außenwelt verbinden, Elektrizität auf dem Lande, bessere medizinische Versorgung und Versuchsfarmen. Die Amerikaner haben hier mit der Errichtung mehrerer großer Stützpunkte während des Vietnamkrieges, einmal ganz abgesehen von der politischen und moralischen Problematik, doch zumindest viel dringend benötigtes Geld ins Land gebracht und so öde Nester wie Nakhon Ratchasima (Korat), Ubon und Udon in blühende Städte verwandelt. Eine Universität wurde in Khon Kaen, hauptsächlich für Studenten dieses Gebiets, gegründet und legt besonderes Gewicht auf lokale Probleme. Der aus dieser Gegend stammende Arzt Krasae Chanawong erhielt den Magsaysay-Preis (ein asiatisches Gegenstück zum Nobelpreis) für seine Pionierleistungen auf dem Gebiet der Heilkunde und Geburtenkontrolle. In Issan wächst

das Bewußtsein, etwas erreichen zu können und damit auch der Ehrgeiz.

Noch scheint es nur logisch, daß ein Gebiet wie der Nordosten nicht gerade vorrangig auf der Reiseroute der Touristen steht. Aber vielleicht wird sich auch das bald ändern, und zwar aufgrund einiger bemerkenswerter Entdeckungen, die man über die frühe Geschichte dieses Landesteils gemacht hat.

Die jüngere Vergangenheit von Thailands Nordosten, d.h. die letzten tausend Jahre, sind für archäologisch interessierte Besucher jedoch auch lockend. Teile des Gebiets wurden während ihrer Blütezeit von den Khmer regiert, als diese Angkor Wat erbauten, und auf der thailändischen Seite der Grenze gibt es auch heute noch eine Anzahl größerer Tempel aus dieser Zeit. Pimai z.B. liegt nicht weit entfernt von Nakhon Ratchasima (Korat), der größten Stadt im Nordosten, und wurde sorgfältig restauriert. Heute ist es als sogenanntes „Angkor Wat Thailands" bereits eine wichtige touristische Attraktion. Wenn Angkor selbst den Besuchern auch verschlossen bleibt, so ist der Nordosten doch wahrscheinlich der geeignetste Platz, um diese großartige Kultur wenigstens in ihren Überresten kennenzulernen.

Der Nordosten ist jedoch auch nicht ganz arm an natürlicher Schönheit. Für abenteuerlustige Touristen ist die Provinz Loei während der Trockenzeit ein beliebtes Ziel, um den 1500 m hohen Phu Kradung zu besteigen. Der Aufstieg verlangt ein wenig Ausdauer, aber man wird belohnt durch atemberaubende Ausblicke, eine parkähnlich mit Kiefern bewachsene Hochebene und einen erfrischenden Temperaturrückgang.

Überall in Thailand, vor allem jedoch im Nordosten, leben Altes und Neues harmonisch nebeneinander. Die buddhistische Religion wirkt sich im Alltag auf dem Lande als stabilisierender Faktor aus.

Der Nordosten befindet sich im Umbruch. Der normale Reisende sollte bei seiner Suche nach schönen und romantischen Eindrücken auf dieses Gebiet verzichten. Wer das Land aber in all seinen Aspekten kennenlernen und auch an den brennenden aktuellen Problemen nicht vorbeisehen will, für den ist der Besuch dieses Landesteils „Pflicht".

Heute kann man den Nordosten mühelos bereisen. Thai Airways fliegt von Bangkok nach Nakhon Phanom, Udon, Ubon, Khon Kaen und Loei im Nordosten und von Nong Khai aus über den Mekong nach Vientiane in Laos. Eine Vielzahl von Bussen geht jeden Tag von Bangkoks Nordbahnhof in der Phaholyothin Road direkt zu den meisten nordöstlichen Provinzhauptstädten, allerdings mit zahlreichen Zwischenstationen unterwegs. Im Nordosten selbst gibt es dann landeinwärts zu fast allen Städten gute Verbindungen. Es ist überraschend, wie viele von den winzigen Städtchen von den großen Überlandbussen angesteuert werden. Ein örtlicher Bus gleicht mehr einem Marktplatz auf Rädern, aber auch er erreicht sein Ziel, und zu den ganz entlegenen Dörfchen kann man in kleinen, zu Bussen umgebauten Transportern kommen. Luxuriös reist man in den klimatisierten Bussen nach Nakhon Phanom und Surin. Beim Fahrkartenkauf reserviert man sich gleichzeitig einen bestimmten Sitzplatz. Langbeinigen Reisenden seien dringend die Plätze im Gang empfohlen.

Es gibt zwei Eisenbahnlinien in den Nordosten. Sie nehmen ihren Anfang in Bangkok und trennen sich in Nakhon Ratchasima (Korat), von wo aus die eine Strecke nach Ubon im Osten führt und die andere nach Norden bis nach Nong Khai. Eilzüge

Der Reis wird — wie fast überall in Südostasien mit der Hand geerntet. Der Ertrag hängt in jedem Jahr von den Launen des Monsuns ab.

Die Schnellstraße zum Korat-Plateau

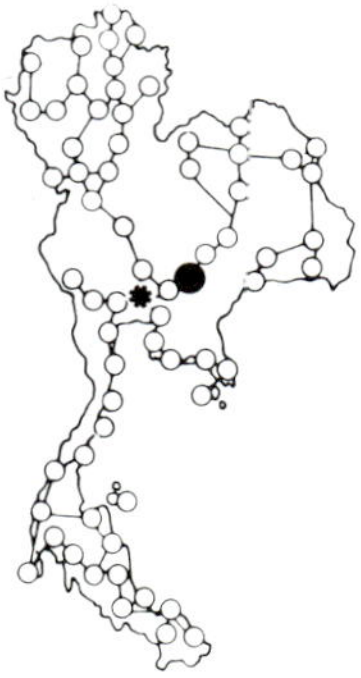

mit Schlafabteilen (falls Sie am Wochenende oder an einem Feiertag reisen wollen, buchen Sie zehn Tage im voraus) verlassen Bangkok jeden Abend um 18.30 Uhr nach Nong Khai und um 19.30 Uhr nach Ubon. Jeder Zug hält unterwegs in den Provinzmetropolen und anderen wichtigen Städten. Auf der östlichen Strecke, die im Süden des Nordostens und oberhalb der östlichen Golfküste entlangführt, fährt ein normaler Zug täglich um 8.00 Uhr von Bangkok nach Aranyaprathet, eine Stadt an der kambodschanischen Grenze.

Die guten Straßen im Nordosten laden zur Reise mit dem Auto ein, und das ist sicherlich die beste Methode, auch die vielen abgelegenen Schönheiten dieses Landesteils zu erleben. Sie können unter zwei Routen wählen: Die eine geht entlang der Strecke 2, die in Sarabuti, nordnordöstlich von Bangkok, beginnt und dann mitten durch den Nordosten führt. *Mitraparb* wird sie genannt (d.h. ,,Straße der Freundschaft"), und sie verbindet die meisten Provinzhauptstädte miteinander, bis sie in Nong Khai am Mekong endet. Für eine gemächlichere Reise durch das ländliche Issan eignet sich die Elefantenohr-Straße, die vier Tagereisen lang über Surin und Ubon an der landschaftlich wie volkskundlich interessanten Peripherie des Nordostens entlangläuft.

1. Saraburi
สระบุรี

Die ,,Straße der Freundschaft", die Hauptverkehrsader des Nordostens, beginnt ca. 105 km von Bangkok entfernt kurz vor der Stadt **Saraburi.** Etwa 20 km nach der Abzweigung führt rechter Hand eine Schotterstraße zu einer Versuchsfarm, die von der Landwirtschaftlichen Fakultät der Universität Bangkok betrieben wird, und weiter nach **Phra Ngam,** wo in einer **Höhle** ein Bildnis aus der Davaravati-Zeit zu sehen ist. In dieser Gegend gibt es zahlreiche, zumeist noch unerforschte Höhlen.

Phra Ngam Cave
ถ้ำพระงาม

Nach 15 km kommt man dann in das **Muak Lek-Tal,** das früher ein malariaverseuchter Dschungel war, inzwischen aber in Farmland verwandelt worden ist mit einer kleinen Musterpark-Anlage, durch die ein Flüßchen fließt, an dessen Ufern Rosen wachsen. An einem Stand verkauft die Thailändische Staatsmolkerei ihre Produkte.

2. Muak Lek Valley
หุบเขามวกเหล็ก

Etwa 43 km östlich von Saraburi weist ein Schild nach Wat **Teppitakpunnaram,** wo ein riesiger weißer Buddha auf einem grünen Berg thront. Das Land hier gehört noch zum Khao Yai-(Großer Berg-)Nationalpark, der 40 km weiter südlich versteckt liegt (siehe ,,Bangkok und Umgebung"). Strecke 2 führt in nordöstlicher Richtung hinauf auf das Korat-Plateau, vorbei am Stausee **Lam Ta Kong-Damm.** Bald entzieht sich der blaue See dem Blick, und wildes Gestrüpp, die für den trockenen Nordosten typische Vegetation, prägt das Landschaftsbild.

Teppitakpunnaram
วัดเทพพิทักษ์ปุณณาราม

3. Lam Ta Kong Dam
เขื่อนลำตะคอง

In Surin reiten zwei Bewaffnete (links) auf einem Elefanten in den (Schau-)Kampf. Ein Buddha aus Alabaster (oben) in Wat Teppitakpunnaram im malerischen Hügelland vor dem Korat-Plateau.

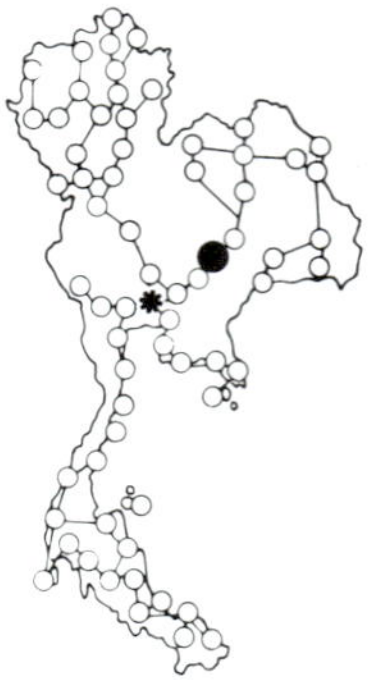

62 km von Saraburi entfernt liegt die Bezirksstadt Pak Chong, und nach weiteren 86 km erreicht man die Provinzhauptstadt Korat, die heute offiziell Nakhon Ratchasima heißt.

Nakhon Ratchasima (Korat) ist die größte und reichste Stadt im Nordosten und ein Knotenpunkt für Handel und Verkehr sowie auch militärisches Zentrum. Außerdem ist sie die Hauptstadt der mit 1,5 Millionen Einwohnern dichtestbesiedelten Provinz Thailands.

Die Stadt Korat selbst wuchs enorm während der sechziger Jahre, als hier ein Stützpunkt der thailändischen Luftwaffe entstand, von dem aus die Amerikaner während des Indochinakrieges ihre Luftgeschwader einsetzten. Über seinen gewiß vorherrschenden wirtschaftlichen Interessen hat Korat aber seine Geschichte keineswegs vergessen. Ein Standbild der Nationalheldin Khunying Mo (Tao Suranari) beherrscht den großen Platz unterhalb der weißen Ruinen der alten Stadtmauern. Khunying Mo war die Frau eines Festungskommandanten Anfang des 19. Jahrhunderts, als Fürst Anu von Vientiane seine Armee gegen Korat führte. Nachdem der Prinz die Stadt eingenommen hatte, drohte den Einwohnern die Sklaverei. Nach einem Plan Khunying Mos, und geführt von ihr, verführten die Frauen Korats die laotischen Soldaten zu einem wüsten Trinkgelage und brachten sie dann um. Das zwang Fürst Anu, der mittlerweile zum Angriff gegen Saraburi aufgebrochen war, bald darauf zum Rückzug nach Vientiane.

4. Nakhon Ratchasima
นครราชสีมา
(ตัวเมือง, จังหวัด)

Korat hat mehrere bequeme, mit klimatisierten Räumen ausgestattete Hotels (Chomsurang, Korat, Sri Pattana, Chompon und Thai Pokaphan), einen großen Nachtmarkt und mindestens fünf Kinos mit neuen Filmen aus Bangkok.

5. Pak Thongchai
ปักธงไชย (ตัวเมือง, อำเภอ)

Khmer-Ruinen

7. Prasat Phranomwan
ปราสาทพนมวัน

8. Pimai
พิมาย (ตัวเมือง, อำเภอ)

Ein wichtiges Seidenzentrum liegt etwa 27 km südlich auf der Straße 304 nach Kabin Buri. **Pak Thongchai** versorgt die großen Seidenwebereien in Bangkok mit wertvollem Garn.

Die wesentlichen Sehenswürdigkeiten in der näheren Umgebung Korats sind jedoch zwei Bauwerke, die vor 900 Jahren von Khmer-Baumeistern geschaffen wurden. Es sind dies Prasat Phranomwan und Pimai, und sie liegen beide im Norden von Korat abseits der Strecke 2. Etwa 14 km nördlich von Korat kommt man zu einem Weg, der rechter Hand zu dem 4 km entfernten, einsam und friedlich gelegenen Kloster **Prasat Phranomwan** führt. Mächtige Steingalerien zeigen die Neigung der Erbauer zu unechten, mit gedrehten Mittelsäulen versehenen Fenstern. Außergewöhnliche Stille liegt über dem Ort, die nur gelegentlich durch den leichten Tritt eines Mönches unterbrochen wird. Im Gegensatz zu den meisten Khmer-Ruinen herrscht hier noch reger Tempelbetrieb. Hinter dem guterhaltenen gewölbten Eingang liegt das eigentliche Allerheiligste mit zahlreichen Buddhadarstellungen neueren Datums, viele zum Teil vergoldet. Aus den ältesten Räumen streben hochgewachsene Bäume, und die Gegenwart der alten Mönche erinnert den Besucher an die zur Erhaltung des Bauwerkes dringend benötigten Spenden.

Nach 34 km in nördlicher Richtung zweigt von Strecke 2 nach rechts der 10 km lange Weg zu den Ruinen von **Pimai** ab, die — zusammen mit der Elefantenparade von Surin und dem kühlen Phu Kradung-Plateau — die wichtigsten touristischen Attraktionen des Nordostens sind.

Die ehrfurchtgebietenden Prangs und Gänge von Pimai sind ernüchternd sachlich beschildert: Leuchtendes Rot warnt vor einem gefährlich balancierenden Türsturz. Ein anderes

Wie ein glitzerndes silbernes Band wirkt der „Friendship Highway" (links), eine Rennbahn für die Lastwagen und Busse auf dem Weg zur Entwicklung des Nordostens. In dieser Gegend findet man auch zahlreiche Ruinen des Khmer-Reiches, das einst weite Gebiete des Landes beherrschte: die Statue eines „Stehenden Buddhas" (Mitte) in Prasat Phranomwan; ein kleiner Tempel (rechts) in Pimai.

Schild weist den Besucher auf die längst verschwundene alte Bibliothek hin. Pimai ist die einzige Ruine Thailands mit festen Besuchszeiten. Sie schließt um 16.30 Uhr, um Plünderungen zu verhindern.

König Jayavarman VII., der letzte der großen Herrscher von Angkor, der sein Antlitz in zahllose bizarre Winkel auf die Türme von Angkor Thom meißeln ließ, gilt als der Erbauer von Pimai. Er lebte nur 240 km von Pimai entfernt, das am westlichen Rand seines Reiches lag. Während seiner Regierungszeit (1181 bis 1201) erblühte Pimai auf einem von Wällen umgebenen rechteckigen Areal, das 560 m in der Breite und 1000 m in der Länge maß und auf einer künstlichen Insel lag, die man durch die Kanalverbindung des Mun mit einem seiner Nebenflüsse geschaffen hatte. Wie die Schreine von Angkor Wat sind die steinernen Bauten von Pimai niemals bewohnt gewesen. Werkstätten, Pilgerunterkünfte, Bibliotheken und Wohnhäuser waren aus Holz gebaut.

Das alte Stadttor, wahrscheinlich der Haupteingang zum Zentralheiligtum, steht noch am Ende der dörflichen Hauptstraße. Der Haupttempel selbst wird zur Zeit restauriert. Seine Mauern, mit je einem Mitteltor an jeder Seite, sind parallel zu den umlaufenden Stadtmauern angelegt. Auch die den Innenhof umgebenden Mauern wurden entsprechend gebaut. Hier stehen drei unterschiedlich hohe *prangs* und ein Shivatempel.

Bevor Sie Pimai verlassen, müssen Sie sich den *Sai Ngam* (1 km östlich von Pimai) ansehen, einen gewaltigen *Banyan*-Baum, dessen schirmartig verlaufende Luftwurzeln und dichtes Laubgewölbe von den Einheimischen als Wohnort der Geister verehrt werden.

Von Pimai aus kann man auf der Strecke 2 direkt weiter nach Norden

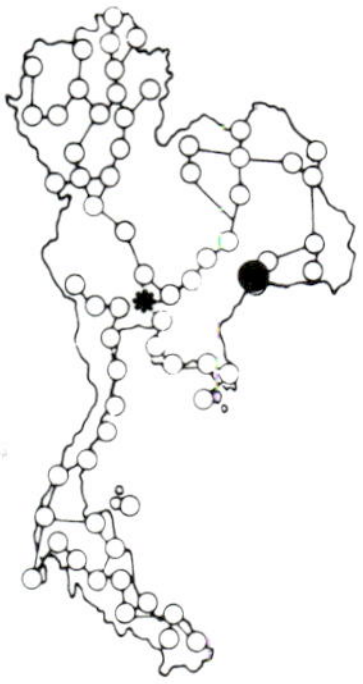

6. Prasat Phnom Rung
ปราสาทพนมรุ้ง

fahren. Einen besonders guten Eindruck vom ländlichen Nordosten, seiner Atmosphäre und den vielen Khmer-Tempeln erhält man aber auf der Elefantenohr-Straße, die etwa parallel zur kambodschanischen wie auch zur laotischen Landesgrenze verläuft.

Ausgangspunkt für diese längere Tour ist die Straße 24 bei Korat, die zunächst nach Süden geht und sich dann bei Chok Chai nach Osten wendet. Wenn nach 80 km die Straße 218 nach Norden zur Stadt Buri Ram abzweigt, bleiben Sie noch etwa 18 km auf der Straße 24 und biegen dann bei Ban To Ko beim Wegweiser nach Prasat Phnom Rung nach rechts ab. Folgen Sie der Straße nach Ban Wan, halten Sie sich links, und bald erreichen Sie die Bergtempelruinen der alten Khmer.

Drei gefüllte Becken, ein wichtiges Element der großen Khmer-Architektur, und fruchtbares Ackerland umgeben **Prasat Phnom Rung.** Forscher halten diesen Tempel für eine wichtige Verbindungsstation zwischen Angkor und Pimai im 11. und 12. Jahrhundert. Seine Erbauung muß mehrere Generationen lang gedauert haben, da einige der frühen Sturzsteine dem frühen Baphuon-Stil ähneln, während die *nagas* aus der späteren Zeit Angkor Wats stammen.

Phnom Rung wurde von Plünderern ziemlich übel mitgespielt. Dennoch lassen der Hauptprang und die Umgänge und Zellen die exakte Geometrie der Angkor-Bauweise erkennen. Symmetrisch angelegte Türen, Fenster und Vorhallen weisen in die vier Himmelsrichtungen. Die ausladende, von Absätzen unterbrochene Treppe entspricht dem Gefühl für Größe und Macht.

Wenn man die Straße 24 nach Prakhon Chai weiterfährt, kommt man zu einer weiteren sehenswerten Tempelruine. Auf der Straße 2075

Ein restaurierter Fenstersturz (links) in Pimai zeigt Szenen aus dem alten Khmer-Königreich mit seinen Gottkönigen, die solch monumentale Steintempel in Angkor und weiter westlich davon, im heutigen Thailand, errichteten. Obwohl der Glanz dieser Bauten nun verblichen ist, geht das Leben innerhalb der Tempelmauern weiter: In Prasat Phnom Rung (rechts) beziehen Dorfbewohner die zerfallenen Tempelbauten in ihr Alltagsleben ein.

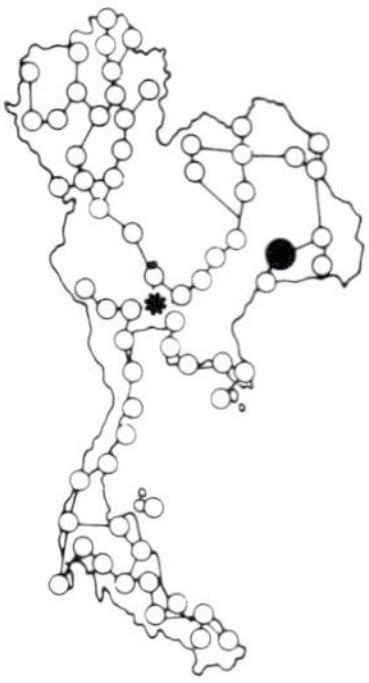

fährt man etwa 1 km nach Süden, biegt dann bei einem modernen Tempel nach rechts (Westen) ab und kommt nach 12 km zum „Krokodildorf" Ban Chorake. Ungefähr 1 km entfernt liegen die Ruinen des Tempels Muang Tham.

Muang Tham erhebt sich über moosigem Grün gleichsam wie der Wunschtraum eines Kunsthistorikers. Er ist älter als Prasat Phnom Rung, denn seine Grundsteine wurden schon im 10. Jahrhundert gelegt, der Tempel selbst ca. 100 Jahre später fertiggestellt. Muang Tham war bis vor kurzem von dichtem Dschungel umgeben. Dann kamen Umsiedler aus Ubon, rodeten das Gebiet und bauten sich ein großes Dorf.

Der Muang Tham besteht aus fünf Prangs, umgeben von Gängen, geschützt von Mauern und im Schatten hoher Bäume. Ein schöner Sturzstein auf der Erde zeigt Krishna auf dem Kopf von Kirtimukha stehend und den Berg Govardhana in die Höhe haltend. Die Zentralheiligtümer sind zerfallen, aber der Tempel ist noch reich an lebendigen und eindrucksvollen Details. In die hohen Steinblöcke an den Außenmauern sind runde Nischen eingelassen, in denen sich früher wohl Steinplastiken in Form von Lotusblüten befunden haben.

9. Muang Tham
เมืองธรรม

Auf der Straße 24 kommt man nach 38 km nach Prasat. Weitere Beispiele der Khmerkunst bekommt man zu sehen, wenn man die Straße 214 nach rechts abbiegt und 4 km zu dem Mon-Khmer-Dorf Ban Pluang fährt. Ein Weg zwischen den Kilometersteinen 30 und 31 (von Surin) führt 500 m östlich nach **Prasat Ban Pluang,** einem kleinen Tempel mit ausgezeichneten Bildwerken. Man fährt dann nach Prasat zurück und folgt der Straße 214 nach Norden bis Surin (29 km).

11. Prasat Ban Pluang
ปราสาทบ้านหลวง

10. Surin
สุรินทร์ (ตัวเมือง, จังหวัด)

Surin wurde an der Stelle einer al-

Elefantenheere formieren sich bei der jährlichen Elefantenparade, einer der Hauptattraktionen Südostasiens, in Surin (links). Das höchstgelegene Heiligtum von Khao Phra Viharn (rechts) befindet sich auf einem Berggipfel wenige hundert Meter jenseits der Grenze in Kambodscha. Man hofft, daß dieser Khmer-Tempel eines Tages wieder Besuchern aus Thailand zugänglich sein wird.

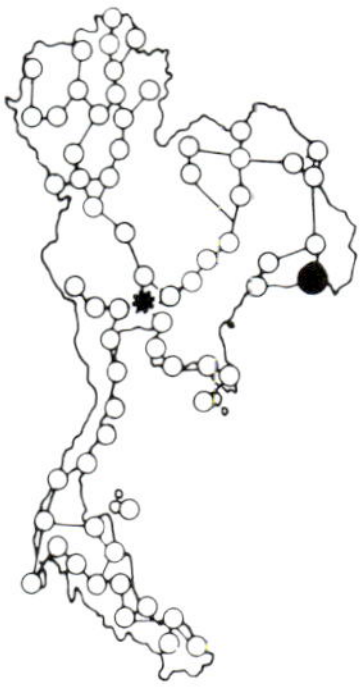

Wat Ra Ngeng
วัดระเงิง

Si Sa Ket
ศรีสะเกษ

13. Khao Phra Viharn
เขาพระวิหาร

12. Sikoraphum
ศรีขรภูมิ (ตัวเมือง, อำเภอ)

ten Mon-Khmer-Anlage erbaut und war nur für seine Seidenproduktion bekannt, bis die T.O.T. eine jährlich Anfang November stattfindende Elefantenparade organisierte. Surin ist bekannt für seine Elefantentrainer. Während der inzwischen berühmt gewordenen Schau zeigen die Mahouts ihre Elefanten bei vielerlei Arbeiten und Kunststücken.

Es gibt eine direkte Eisenbahnverbindung zwischen Surin und der nächsten Provinz im Nordosten, **Si Sa Ket,** die an Kambodscha grenzt. Mit dem Auto kann man nicht ganz so direkt fahren. Wenn die Straße 24 bis Kukhan jedoch fertig sein wird, kann man über die Straße 220 bis zur Stadt Si Sa Ket bequem gelangen. Noch müssen Sie von Surin zunächst auf der Straße 214 nach Suwanphum im Norden fahren, dann in südöstlicher Richtung nach Rasi Salai, wobei Sie den Mun zweimal überqueren, und weiter nach Si Sa Ket. Über die Straßen 2077 und 2079 können Sie zu Beginn dieser Fahrt einen Abstecher nach **Sikoraphum** machen, das 31 km nordöstlich von Surin liegt, und **Wat Ra Ngeng** besichtigen, einen landschaftlich herrlich gelegenen Khmer-Tempel aus dem 11. Jahrhundert. Vier Prangs befinden sich an den Ecken des quadratischen Grundrisses, ein fünfter steht genau in der Mitte. Seine Tür ist von wunderschön geschnittenen Säulen und einem Türsturz eingerahmt.

Das bedeutendste Kulturdenkmal der Provinz Si Sa Ket gehört nicht mehr zu Thailand: Der Internationale Gerichtshof sprach Kambodscha den prächtigen Felsentempel **Khao Phra Viharn** zu. Sollten sich die Beziehungen zwischen Bangkok und Phnom Penh verbessern, ist der Tempel hoffentlich wieder zu besichtigen. Man erreicht ihn von Si Sa Ket aus über eine 63 km lange Strecke südöstlich nach Kantharalak, dann

geradewegs in den Dschungel auf einem 37 km langen Weg zur Grenze.

Khao Phra Viharn erstreckt sich in seiner Länge fast über 1 km. Die Stufen seiner großartigen Treppe sind abwechselnd aus gehauenem Felsgestein und eingeführten Steinen, die noch aus der Zeit vor Angkor Wat stammen. Die Treppe erhebt sich in einer Folge von Absätzen, die mit immer größeren *gopura* (Toren) versehen sind, und endet ganz oben im Heiligtum, das dem hinduistischen Gott Shiva geweiht ist.

Östlich der ersten *gopura* führt ein Pfad durch den Dschungel in die kambodschanische Ebene hinab. Vor der zweiten *gopura* hat man ein in den Felsen gehauenes heiliges Wasserbecken gefunden, das einst einen 45 kg schwarzen Fisch beherbergt hat.

Die zweite *gopura* ist wie ein griechisches Kreuz geformt und herrlich im Khmerstil des 11. Jahrhunderts gearbeitet. Die Sturzsteine zeigen Vishnu in einer Szene aus der hinduistischen Schöpfungsmythologie.

Ubon (oder auch Ubol) liegt 680 km östlich von Bangkok und heißt mit vollem Namen Ubon Ratchathani (,,Königliche Stadt der Lotosblume''). Ihre Größe und Großzügigkeit stehen in scharfem Kontrast zur Landschaft ringsum. Bürogebäude, im Bau befindliche Hochhäuser und einige der bestausgestatteten Wats im Nordosten erheben sich urplötzlich hinter den Ufern des Mun. Der Fluß strömt ostwärts und mündet etwa 100 km stromabwärts in den Mekong. Das Wachstum der Stadt fiel zusammen mit der gleichzeitigen Errichtung eines Luftwaffenstützpunktes in den sechziger Jahren, der hauptsächlich amerikanischen Piloten als Basis dient. In den Hotels Pathumratana, Bordin, Siam Watana und Ubon gibt es klimatisierte Zimmer, die besonders während der Trockenzeit sehr angenehm sind,

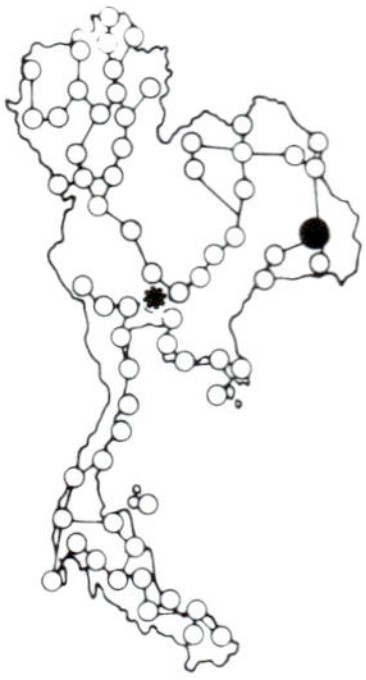

14. Ubon
อุบลราชธานี

Entlang des Mekong

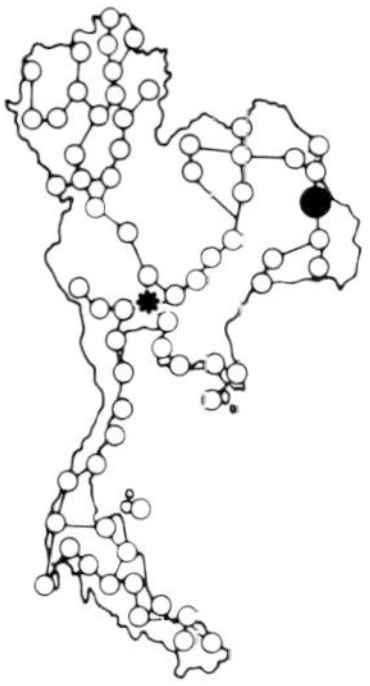

15. Mukdahan
มุกดาหาร (ตัวเมือง, อำเภอ)

Wat Sri Mongkran
วัดศรีนงคราญ

Wat Jok Keo
วัดจกแก้ว

16. That Phanom
พระธาตุพนม

Wat Phra Mongkol
วัดพระมงคล

denn der Nordosten ist meist wesentlich heißer als das Gebiet um die Landeshauptstadt.

Die Provinz Ubon war flächenmäßig die größte des Reiches, bis sie geteilt und ihre westliche Hälfte zur 72. Provinz, Yasothorn, gemacht wurde. Ubons Bevölkerung zählt immer noch weit über eine Million und kommt in dieser Hinsicht nach Bangkok und Korat.

Die Fahrt von Ubon nach Nakhon Phanom wird Sie wahrscheinlich einen Tag kosten. Zunächst fährt man auf der Straße 212 nach Amnat Charoen (76 km). Das trockene Land sieht ziemlich unfruchtbar aus, bringt aber wohl doch Reis hervor, der sich im späten Oktober goldbraun färbt, und *kenaf* (Eibisch), der in Büscheln gegen die Bauernhütten gelehnt steht.

2 km nach Amnat Charoen sieht man auf der linken Seite die goldenen Ziegel von **Wat Phra Mongkol** glänzen. Hinter einem Laubengang steht der Tempel und behütet ein neues, 4 m hohes Buddhabildnis.

Auf der Straße 212 gelangt man dann nach etwa 88 km zur Bezirksstadt **Mukdahan** am rechten Ufer des breiten, lehmigen Mekong gegenüber der laotischen Stadt Savanakhet. Fahren Sie die Straße zum Fluß, wenden Sie sich nach rechts und besuchen Sie **Wat Sri Mongkran,** einen gelbbraunen Tempel, der 1956 von Vietnamflüchtlingen gebaut wurde. Der Eingang ist eine seltsame Mischung aus Thaiformen, vietnamesischen Inschriften und chinesisch anmutenden Drachen. Weiter flußabwärts am Ufer steht der farbenprächtige **Wat Jok Keo.** Schlichte, aber lebendige Wandmalerei schmückt den kleinen *prang.*

That Phanom liegt 55 km nördlich von Mukdahan. Die brettebene, gerade Straße ist in guter Verfassung. In diesem abgelegenen Landstrich be-

Volkskunst schmückt viele Tempel des Nordostens in einem eigenen, noch wenig beschriebenen Stil; so beispielsweise auch im Wat Sri Mongkran (links). Der Mekong, der auf eine Länge von fast tausend Kilometer den Nordosten Thailands durchfließt, bildet den größten Teil der Grenze zu Laos. Von Nakhon Phanom aus gesehen, erheben sich die fernen Hügel jenseits der Flußebene (rechts).

gegnet man allenfalls ab und zu einem Motorradfahrer. Zwischen wildem Gestrüpp sind Reisfelder angelegt. Bauern tragen schwere Körbe, die an langen Stangen von ihren Schultern baumeln. Bis That Phanom fährt man immer am Mekong entlang.

Tausende von Pilgern aus Nordostthailand und Laos machten früher jährliche Pilgerfahrten nach **Wat That Phanom,** um zu beten und ihre Opfergaben am Fuße des alten Turmes darzubringen. Dieser Turm wurde um 900 erbaut und verschiedene Male wiederhergerichtet. Aber Mitte 1975 brach der ohnehin schon durch einen großen Riß beschädigte Turm unter einem viertägigen wolkenbruchartigen Monsunregen zusammen.

Ein kurzer Abstecher ins Landesinnere führt 7 km nördlich von That Phanom nach Ban Renu. Wie manche anderen kleinen Weberdörfer im Norden Thailands ist **Ban Renu** bekannt für seine hübschen Mädchen und Stoffe. Bestickte Hemden, *ikat*-Sarongs (ihre Muster sind in den Stoff eingefärbt) und lange Gewänder hängen vor dem Dutzend Läden auf der Hauptstraße. Es darf gehandelt werden. Der Dorftempel **Wat Prathat Renu** zeichnet sich durch einen besonders schönen Turm aus, der von leuchtend blau, rot, gelb und in Pastelltönen bemalten Reliefs bedeckt ist.

Etwa 45 km weiter nördlich auf der Straße 212 liegt **Nakhon Phanom.** An einem klaren Morgen kann man von Nakhon Phanom aus eine Kette stahlgrauer Berge hinter dem kleinen laotischen Ort Thakhek am anderen Mekongufer sehen. Mehr als 20 000 vietnamesische Flüchtlinge überquerten den breiten Strom während der fünfziger und sechziger Jahre und ließen sich in dieser Provinz nieder. Obgleich Sicherheitsmaßnahmen den

Wat Prathat Renu
วัดพระธาตุเรณู

18. Nakhon Phanom
นครพนม (ตัวเมือง, จังหวัด)

17. Ban Renu
บ้านเรณู

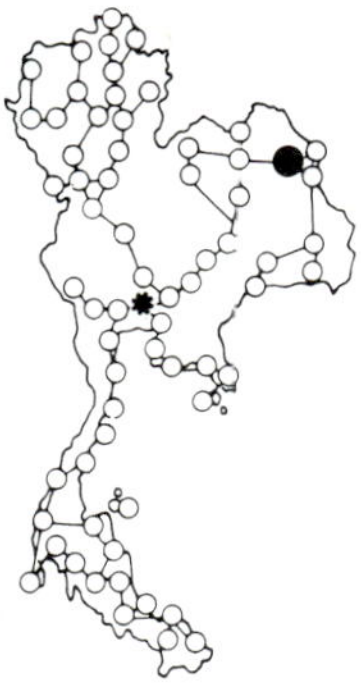

19. Tha Rae
ท่าแร่

20. Sakon Nakhon
สกลนคร (ตัวเมือง, จังหวัด)

Vietnamesen die Ansiedlung nicht leicht machten, fanden doch manche ihren geschäftlichen Erfolg auf den beiden Märkten des Städtchens und scheinen es den im Ausland stets so erfolgreichen Chinesen gleichzutun.

Während des Indochina-Krieges starteten amerikanische Aufklärungs- und Bergungstrupps von der thailändischen Basis, die sich 12 km westlich der Stadt hinter bewachsenen Hügeln verbirgt. Die Basis (die Amerikaner nannten sie ,,NKP") war zudem Abhörstation für Rundfunk und elektronische Empfangsgeräte. Zur damaligen Zeit konnte man gelegentlich auf dem Markt ein typisches Zeichen solch technologischen Fortschritts finden: gebackene Bananen, eingewickelt in Computerausdrucke, auf denen die Feindbewegungen auf dem Ho-Tschi-Minh-Pfad verzeichnet waren. Heute ist im Ort nur wenig zu sehen.

Von Nakhon Phanom führt die Straße 22 nach Sakon Nakhon (etwa 86 km nach Westen). Auf dem Weg dorthin kommt man am Dorf **Tha Rae** vorbei. Dort unterhält die größtenteils katholische Bevölkerung, darunter viele Vietnamesen, eine Diözese und ein Priesterseminar.

Es ist nicht ungewöhnlich, wenn man auf der Straße 22 Militärkonvois begegnet. Im wilden, entlegenen Gebiet um Sakon Nakhon, insbesondere in den Phu Phan-Bergen, verbergen sich zu leicht feindliche Eindringlinge. Normale Reisende werden aber kaum etwas Ungewöhnliches bemerken und brauchen auch keine Feindseligkeiten zu befürchten.

Die Stadt **Sakon Nakhon** selbst gibt keinerlei Hinweise auf irgendwelche Guerillakämpfe in ihrer Umgebung. Sie liegt weit hingebreitet in einer Tiefebene an den Ufern des Nong Han, Thailands größtem See, und gehört zur einzigen Provinz im

Die zahlreichen Tempel Thailands spielen im täglichen Leben eine wesentliche Rolle. Gläubige erhalten den Segen der Mönche des Wat That Phanom (links). Um Verdienste bemühte Bittsteller haben für den Tempel kunstvolle Ornamente, Schnitzereien, Gemälde und vergoldete Statuen gestiftet. Der neu bemalte Turm des Wat Prathat Renu (rechts) vermittelt den lebendigen Realismus neuzeitlicher Tempelkunst.

Bedeutende archäologische Funde

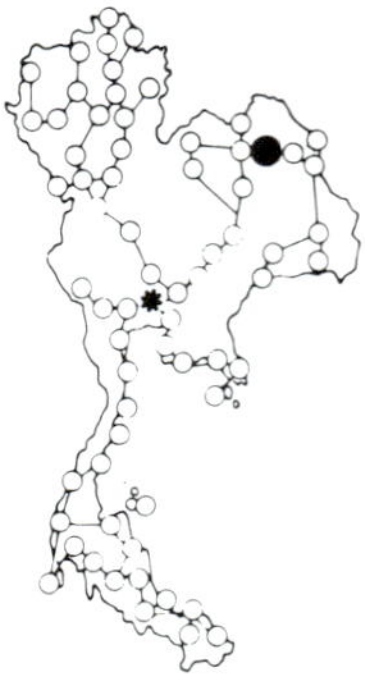

Nordosten, die nicht über Wassermangel zu klagen hat. Köstliche thailändische Currygerichte kann man im Som Jai-Restaurant essen.

Die alten Khmer hinterließen zwar Bauwerke in Sakon Nakhon, ihre Besichtigung aber kann nur archäologisch interessierten oder äußerst phantasievollen Menschen empfohlen werden. **Wat Cheong Chum** im Zentrum der Stadt hat einen einfachen *prang* aus dem 10. Jahrhundert, der sich in einem nagelneuen weißen *prang* verbirgt. Hier kann man tatsächlich durch einen Türspalt in die Vergangenheit spähen. Vor der Stadt gibt es **Wat Narai Cheng Weng,** das von einer Prinzessin im 11. Jahrhundert erbaut wurde (3 km hinter der Versuchsfarm auf der Straße 22 nach Udon). Das Bauwerk ist heute ziemlich dem Verfall preisgegeben, aber die Sturzsteine sind schöne Beispiele für den Khmer-Baphuon-Stil. Das *wat* unterhält eine Schule, und ein Novize, der gerne Englisch übt, wird Ihnen vielleicht als Führer zur Verfügung stehen.

Von Sakon Nakhon führt die Straße 22 nach Udon im Westen. Etwa 110 km von Sakon Nakhon entfernt, im staubigen nordöstlichen Hochland, weist ein kleines Schild in Thai auf **Ban Chiang** hin, das 5 km nördlich der Straße liegt. Die bäuerliche Gemeinde aus Thais und Laoten hier wie auch das benachbarte Dorf Pulu befinden sich auf dem z.Z. archäologisch wohl bedeutsamsten Fundort Südostasiens.

Die Leute von Ban Chiang waren daran gewöhnt, bei der Landarbeit immer wieder auf Gefäße, Perlen und sogar menschliche Knochen zu stoßen, und maßen ihren Entdeckungen keinerlei Bedeutung bei. Erst 1966 zeigte der junge Amerikaner Steve Young einige Funde dem Kultusministerium, worauf weitreichende Ausgrabungen angeordnet wur-

Wat Cheong Chum
วัดเชิงชุม

21. Ban Chiang
บ้านเชียง

Wat Narai Cheng Weng
วัดนารายณ์เชงเวง

Skelette und Tonscherben wurden in Ban Chiang ausgegraben (Mitte). Eine Nahaufnahme der Bruchstücke (links) zeigt die typischen cremefarbenen Linien alter Keramiken. Diese Stätte einer bronzeverarbeitenden Bauernzivilisation ist die älteste, die bisher entdeckt wurde. In Nong Khai, am Südufer des Mekong, radeln Jugendliche (rechts) von der Schule nach Hause.

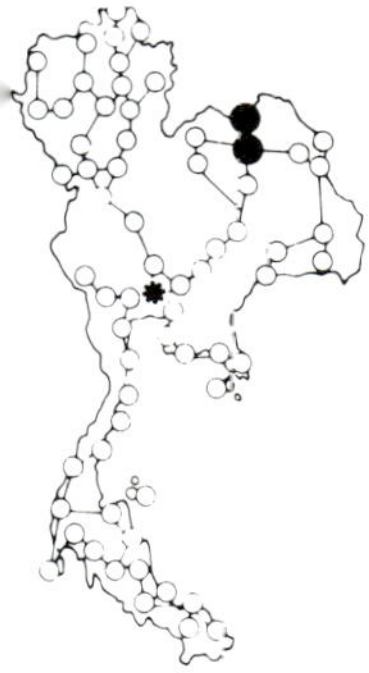

den, die Tongeschirr und Artefakten zutage förderten, die ca. 7000 bis 8000 Jahre alt sind.

Die mit den Ausgrabungen betrauten Archäologen, darunter auch einige westliche Teams, scheuen sich vor festen Theorien, bevor diese nicht durch weitere Funde und Analysen erhärtet werden können. Aber es wäre möglich, daß die ersten Landbewohner, die Bronzegegenstände herstellten, nicht aus Mesopotamien stammten, sondern aus Südostasien!

Die thailändische Regierung hat zwar unerlaubte Ausgrabungen und den Verkauf von Artefakten unter Strafe gestellt, aber es werden einem doch immer wieder grüne oder dunkelblaue Perlen und Armreifen, Keramik und selbst menschliche Knochen angeboten. Kaufen Sie nichts — Sie könnten sonst wegen illegalen Besitzes von Antiquitäten verhaftet werden.

22. Udon
อุดรธานี (ตัวเมือง, จังหวัด)

23. Nong Khai
หนองคาย (ตัวเมือง, จังหวัด)

Von Ban Chiang aus geht die Straße 22 weiter nach **Udon (47 km)**, wo man wieder auf die Strecke 2 trifft, die sich von hier aus nach Nong Khai im Norden und Khon Kaen im Süden wendet. Wie Korat und Ubon hat auch Udon offiziell einen längeren Namen — Udon Thani — und wuchs ebenfalls während der sechziger Jahre mit zunehmender militärischer Aktivität der Amerikaner. Vor zehn Jahren war Udon häufig in dichten roten Staub gehüllt, den die Militärfahrzeuge aufwirbelten, die über die ausgefahrenen Sandwege der Stadt holperten. Heute rasen Autos und Motorräder über asphaltierte Straßen, die sich durch eine zunehmende Zahl von Verkehrsampeln auszeichnen. Man fragt sich, was auf die Dauer aus den zahlreichen Bars, Tanzcafés und Massagesalons werden soll, die hier während des Krieges das große Geschäft machten.

Von Udon fährt man auf der Strecke 2 nach Norden bis **Nong**

Khai (52 km) am Südufer des Mekong. Viele Busse und Mietautos sind unterwegs nach Nong Khai, manche mit Passagieren, die mit der Fähre nach Laos übersetzen wollen.

Die Straße 210 führt von Udon 143 km nach Westen zur zerklüfteten, schönen Provinz Loei. Was heute das Entzücken der Besucher hervorruft, das verursachte früher den Beamten Alpträume. Eine Versetzung nach Loei war ebenso schlimm, wie z.B. nach Sibirien in die Verbannung zu gehen, denn damals war Loei eine Dschungelstation mit Malaria, Kälte, Entbehrungen und Unsicherheit.

Unterwegs halten Sie an der **Elefantenhöhle** (*Tham Erawan*), die etwa 54 km vor Loei 2 km rechts von der Straße liegt. Trotz seiner abgeschiedenen Lage ist das Kloster gut auf Besucher eingerichtet, und Schilder in englischer Sprache bitten den Gast um ein dem Ort angemessenes Betragen. Eine neue lebensgroße Statue Erawans, des dreiköpfigen Elefanten der Thai-Mythologie, wacht über die steile Treppe und den Felsaufstieg zum Höhleneingang. Prähistorische Artefakten sind hier gefunden worden.

Wieder auf der Straße 210, gelangt man nun endlich nach **Loei.** Das bescheidene Aufblühen seiner Landwirtschaft hat Loei nichts von der Einfachheit genommen. In einigen Läden finden sich Hinweise auf die Siam Cement Co., aber glücklicherweise hat sich die Stadt noch nicht in eine Betonwüste verwandelt wie so viele andere Provinzhauptstädte. Der meistens friedliche Loei fließt gemächlich durch die Stadt.

Tief in die Wildnis von Loei führt Straße 203 den Reisenden auf dem Weg nach **Phu Rua** („Bootsberg“). Die Straße schneidet tief in roten Lateritboden, führt an einer Sägemühle vorbei und durch Hanf- und Baum-

25. Loei
เลย (ตัวเมือง, จังหวัด)

Elephant Cave
ถ้ำช้าง

24. Phu Rua
ภูเรือ (ตัวเมือง, อำเภอ)

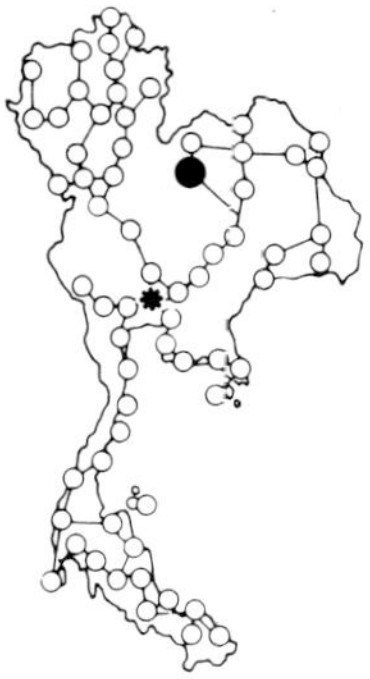

wollfelder, letztere die Haupteinnahmequelle der Provinz. Etwa 30 km nach der Stadt Loei sieht man von einem Rastplatz aus eine bläulich schimmernde Bergkette. Im Dezember verschwinden die Berge hinter dicken Rauchschwaden, wenn die Bauern die Wälder mit Hilfe des Feuers zurückdrängen. Phu Rua selbst liegt 1370 m hoch. Eine schlechte Straße führt zur höchsten Stelle, von wo man aber einen guten Überblick über das umliegende Naturschutzgebiet hat. Von Phu Rua aus können mutige Touristen einen halsbrecherischen Abstecher mit dem Bus nach Lom Sak machen (auf der Straße 203) und von da aus wieder in die Provinzhauptstädte, nach Phitsanulok oder Phetchabun.

27. Chiang Khan
เชียงคาน (ตัวเมือง, อำเภอ)

Bei **Chiang Khan,** 53 km nördlich von Loei gelegen, wird der Mekong wieder zur natürlichen Grenze zwischen Thailand und Laos. Man kann sich ein Boot mieten und 4 km flußabwärts zu den Kuang Kud Ku-Fällen fahren und dort das Gefühl genießen, nun wirklich im Herzen Südostasiens zu sein.

28. Phu Kradung
อุทยานแห่งชาติภูกระดึง

Von wilder Schönheit ist der unvergeßliche **Phu Kradung Nationalpark.** Erst vor 50 Jahren wurde man während der Regierungszeit von König Rama IV. auf Phu Kradung aufmerksam. Unter der Woche wird der Park kaum besucht, aber an den Wochenenden kommen die Studenten in einer mühsamen zwölfstündigen Busreise aus Bangkok und genießen die erfrischend kühle und trockene Luft. Man sagt, der Name des Berges komme von dem geheimnisvollen Tönen einer Glocke (*kradung*), das an Feiertagen lauter ist. Es heißt aber auch, daß sich der Name von *krating* ableiten lasse, den wilden Stieren nämlich, die auf dem entlegenen Plateau grasten, bis Jäger sie ausrotteten.

Der hochgelegene Park von Phu Kradung erlaubt einen Rundblick über den Nordosten bis nach Laos und Nordthailand.

Nach Phu Kradung gelangt man auf der Straße 201 von Loei nach Chum Phae. 3 km nach der Einfahrt befindet sich die Verwaltung, wo man sich Träger besorgen, überflüssiges Gepäck lassen und sein Auto parken kann. Im Park stehen Betten und Decken in Hütten zur Verfügung, die jeweils bis zu elf Leute aufnehmen können. Turnschuhe, Anorak oder Pullover, Lebensmittel (es gibt lediglich einen Nudelstand, der nur an Wochenenden geöffnet ist), Toilettensachen und Fotoutensilien sollte man bei sich haben, eventuell auch einen Spazierstock. Denn Phu Kradung, eine Hochebene, die zwischen 1200 und 1300 m über dem Meeresspiegel liegt, fordert dem Naturbegeisterten einige Leistung ab.

Auf der Hochebene von Phu Kradung überzieht ein Netz von sauberen, geraden Straßen das 60 qkm große Gelände. Seltene Vögel, darunter Hornvögel, Spechte und Pfauen, gibt es hier. Selbst wilde Elefanten und Panther schaffen den Aufstieg. Die Tiere sind jedoch sehr scheu.

Liem Pha Makdouk
เหลี่ยมผาหมากดูก

Die Schlafstellen und weitere Verwaltungsbüros liegen 3 km von einer Mini-Radarstation und einem Hubschrauberlandeplatz entfernt. Mit Hilfe einer mimeographierten Karte kann man von hier aus Wanderungen machen. Am besten beginnt man noch vor Anbruch der Dämmerung mit einem kühlen Gang zur Klippe **Liem Pha Nok Hain** und beobachtet den Sonnenaufgang. Ein langer Weg führt hinunter in den Dschungel, der voll von schreienden Gibbon-Affen ist. Dann sind nördlich der Hütten sechs Wasserfälle zu finden, und zwei Stunden vor Sonnenuntergang sollte man sich auf den Weg nach **Liem Pha Makdouk** machen, einem friedlichen Flecken 2 km westlich der Radarstation.

Von Phu Kradung aus fährt man auf der Straße 210 nach Khon Kaen und gelangt wieder auf die „Straße der Freundschaft" nach Bangkok.

18

DER GOLF IM OSTEN

Eastern Gulf

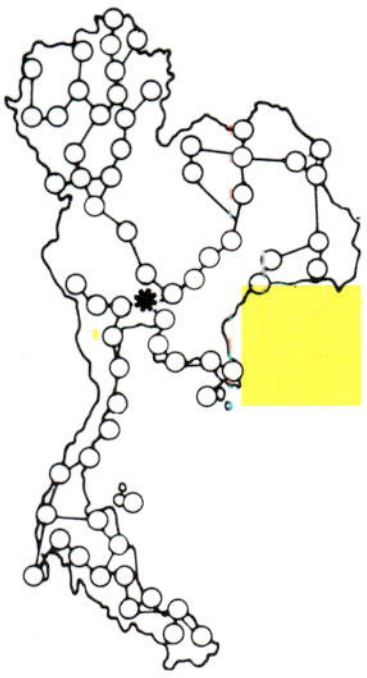

Die Weiterentwicklung eines Badeparadieses

Ein anmutig geschwungener und leuchtendweißer Sandstreifen, angetupft von leichten Wellen, auf dem Meer ein paar weiße Segel, ein einsamer Wasserskiläufer, der wie ein Messer durch das glitzernde Wasser gleitet, eine tropische Insel, umgeben vom tiefen Blau eines Korallenriffs, und landeinwärts, entlang der Küste, moderne Luxushotels in ihren üppigen Gärten, prächtige Privatvillen und eine Vielfalt von Restaurants. So sieht der Ostgolf bei Pattaya aus, dem bemerkenswertesten Beispiel in der Geschichte des südostasiatischen Tourismus. Vor nur wenig mehr als zehn Jahren war dieser zauberhafte Strand ein wenig bekanntes Reiseziel für eine Handvoll mutiger Fremder und Thais aus Bangkok, die eine mühevolle Fahrt über schlechte Straßen nicht scheuten, um hier ein Wochenende am Meer zu verbringen. Damals gab es noch keine Hotels, weder luxuriöse noch einfache, nur ein paar Bungalows waren da und ein einfaches Clubhaus für Segelfreunde, einige gute Fischrestaurants und ein kleines Fischerdorf, nach dem der Ort benannt wurde. Abgesehen von dem Strand, war Pattayas Hauptanziehungspunkt die Tatsache, daß es der Hauptstadt viel näher lag als der bekannte Ferienort Hua Hin auf der gegenüberliegenden Küste des Golfs, wo die königliche Familie die Ferien verbrachte und reiche Leute ihre Sommervillen besaßen. Direkt am Meer gelegene Grundstücke konnte man in Pattaya damals noch für eine Schale Reis kaufen, und kaum jemand dachte an das Vermögen, das in diesem Landstrich steckte. In den frühen sechziger Jahren begann dann eine schwunghafte Entwicklung, die zum einen auf einem allgemeinen Aufblühen von Handel und Tourismus beruhte und zum anderen an den verbilligten Pauschalreisen lag, die nicht nur die Sehenswürdigkeiten Bangkoks anboten, sondern auch Erholung in der Sonne und am Meer. Dazu kam noch, daß mit der Errichtung des riesigen Luftwaffenstützpunktes und des Tiefseehafens bei Sattahip, nicht weit von Pattaya entfernt, eine neue Autobahn gebaut wurde, um das Gebiet mit der Hauptstadt zu verbinden. Das erste größere Hotel Nipa Lodge wurde errichtet, und dann verwandelte sich innerhalb kürzester Zeit der ganze Ort. Heute hat man die Wahl unter einem halben Dutzend internationaler Hotels mit jeweils über 200 Betten, genießt ein Nachtleben, das dem Bangkoks an Buntheit und Vielfalt nicht nachsteht, Restaurants, die ebensogut sind wie die der Hauptstadt, und schließlich die verschiedensten Möglichkeiten des Wassersports wie Wasserski, Tauchen, Segeln, Tiefseefischen und sogar Wasserskifliegen, was mit Hilfe eines Fallschirms gelingt und sehr aufregend ist.

Die Entwicklung von Pattaya zum Ferienort erschloß den ganzen Ostgolf, unendliche Strände bis nach Trat, der schmalen Landzunge, die Thailand mit Kambodscha verbindet. Weniger aufwendige Ferienorte entstanden in Bang Saray und Rayong etwas weiter südlich. Noch eine halbe Stunde näher an Bangkok gelegen, ist Bang Saen zum beliebtesten Seebad für Bangkoks Bevölkerung geworden. Von begeisterten Tauchern hört man, daß das Wasser im Golf klarer wird, je weiter man nach Süden kommt, und am besten sei das Wasser vor der Provinz Chanthaburi, wo die Küste sich nach rechts zur Khmer-Republik wendet.

Obwohl der Tourismus der Küste einen neuen Wohlstand gebracht hat, ist er doch nicht die einzige Einnahmequelle der Gegend. Andere, ältere Industriezweige spielten schon immer eine wichtige Rolle für die Wirtschaft

Unmittelbar außerhalb Bangkoks, im Hafen von Klong (vorherige Seiten), wird der tägliche Fang auf den Docks ausgeladen. Die Fischerei ist ein wichtiger Industriezweig entlang der Küste des östlichen Golfs.

des Landes. Ein großer Teil der von Thailand exportierten Meeresfrüchte kommt aus Häfen der Golfküste, und einige der größten Obstplantagen liegen zwischen Rayong und Chanthaburi. Letztere Provinz ist ein bedeutendes Edelsteingebiet. Besonders blaue und schwarze Saphire werden hier abgebaut, die wahrscheinlich die wertvollsten unter Thailands Edelsteinen sind. Auch Rubine gibt es hier, doch die besten kommen wohl von jenseits der kambodschanischen Grenze. Städte wie Si Racha und Chon Buri sind vielleicht nicht besonders malerisch, auf der anderen Seite aber wichtige Handelszentren mit zahlreichen Fabriken, die die Produkte der Gegend verarbeiten und konservieren. So ist Si Racha besonders bekannt als Herkunftsort einer brennend scharfen Chilisauce gleichen Namens, die auf jeden Thaitisch gehört. Unter den jüngeren Industrien an der Ostküste blüht die Orchideenzucht in großen Plantagen, für den Export. Sie bedecken viele Hektar Land, ein Meer leuchtender Blüten. Der explosionsartige Aufschwung dieses Industriezweiges in den letzten Jahren hat Thailand zum größten Orchideenexporteur Südostasiens gemacht. Der Hafen von Sattahip, der ursprünglich als amerikanischer Militärhafen während des Vietnamkrieges entstand, ist der größte des Landes und verschifft heute einen großen Teil der Exportgüter.

Ungeachtet aller Industrie locken den Thailandbesucher aber die Sonne und der Strand an den Ostgolf. Die älteren Leute aus Bangkok, die sich ärgern, ihr früher ureigenes Vergnügen nun mit so vielen teilen zu müssen, sprechen unheilverkündend von

Eine Marktfrau auf dem Morgenmarkt von Ban Amphur ist keineswegs zurückhaltend beim Werben um Kundschaft. Sowohl Fische als auch scharfgewürzte Fischsoßen sind wesentliche Bestandteile des Speisezettels der Thais.

,,Ruin" und ,,unkontrollierter Entwicklung".

Auseinandersetzungen über das Fehlen sinnvoller Planung gibt es in der Tat schon seit Jahren, und eine Gruppe von Umweltschützern führt den Kampf gegen den ungehinderten Bau von Hotels und Geschäften an. Für Touristen scheint der Ostgolf jedoch noch einen weiten Weg vor sich zu haben, ehe er den überfüllten Bädern Amerikas und Europas gleicht, und er schwärmt von dem herrlich unberührten Fleckchen Natur im Südosten Bangkoks.

Von Bangkok aus ist der Golf leicht zu erreichen. Busse fahren vom Ost-Busbahnhof auf der Sukhumvit Road (Tel. 912 504) zu den wichtigsten Städten am Ostgolf: Chon Buri, Si Racha, Sattahip, Rayong, Chanthaburi und Trat. Mehrmals täglich gibt es organisierte Busfahrten zu den Seebädern Bang Saen und Battaya. Über Reisegesellschaften wie Ital-Thai (im Rajprasong-Einkaufszentrum) und Diethelm Travel (in der Ploenchit Road) kann man Sitzplätze vorbestellen. Flugverbindungen gibt es nicht, da die Autofahrt von der Hauptstadt bis zum Golf nur wenige Stunden dauert.

Die Hauptroute für eine Reise entlang der Ostküste des Golfs ist die Sukhumvit Road, die außerhalb von Bangkok zur Route 3 wird. Offiziell beginnt diese Straße an der lebhaften Kreuzung beim Erawan-Hotel an der Ploenchit Road. Nach 1 km in südöstlicher Richtung heißt sie hinter den Bahngeleisen Sukhumvit. Nach den unnumerierten *sois* im Westen Bangkoks wird der Verkehr allmählich weniger dicht. Auf der anderen Seite des Phra Kanong-Kanals passiert die Straße den Vorort Bangna.

Fischer entladen ihren Fang am Strand von Lam Mae Phim. Dieser ist einer der unzähligen schönen Strände am östlichen Golf, die Besucher aus Bangkok und Touristen aus aller Welt anziehen.

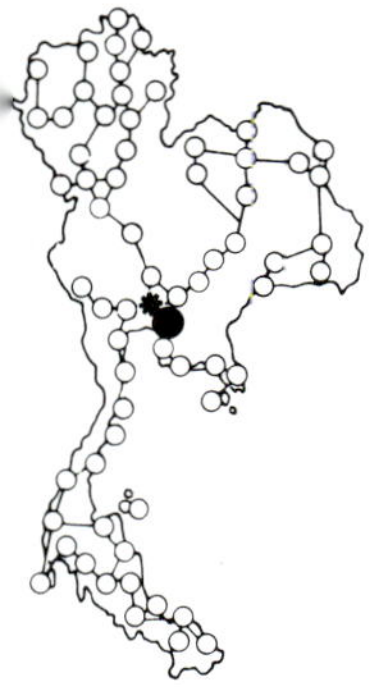

Numerierte Randvermerke dieses Kapitels: S. 238

Von dort gibt es eine neue Straße nach Pakong, die die Reise nach Süden um 20 km abkürzt, da sie Pak Nam (oder Samut Prakarn) an der breiten Mündung des Chao Phya vermeidet.

Diese schnelle Straße, die bei Bangna nach links abbiegt, bietet weniger Sehenswertes und hat nicht die ländliche Atmosphäre der alten Straße, die sich dem Meer zuwendet, an der Alten Stadt, der Krokodil-Farm (s. „Bangkok und Umgebung“) und Klong Dan vorbeiführt und hinter Pak Nam 75 km einem romantischen Klong folgt.

Das Leben am alten Sukhumvit Klong scheint dem Wandel zu widerstehen, und der althergebrachte Friede wird nur gelegentlich gestört durch das Knattern eines langen Motorbootes und das Montieren einer neuen Fernsehantenne. Vor einem Hintergrund von Kokospalmen und Bougainvilleas hängen große, viereckige Netze, von langen Stangen beschwert, in den Kanal. Große Wasserkrüge stehen am Fuß der Treppen, die nach oben zu den Hütten führen. Jungen in hochgeschürzten Sarongs spielen *takraw,* und Mädchen waschen sich im *klong* die Haare. Alte Frauen verkaufen Obst und das wohlbekannte kastanienähnliche *luk jak.* An der rechten Seite der Straße erstrecken sich Mangrovenhaine, aus denen sich die Dorfbewohner Holz zur Herstellung von Holzkohle holen. Die Kinder sammeln währenddessen Krabben im Schlamm. Stetig nimmt der Fortschritt zu, und Fabriken machen den alten *wats* der Dörfer den Platz an der Straße streitig.

Auf der alten Sukhumvit Road lockt etwa 12 km nach Pak Nam und 3,5 km nach der Abzweigung zur Krokodil-Farm ein Fischrestaurant am sumpfigen Ufer. Vor Jahren, als die einzige gute Straße von Bangkok in den Süden nur bis zu dieser Stelle ging, traf sich hier die gute Gesellschaft der Hauptstadt bei frischer Luft und gutem Essen zu großen und kleinen Festen. Heute kann man hier, nostalgisch gestimmt, immer noch köstliche Gerichte mit Krabben (*gung*), Krebsen (*boo*) und Austern (*hoy*) bestellen.

Bei Kilometerstein 56 hat die Route 3 den geschäftigen Fischereihafen Klong Dan erreicht, und nun ist es nicht mehr weit bis zum Meer. Die alte Straße wendet sich dann ostwärts, wo sie bei Bang Pakong auf die neue Straße trifft. Danach läuft sie, nun wieder in südlicher Richtung, auf die fernen Hügel von Chon Buri zu.

Chon Buri ist eine nette und rege Stadt mit etwa 250 000 Einwohnern, die meisten davon Kaufleute, Händ-

Zwei kleine Mädchen (links) beim Abendspaziergang in Pattaya, einem langen weißen Sandstrand, der in eine Art von thailändischer Riviera verwandelt wird. Auf dem alten Sukhumvit Klong (rechts), unmittelbar außerhalb Bangkoks, scheint das Leben allem Wechsel zu widerstehen.

ler und Handwerker. Der Tourist macht hier höchstens eine kurze Mittagspause auf der Fahrt in den Süden. An der Küste von Chon Buri und weiter südlich gibt es die meisten Austern im ganzen Land. Auf einem Hügel, etwa 3 km nördlich der Stadt, befindet sich ein Kloster, bekannt als **Wat Buddhabat Sam Yot** („Buddhas Fußstapfenberg mit den drei Gipfeln"). Von einem Ayuthaya-König wurde es erbaut und unter König Chulalongkorn wieder hergestellt. Früher wurde es benutzt, um einen königlichen „Wassereid der Treue" zu zelebrieren.

Nahe dem Zentrum von Chon Buri befindet sich eine kolossale goldeingelegte Statue Buddhas, die zum **Wat Dhamma Nimitr** gehört. Das Bildnis ist das größte der ganzen Gegend und das einzige im Land, das Buddha in einem Boot darstellt. Es erinnert damit an Buddhas Reise in die choleraverseuchte Stadt Pai Salee. Inspiration und Mitleid halfen Buddha, viele der Erkrankten zu heilen. Auf dem gleichen Hügel hat die ansässige chinesische Buddhistengemeinde ihren Sitz, der von den Grabplätzen ihrer bedeutendsten Mitglieder umgeben ist.

Wer sich für historische Kunst interessiert, sollte in der Nähe des alten Marktes an einem alten Tempeltor anhalten. Der älteste und wichtigste *wat* der Provinz, **Wat Intharam**, hat ein altertümliches Äußeres: Viele Gebäude haben die nach oben gerichteten Sockel, die typisch für die Ayuthaya-Periode sind. Die ursprünglichen Piedestale und Dachzierden aus Holz sind vermodert, und das neue Dach, auch in einem älteren Stil erbaut, hat *cho-fas* (nach oben gerichtete Traufen, die typisch für die königliche und religiöse Architektur in Thailand sind), verziert mit Figuren aus Stuck. Die Fensterbögen sind Mosaiken alter Porzellane. Im In-

1. Chon Buri
ชลบุรี (ตัวเมือง, จังหวัด)

Wat Buddhabat
วัดพุทธบาทสามยอด

Wat Intharam
วัดอินทาราม

Wat Dhamma Nimitr
วัดธรรมนิมิตร

Luh Sam Pao
เรือสำเภา

2. Ang Sila
อ่างศิลา

nern des *bot* stellen Wandgemälde in den oberen Feldern *devas* (Götter) und in den unteren die Vesantara-Legende vom Leben Buddhas dar. Die Lebendigkeit der Fresken innerhalb strenger szenischer Muster gehört ausschließlich ins 18. Jahrhundert.

7 km südlich von Chon Buri liegt die Stadt **Ang Sila.** Einstmals wurde sie von der königlichen Familie als Ferienort bevorzugt. Ihren Namen „Steinbecken" verdankt Ang Sila einer Kette von Felsen, die einer ovalen Halbinsel gleich ins Meer hineinragen. Man hört das metallene Schlagen der Hämmer, die Mörser und Stößel für die Küche produzieren, mit denen man Chili, Gewürze und Kokosnuß zerkleinert. An der Strandseite werden in kleinen Holzbuden handgearbeitete Strandkleidung, Hüte und Körbe angeboten.

Weiter südlich auf der Aug Sila-Straße befindet sich ein unauffälliges, aber ungewöhnliches Kloster, das **Luh Sam Pao** heißt. Es reicht ins Meer hinaus, und seine Mauern sind wie ein riesiger Schiffsrumpf gebaut, von dem es heißt, es erinnere an ein Wrack im Meer, in dem vor sehr langer Zeit chinesische Einwanderer ertrunken seien.

Auch die mehr als 300 Zellen für die Besucher des Klosters haben die Form eines Schiffsrumpfes. Viele der Insassen werden ihr ganzes Leben im Kloster verbringen, obwohl es ihnen freisteht zu gehen, denn in Luh Sam Pao zu sterben, bringt nach ihrer Meinung Glück. Die alten Frauen chinesischer Abstammung, die zum Teil schon seit über zwanzig Jahren hier leben, glauben, ihre Seelen werden am alten Wrack ihrer Gefährten vorbei und zurück nach China getragen.

Im Kloster gibt es zwei Miniaturen des riesigen Nakhon Pathom-Chedi. Ein thailändischer Mönch steht der Abtei vor, in der der chinesische

Ein Fischer (links) in der Nähe von Chon Buri schmückt den Bug seines Bootes mit Blumen und Bändern, um nach altem Brauch die Meeresgöttin günstig zu stimmen. Küchengeräte (Mitte) werden in Ang Sila hergestellt.

Südlich der Stadt, im Kloster von Luh Sam Pao, ist die Zelle einer Nonne einem Schiff nachgebildet, dessen Bug seewärts zeigt (rechts).

3. Bang Saen
บางแสน (หาด)
4. Si Racha
ศรีราชา (ตัวเมือง, อำเภอ)

Bang Phra Golf Course
สนามกอล์ฟบางพระ

Teochew-Dialekt die Umgangssprache ist.

18 km südlich von Chon Buri, auf der Straße hinter Ang Sila, liegt der Strand **Bang Saen,** jedes Wochenende und während der heißen Jahreszeit Schauplatz lustigen Treibens. Bunte Sonnenschirme, schwarze Reifenschläuche und vertrocknete Melonenschalen liegen auf dem Strand umher, der besonders bei den thailändischen Touristen beliebt ist. Am Sonntagabend dann wird Bang Saen wieder zum ruhigen Nest mit seinen paar Strandhäusern und Restaurants.

Die T.O.T. führt das Bang Saen Beach-Hotel, das einen Swimmingpool und bequeme, allerdings nicht luxuriöse Zimmer besitzt. In Strandnähe gibt es auch Bungalows mit angepumptem Seewasser. Der **Bang Phra Golf Course** liegt in der Nähe, links von der Sukhumvit Road, gleich hinter dem Markt von Bang Saen. Am Golfplatz gibt es ein Motel, ein Blockhaus, ein Schwimmbad und eine Bar, die das ,,19. Loch'' genannt wird.

Si Racha liegt 24 km südlich von Chon Buri und erstreckt sich über Hügel auf fingerähnlichen Piers bis ins Meer. Die berühmte scharfe Sauce kann man im Si Racha-Restaurant probieren, wo man dazu außer einem herrlichen Ausblick auch frische Krabben, Krebse, Austern, Muscheln und Abalonen genießen kann. Auf einem Felsen vor der Küste liegt ein malerischer *wat,* der aus einer lebendigen Mischung thailändischer und chinesisch-buddhistischer Elemente besteht. Schreine ehren einen Mönch, der viele Jahre auf dem Hügel am Meer lebte, und natürlich gibt es den unvermeidlichen Fußabdruck Buddhas, in Metall gegossen, und außerdem Bildnisse der geliebten chinesischen Gnadengöttin Kuan Yin und des Affengottes, der nach chinesischer Überlieferung magische Kräfte

besitzt. Vom *wat* aus sieht man bogenförmige Fischreusen aus Palmblättern — eine so zweckmäßige Konstruktion, daß sie die Jahrhunderte überdauert hat.

Große Tanker bringen Rohöl vom Persischen Golf an Si Racha vorbei zur TORC-Ölraffinerie, die 8 km südlich der Stadt liegt und ohne die Bangkoks Wachstum und Entwicklung nicht denkbar gewesen wäre. Vom längsten Pier Si Rachas kann man im Fischerboot nach der nahegelegenen Insel Koh Sichang übersetzen. Die verwitterten Dieselkähne kosten mindestens 200 Baht für Hin- und Rückfahrt und erreichen die Insel in weniger als einer Stunde.

6. Red Cliff Beach
หาดผาแดง

5. Koh Sichang
เกาะสีชัง

Bevor der Chao Phya ausgebaggert und ein Kanal durch die Barre an der Flußmündung gebaut worden war, löschten die Ozeandampfer ihre Ladung in **Koh Sichang.** Heute ist die Insel ruhig. Kein Seemann grölt mehr betrunken im Club der Handelsmarine, und auf den Kisten im Zollhaus, einst bis zum Rand gefüllt, sammelt sich Staub. Die Gewässer von Koh Sichang sind von November bis Juni glasklar und bieten Tauchern und Schnorchlern einen überwältigenden Anblick. Die verfallenen Piers an der alten Auftankanlage sind interessant für den Taucher, ebenso das rostige Wrack in der Nähe, das man jedoch besser nur als erfahrener Taucher erkunden sollte. Auf der Nordseite der Insel erstreckt sich ein lieblicher Strand.

Genau 5 km nach Si Racha bei Kilometerstein 120 auf der Sukhumvit Road führt eine nach rechts abzweigende Straße ans Meer und zum **Red Cliff Beach.** Das ist ein Badeort mit Bungalows (1 bis 3 Schlafräume) zu mäßigen Preisen. Da Red Cliff Beach hauptsächlich bei den Einheimischen beliebt ist, sind Ansprüche wie Preise viel niedriger als in Pattaya weiter im Süden.

Ein Urlaubstag in Bang Saen (links), einem Badeort, der bei den Thais sehr beliebt ist. Am Strand der Roten Felsen (rechts) spielen Kinder in den Wellen, die von der untergehenden Sonne rot gefärbt werden.

Die Riviera Thailands

Angenehme Strände, herrliches Tauchen und Schwimmen, luxuriöses Wohnen und ein aufregendes Nachtleben machen die Gegend um **Pattaya** zum bedeutendsten Erholungsgebiet von Thailands Ostgolf. Bequeme, klimatisierte Busse verkehren mehrmals täglich zwischen Bangkok und dem 154 km bzw. zwei Stunden von der Hauptstadt entfernten Pattaya. Touristen aus Europa und Übersee haben die Lücke weitgehend geschlossen, die nach dem Abzug des amerikanischen Militärpersonals geblieben war, und sorgen dafür, daß Pattaya weiter blüht und wächst. Dem Gast, der Wert auf moderne Bequemlichkeiten legt, aber gleichzeitig Unterhaltung und Vergnügen sucht, bietet Pattaya alles im Überfluß.

Pattaya-Freunde empfinden den Ort als eine Laterna Magica zauberhafter Bilder und Freuden: eine sonnige, palmengeschmückte Welt, betrachtet durch die blaugetönten Scheiben eines Luxusbusses; galoppierende Strandponys, glitzernde Tänzerinnen in einem Nachtclub, ein üppiges Frühstück in einem der Superhotels, nepalesische Juwelenhändler, tollkühne Wasserskiflieger, ein kleiner Elefant am Schwimmbad...

Wer mehr über den enormen Aufschwung Pattayas wissen will, der muß zu Dolf Riks gehen, einem Weisen und kulinarischen Zauberkünstler, den man im Restaurant gleichen Namens antrifft. Und vielleicht ist er in der Stimmung, bei einigen seiner köstlichen „Mekongs" in Erinnerungen zu schwelgen.

Im Süden von **Na Klua** (auf dem Weg nach Pattaya über eine Nebenstraße) kommt man an zwei Stränden vorbei, die mit einfachen, aber sehr bequemen Hütten besetzt sind. Die einen heißen **Rock Cottages** und die anderen **Moonlight Sea Cottages.** Hier ist es noch recht friedlich und nicht so überlaufen wie in Palm Beach und Pattaya Beach, die sich unmittelbar im Süden anschließen.

Palm Beach, am Nordrand von

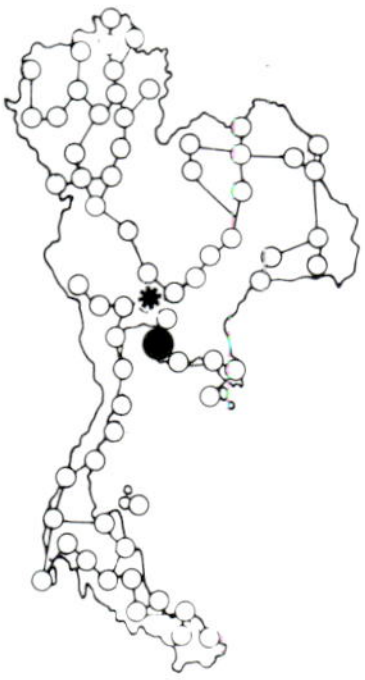

7. Pattaya
พัทยา
8. Na Klua
นาเกลือ
Palm Beach
หาดปาล์ม
Pattaya Beach
หาดพัทยา
South Pattaya
พัทยาใต้

Pattaya gelegen, wurde nach der Palmenkette benannt, die den 1,5 km langen Strand säumt. Auch hier gibt es Wohnhütten am Meer. Der Strand ist kaum felsig, und im tiefen Wasser kann man gut schwimmen.

Das große Leben spielt sich um **Pattaya Beach** ab. Die großen Hotels bieten erstklassige Sportlehrgänge und Trainingskurse, z.B. das Hyatt Pattaya Palace, das Holiday Inn Sands, Regent Pattaya Royal, Orchid Lodge, Nipa Lodge, Tropicana Royal Cliff und Ocean View. Es gibt weniger teure und dennoch gutgeführte Hotels wie Boatel Point, Le Jean Bart, Nautical Inn und Sophon Hotel. Pattayas Bungalows, wie Phen Phat und Golden Sands, werden von denjenigen vorgezogen, denen Meeresbrisen lieber als Klimaanlagen sind und die sich in gemütlicher Atmosphäre und durch eigene Küche gern selbst versorgen. Golfliebhaber wenden sich an den Siam Country Club.

Die Nacht ist am lebendigsten in **Süd-Pattaya** in der Nähe des Barbos-Restaurants. Hier findet man Unterhaltung und Vergnügen in der Harbour Light Bar, dem Fantasy Club oder Hank's Hideaway sowie in vielen anderen. In den größeren Hotels spielen fast immer Kapellen zum Tanz auf. Die Restaurants in Pattaya sind zahlreich und gut, aber die Touristen haben die Preise hinaufgetrieben, wie übrigens auch in den Vergnügungsetablissements, so daß man sich am besten vorher nach dem Preis erkundigt.

Man gewöhnt sich schnell an dieses aufregende Spiel, um Preise zu feilschen und günstige Gelegenheiten zu erspähen. Wenn Sie große Mengen scharfen Chilis nicht vertragen, gibt es genügend Restaurants auch für den zarten Gaumen. Das Beste für sein Geld bekommt man aber immer in den unzähligen offenen Thai-Restaurants und -Buden am Strand.

Tourists enjoy the creature comforts of South Pattaya, Thailand's foremost luxury resort.

Inseln

Einer der wesentlichen Vorzüge Pattayas liegt unter Wasser verborgen. Innerhalb einer Woche wird hier aus einer ahnungslosen „Landratte" ein geübter Tiefseetaucher. Dieses Wunder vollbringt Steven's Tauchschule im Norden von Pattaya Beach, wo ausgebildete Lehrer mit Boot und Ausrüstung Tauchkurse abhalten. Sie gehören sowohl zur nationalen Gesellschaft der Unterwasserlehrer als auch zum Fachkreis der Tauchlehrer. Am preisgünstigsten sind die Kurse, wenn die Gruppe aus wenigstens vier Personen besteht. Die Kurse werden hauptsächlich bei den Inseln Koh Pai, Koh Lin und Koh Larn abgehalten, wo es einige der schönsten Tauchmöglichkeiten in ganz Südostasien gibt. Auch Thailands eigene Tauchclubs unternehmen hierhin ihre Exkursionen.

Obwohl die Lieblingsplätze um die Inseln vor Pattaya manchmal von Tauchern geradezu wimmeln, gibt es unter Wasser doch genügend Stellen für alle Tauchfreunde. Man kann sich tageweise ein Boot mieten; die Gebühr richtet sich nach Größe, Ausstattung und dem Verhandlungsgeschick des Interessenten. Während der Woche sind die Preise günstiger, weil die Nachfrage sinkt. In den Tauchgeschäften wird man Sie auch wegen evtl. Bootsmieten beraten können. Auf die Fahrt nimmt man am besten Getränke in einer Eisbox mit. Die Boote tuckern in mäßigem Tempo dahin und erreichen die erste Inselgruppe in etwas weniger als einer Stunde. Ungeduldige können sich auch Schnellboote ausleihen, die Sie in der Hälfte der Zeit ans Ziel bringen.

Zu den bevorzugten Inseln gehören die Zwillingseilande **Koh Larn** und **Koh Sak.** Ersteres ist größer und weiter entwickelt, allerdings auch nicht mehr so unverfälscht; glänzt es doch inzwischen mit mehreren Hotels

13. Koh Larn
เกาะล้านและ
14. Koh Sak
เกาะสาก

und Bungalows am Nuan Beach und sogar mit einem 18-Loch-Golfplatz. Probieren Sie auf jeden Fall die köstlichen Krabben und Makrelen, die es in den kleinen Läden auf Koh Larn gibt. Die Tauchmöglichkeiten sind überall hervorragend. Etwa 15 m tief im klaren Wasser vor der Südspitze von Koh Larn leben zauberhafte Korallengebilde und eine Menge bunter Fische. Im Norden von Koh Sak liegt eine flache Bucht mit sandigem Grund und vielen Korallen in 7 bis 10 m Tiefe.

15. Koh Lin
เกาะลั้น

16. Koh Pai
เกาะไผ่

Y.M.C.A. Beach
หาด วาย. เอ็ม. ซี. เอ.

Die tropischen Fische dieser Gewässer machen einem klar, welch kleines „Guckloch" in einem Riesenraum doch ein Aquarium ist. Leicht erkennbar sind die kleinen Röhrenwürmer, die, winzigen Weihnachtsbäumen gleich, aus den Korallen wachsen. Leuchtend orangeweiß ist der Clownfisch, der in seltsamer Symbiose mit der orangefarbenen Seeanemone lebt, der er Nahrung bringt und dafür von ihren giftigen Tentakeln beschützt wird, gegen die er selbst immun ist.

Tauchen erfordert natürlich einige Vorsicht. Es ist schon vernünftiger, es beim Betrachten und Fotografieren bewenden zu lassen und nichts zu berühren. Oder möchten Sie auf einen stacheligen Seeigel treten bzw. auf den gut getarnten Drachenkopf? Eine weniger auffällige Gefahr geht von der tropischen Sonne aus, deren Intensität von Besuchern aus milderen Zonen meistens unterschätzt wird. Wenn Sie ein T-Shirt tragen, werden Sie sich auch abends noch ungetrübt über den Sonnentag freuen können.

Im Südwesten, etwa eine Bootsstunde von Koh Larn entfernt, liegt **Koh Lin.** Diese Insel ist zwar klein, bietet aber gute Tauchmöglichkeiten. Auf dem Meeresboden sieht man ein ziemlich neues Wrack, schöne Korallenformationen und ein bewegtes Leben im Meer. Genau westlich von Koh Larn und etwa ebenso weit entfernt wie Koh Lin, liegt **Koh Pai.** Das Wasser hat hier eine Tiefe von 25 m und mehr, und man entdeckt besonders schöne Fische, Korallen und Muscheln.

Südlich von Pattaya in Richtung Sattahip liegen noch einige ruhige Orte, darunter auch der Sommersitz der königlichen Familie (geschlossen, wenn der König anwesend ist), und der Varuna Yacht Club, wo Thaisegler in verschiedenen Bootsklassen miteinander konkurrieren. 6 km nördlich von Pattaya liegt der im allgemeinen sehr ruhige **Y.M.C.A. Beach.** Man gelangt dorthin am besten über die Sukhumvit Road, von der man bei Kilometerstein 56 (von

Boote mit Sonnenschutz (links) können in Pattaya gemietet werden. Unter Wasser tut sich eine völlig neue Welt auf (Mitte), und man kommt zu der Gewißheit, daß jedes Aquarium nur ein „Guckloch" zu den Wundern des Meeres sein kann.

Südlich von Pattaya

Chon Buri aus) rechts abbiegt. Ein anderer friedlicher Flecken mit einem schönen Blick über das Meer und die Inseln vor der Küste ist die Klippe rechter Hand der Straße (gleich nach Kilometerstein 68).

Bevor **Sattahip** (20 km südlich von Pattaya) fast über Nacht zu einem lebhaften, wichtigen Seehafen wurde, war es nur ein kleines Fischerdorf mit Ausblick auf eine schöne Bucht und auf kleine Inseln. Heute steht im Herzen der Stadt ein weiter moderner Tempelbau auf Türkissockeln, und auf einem geräuschvollen Markt werden Fische, Früchte und Gemüse im Überfluß zum Verkauf angeboten.

Die Ladenschilder, die auf eine ganze Anzahl exklusiver Geschäfte in Sattahip aufmerksam machen, weisen auf den Wohlstand hin, den die nahegelegenen Militärstützpunkte der Bevölkerung gebracht haben. Der wirtschaftliche Einfluß der Amerikaner, der einst beträchtlich war, als ihre B-25-Bomber noch im nahen U-Tapao stationiert waren, hat jedoch schnell nachgelassen, und damit ist auch der protzige Plunder verschwunden, der den Soldaten angedreht wurde.

Die thailändische Marine hat ihr Hauptquartier in Sattahip und kontrolliert einen Großteil der Küste zwischen Pattaya und Sattahip.

In **Sattahip** kann man Läden ansehen, einen *o liang* (die köstliche lokale Variante des süßen Eiskaffees, der aus dem damals französisch besetzten Kambodscha stammt) oder ein würziges Curry in der Nähe des Marktes kosten, oder man kramt in den Antiquitätenläden.

6 km nach Sattahip führt eine breite moderne Straße zum großen thailändischen Militärstützpunkt. Biegen Sie nach rechts ab, und folgen Sie einer kleinen Sandstraße, die sich links vom Zaun gabelt, der den Stützpunkt umgibt. Der Weg führt zur Küste und nach rechts an einem Leuchtturm vorbei nach Samae San, das 8 km von der Route 3 entfernt ist.

Das Fischerdorf **Samae San** liegt vor den Hügeln; seine Hafenmolen ragen hinaus in die türkisschimmernde Bucht, die von einem Archipel von fünf Inseln gesäumt ist. Weiße und violette Tintenfische trocknen in der Sonne bei den langen Holzpiers mit Tankstationen für die Schiffe. Bei den eingedockten Booten sitzen die Fischer und flicken ihre Netze oder waschen ihre Wäsche.

17. Sattahip
สัตหีบ
18. Samae San
แสมสาร

Nur wenige Städter gelangen jemals zu den sauberen weißen Stränden der vorgelagerten Inseln, und wer sie kennt, möchte sie auch vor zu großer Bekanntheit schützen. Für etwa 200 Baht pro Tag kann man ein

19. Koh Ai Raet
เกาะอ้ายแรด
20. Koh Samae San
เกาะแสมสาร

Amulette und Tätowierungen schützen diesen Fischer (Mitte), während er auf dem Meer ist; für ihn wie für viele Thais ist Magie eine unleugbare Tatsache. Wenn sein Fang Tintenfische enthält, enden sie häufig auf dem Grill (rechts).

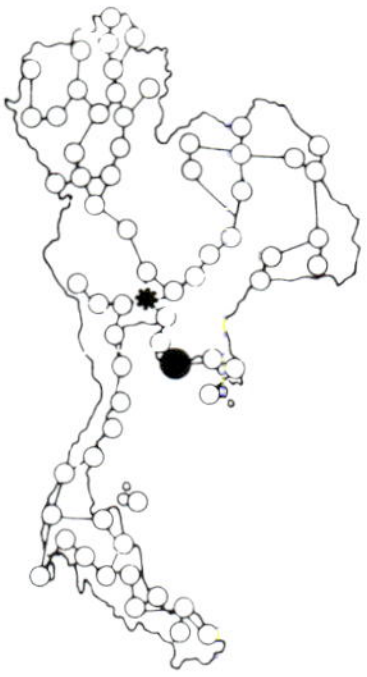

21 Koh Kham
เกาะคราม

22. Koh Chuang
เกาะจวง

23. Koh Chan
เกาะจัน

24. Rayong
ระยอง (ตัวเมือง, จังหวัด)

25. Ban Pae
บ้านแพ

Boot mieten und die Inseln mit ihren Palmenstränden und Felsenriffen im Wasser entdecken.

Boote mit wenig Tiefgang können durch die Passage zwischen den Inseln **Koh Ai Raet** und **Koh Samae San** in die Bucht gelangen; letztere ist bergig, mit hellem weißem Sandstrand und einem kleinen, von Palmen umgebenen Fischweiher. Im Westen liegt als nächstes **Koh Kham** und dahinter **Koh Chuang** mit seinem tafelförmigen Korallenriff und zuletzt **Koh Chan,** dessen Sand wegen seiner Sandflöhe berüchtigt ist.

Nach weiteren 13 km gelangt man nach **Rayong.** Diese Stadt wird von einem Meeresarm durchschnitten, den man von der Sukhumvit Road aus gar nicht sehen kann, die mitten durch das Geschäftsviertel mit seinen Imbißstuben und einem Wald hoher Fernsehantennen führt. Wenn man an der Ampel hinter dem O-Tani-Hotel rechts abbiegt, kommt man über eine morsche Brücke in ein zweites, ebenso emsiges und noch älteres Fischerdorf, das sich auf der Landzunge, zwischen Strand und Meeresarm, erstreckt.

Rayong ist berühmt für seine *nam pla,* eine Fischsauce und wesentliche Würze der thailändischen Küche. Die Herstellung der Sauce erfolgt in Heimarbeit, und viele Häuser haben im Hinterhof eine kleine Fabrikation. Einen kleinen silbrigen Fisch, der in Schwärmen im Golf lebt, läßt man nach dem Fang etwa sieben Monate verwesen. Die übrig bleibende rötliche Flüssigkeit wird gefiltert und in Flaschen abgefüllt. Wo immer man in Thailand ißt, bekommt man diese Sauce.

An bewegten Tagen bedeckt Poseidon die Kais von **Ban Pae** (etwa 20 km östlich von Rayong) mit allen möglichen Schätzen, und die in verblichene schwarze Blusen und Sarongs gekleideten Frauen breiten

orangerote Krabben in großen Vierecken zum Trocknen aus. Der Anblick macht zwar hungrig — aber der Gestank ist überwältigend.

Dieser landschaftlich schön gelegene Fischereihafen liegt, im Westen von einer Felsengruppe und im Süden von einer Insel geschützt, die **Koh Keo Pisadan** heißt (oder auch **Koh Samet).** Die Insel ist Studenten thailändischer Literatur als der Ort bekannt, wohin sich der Dichter Sunthorn Pu zurückgezogen hat, um einige seiner Werke zu schaffen. Unverzagt und romantisch, hatte Sunthorn Anfang des 19. Jahrhunderts eine Affäre nach der anderen, worüber man bei Hof gelegentlich die Stirn zu runzeln pflegte.

Die Küstenstraße geht von Ban Pae direkt nach Süden und ist, nachdem sie an den örtlichen Fischhändlern und Barbieren vorbeigeführt hat, eine schöne Straße zwischen Palmen und Strand. Sie führt durch den Pinienwald und Nationalpark **Ban Pha Phrae,** der die kleinen Felseneilande überblickt, die im Süden von Koh Keo Pisadan liegen.

7 km weiter liegt das Strandbad **Suan Wang Kaew,** wo idyllische Pfade sich durch Gärten am Meer winden. Der Ort mit seinen 22 Bungalows wurde von Urai Lueamruang gegründet, einer der begehrtesten Schneiderinnen Bangkoks, zu deren Kundinnen auch die Königin zählt.

10 km nach Suan Wang Kaew beginnt der endlos lange Strand von **Laem Mae Phim.** Vor den Fischerhütten entlang der Küste verkaufen Frauen allerlei Süßes und gerösteten Tintenfisch. Die roh zusammengezimmerten Unterkünfte sind höchst provisorisch aus Treibholz und Pappen errichtet.

Gleich vor der Küste liegen zwei felsige Inseln, **Ki Plaem** („Fischabfall") genannt. Die Fischer legen

27. Ban Pha Phrae
อุทยานแห่งชาติบ้านป่าแพร่

Suan Wang Kaew
สวนวังแก้ว

26. Koh Keo Pisadan
เกาะแก้วพิสดาร
28. Laem Mae Phim
แหลมแม่พิมพ์

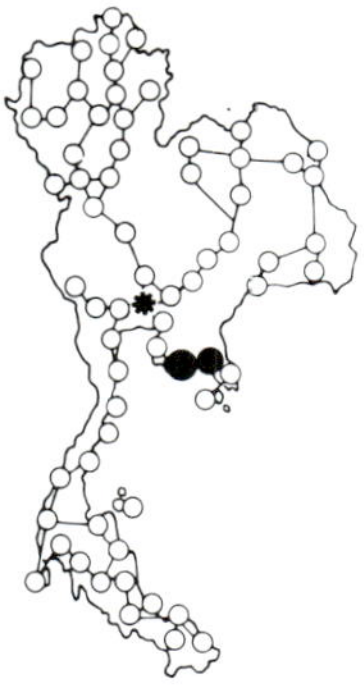

30. Khao Wongse
เขาวง

dort an, um die kleinen Silberfische auszuladen, aus denen *nam pla* gemacht wird. Zur Linken eines kleinen Vorgebirges liegen drei weitere Inseln, die, natürlicher Perspektive entsprechend, kleiner werden, je weiter entfernt sie sich befinden. Die größte und nahegelegenste ist in Privatbesitz und hat einen abgeschirmten Strand am Westufer, Kokospalmen und einige Mangogruppen. Es gibt Bungalows zu mieten, und ein paar Fischrestaurants locken Studenten aus Bangkok an, die per Bus auf Ferienreise nach Chanthaburi sind.

Um ins Landesinnere und zur Route 3, der Sukhumvit Road, zurückzukehren, nehmen Sie die nach Laem Mae Phim links abbiegende Straße, fahren durch dichte Kautschukpflanzungen und Bambushaine. 3 km weiter drängt sich das Dörfchen Ban Kram um einen großen alten Baum, den man für heilig hält und verehrt. Er ist mit Tüchern umwickelt, und neben ihm steht ein Geisterhaus. 14 km nach Laem Mae Phim trifft die Straße in Amphoe Klaeng bei Kilometer 268 auf die Route 3 aus Bangkok, noch 61 km von Chanthaburi entfernt.

Bei Kilometerstein 288 führt von der Route 3 eine kleine Dorfstraße nach Norden und zu einem Sandweg (vergewissern Sie sich während der Regenzeit, ob er passierbar ist) und nach 13 km zu einem Abenteuer in **Khao Wongse.**

Die Dorfbewohner behaupten, Besucher hätten bisher vergeblich versucht, die mystischen gezackten Gipfel von Khao Wongse zu fotografieren. Wenn sie nach Bangkok zurückgekehrt seien, wäre auf den belichteten Filmen nichts zu sehen gewesen. Graugestreift liegen die Schichten der Klippe, und sie beherrschen den roten Lateritstaub und die armseligen Felder der Umgebung. Aus den Felsspalten haben sich die buddhistischen Mönche ihre Behausungen gehauen und lesen hier neben einem schlichten *wat* in ihren Schriften.

Kao Wongse ist voller Höhlen. Eine alte Frau, das Gesicht nach dem Bad zur Kühlung kalkweiß gepudert, die schon immer hier gelebt hat, kennt selbst noch nicht alle davon. In Tam Plak, einer Höhle neben dem *wat,* fallen stete Tropfen auf die Stirn eines Stalagmit-Buddhas.

Die Dorfkinder spielen nur allzugern Führer, wenn man die Spitze des Khao Wongse erklimmen will. Der Pfad führt über Baumstümpfe und Wurzeln, raschelnde Blätter und leuchtendrote Käfer zu einer Anzahl von kleinen, friedlichen Lichtungen. Hier läuten die Kinder mit Tempelglocken, um ihren Aufstieg kundzutun. Im Dorf erzählt man, daß Krokodile in unterirdischen Flüssen leben und daß an den Wänden einiger Höhlen gar Diamanten glitzern.

Ein Fischer klettert in das „Krähennest" (links) in der Nähe der Ki Plaem-Inseln. Dorfbewohner beim thailändischen Schach (Mitte).

Chanthaburi und Umgebung

31. Chanthaburi
จันทบุรี (ตัวเมือง, จังหวัด)

Weiter südlich am Ostgolf, etwa 330 km von Bangkok entfernt, liegt **Chanthaburi,** eine Stadt, die reich und raffsüchtig wirkt. Das Edelsteinfieber hat sie unablässig im Griff. Hauptgesprächsthema ist permanent das Gerücht von neuen, spektakulären Funden — den sagenhaften 10 000- oder 20 000-Baht-Steinen. Selbst das durch Polieren kleiner Steine erzielte Einkommen ist nach hiesigen Maßstäben schon beträchtlich.

Ein unmittelbares Zeichen des Wohlstandes sind die vielen Motorräder, die durch die Straßen donnern. Viele der Jugendlichen, die in den Obstplantagen arbeiten, wohin es keine Busverbindungen gibt, brausen am Nachmittag wieder zurück in die Stadt, um sich mit dem Polieren von Edelsteinen noch gutes Geld dazuzuverdienen. Die Edelsteinminen, die Kautschukpflanzungen und Obstplantagen sichern den Lebensunterhalt der meisten Einwohner, von denen viele chinesischer oder vietnamesischer Abstammung sind.

Das nächste Abbaugebiet für Edelsteine liegt bei **Khao Ploi Waen** („Hügel des Saphirringes"). Vom Markt aus muß man zunächst zum 11 km entfernten Hafen fahren, wo der Chanthaburi in den Golf mündet. Linker Hand führt dann eine Straße wieder in Richtung Stadt, auf der man nach 4 km in den Ort Ban Kacha kommt, an dessen linker Seite man die saphirreichen Hänge von Ploi Waen sieht. Hier verhandeln Schürfer und Mittelsmänner unter Jackfruit-Bäumen über den Preis der Steine.

Organisierte Ausflüge führen ins Bergbaugebiet um Chanthaburi, u.a. eine Tour, bei der man auf eigene Faust sein Glück versuchen kann. Edelsteine, die man möglicherweise findet, darf man behalten.

Ungefähr 5 km südlich von Chan-

Edelsteine werden in den Läden Chanthaburis geschliffen und poliert (links). In den offenen Minen von Khao Ploi zeigt ein Edelsteinhändler stolz den Ring mit blauen Saphiren (rechts).

thaburi befindet sich Khai Nern Wong („Lager auf einem kleinen runden Hügel"), wohin sich König Taksin nach der Niederlage von Ayuthaya im Jahre 1767 zurückzog, um seine Truppen aufzufrischen, Soldaten anzuwerben und eine Flotte von Kriegsschiffen zu bauen. Danach kehrte er nach Norden zurück und besiegte die burmesischen Eindringlinge. Auf diesem Hügel findet man auch die Überreste einer Festung, die von König Rama III. erbaut worden war. Über den Hügel verstreut, weisen zerbrochene Kanonen hin zum nunmehr schweigenden Dschungel. Einige sind von ganz gewichtigem Format, und die Einheimischen behaupten, daß sie die Mündung des Chanthaburi-Flusses (Entfernung etwa 11 km) bestreichen konnten; heute halten nur noch Geister in der Ruinenfestung Wache.

Ebenfalls von Interesse in Chanthaburi ist die im französischen Stil gebaute Kirche von der Unbefleckten Empfängnis. Sie ist die größte Kirche Thailands und ungefähr im Jahre 1880 entstanden. Dort werden immer noch für die Thai-Vietnamesische Gemeinde, deren Mitglieder während der letzten zwei Jahrhunderte nach Thailand kamen, Gottesdienste abgehalten. Die Nachkommen dieser Einwanderer üben eine Reihe von Beschäftigungen aus, hauptsächlich das Weben von Matten, Taschen und anderen Gegenständen aus Schilfrohr in attraktiven Formen und Mustern. Viel wird in Heimarbeit hergestellt, und die besten Souvenirs können bei den Nonnen in der Kirche bestellt werden. Es gibt auch eine Fabrik in der Stadt, wo Korbwaren geflochten werden.

In der näheren Umgebung von Chanthaburi liegen zwei schöne Wasserfälle. Direkt gegenüber der Abzweigung von der Sukhumvit Road nach Chanthaburi, am Kilometer-

Die Kanone (links) scheint immer noch auf eine Invasion der alten Festung außerhalb von Chanthaburi zu warten. Die Kathedrale im französischen Stil (rechts) wurde um 1880 erbaut.

stein 324, führt eine einfache Straße landeinwärts und 23 km durch Rambutanhaine, vorbei an übelriechenden Durianbäumen, Orangen- und Litschiplantagen. Dann fährt man noch 3 km nach rechts und erreicht **Nam Tok Krating** („Stierfälle"), eine Reihe von kleineren Kaskaden, die 400 m tief hinunterstürzen. Von hohen Thaibeamten gestiftete Bäume, mit weißen Staketenzäunen umgeben, schmücken das Bild. An einem Baum hängt eine bunte Karte, die zu einem versteckten Felsenpfad hinweist, der neben dem Wasserfall den Berg hinaufführt. Am Wochenende wird der Wasserfall von vielen Menschen besucht.

33. Nam Tok Krating
น้ำตกกระทิง

Folgt man Route 3 weiter in südliche Richtung, dann liegt nahe bei Kilometerstein 347 ein anderer beliebter Wasserfall, **Nam Tok Praew.** Hinter Bretterbuden, in denen klebriger Reis und Durianmarmelade verkauft werden, steht ein schlichter grauer *chedi* mit Blick über den Wasserfall. Der *chedi* steht in Erinnerung an eine Frau des Königs Chulalongkorn, die auf dem Weg zu den Fällen ertrank. Ihr Tod war insofern tragisch, als sie von ihren Begleitern hätte gerettet werden können, wäre es diesen nicht verboten gewesen, den Körper eines Mitglieds der königlichen Familie zu berühren.

Junge Leute schwimmen gern in den Teichen hier, und während des Tages ist hier eigentlich immer Betrieb. Während die Jungen mutige Kopfsprünge wagen, sitzen die Mädchen bescheiden und in voller Bekleidung unter dem kühlen Schauer. Während der Durian-Ernte kommen die Leute sogar aus Bangkok, um nicht nur die Wasserfälle zu besuchen, sondern auch die beliebten Früchte zu kaufen.

34. Nam Tok Praew
น้ำตกพริ้ว

Die Provinz Trat beginnt gleich hinter Chanthaburi am Ende der Sukhumvit Road und erstreckt sich

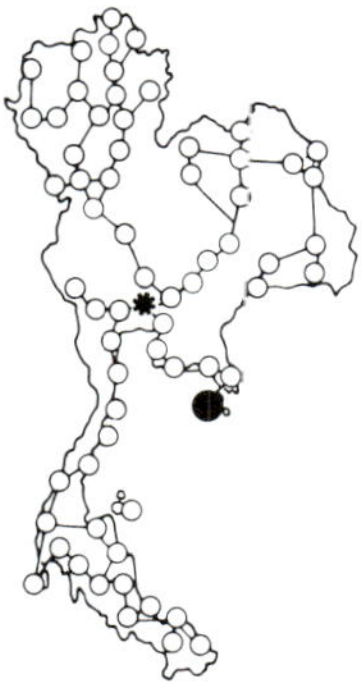

35. Laem Sing
แหลมสิงห์ (ตัวเมือง, อำเภอ)

36. Trat
ตราด (ตัวเมือง, จังหวัด)

37. Laem Ngop
แหลมงอบ

38. Koh Chang
เกาะช้าง

Mai Yom Waterfall
น้ำตกธารมะยม

39. Koh Mark
เกาะหมาก

40. Koh Kut
เกาะกูด

zwischen dem Golf von Thailand und der kambodschanischen Grenze wie der Fingernagel eines Mandarins. Von Chanthaburi aus windet sich die Straße durch ein grünes Panorama aus Reisfeldern, Kautschukplantagen und Marschen. Einen herrlichen Blick aufs Meer hat man von **Laem Sing,** 16 km auf der Abzweigung bei Kilometerstein 348 (gleich hinter der Abzweigung nach Nam Tok Praew).

Nach der wie ein Löwe aussehenden Insel vor der Küste benannt, ist Laem Sing ein kleines Fischerdorf mit zwei Überbleibseln aus der kurzen Zeit französischer Kolonialherrschaft um die Jahrhundertwende: ein rotes Zollhaus und das Gefängnis.

Wieder auf der Route 3, sind es noch 75 km bis nach **Trat.** Die Provinzhauptstadt selbst ist uninteressant. Vom 16 km entfernten **Laem Ngop** aber kann man eine schöne Inseltour machen. In einem gemieteten Boot fährt man zunächst nach **Koh Chang,** Thailands drittgrößter Insel, die für die Wildschweine und den **Mai Yom-Wasserfall** berühmt ist. Vor der Nordspitze von Koh Chang halten sich einige der größten Haie des Golfes auf. Weiter geht es nach **Koh Mark** und **Koh Kut,** wo man in klaren Lagunen tauchen kann.

Je nach Straßenlage in dieser Gegend kann man einen Umweg nach Bangkok auf der Straße 317 machen, die die Route 3 im Nordosten von Chanthaburi verläßt und entlang der kambodschanischen Grenze bis nach Sa Kaeo, östlich von Bangkok, führt. Viele Neuansiedler bebauen die dichtbewachsenen Hügel, aber trotzdem ist die ländliche Gegend meist einsam und unbevölkert. Unterwegs findet man den Wasserfall am Khao Soi Dao („Berg der Sternenernte"), ungefähr 66 km von der Route 3 entfernt, und den Wat Tham Lek Khaw Chaka, ein Höhlenkloster, ungefähr 140 km im Norden der Route 3.

Der Wasserfall von Nam Tok Praew (links) stürzt in ein Becken, das zum Schwimmen und für Picknicks sehr beliebt ist. Während der Saison der Durian-Frucht kommen viele Thais aus Bangkok übers Wochenende hierher. Ein kleiner Junge spielt Kapitän (rechts) am Strand von Koh Chang, Thailands drittgrößter Insel, die wegen ihres Wasserfalls und ihrer Wildschweine bekannt ist.

DER SÜDEN

Thap Sakae
Bang Saphan
BURMA
Route 4
Pathiu
Chumphon
Kra Buri
Pak Nam Chumphon
Tham Prakayang
Sawi
Punya Ban
Kra Isthmus
Ko Tao
Ranong
Lang Sua
Chong Tao
Hat Supin
Ko Phangnghan
Kapoe
Ko Ta Luang
Ko Samui
Mu Ko Kam Yai
Chaiya
Don Sak
Tha Chang
Khanom
Khura Buri
Khao Tha Phet
Surat Thani
Tham Waram
401
Sichon
Takua Pa
Bang Sak
Phanom
Khao Sok National Park
Na San
4014
Khao Luk
Lam Pi
4009
Wiang Sa
Tha Sala
Than Put
Phrasaeng
402
Phangnga
Ko Luk
Phrom Khiri National Park
Nakhon Si Thammarat
Than Bokkoroni
Khok Kloi
Ko Yao Noi
Khao Phanom Bencha National Park
Thung Yai
Hat Nai Yang National Park
Nobarat Thara
Krabi
Thung Song
Sai Yai
Hua Sai
Khao Phra Kaeo
Khlong Thom
403
Phuket
Susarn Hoi
Huai Yot
Khuan Khanun
GULF OF THAILAND
Ranot
Ko Phi Phi
Ko Lanta Yai
Phatthalung
Ban Lampam
Trang
Sikao
Kachong
Thale Luang
Pak Mong
Yan Ta Khao
Thale Sap
Sathing Phra
Hat Chao Mai National Park
Pak Phayun
Ko Li Bong
Songkhla
Thung Wa
Hat Yai
Pattani
Ban Pakbara
Na Thawi
Andaman Sea
Ko Terutao
Thale Ban
Sai Buri
Ko Rawi
Terutao National Park
National Park
Sadao
Saba Yoi
Yala
Pulau Langkawi
Kangar
Narathiwat
Ban Nang Sata
Alor Setar
MALAYSIA
Sungai Ko-lok
50 km
South Thailand
Sungai Petani
Kanchanaburi
Mongkrathae
Nakhon Pathom
Ban Pong
Chom Bung
BANGKOK
(Krung Thep)
Thanintari Taungdan
Ratchaburi
Samut Sakhon
Pak Tho
Samut Songkhram
Nong Ya Plong
Phetchaburi
Kaeng Krachan Dam
National Park
Hua Hin
Pran Buri
Khao Sam Roi Yot National Park
BURMA
Kui Buri
Gulf of Thailand
Prachuap Khiri Khan
Khao Sam Roi Yot National Park
Huai Yang
Thap Sakae
Bang Saphan

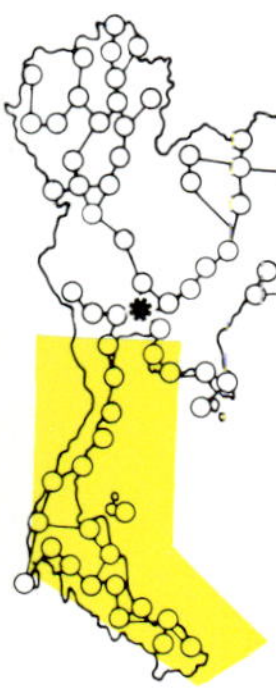

Eine unbekannte Region

Leuchtend weißer Sandstrand, diesmal auf einer Insel im äußersten Süden Thailands an der Westküste; unterbrochen von steilen Kreideklippen, die sich jäh aus dem indigoblauen Wasser des Indischen Ozeans erheben und wie seltsame vorgeschichtliche Ungetüme aussehen; auf der anderen Seite der Insel ein einfaches Fischerdorf, das so aussieht, wie man sich ein Fischerdorf in einem unwirklichen tropischen Paradies vorstellt. Junge Männer, die nie von Leuten gehört haben, die unter Schwindelgefühlen leiden, klettern auf schwankenden Bambusleitern in den steilen Felsen herum, um die kleinen klebrigen Nester einer bestimmten Schwalbenart zu ernten, die von den Chinesen in aller Welt als wichtigste Zutat der Delikatesse betrachtet werden, die als Schwalbennester-Suppe bekannt ist. Die Fischer aus dem Dorf fahren mit ihren Netzen am Abend hinaus und kehren in den frühen Morgenstunden regelmäßig mit reicher Beute zurück; sie sind auf diese Weise unlöslich verbunden mit dem Rhythmus der Natur — ebenso wie die Bauern in der Zentralebene, mehr als 500 km entfernt. Hier gibt es unzählige große und kleine Inseln entlang dem immer enger werdenden Streifen Thailands, der nach Malaysia führt. Mit Ausnahme einiger weniger größerer Inseln wie Koh Samui (*koh* bedeutet auf thailändisch „Insel") und Phuket, die jetzt zu einem bedeutenden Touristenzentrum ausgebaut wird, werden nur wenige jemals von Besuchern betreten.

Der Süden Thailands ist ein aufregend schönes Gebiet mit wilden Dschungeln, schroffen Bergen und breiten Sandstränden. Er bietet dem Besucher hervorragende Möglichkeiten zur Erholung.

Die zahlreichen Türme eines besonders verehrten Tempels (vorherige Seiten) gleichen einer exotischen Pflanze unter der glühenden Sonne und dem azurblauen Himmel von Nakhon Si Thammarat.

In vieler Hinsicht ist der Süden vollständig verschieden vom Rest des Landes; dies um so mehr, je weiter Sie nach Süden reisen: unterschiedlich hinsichtlich Klima, Religion, Kultur, Sprache und der Art und Weise, wie die Leute ihren Lebensunterhalt verdienen. Schattige Kautschukplantagen sind hier viel häufiger als Reisfelder, und die goldenen Kuppeln von muselmanischen Moscheen sind ein wesentlich häufigerer Anblick als die geschwungenen Dächer von buddhistischen Tempeln. Ganz besonders in den Provinzen nahe der Grenze, wo die Leute ebenso Malaiisch wie Thai sprechen, stoßen Sie auf einen ausgesprochen südlichen Dialekt und auch auf südliche Küche, die der Malaysias ähnlicher ist als der Zentralthailands. Die Regenzeit im Süden — tatsächlich sind es zwei — ist länger und wesentlich niederschlagsreicher als die im übrigen Land. Die feuchtesten Monate sind Dezember und Januar, in denen die Gebiete der Zentralebene, des Nordens und Nordostens ihre kühlen trockenen Monate haben.

Ebenso wie der Norden war der Süden viele Jahre hindurch quasi autonom, wurde von einer eigenen Regierung verwaltet und war von der Hauptstadt sowohl durch Kultur als auch durch die große Entfernung völlig getrennt. Erst in diesem Jahrhundert wurde der Süden zu einem integralen Bestandteil des thailändischen Königreiches.

Der Süden hat auch seine eigenen Probleme. Viele junge Leute dort fühlen sich abgeschlossen vom thailändischen Kulturleben und völlig unverstanden von der Regierung im weit entfernten Bangkok. Das Resultat ist eine kleine, aber beunruhigend einflußreiche Separatistenbewegung, die dafür kämpft, daß die südlichen Provinzen mit Malaysia vereinigt werden. Nachdem dieses Problem lange vernachlässigt war, unternimmt die thailändische Regierung nun sehr entschiedene Schritte, um

das Gefühl der Entfremdung aufzuheben: Hierher versetzte Beamte müssen nun den lokalen Dialekt lernen und sich auf die hiesigen Sitten einstellen, eine eigene Universität wurde gegründet, und die königliche Familie ließ in jüngster Zeit unweit der Grenze in Narathiwat einen Palast errichten, von dem aus sie mehrere Monate im Jahr Reisen zu den Bewohnern der südlichen Provinzen unternimmt.

Der Süden ist bevorzugt ausgestattet mit natürlichen Ressourcen und ist so, nach der Zentralebene, mit Abstand die reichste Region Thailands. In dem feuchten Klima gedeiht Kautschuk, das zweitwichtigste Exportgut des Landes nach Reis, und es gibt tausende Morgen Kokosplantagen. Aus den Gewässern vor Phuket wird Eisenerz gebaggert und in riesigen Schmelzöfen auf der Insel verhüttet. Haadyai, die Eisenbahnendstation im Süden, ist eine der Städte Thailands, die am schnellsten wachsen. Sie ist eine blühende Stadt, die nicht nur Geschäftsleute anzieht, die mit der örtlichen Industrie Geschäfte machen wollen, sondern auch Tausende von malaysischen Touristen, die durch ihr freizügiges Nachtleben angelockt werden. Die Malaysier bilden die größte Touristengruppe, die nach Thailand reist, und die meisten von ihnen kommen wegen der Vergnügungen in Haadyai. Der Tourismus ist ein ziemlich neuer Teil der Entwicklung im Süden, aber wenn die Voraussagen richtig sind, wird er in der nahen Zukunft sehr bedeutend sein. Viele Jahre lang war die Eisenbahn das Hauptverkehrsmittel, um in dieses Gebiet zu kommen, aber auf diese Weise kam man nur in einige der schönen Gebiete der Halbinsel. Die einzig mögliche Art, auf die schönen Inseln des Golfes zu gelangen, war es, einen der regulären

Fischerboote findet man überall entlang der endlos langen Küstenlinie der schmalen Halbinsel von Südthailand.

Frachter des Thai Navigation Department zu benutzen.

Nach Phuket zu gelangen, das am Indischen Ozean liegt, war sogar noch schwieriger. Die neuen Schnellstraßen, Linienflüge der Inlandgesellschaft, dazu ein Damm, der Phuket mit dem Festland verbindet, haben jedoch die Situation völlig verändert, und die unglaubliche landschaftliche Schönheit der südlichen Strände wird allmählich in der gesamten Tourismusbranche bekannt. Das Magazin *Newsweek* nannte Phuket in einer speziellen Reiseausgabe unter einer Handvoll von Reisezielen für diejenigen, die etwas Unentdecktes, aber Spezielles wollen. Inzwischen werden eine Anzahl von bedeutenden Entwicklungsprojekten für den Tourismus auf dieser idyllischen Insel ausgearbeitet.

Ausflüge in den Süden sind gleichbedeutend mit beträchtlichen Entfernungen den langen Kra-Isthmus hinunter. Narathiwat, diejenige der 14 südlichen Provinzen, die am weitesten von Bangkok entfernt liegt, ist 1500 km von der Hauptstadt getrennt.

Busse in den Süden starten vom südlichen Busbahnhof in der Charoen Santiwong Street, der Hauptstraße im nördlichen Thonburi. Die klimatisierten Busse nach Phuket z.B. brechen gegen 9.30 Uhr zu ihrer 16-Stunden-Reise auf. Die staatliche Eisenbahn Thailands bietet tägliche Expreßzüge in den Süden, die Bangkoks Hauptbahnhof Hua Lampong am späten Nachmittag verlassen. Obwohl diese Züge als „Expreß" bezeichnet werden, sind sie keine eigentlichen Schnellzüge. Ihre Geschwindigkeit erlaubt dem Reisenden eine gute Aussicht auf grüne Reisfelder, Dörfer an *klongs,* steilaufragende Berge und wachsende Städte. Auf

Wie ein chinesisches Aquarell mutet die Bucht von Phangnga mit ihren Kalksteinfelsen an, die sich jäh aus den spiegelnden Wassern erheben.

jeder Station werden lokale Gerichte angeboten; fliegende Händler eilen an den Zugfenstern entlang und verkaufen frische Früchte, *khanoms* (Süßigkeiten), die in Bananenblätter eingewickelt sind, gebratenes Fleisch, getrockneten Tintenfisch und die allgegenwärtigen geeisten Getränke, die in Plastikbechern hinaufgereicht werden.

Reisende, die es nicht besonders eilig haben, sollten ihre Reise in verschiedene Provinzen unterbrechen, um die Attraktionen anzuschauen, die man sonst ungesehen im Dunkeln passiert. Von den Eisenbahnstationen aus können Sie mit dem Bus, dem Taxi oder dem Boot Ausflüge unternehmen und so die Vorzüge des Südens erst richtig würdigen. Wenn Sie Plätze bestellen, sollten Sie die zweite Klasse in den Zügen nicht unterschätzen, die in vielen Zügen den gleichen Komfort wie die erste Klasse bietet. Für diejenigen, die auf dem schnellsten Wege nach Malaysia wollen, verläßt der Zug nach Butterworth Bangkok am Montag-, Mittwoch- und Samstagnachmittag. Der Preis für die erste Klasse beträgt etwa 600 Baht, für die zweite 300 Baht.

Thay Airways bietet tägliche Flüge von Bangkok nach Phuket, Haadyai, Trang, Songkhla und Pattani. Am Dienstag, Donnerstag und Samstag gibt es außerdem einen Flug nach Penang, der etwa 1000 Baht kostet.

Umgekehrt kann man Südthailand auch von Malaysia aus erreichen. Zwei Flüge wöchentlich verbinden Haadyai mit Malaysias Kuala Lumpur und mit Penang. Außerdem gibt es jeden Morgen von Butterworth aus Züge nach Südthailand.

Während der Ebbe reichen diese breiten, mit einer dicken Schicht von Muschelschalen bedeckten, einsamen Strände bis nach Hat Noparat Thara in der Nähe von Krabi.

Die ersten Stationen im Süden

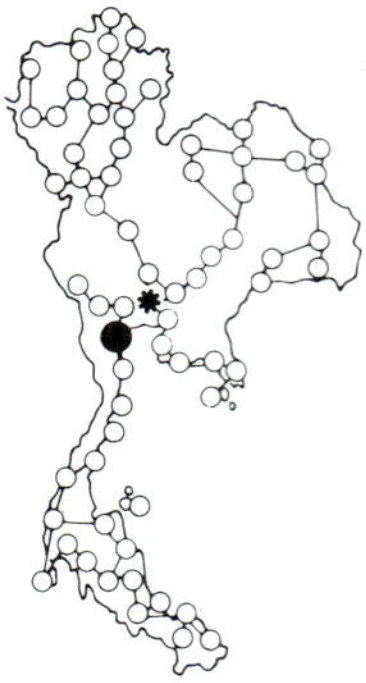

Wenn Sie Bangkok mit dem Auto verlassen, führen die Hauptstraßen zu den ersten Anziehungspunkten des Südens: die Provinz Phetchaburi und die Strände und Hügel in der Nähe von Hua Hin.

1. Phetchaburi
เพชรบุรี (ตัวเมือง, จังหวัด)

2. Kang Krachan Dam
เขื่อนดินแก่งกระจาน

Die Provinzhauptstadt **Phetchaburi,** die 165 km von Bangkok entfernt liegt, hat etliche echte Sehenswürdigkeiten zu bieten. Wenn Sie sich der Stadt von der Straße 4 aus nähern, müssen Sie kurz vor der Stadt an der T-Kreuzung links abbiegen, an einem felsigen Hügel zur Rechten vorbeifahren, die Eisenbahnschienen überqueren und unter schattenspendenden Bäumen halten, damit Sie die **Khao Luang-Höhle** besichtigen können. Hier können Sie riesige Stalaktiten und Buddhastatuen sehen, die um Mittag herum von einem schmalen Sonnenstrahl erhellt sind, der eine ganz besondere Atmosphäre schafft.

Khao Luang Cave
ถ้ำเขาหลวง

Dort, wo die Straße 4 die Stadt Phetchaburi erreicht, umrahmen *naga*-geschmückte Wälle den Aufstieg zum **Palast von König Mongkut,** der im letzten Jahrhundert gebaut wurde. Wenn Sie Straße 4 von Phetchaburi aus 17 km weiter nach Süden fahren, führt eine unbefestigte Straße rechts ab zum **Kang Krachan-Damm,** der nach der ältesten Tochter von König Bhumibol auch ,,Ubol Ratana-Damm" genannt wird. Die Straße verläuft erst entlang einem Kanal, überquert einen älteren Damm und führt dann auf die Erdwälle von Kang Krachan zu. Für gewöhnlich gibt das Irrigation Department Touristen die Erlaubnis, in seinem Bungalow zu übernachten.

Rund 35 km südlich von Phetchaburi liegt **Cha-Am,** ein bei Thais seit langem beliebter Strand, doch erst kürzlich vom Fremdenverkehr entdeckt. Die Hotels Cha-Am und Regent Lodge sind ideale Unterkünfte an dem von Kasuarina-Bäumen gesäumten Strand.

3. Hua Hin
หัวหิน (ตัวเมือง, อำเภอ)

The numbers in the margin in this section refer to the map on page 264.

Ungefähr weitere 50 km südlich an der Straße 4 liegt dann **Hua Hin**, das älteste Prominenten-Seebad in Thailand. Hua Hin, das etwa 232 km von Bangkok entfernt ist, wurde im Jahre 1910 stilvoll „entdeckt“, als Prinz Chakrabongse, der Bruder von Rama VI., eine Gruppe von Prinzen und Herzögen zu einer Jagd eingeladen hatte. König Prachadipok (Rama VII.) baute in Hua Hin einen Palast, den er *Klai Klangwan* nannte, was soviel bedeutet wie „weit entfernt von allen Sorgen“. Gerade hierhin hatte er sich zur Erholung zurückgezogen, als ihn am 24. Juni 1932 ein unblutiger Coup vom absoluten zum konstitutionellen Monarchen machte, womit Thailands erstes Experiment mit der Demokratie begann. Ein *Guide to Bangkok* aus dem Jahre 1932 preist dieses Gebiet als „hochbeliebt bei Reisenden, speziell bei denjenigen, die sich nach dem Golfspiel sehnen“ (heute 18-Loch-Platz).

Im Railway Hotel (kürzlich renoviert) empfindet man noch die noble Atmosphäre der dreißiger Jahre. Das Royal Garden Hotel, etwas südlich davon gelegen, wird eher jene ansprechen, die den Komfort der Moderne schätzen. Der *Hua Hin*-(„Steinerner Kopf“-)Felsen markiert das südliche Ende des Strandes. Der Stadt Hua Hin fehlt der Charme des Eisenbahnhotels. In den Läden hier werden Plastik-Delphine zum Aufblasen verkauft, mit Muscheln beklebte Vasen und ebensolche Aschenbecher, Strandartikel und Sonnenhüte. Wenn Sie aber ein wenig echtes Lokalkolorit erleben wollen, sollten Sie am Morgen oder am Abend den Pier entlanglaufen und in einem der *coffee shops* ein Getränk bestellen.

Verlassen Sie Hua Hin in Richtung Süden wieder auf der Straße 4. Ungefähr 22 km von der Stadt entfernt überquert die Schnellstraße den

Kalksteinhöhlen (links) erheben sich über den Horizont in der Nähe von Phetchaburi, der ersten größeren Stadt nach der Grenzlinie zu Südthailand. Badende Kinder (rechts) nahe Hua Hin, einem der ältesten Badeorte des Landes.

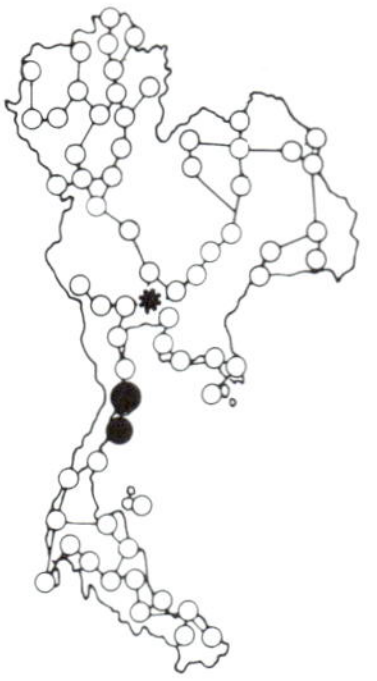

Pranburi-Fluß und erreicht dann eine Stadt gleichen Namens. Eine Straße zur Linken führt nach Pak Nam Pranburi, das 8 km von der Flußmündung entfernt liegt. Hier spielen Kinder unter Pfahlhäusern, während die Fischer ihre Netze zum Trocknen an hölzerne Gerüste hängen.

Auf der Straße 4 südlich von Pranburi können Sie schon die zerklüfteten Konturen des **Nationalparks Khao Sam Roi Yot** („Berg der 300 Gipfel") erkennen. Biegen Sie links in eine ungepflasterte Straße ein und fahren Sie dann noch weitere 14 km bis zum Beginn der Kalkfelsen. Früher dienten die Klüfte und Höhlen Straßenräubern, die unvorsichtige Reisende ausraubten.

Der Himmel über Khao Sam Roi Yot wird in den Annalen der Chakri-Dynastie in liebenswerter Art und Weise erwähnt. Am 18. August 1868 brachte König Mongkut, ein ausgezeichneter Mathematiker und Astrologe, den Gouverneur von Singapur und Mitglieder des Hofes von Bangkok an diesen Ort, damit sie eine totale Sonnenfinsternis erleben könnten, die er selbst vorausgesagt hatte. Die Voraussage des Königs trat mit nur vier Minuten Verzögerung ein, zum Erstaunen der örtlichen Astrologen. Das Bekanntwerden dieses Ereignisses brachte den Aberglauben in Mißkredit, daß eine Sonnenfinsternis sich dann ereigne, wenn ein Riese die Sonne verschluckt und sie erst ausspucke, wenn er durch Gongs und anderen Lärm erschreckt werde.

91 km südlich von Hua Hin, die Straße entlang, die ganz kurz vor Kilometerstein 323 nach links abgeht, liegt **Prachuap Khiri Khan** an einem hübschen kleinen Hafen, der von Hügeln eingeschlossen ist. Am Stadtrand von Prachuap erhebt sich zur Linken ein Hügel, der bei einem speziellen Licht einen Teil des Himmels zu reflektieren scheint. Tatsächlich

4. Khao Sam Roi Yot
เขาสามร้อยยอด

5. Prachuap Khiri Khan
ประจวบคีรีขันธ์ (ตัวเมือง, จัง

Khao Chong Krachok
เขาช่องกระจก

7. Bang Saphan
บางสะพาน

6. Huay Yang Waterfall
น้ำตกห้วยยาง

kann man durch einen natürlichen Felsenbogen den Himmel auf der anderen Seite des Hügels sehen. Daher trägt er den Namen **Khao Chong Krachok,** was soviel heißt wie „Spiegelberg". 395 Stufen führen den Hügel hinauf zu einem kleinen Kloster, das von Frangipani-Bäumen umgeben ist.

Nun sollten Sie weiter auf der Straße in Richtung Stadt fahren, die Verwaltungsbüros passieren und dann nach links in die Straße einbiegen, die zum nördlichen Ende des Strandes führt. Unter dem Schatten von Bäumen laden Strandbungalows zur Rast, wenn Sie Ihre Reise hier unterbrechen wollen. Fast am Ende der Mole, die weit in die Bucht hinausragt, bietet das Pla Mong-Restaurant ausgezeichnetes Essen.

Von Prachuap aus 27 km südlich an der Straße 4 müssen Sie am Kilometerstein 350 nach rechts abbiegen und dann noch 7 km weiterfahren, um den **Huay Yang-Wasserfall** zu erreichen. Der Fall stürzt 120 m tief in den Dschungel, der nicht weit von der burmesischen Grenze entfernt ist. Er liegt in einem Gebiet des Tap Sakae-Distrikts, der für seinen inoffiziellen Grenzhandel berühmt ist.

Ungefähr 35 km außerhalb des Tap Sakae-Distrikts liegt die Stadt **Bang Saphan,** die durch die nach Süden führenden Eisenbahnschienen in zwei Teile geteilt ist. Nach der Einfahrt in die Stadt müssen Sie nach links abbiegen. 12 km weiter endet die Straße am Rand einer großen schönen Bucht, die von einem 6 km langen Strand umgeben ist. Die grünen Ausläufer von Khao Mae Pamphung markieren das nördliche Ende des Strandes, während die Insel Koh Thalu etwas entfernt vom südlichen Ende des Strandes liegt.

Zurück auf der Straße 4, wird die Landschaft südlich von Bang Saphan undurchdringlicher, gebirgiger und

Der Süden bietet eine Vielzahl völlig unterschiedlicher Landschaften. Ein Hügel erhebt sich über einer Landzunge nahe Prachuap Khiri Khan (links), wo Bungalows den Strand säumen. Im Tempel auf diesem Hügel findet sich ein mit Blattgold geschmückter Fußabdruck Buddhas (Mitte). Das einfache Leben im Süden bringt abgehärtete Menschen hervor, wie diese Fischersfrau aus Bang Saphan (rechts).

Auf der anderen Seite des Isthmus

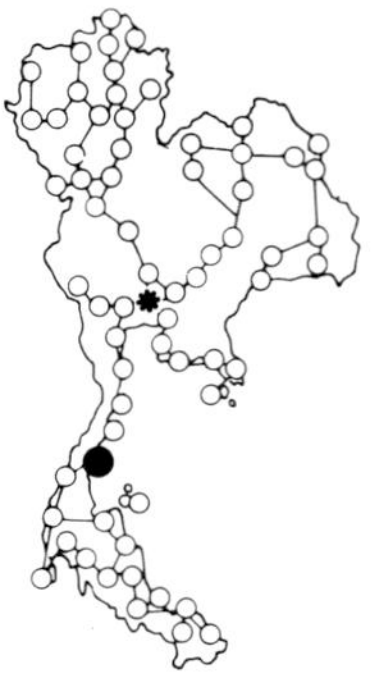

überwachsen. Auf gerodeten Flächen entstanden Kautschukplantagen direkt neben den Kalksteinklippen, die sich ab und zu auf dem Gebiet des Kra-Isthmus und auch weiter südlich auf der Malaysischen Halbinsel aus den Wäldern erheben.

Etwa 490 km südlich von Bangkok erreicht die Straße 4 eine bedeutende Kreuzung, deren rechte Abzweigung zum Indischen Ozean an der Küste von Südthailand führt. Die linke Abzweigung führt nach der Provinzhauptstadt Chumpon, während Sie, wenn Sie weitere 76 km geradeaus fahren, zum Hafenort Lang Suan kommen.

Nach links an dieser Kreuzung führt eine Straße 8 nach **Chumphon,** das für seine hervorragende Schwalbennestersuppe bekannt ist. Die Stadt selber hat eigentlich wenig zu bieten, aber östlich von ihr liegt **Pak Nam Chumphon** an der Mündung des Chumphon-Flusses. Es ist ein kleiner Fischereihafen, in dem man stundenweise Boote mieten kann, um Ausflüge zu den nahegelegenen Inseln zu machen, wo die Schwalben jene Nester bauen, die in der chinesischen Küche so angesehen sind. Während der Paarungszeit von März bis August klettern autorisierte Sammler in den hohen Klippen herum, um die Delikatessen zusammenzutragen. Die Insel Lanka Chio ist besonders berühmt. Händler ersteigern Konzessionen, um die Nester zu sammeln, und stellen sogar Schützen ein, die ihre Reviere bewachen.

Von der Provinzhauptstadt Chumphon aus führt die Straße 4 weiter westlich über die engste Stelle des Kra-Isthmus, verläuft dann in Richtung Süden, dem Pak Chan-Fluß folgend, und durch Kra Buri in Richtung Danong.

Etwa 12 km außerhalb von Kra Buri müssen Sie kurz vor Kilometerstein 504 links abbiegen, um den Höhlentempel **Tham Prakayang** zu erreichen. Falls Sie keine Taschenlampe haben, leihen Ihnen die Mönche für gewöhnlich eine für den dunklen Einstieg in die mit Statuen gefüllte Höhle. Ein völlig schwarzer Buddha blickt mit seinen Jettaugen auf Sie herab. Eine Kalkstein- und Holztreppe führt Sie in die Höhle hinauf und aus ihr heraus zu schmalen Pfaden.

Südlich Tham Prakayangs durchschneidet die Straße dann hügeliges Dschungelgebiet und überquert einen breiten Fluß. Gleich nach Kilometerstein 597 liegt der **Punyaban-Wasserfall** direkt neben der Straße. Die Lastwagenfahrer halten hier, ziehen ihre Sarongs an und nehmen ein kurzes Bad im spritzenden Wasser. Dies ist ein beliebter Ausflugsort für einheimische Touristen. In einer Teestube in der Nähe werden kleine Mahlzeiten serviert.

Am Kilometerstein 612, in der Nähe des Thara-Hotels, sollten Sie rechts in Richtung auf die Provinzhauptstadt **Ranong** abbiegen. Das Hotel selbst bietet eine von Ranongs Hauptattraktionen: heißes Mineralwasser, das von nahegelegenen Thermalquellen in Becken geleitet wird. Um zu den Quellen zu gelangen, müssen Sie der Seitenstraße links vom Fluß hinter dem Hotel folgen. Die Straße verläuft entlang einem steinigen Flußbett, das von strohgedeckten Hütten und von Bananenstauden begrenzt wird. Nach 1 km sehen Sie zur Rechten einen kleinen Tempel, der dem Geist der Quellen gewidmet ist. Ein Brunnen umschließt die Hauptquelle, aus der pro Minute 500 Liter 70° C heißen Mineralwassers sprudeln. Um zu dem kleinen Park zu gelangen, müssen Sie auf einer Hängebrücke den Fluß überqueren.

Wenn man die Straße an den heißen Quellen vorbei weiterfährt, erreicht man das Dorf **Hat Supin,** das in einem Gebiet liegt, wo Zinn abgebaut wird. Das Landschaftsbild wird

Der Abendmarkt (rechts) an der Mündung des Ranong-Flusses.

10 Punyaban Waterfall
น้ำตกบัญญาพรรณ

8. Pak Nam Chumphon
ปากน้ำชุมพร

11. Ranong
ระนอง (ตัวเมือง, จังหวัด)

12. Hat Supin
หาดสุพิน

9. Tham Prakayang
ถ้ำพระขาหยั่ง

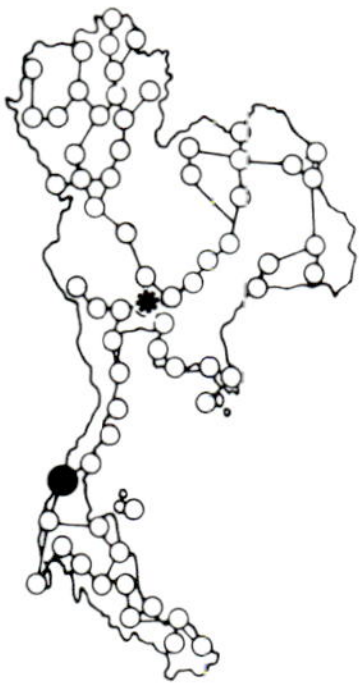

bestimmt von kahlen Flächen weißen Treibsandes, Bambus, tiefen Gruben und ausgehöhlten Klippen. Das strömende Wasser gräbt tiefe Löcher in das Flußbett. Da es voll von Mineralen ist, wird es durch ein plattformähnliches Sieb gefiltert, das von einem Bambusgerüst gehalten wird. Dann wird das Zinnerz von Schlamm und Sand getrennt. In den Morgenstunden kann man kräftige Frauen beobachten, die hölzerne Schalen tragen, um das Erz im Fluß auszuwaschen, während ihre Männer in den Kalksteinbrüchen außerhalb des Dorfes arbeiten. Zinn, das nach Reis, anderem Getreide und nach natürlichem Kautschuk eines von Thailands Hauptexportgütern ist, wird überall entlang der Küste des Indischen Ozeans am Kra-Isthmus gewonnen.

Wat Hat Supin
วัดหาดสุพิน

Ein kleines Schild, auf das ein Fisch gemalt ist, zeigt Ihnen den Weg zum **Wat Hat Supin,** wo immer Kinder zur Stelle sind, um süßes Popcorn zu verkaufen. Die Besucher verfüttern das Popcorn an Hunderte von Karpfen, die in einem Teich neben dem Tempel herumschwimmen.

13. Pak Nam Ranong
ปากน้ำระนอง

Um nach **Pak Nam Ranong,** das am Meer liegt, zu gelangen, müssen Sie nach Ranong zurückfahren und dann noch weitere 3 km darüber hinaus.

Kehren Sie zur Straße 4 zurück, und fahren Sie dann in Richtung Süden an Kapoe, Khuraburi und dem Kilometerstein 776 vorbei — der letzten Straßenmarkierung übrigens, die die Entfernung von Bangkok anzeigt. Etwa 4 km nördlich von Takua Pa gelangen Sie an eine Kreuzung, von wo aus die Straße 401 in Richtung Osten nach Surat Thani und Chaiya verläuft.

Diese Straße führt Sie bergauf und bergab und um scharfe Kurven im Zickzack über und um die wolkenbedeckten Kalksteingipfel des Kra-Isthmus. Die ersten 37 km verläuft sie

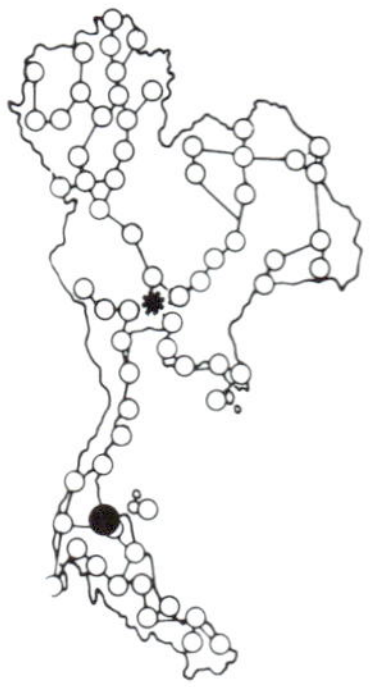

durch das weite Tal des Takua Pa-Flusses, vorbei an Zinnminen am Berghang. Nachdem sie dann die Hügel erreicht hat, taucht sie förmlich ein in eine der atemberaubendsten Landschaften Thailands, in gemaserte Kalksteinklippen und wild zerklüftete Felsen.

Für eine Rast am Mittag sollten Sie am **Wat Thamwaran,** 59 km nach Beginn der Straße 401, am linken Ufer eines kleinen Flusses anhalten.

Bei Surat, wie es die Thailänder nennen, verläßt die Straße 401 das Gebirge und führt nun durch dichte Kautschukplantagen. Etwa 120 km von der Abzweigung von der Straße 4 entfernt, biegt die Straße 401 nach rechts ab und führt nach weiteren 12 km zu der Stadt **Surat Thani,** einem Zentrum für Schiffsbau, Fischerei und Erzbergbau, das am rechten Ufer des Tapi-Flusses liegt. Surat selbst ist kaum sehenswert, aber es ist Ausgangspunkt für sehr schöne Ausflüge. Der erste Ausflug ist für diejenigen bestimmt, die an buddhistischer Meditation interessiert sind und die hier in den Zug nach Norden steigen sollten, der sie in einer Stunde nach Chaiya bringt.

Die kleine, verschlafene Stadt, die aus ungestrichenen Holzhäusern besteht und in der der Bangkok-Expreß nur 60 Sekunden hält, könnte irgendeine Stadt Südthailands sein. **Chaiya** ist Gegenstand eines wissenschaftlichen Disputs, denn es wird neuerdings behauptet, es sei einmal die Hauptstadt eines großen Reiches gewesen. Eine Gruppe von Historikern ist jetzt der Annahme, daß die Hauptstadt des Srivichaya-Reiches, die von dem wandernden chinesischen Mönch I Ching im Jahre 671 v.Chr. beschrieben wurde, nicht Palembang auf Sumatra, sondern Chaiya war.

Nur wenige Spuren dieses mächtigen Reiches, das sich einst von Java

Wat Thamwaran
วัดธรรมวรัณ
15. Chaiya
ไชยา (ตัวเมือง, อำเภอ)

14. Surat Thani
สุราษฎร์ธานี (ตัวเมือง, จังหวัด

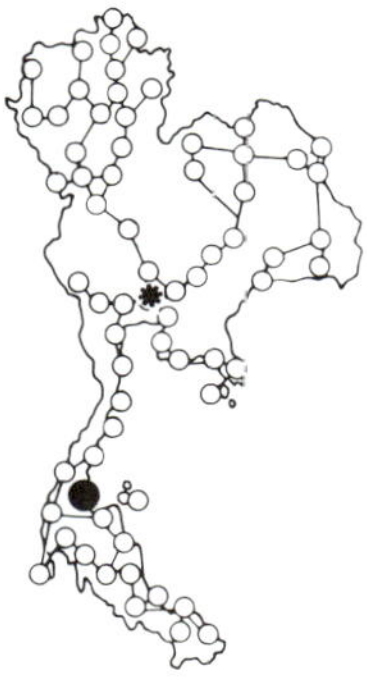

Wat Mahathat
วัดมหาธาตุ

über Malaysia nach Thailand erstreckte, sind heute noch zu sehen. Kaum 2 km außerhalb der Stadt steht **Wat Mahathat,** einer der am meisten verehrten Tempel in Thailand. Sein zentraler *chedi* soll über 1300 Jahre alt sein und stellt in seinem Aussehen eine Verbindung zwischen der Chaiya- und Srivichaya-Periode dar.

Suan Mok
สวนโมก

Wat Wieng
วัดเวียง

Noch näher bei der Stadt steht **Wat Wieng,** an dem eine Inschrift aus dem Jahre 775 v.Chr. gefunden und der von einem König Vishnu erbaut wurde. Die fälschliche Zuordnung dieser Inschrift zu einem anderen Standort führte vor 50 Jahren zu der Hypothese, Palembang sei die Hauptstadt von Srivichaya gewesen. Zwei andere *wats*, **Wat Long** und **Wat Kaeo,** die gleich weit vom Wat Wieng entfernt sind, kennzeichnen die Lage der Srivichaya-Gebäude. Heute vermittelt nur noch Wat Kaeo durch die zerbröckelnden Mauern einer mächtigen *stupa* eine schwache Erinnerung an die große Vergangenheit.

Wat Long
วัดลอง

Wat Kaeo
วัดแก้ว

Einige Kilometer westlich dieser historischen Überreste erhebt sich ein kleiner Hügel über der flachen Landschaft. Hier steht ein buddhistischer Zufluchtsort, der **Suan Mok** heißt und der so neu wie Chaiyas Vergangenheit alt ist. Die Mauern und Säulen innerhalb des Hauptgebäudes sind mit einer Serie von Bildern unterschiedlichsten Inhalts bedeckt, die von der Geschichte des Budhismus bis hin zu Äsops Fabeln reichen. Seinen surrealistischen Anstrich verdankt Suan Mok einem wandernden Zen-Buddhisten, Emanuel Sherman, der auf seiner Suche nach Erleuchtung aus den Vereinigten Staaten nach Japan und Thailand kam und dabei schließlich auf die Insel Phangan vor der thailändischen Küste gelangte. Nach seinem Tod bedeckten ansässige Künstler eine Mauer mit Illustrationen seiner Sinnsprüchen.

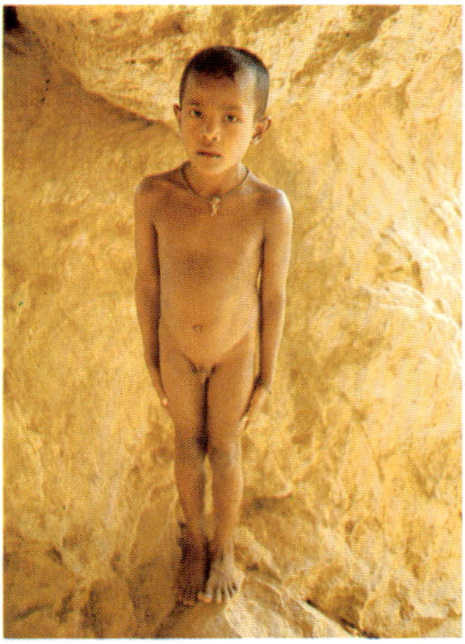

Auf ihrem Weg über den Kra-Isthmus windet sich die Straße Nr. 401 zwischen spitzen Kalksteinfelsen hindurch (links). Der Höhlentempel Wat Thamwaran (Mitte) bietet kühle Rast. Kinder spielen hier gerne, so wie dieser kleine Junge (links), der sich „au naturel" präsentiert.

Flachreliefs, die die Geschichte des Buddha erzählen, schmücken die äußeren Mauern. Sie wurden hier am Ort nach Fotos von indischen Originalen geschaffen. Suan Moks verschnörkeltes Aussehen wiederholt sich auch in den angrenzenden Gebäuden. So wirkt z.B. der *bot* wie ein großes Schiff, das ruhig auf dem Weg des Leidens zum fernen Nirwana segelt.

Einfaches Essen ist auf Koh Samui billig und gut. Auf dem Morgenmarkt können Sie für wenige Baht ein Frühstück aus Nudeln und mildem Kokosnuß-Curry bekommen. Von Straßenhändlern werden verschiedene Kokosnuß- und Reissüßigkeiten angeboten.

Die Hauptbeschäftigung für Besucher auf Koh Samui ist es, an den Strand zu gehen. Die Strände sind phantastisch: lange Streifen gleißenden weißen Sandes, der von Kaurimuscheln bedeckt ist und auf dem harmlose Krebse herumkrabbeln; warmes, klares Wasser und ein wolkenloser Sonnenhimmel, der nur im Dezember hinter Regenwolken verschwindet.

Die Besucher von Koh Samui, die ganz für sich allein sein wollen, können ein kleines Fischerboot für 200 bis 250 Baht pro Tag mieten, um einige der vielen kleinen, unbewohnten Inseln in der Nähe zu erforschen. Hier finden Sie herrliche unberührte Strände und können Robinson Crusoe spielen. Der Bootsmann bereitet Ihnen ein Lunch, das aus gebratenem Fisch, klebrigem Reis mit Mangos und Ananas besteht, und serviert es Ihnen in Kokosnußschalen.

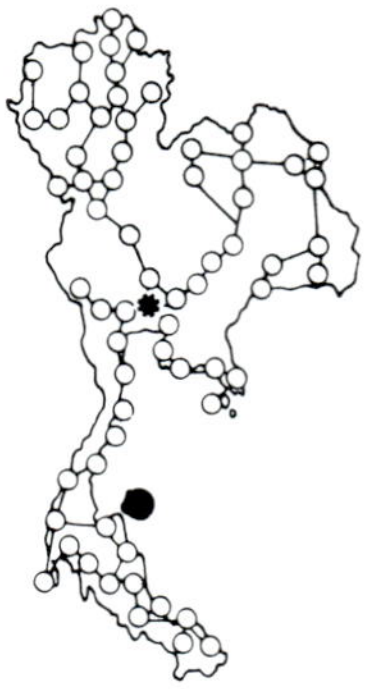

16. Koh Samui
เกาะสมุย

Ban Don
บ้านดอน

Von Suratthani sind es 20 km bis Ban Don und 70 km bis Don Sak, wo die Boote nach **Koh Samui,** der größten Insel im westlichen Golf von Thailand, und nach **Koh Pha-ngnan,** etwas nördlich von Koh Samui, ablegen.

Fährboote (links) verkehren zwischen Ban Don an der Küste und der idyllischen Tropeninsel Koh Samui, die nur 32 km vor der Küste im Golf von Thailand liegt.

17. Ban Ang Thong
บ้านอ่างทอง

Mehrmals täglich fahren Busse die Strecke vom Bahnhof in Suratthani nach Ban Don (ca. ein Stunde Fahrt). Schnellboote fahren dort um 9.00 und 11.00 Uhr nach Samui ab (drei Stunden). Um 12.30 Uhr fährt das Schnellboot von Samui nach Ban Don ab, nach Pha-ngan ca. 45 Minuten später.

Die Nachtfähre verläßt Ban Don um 23.00 Uhr und erreicht Samui gegen 6.00 Uhr morgens (Kabinen für vier Personen). Das Expressboot um 8.30 Uhr braucht nur zwei Stunden für dieselbe Überfahrt.

Schneller geht es, wenn man mit dem Bus von Suratthani nach Don Sak fährt (ca. eine Stunde bis zum Lame Kula Pier). Die Fähren um 9.00 und 16.00 Uhr brauchen nur eine Stunde bis Koh Samui.

Samui, mit 250 qkm etwa so groß wie Penang, ist eine der schönsten Inseln im Golf. Nur wenige Inseln besitzen diese landschaftliche Vielfalt — herrliche Strände, Hügellandschaften, Urwald und Wasserfälle. Noch ist Samui ein bevorzugtes Ziel der Rucksacktouristen, doch mit der Eröffnung des Flughafens Ende der 80er Jahre wird eine massive Entwicklung einsetzen.

Das Leben in Samui hat noch eine gemächliche Gangart und ebenso gelassen sind seine Bewohner. Kokosnüsse sind die Nummer Eins der Wirtschaft, die bereits insofern rationalisiert ist, als trainierte Affen die Nüsse von den hohen Palmen herunterholen. Wo immer man auf der Insel auch ist, überall hat man diesen etwas schweren, alles durchdringenden Geruch von geröstetem Kokosmark in der Nase.

Abgesehen von je einem Hotel an der Yai Noi Bay, Na Thona Bay und Chawaeng Bay gibt es an den elf Stränden vor allem romantische Bungalows (insgesamt 104 Bungalowanlagen), die spottbillig sind.

Eine Flotte von *song tao*, kleinen Lastwagen, die zu billigen Taxis mit zwei Sitzreihen im Fond umgewandelt worden sind, fahren auf Koh Samui umher. Die Fahrer verweigern niemandem die Mitfahrt, bis die Passagiere schließlich auf dem Dach sitzen und in Trauben aus den Türen hängen. Es gibt eine organisierte Tour über die Insel, die jeden Morgen um 8.30 Uhr startet und 5 bis 7 Personen in einem kleinen Bus oder einem *song tao* zu den verschiedenen Touristenattraktionen bringt.

Eine Inseltour kann man auch mit dem Boot machen oder auf einem Motorrad. Eine 52 km lange Straße führt rund um die Insel und macht den Ausflug zu einem Erlebnis der verschiedensten Landschaften.

Sehenswert sind die Na Muang Falls, der Hin Ngu Temple mit seinem riesigen sitzenden Buddha und der Ministrand mit den Felsen „grandmother" und „grandfather", die beide eine Phallusform haben.

Sehr empfehlenswert ist weiter der Besuch der kleinen Dörfer, die überall auf Koh Samui verstreut liegen. Auf dieser Insel leben 5000 Menschen, und man ist hier überaus gastfreundlich. In der Nähe der Berge gibt es Kokosnußplantagen und üppige Wälder, durch die ein Trampelpfad zu Grüppchen von einfachen, aber wunderschönen Holzhäusern führt. Abgearbeitete alte Frauen kichern im Schatten der Strohdächer gemeinsam über die *farangs*; sie freuen sich über jeden neuen Besucher und sind glücklich, wenn diese auf sie aufmerksam werden. Die Kinder starren die Fremden an und stürzen aufgeregt herbei, wenn sie eine Kamera sehen.

Auf Koh Samui herrscht eine bemerkenswerte Friedlichkeit. Die Insel und das Meer bieten Nahrung im Überfluß, und die Wälder liefern Bambus und Holz für die Behausungen. Das Leben scheint sehr leicht zu sein. Auf der Insel gibt es mehrere Schulen, und die reicheren Familien schicken ihre begabteren Kinder auf die Universitäten des Festlands.

Nördlich Samui liegt die stille Insel Koh Pha-ngan, noch abgeschiedener und entrückter in seiner Atmosphäre. Süßes Nichtstun sollte hier die Hauptbeschäftigung sein. Übernachtet wird in ähnlichen Bungalows wie auf der Nachbarinsel.

20. Takua Pa
ตะกั่วป่า (ตัวเมือง, อำเภอ)

Entlang des Indischen Ozeans führt die Straße 4 weiter die Halbinsel hinunter und passiert auch die kleine Distriktsstadt **Takua Pa.** Vor über tausend Jahren war sie ein Hafen für indische Händler, die sich entlang der Küste der Malayischen Halbinsel niederließen, als dieses Gebiet „Subhwara" genannt wurde, was soviel heißt wie „Land des Goldes". Einige Gelehrte glauben, daß die Inder Abkürzungen zum Südchinesischen Meer suchten. Statuen, die man bei Ausgrabungen gefunden hat, haben geholfen, die Karawanenstraßen über den Kra-Isthmus nach

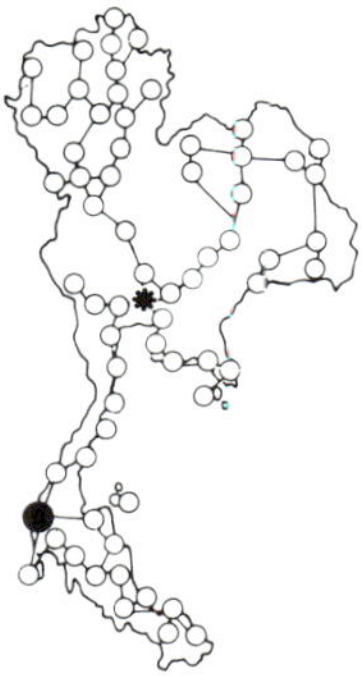

18. Bang Sak Beach
หาดบ้านสาก

21. Lam Pi Waterfall
น้ำตกลำปี

19. Khao Luk Beach
หาดเขาลูก

Surat Thani zu verfolgen. Zwei Davaravati-Statuen aus dem 7. Jahrhundert, die auf der Insel bei der Mündung des gelben Takua Pa-Flusses gefunden wurden, sind weitere archäologische Zeugnisse.

Etwa 13 km südlich von Takua Pa biegt ein Weg von Straße 4 unter einigen Casuarina-Bäumen nach rechts zum **Bang Sak Beach** ab, der an einer großen Bucht liegt. Hinter einem Erfrischungsstand schützt ein Strohdach eine Frischwasserquelle, wo man baden und sich umziehen kann. Mit seinem türkisfarbenen Wasser und dem weißen Sand könnte der abseits gelegene Strand irgendwo in Polynesien sein; es fehlen hier nur die tahitischen Trommeln. Nicht weit hinter Ban Sak wird die Straße steiler und schlängelt sich zwischen dschungelbedeckten Klippen hindurch.

Etwa 36 km von Takua Pa entfernt — an dem Punkt, wo die Straße nach vielen Windungen wieder das Meer erreicht — liegt der Strand von **Khao Luk Beach** direkt zur Rechten. Etwa 30 Familien leben hier den größten Teil des Jahres im natürlichen Schutz der kleinen Bucht. Die Männer betreiben nicht Fischfang, sondern tauchen mit Hilfe von Sauerstoffflaschen und Schutzbrillen nach Zinn. Sie bleiben jeweils ein bis zwei Stunden unter Wasser und schaufeln zinnhaltigen Sand in die Körbe. Andere Arbeiter hieven die gefüllten Körbe nach oben auf Bambusgestelle und sieben den Inhalt auf Zinn durch. Alljährlich im Juni, wenn der Monsun über den Ozean tobt, wird das Tauchen nach Zinn vor Khao Luk für eine Weile unterbrochen.

Zurück auf der Straße 4, zweigt etwa 69 km südlich von Takua Pa eine rötliche Schotterstraße kurz vor einer kleinen Schule an der anderen Seite der Straße nach links in Richtung des **Lam Pi-Wasserfalls** ab.

Ein Inselbewohner auf Koh Samui fällt eine Palme (links), eine der nützlichsten Pflanzen der Welt; denn jeder Teil ist verwendbar. Mehrere Monate des Jahres leben einige Familien in Hütten am Khao Luk-Strand (Mitte), von wo aus sie zinnhaltigen Sand vom Meeresgrund heraufholen. Das glasklare Wasser im Becken unterhalb des Lam Pi-Wasserfalls lädt zu einem erfrischenden Bad ein (rechts).

Phuket – das Badeparadies mit Zukunft

Die 810 qkm große Insel **Phuket,** die etwa 80 km südlich von Takua Pa durch die Sarasin-Brücke mit dem Festland verbunden wird, ist eines der attraktivsten Erholungsgebiete Thailands am Meer. Im Gegensatz zu anderen Inseln beschränkt sich Phukets Schönheit nicht auf die Küste. Etwa halb so groß wie Singapur, bietet Phuket zauberhafte Strände am Fuß einer mit tropischem Urwald bestandenen Hügellandschaft, Kokosnuß- und Gummiplantagen und idyllische Dörfer. Im Meer begleiten Riffe mit einer unglaublichen Fülle mariner Fauna die Strände. Phuket ist ein kleines Paradies.

Auf der Straße zur Stadt Phuket kommt man nach dem Flughafen zu einer Kreuzung, wo die Straßen von Surin Beach und Phak Chit einmünden. Hier stehen zwei Bronzestatuen — Kriegerinnen mit gezogenem Schwert. Sie stellen die Schwestern Chan und Muk dar, die im 18. Jahrhundert ein Heer gegen die burmesischen Invasoren anführten und so Phukets Unabhängigkeit retteten.

Phukets Wohlstand hat vier Hauptquellen. Die Gewässer und die Gebiete im Landesinnern sind reich an Zinn und tragen zu Thailands Stellung als der Welt drittgrößtem Zinnlieferanten bei. Eine bedeutende wirtschaftliche Rolle spielen auch Gummi, Kokosnuß und Reis.

Der Zinnabbau ließ die Stadt **Phuket** entstehen, die heute 50 000 Einwohner zählt. Größtenteils ist es eine undefinierbare Ansammlung von dreistöckigen Häusern mit Läden. Nur im Nordwesten der Stadt begegnet man noch dem Erbe aus der Zeit der Zinnbarone. Herrschaftliche Häuser, umgeben von weiten, englisch gepflegten Rasenflächen, erinnern an Phukets wirtschaftliche Blüte zu Beginn dieses Jahrhunderts.

Die Straßen zur Innenstadt säumen alte Geschäftshäuser im sogenannten chinesisch-portugiesischen Stil, den man in ähnlicher Weise in Songkhla und Penang findet. Chine-

22. Phuket
ภูเก็ต (ตัวเมือง, จังหวัด)

Saphan Hin Park
สวนสะพานหิน

Patong Bay
อ่าวปะตง

Put Jaw Temple
วัดจีนพุดจอ

Surin Beach
หาดสรินทร์

Phuket Hill
เขาภูเก็ต

sen aus den mittleren Einkommensklassen bauten die dreistöckigen Häuser. Im Erdgeschoß befinden sich ein Laden und eine Empfangshalle, während die Großfamilien die Obergeschosse bewohnen. Der Name der Familie oder des Klan steht jeweils in großen Lettern über der Tür.

Mehrere Gebäude im Zentrum verraten in ihrer Architektur europäischen Einfluß, der in der Frühzeit der Stadt zu suchen ist. Im Jahr 1786 bot der Sultan von Kedah, Herrscher der Region, dem Gründer von Penang, Captain Light von der Ostindischen Gesellschaft, beide Inseln zum Kauf an. Hätte England damals nicht das Geld gefehlt, wäre Phuket heute britische Kolonie.

Die Gebäude der Chartered Bank und von Thai Airways z.B. ähneln mit ihren Loggien den Bauten des kolonialen Singapur und Penang. Diese Architektur verleiht Phuket einen gewissen Charme. Erwähnenswert ist der grellbunte **Put Chaw Chinese Temple** neben dem Markt in der Ranong Road. Wie bei vielen ähnlichen chinesischen Schreinen ist der Hauptaltar Kuan Yin, der Göttin der Gnade, geweiht.

Das einzig bedeutende Gebäude außerhalb von Phuket ist **Wat Chalong,** 6 km südlich am Phuket Bypass, einer Art Ringstraße, gelegen. Der aufwendig geschmückte Tempel ist bekannt für die mit Blattgold überzogene Statue von Luang Pho Chaem, Abt des Wat Chalong um die Jahrhundertwende. Er war berühmt für seine Fertigkeit, Knochenbrüche wieder einzurichten. Sie erwies sich als besonders nutzbringend, als chinesische Armeen von Malaysia einfielen und versuchten, die Stadt und die Zinnminen einzunehmen. Nach dem Gefecht erhielt Luan Pho eine religiöse Auszeichnung für seinen Einsatz bei der Rettung verwundeter Krieger.

Chinesische Einwanderer ließen sich in vielen Städten und Dörfern des Südens nieder, und noch heute kann man hier überall starken chinesischen Einfluß spüren, so z.B. im Tempel von Put Jaw in Phuket (links und rechts).

In diesem Tempel werden besondere Festlichkeiten abgehalten, bei denen eine große Zahl von Gläubigen barfuß über ein Bett glühender Holzkohlen schreitet, ohne sich auch nur im geringsten zu verletzen.

Phukets eigentlicher Ruhm liegt jedoch in seinen Stränden begründet, und es ist gesegnet mit ihnen. Sie liegen alle an der Westseite der Insel, während die östlichen meist felsig sind.

Am besten erschlossen ist **Patong,** östlich von Phuket Stadt. In den frühen 70er Jahren war Patong nichts als ein Fischerdorf an einer weiten Sandbucht. Doch es scheint in den letzten Jahren Versäumtes nachgeholt zu haben. Die Fischerhütten mußten einer Stadt mit Hotels, Supermärkten, Einkaufszentren und Komforteinrichtungen wie Waschsalons weichen.

Der Strand ist übersät mit farbenfreudigen Sonnenschirmen, und in der Bucht liegen die Yachten vor Anker. Entgegen anderen Stränden auf Phuket bietet Patong eine breite Palette an Wassersportmöglichkeiten, u.a. Windsurfen, Segeln und Wellenreiten. Man kann sich hier Tauchausrüstungen mieten und sogar Unterricht für das Tauchzertifikat (PADI) nehmen. Die Tauchshops organisieren auch Tauchgänge in der Bucht oder bei den Similian Islands, die zu den besten Tauchgründen Asiens zählen. Zum Schnorcheln eignen sich die Riffgebiete am Südende der Patong Bay oder bei Kata Noi, zwei Stränden im Süden. Die Insel Phi Phi bietet ähnlich ideale Bedingungen.

Rawai Village
หมู่บ้านราไว

Eine Vielzahl der Restaurants in Patong hat sich auf typisch thailändische Fisch- und Meeresfrüchtegerichte spezialisiert. Das Besondere der Speisekarten ist der riesige Phuket Lobster, ein Monster der Tiefsee, groß genug für eine Mahlzeit für zwei Personen. In Phuket fehlen auch nicht die Bars (mit Hostessen) im Freien und eine Diskothek. Nördlich der Stadt folgen die Strände von Surin und Singh.

Laem Ka Noi
แหลมข่าน้อย

Surin wird beherrscht vom Pansea Resort. Da der herrliche Strand *Haad*

Nai Yang
นายยาง
''Airport'' Beach
หาดสนามบิน

Mai Khao
หาดไม้ขาว

Wat Koh Sireh
วัดเกาะสิเหร่

Singh eine lebensgefährliche Unterströmung hat, gibt es hier kaum Unterkünfte, stattdessen einen 9-Loch-Golfplatz, dessen Gras eine Herde von Wasserbüffeln kurz hält; allerdings kann sie als wanderndes Risiko das Spiel jedes ernsthaften Golfers zunichte machen. (Ende der 80er Jahre soll ein neuer 18-Loch-Golfplatz auf der Insel fertiggestellt werden.).

Nay Yang Beach im Norden (nahe dem Flughafen) liegt im Herzen des gleichnamigen Nationalparks. Abgesehen von einem größeren Hotel gibt es an diesem Strand im Schatten herrlicher Kasuarina-Bäume nur begrenzte Übernachtungsmöglichkeiten.

An Nai Yang schließt sich Phukets längster Strand, *Mai Khao,* an, wo alljährlich von Dezember bis Februar Meeresschildkröten an Land gehen, um ihre Eier in Löcher im Sand abzulegen. (Die Einheimischen schätzen die Eier als Delikatesse).

Südlich Patong folgen *Kharon Beach* und hinter einem kleinen Felsriegel, der sich wie ein Finger ins Meer schiebt, *Kata Beach.* Zwischen den Bungalows von Kharon steht nur ein großes Hotel. Die im Vergleich zu Patong noch wenig entwickelten und sauberen Strände Kharon und Kata finden ihr Publikum unter den Reisenden, die in aller Ruhe faulenzen und schwimmen wollen und ausgezeichnet zubereitete Fischgerichte schätzen.

Eine Club-Med-Anlage (die zweite in Asien) befindet sich am Strand von *Kata* neben anderen Bungalow-Siedlungen und einigen guten Restaurants. Die Wassersportmöglichkeiten beschränken sich auf Windsurfen und Segeln (auch Katamarane stehen zur Verfügung).

Jenseits des Hügels erstreckt sich der weiße Sandstrand von *Kata Noi* (Kleines Kata) mit einem großen Hotel und einem hervorragenden Revier zum Schnorcheln am Südende der Beach.

Nai Harn, einer der schönsten Strände von Phuket (im Südwesten der Insel), wartet noch darauf, entdeckt zu werden. Die Idylle ist perfekt: ein Strand zwischen zwei hohen Hügeln, umspült von den sanften Wellen des Meeres und einer Lagune.

Eine allgemeine Warnung: Während der Monsunzeit (von Mai bis Oktober) entwickeln sich an den Stränden von Phuket gefährliche Unterströmungen. Beim Schwimmen ist dann höchste Vorsicht geboten.

Noch in Sichtweite von Nai Harn liegt eine der besten Stellen, um die Sonnenuntergänge zu erleben: **Promthep Cape.** Wie ein Teppich überziehen leuchtendgelbe Rasenflächen und Dattelpalmen den Hügel, der steil zum Meer hin abfällt. Nicht weit davon entfernt endet die Straße von Phuket bei Rawai, dessen felsiger Strand bei Ebbe trockenfällt.

Rawai ist eines von zwei **Chao Lay,** wie die Dörfer der Seezigeuner auf

In Sireh, am nördlichen Ende der Insel Phuket (links), lebt die Volksgruppe der Seezigeuner (rechts), von denen die Anthropologen glauben, daß sie mit den dunkelhäutigen Bewohnern der Andaman-Inseln verwandt sind.

Phuket heißen. Einst waren ihre Bewohner nomadische Fischerfamilien, die ohne einen bestimmten Rhythmus von Insel zu Insel zogen. Die Männer sind geschickte Fischer und jagen über und unter Wasser. Schon in jungen Jahren können sie in große Tiefen tauchen. Auf der Suche nach Hummern blieben sie sogar bis zu drei Minuten unter Wasser.

Rawai und das Dorf der Seezigeuner bei *Koh Siray* östlich von Phuket Stadt sind nicht besonders sauber und haben keine ausgesprochenen Attraktionen. Viele Familien leben in Pfahlhütten mit Wellblechdächern; das Vieh haust unter den Plattformen.

Östlich Phuket Stadt erlebt man im Phuket Aquarium einen farbenprächtigen Querschnitt durch die Unterwasserwelt der Adaman Sea (Fische, Korallen, Muscheln).

Hauptverkehrsmittel der Insel sind die blauweißen Busse, die vom Markt in Phuket zu jedem Punkt der Insel abfahren. Kleine vierrädrige Vehikel, genannt tuk-tuks, schaukeln je vier Besucher noch bequemer von Ort zu Ort. Ganz oben in der Beliebtheitsskala steht jedoch — wie in Samui — das Motorrad.

In den Gewässern vor der Ostküste stehen mehrere Perlenfarmen den Besuchern offen. Die meisten züchten die sogenannten „half pearls", und nur eine auf Koh Naka Noi produziert die großen Südseeperlen, die tausende von Mark wert sind. Aus dieser Zuchtfarm kam angeblich auch die größte Perle der Welt.

Koh Naka Noi
เกาะนาคาน้อย

Etwa 30 km nordöstlich von Khok Kloi, bereits wieder auf der Hauptinsel, führt eine Straße in westlicher Richtung nach **Suan Ku**, wo eine Höhle im Kalkgestein angefüllt ist mit Dutzenden von Buddha-Figuren. Das Licht fällt durch eine Öffnung in den Raum und verleiht ihm so eine mystische Stimmung.

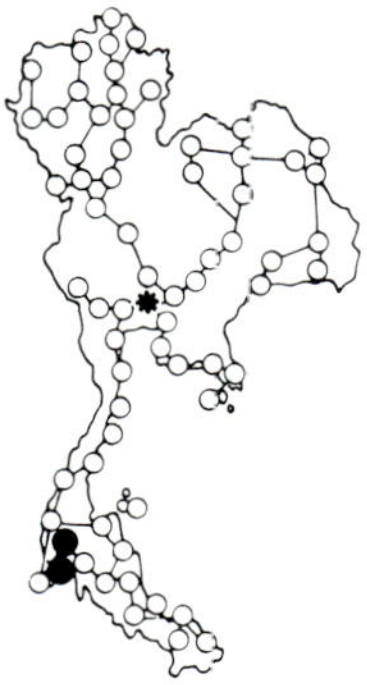

23. Phangnga Bay
อ่าวพังงา
Khao Kien
เขาเขียน
Koh Pannyi
เกาะปันหยี

Tham Lawd
ถ้ำลอด

Nach einer kurzen Fahrt auf der Straße 4 erreichen Sie die kleine Provinzstadt von Phangnga, wo Sie als Unterkunft nur eines der bescheidenen chinesischen Hotels wählen können. Wenn diese unter dem üblichen Standard zu liegen scheinen, sollten Sie sich daran erinnern, daß die wunderschöne **Phangnga-Bucht** den Mangel an guten Unterkunftsmöglichkeiten in der Stadt zehnmal wieder wettmacht. Da zur gleichen Zeit eine Menge Touristen in der Stadt sein können, ist es in jedem Falle angebracht, das Boot am Nachmittag oder am Abend vor dem Ausflug in die Bucht zu mieten.

Auf dem Weg zur Phangnga Bay gleitet das Boot über durchsichtige grüne Wasserwege, die von Mangrovensümpfen flankiert sind. Alte Frauen, Körbe auf dem Kopf, paddeln vorbei in kleinen Booten, die vollbeladen mit Bananen sind. Die Bootsbesatzung stoppt an grünen Schildern, auf denen die Inselnamen vermerkt sind, die der jeweiligen Form der Insel entsprechen, z.B. *Koh Ma Chu* („Hündchen-Insel").

Kurz vor der Mündung des Phangnga-Flusses erreicht das Boot den Fuß des Berges **Khao Kien,** wo es eine Höhle gibt, die primitive Felszeichnungen von Menschen und Tieren enthält, ähnlich den Höhlenzeichnungen von Lascaux. Zur Rechten liegt eine große malerische Felseninsel namens **Koh Pannyi.**

Das Boot fährt dann in ein Labyrinth von Inseln hinein, von denen eine erstaunlicher ist als die andere. Hier wurde ein Teil des James-Bond-Filmes *Man With The Golden Gun* gedreht. Einer der Höhepunkte dieses unwirklichen „Schauplatzes" ist **Tham Lawd.** Auf scheinbarem Kollisionskurs mit einem riesigen Kalksteinfelsen, gleitet das Boot in den kaum sichtbaren und überwachsenen Eingang einer Höhle.

Das Meer um Phuket ist ideal für die Perlenzucht (links). Die Mikimoto Co. betreibt eine Perlenfarm auf Koh Naka Noi, einer Insel knapp zwei Stunden vor der Ostküste Phukets. Zeichnungen aus vorgeschichtlicher Zeit bedecken die Wände der Inselhöhle von Khao Kien in der Phangnga-Bucht (rechts). Die bizarren Formen der gewaltigen Kalksteinfelsen (Mitte) entstanden im Laufe von Jahrmillionen.

Über 50 m Distanz geht es unter gigantischen Stalaktiten dahin. Die aus dem Wasser ragenden Felsen scheinen von einem Riesen mit der Machete herausgehauen worden zu sein.

Tham Nak: Ein verschnörkelter Stalagmit am Eingang erinnert an eine *naga* (Schlange), wovon die Höhle auch ihren Namen hat. Von der Decke hängen grüne Stalaktiten wie ein gefrorener Wasserfall. Von weitem sieht die Insel aus, als ob gestreifter Kalkstein herunterströme. Hier entstanden viele Szenen für thailändische Filme.

Koh Khao Ping Gun: Der Bootsmotor wird hier abgestellt, man schwimmt oder veranstaltet ein Picknick. Eine kleine Bucht liegt einer anderen Insel zugewandt: **Koh Tapoo,** die aussieht, als wäre ein dorniger Pflock in die See getrieben worden. Hinter der Bucht ist ein großer Felsrutsch; der Berg scheint sich gespalten zu haben. Die Hälften sehen aus, als neigten sie sich einander zu. Einheimische behaupten, es wären zwei Liebende. Eine kleine Treppe führt zu einer oberhalb des Wassers liegenden Bucht, wo die Kalksteinformationen wie hartgewordener Kleister aussehen.

In Phangnga lohnt sich der Besuch mehrerer Höhlen an Land. Wenn man von der Stadt her kommt, liegt **Tham Russi,** die „Eremitenhöhle", auf der linken Seite, 2 km, ehe man beim Zollhaus abbiegt. Ein Stalagmit von der ungefähren Form eines Eremiten ist von Menschenhand mit einem Bart, safrangelbem Tuch um die Schultern und einem Stab ausgestattet worden. Manche glauben, daß der *russi* Kranke heilen und Lotteriezahlen voraussagen könne. — Ungewöhnliche labyrinthartige Grotten unterteilen Tham Russi. In einer parkähnlichen Atmosphäre wandeln Verliebte über Brücken, die Teiche innerhalb der Höhle überspannen.

Tham Nak
ตำหนัก

Tham Russi
ถ้ำฤาษี

Koh Thalu
เกาะตาลู

Koh Khao Ping Gun
เกาะเขาพิงกัน

Koh Tapoo
เกาะตะปู

Wat Tham Pong Chang
วัดถ้ำโป่งช้าง
24. Than Bokkoroni
อุทยานแห่งชาติโบกขรณี

Wat Kirirong
วัดคีรีรงค์

25. Ao Luk
อ่าวลึก

The seascape at Phangnga Bay is filled with a fantastic array of weathered limestone outcrops and islands.

500 m weiter die Straße entlang, am Büro des Gouverneurs auf der linken Seite vorbei, weist ein blaues Zeichen auf **Wat Tham Pong Chang** („Tempelhöhle im Elefantenmagen"). Ein klaustrophobischer Tunnel links vom Teich führt zu einem kleinen, mit den Statuen dreier heiliger Elefanten geschmückten Schrein.

Exakt 2 km hinter Phangnga auf Route 4 erreicht man eine Gabelung, wo ein Schild nach rechts 85 km nach Krabi anzeigt. Hinter der Gabelung steigt die Straße durch einen gewundenen Paß, durch riesige Kalksteinhügel und fruchtbare Täler. Am Fuß des Passes grüßt einen die bescheidene Buddhastatue beim **Wat Kiriong** am Eingang einer Schlucht.

Südlich vom Wat Kiriong scheint sich der Horizont stellenweise den Gesetzen der Schwerkraft zu entziehen, wo mächtige Felsen sich hoch über dem Dschungel aufgetürmt haben. Ungefähr 45 km nach Phangnga zwängt sich die Straße zwischen zwei ungeheuren Felsen hindurch und gleitet, 40 km von Krabi entfernt, in die Stadt **Ao Luk.** Biegt man auf der Hauptkreuzung der Stadt nach rechts ab, gelangt man 2 km weiter zum **Than Bokkoroni-Nationalpark,** einem der schönsten in Thailand. Der Park zieht sich durch hohe Klippen wie eine Szene aus *Lost Horizon.* An einer Stelle tritt ein unterirdischer Strom inmitten von üppiger Vegetation zutage. Kieswege schlängeln sich am Fuß der mit Kriechgewächsen und Hibiskus überwucherten Klippen dahin.

Wenn man auf Route 4 zurückfährt, kann man bei Ban Thong Agricultural Station anhalten, wo Botaniker neue Sorten Gummi, Kaffee und Tee züchten. Weiter geht es auf Route 4 durch dichte Bestände von Kautschukbäumen. An Bambusstöcken sieht man vor vielen Häusern weiße Streifen Latex zum Trocknen aufgehängt. Im Gegensatz zu Malaysia mit seinen endlosen Plantagen gibt es in Thailand eine Vielzahl kleiner, privater Bestände.

Ungefähr 25 km südlich von Ao Luk, immer unter und an den Kalkstein-„Auswüchsen" entlang, fährt man an der **Naichong Rubber Experimental Station** vorbei.

Wer auf Route 4 ganz bis nach Krabi fährt (genau genommen führt die Route im Abstand von 45 km an der Provinzhauptstadt vorbei), der versäumt einen wunderschönen Abstecher. Wenn Sie ein paar Stunden Zeit haben, biegen Sie ca. 7 km hinter der Naichong Station nach rechts ab. Dieser Straße folgt man 6,5 km und fährt dann linker Hand für 11,5 km durch kleine Bauerndörfer, nicht weit vom Meer entfernt. Ein weißes Schild weist die Richtung zum **Hat Noparat-Strand** (7 km auf unbefestigter Straße).

Der fast immer leere Strand von **Hat Noparat Thara** liegt einer kleinen Felseninsel gegenüber. Bei Ebbe kann man die 500 m zu Fuß hinübergehen. Am Strand stehen kilometerweit Casuarina-Bäume, die den vereinzelten Ruhebänken Schatten spenden. Der Sand ist stellenweise fein wie Zucker und dann wieder grobschrötig, weil er aus Millionen kleiner Muscheln besteht.

Fahren Sie die 7 km zurück zur Seitenstraße und folgen Sie 3 km weiter dem Hinweis eines anderen weißen Wegweisers: 9 km zum **Susarn Hoi Beach** (Muschelfriedhof). Hier ist kein Sandstrand; die Felsbrocken, bestehend aus 25 Millionen Jahre alten versteinerten Muscheln, fühlen sich an, als laufe man auf unregelmäßigen Zementplatten.

Wieder zurück auf der Seitenstraße nach **Krabi**, kommt man hinter den provinzialen Verwaltungsgebäuden, die, auf einem Hügel liegend, den Hafen überblicken, in die Stadt.

27. Susarn Hoi Beach
หาดสุสานหอย

28. Krabi
กระบี่ (ตัวเมือง, จังหวัด)

26. Hat Noparat Thara
หาดนพรัตน์ธารา

An der Küste entlang um Trang und Krabi liegen kilometerweite unerforschte Strände. Der Strand wechselt von „zuckerfein" bis „körnige Sorte", die sich aus Muscheln zusammensetzt. Dem Strand von Hat Noparat Thara (oben) gegenüber liegen felsige Inseln, die man zu Fuß erreichen kann. An der Küste hinter Trang findet man den szenisch wunderschönen Strand von Pak (rechts).

Von dort kann man zum Fluß Krabi und zu den Landungsplätzen fahren. Alte schwarze Dschunken, auf deren Bug Ying- und Yang-Talismane gemalt sind, machen hier oft nach ihrer Fahrt von Singapur und Penang fest.

An den Docks legen die Boote nach **Koh Phi Phi,** der Insel mit den hohen Klippen und den merkwürdigen Höhlenzeichnungen, ab. Die normalen Boote benötigen für die Überfahrt 3 bis 3 1/2 Stunden, während die Schnellboote die Strecke in 1 1/2 bis 2 Stunden zurücklegen. (Von Koh Phi Phi auch Verbindungen nach Phuket, Chalong Bay.)

Sobald das Boot die Schlickbänke hinter sich gelassen und mit Kurs nach Süden die offene See erreicht hat, sieht man Koh Phi Phi. Langsam heben sich in den Morgenstunden die Nebel und enthüllen eine hügelige Insel mit einer hohen felsigen baumbestandenen Landzunge am südlichen Ende. Versteckte lauschige Buchten umgeben das Inselparadies, türkisfarbene Wellen umspülen feinsandige Strände, deren gleißendes Weiß dem Auge fast weh tut.

Die rund 400 Bewohner der Insel lebten früher vom Fischfang. Heute verdienen viele ihren Lebensunterhalt im Tourismus. Mit den bunten alten Fischerbooten schippern sie die Besucher zu den Stränden oder um die Insel.

Und kam man früher ohne einige Thai-Kenntnisse nicht aus, so klappt mittlerweile auch die Verständigung in Englisch.

Beim Erkunden der Insel beeindruckt zuerst einmal der kilometerlange, gigantische Felsen, der sich im Süden der Insel aus der See erhebt. Die See geht zwischen den steilen Felsen dieser nackten Insel und dem gleichermaßen eindrucksvollen Wall der Landzunge von Kho Phi Phi wie

29. Koh Phi Phi
เกาะพีพี

durch einen Trichter, und die dadurch erzeugten groben Brecher können in den kleinen Booten, die einen hinüberbringen, ziemlich angsterregend sein. Ein zerbrechlich aussehender Landungssteg ist an einem Gewirr von Seilen an einem überhängenden Felsen befestigt.

Wer daran entlang klettert, findet sich bald in einer riesigen, triefenden Höhle. Ein Flechtwerk aus Bambusgerüsten zieht sich an den Wänden entlang in die Höhe. Männer klettern diese wackeligen Gerüste empor, um Schwalbennester zu sammeln, die an Gourmets als Delikatesse verkauft werden. Ein Blick in die schwankenden Gerüste hinauf bis an die dunkle Decke erklärt, weshalb Schwalbennestersuppe so teuer ist!

4 km hinter Krabi brechen die Kalksteine mit ihrem Baldachin aus grüner Vegetation wieder aus der Erde hervor. Dies sind die ,,ländlichen" Vettern der Inseln, die die See um Koh Phi Phi erfüllen. Damit die Rückkehr zur ,,Zivilisation" nicht zu schwer fällt, hat Krabi ein ausgezeichnetes und gar nicht teures kleines Hotel.

Von Krabi her wird auf Route 4 nach Südosten zu das Land allmählich flach. Deichumschlossene Reisfelder erscheinen auf beiden Seiten der Straße. Was aussieht wie verlassene Kisten und Koffer am Wegrand, weist auf Bushaltestellen hin. Die Passagiere warten geduldig im Schatten der nahen Bäume.

Khao Pina
เขาปีนา

Nur ein fanatischer Höhlenforscher würde von der Route 4 abbiegen, um die kleinen Höhlen bei **Khao Pina** zu besichtigen. Alle Fanatiker drehen 92 km vor der Krabi-Kreuzung links ab und folgen einer unbefestigten Straße 1,5 km zu einem kleinen Tempel am Fuße einer hohen Treppe, die zu den zwei Höhlen führt. (Bitte eine eigene Taschenlampe mitnehmen!) Vor einer Kapelle

Überall an den Straßen findet man im Süden Volkskunst. Viele dieser Statuen wie dieser pastellfarbene Buddha etwas nördlich von Krabi (links) sind von eigenem Reiz in ihrer Einfachheit und Verspieltheit. Die Statue eines thailändischen Würdenträgers (Mitte) steht unvermittelt und steif vor der Kapelle bei Khao Pina. Der chinesische Einfluß in Trang wird am Teochu-Tempel in Ban Bangkok offensichtlich (rechts).

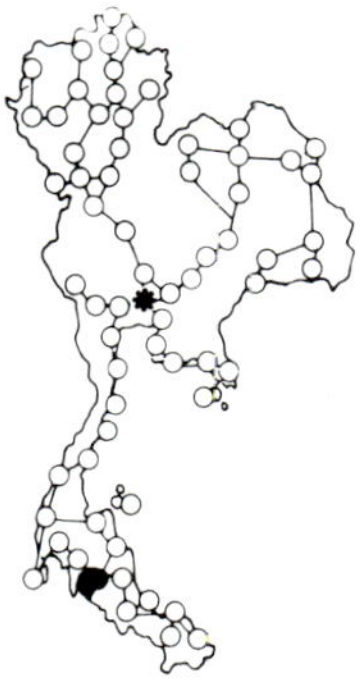

30. Trang
ตรัง (ตัวเมือง, จังหวัด)

Pak Mong Beach
หาดผามอง

Ban Bangrok
บ้านบางรก

Surin Park
สวนสุรินทร์

steht das unerwartete Standbild eines Würdenträgers, in weißer, medaillenbestückter Jacke und die Hände steif an der blauen Hosennaht.

Wieder zurück auf Route 4, fährt man 108 km von Krabi durch Huai Yot und kommt nach weiteren 28 km zur Provinzhauptstadt **Trang.** Außerordentlich geschäftig, ist Trang ein Glied in der Kette von kleineren, aber wohlhabenden und hauptsächlich chinesischen Städten des Südens. Viele dieser Teochu sprechenden Immigranten kamen, um in den Zinnbergwerken zu arbeiten, und blieben dann, um das Geschäft mit dem Rohgummi zu betreiben.

Trangs chinesisches Erbe spiegelt sich in den Monumenten wider, die man sieht, wenn man die Stadt von Norden her erreicht. In **Ban Bangrok,** 3 km nordwärts auf Route 4, steht ein Teochuschrein zu Ehren eines rotgesichtigen, bärtigen Gottes, Kwan Tee Hun, der die Macht haben soll, Kriege entweder anzufangen oder zu beenden. Rund um den Teich in der Haupthalle sonnen sich die Schildkröten, Symbole für ein langes Leben. Weiter nach Süden auf Route 4 bewacht ein Drachentor die Stadt.

Die Provinzstadt selbst ist monoton. Das Trang-Hotel bietet Zimmer mit Klimaanlage, aber das Speisezimmer unten ist dunkel und trübe. Die Stadt hat jedoch ein beliebtes Restaurant, gleich rechts neben der Post, einen Block vom Bahnhof entfernt.

Von Trang aus kann man verschiedene interessante Abstecher machen. **Pak Mong Beach** liegt am Indischen Ozean, an der 4046 (Sikao-Straße), gerade hinter dem Kilometerstein 28 von Trang. Es ist ein langer, holperiger Trip, aber die Aussichten und der Sonnenuntergang sind herrlich. **Surin Park**, unweit westlich von Trang, auf Route 4, hat einen wunderschönen großen Teich inmitten gepflegter Gärten.

Der tiefe Süden

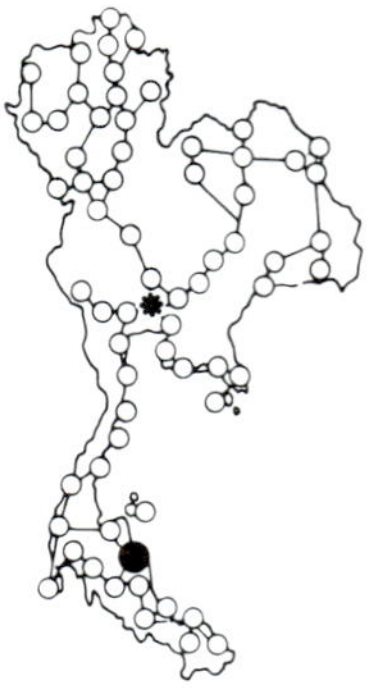

31. Nakhon Si Thammarat
นครศรีธรรมราช (ตัวเมือง, จังหวั

Wat Mahathat
วัดมหาธาตุ

Durch die alte Stadt **Nakhon Si Thammarat,** oder Nakhon, wie die Thais selbst dazu sagen, zieht sich eine lange Hauptstraße. Die Straße ist gesäumt von bemalten Holzhäusern, einem neuen Museum, Verwaltungsgebäuden im Thai-Stil, einem Geschäft, das Schattenspielpuppen verkauft, und verschiedenen Tempeln. Das Thai-Hotel nahe am Markt hat Zimmer mit Klimaanlage.

Während der Zeit der Davaravati- und Srivichaya-Reiche war Nakhom eine bedeutende Stadt. Ein paar Davaravati-Skulpturen sind noch im **Wat Mahathat,** einem der ältesten Tempel Thailands, im südlichen Außenbezirk der Stadt. Der *wat* hat einen *chedi*, dessen Spitze mit 270 kg Gold bedeckt ist. Rechts vom *chedi* findet man in einem Tempelmuseum eine große Sammlung an feinen Gold- und Silbergaben. Neben dem Tempel bietet der Viharn Luang mit seinen nach innen sich neigenden Säulen ein gutes Beispiel für den Stil der Ayuthaya-Periode.

In Nakhorn nahm Thailands Niellowarenindustrie ihren Anfang. Man kann einigen der Kunsthandwerker, die vor fast 50 Jahren damit anfingen, in dem Originalladen in Nakhon, Chakappetch Road, heute noch zusehen. Niello sieht aus wie Email, ist aber in Wirklichkeit eine schwarze Legierung, welche die Zwischenräume zwischen Linien aus Silber und Gold ausfüllt. Das Material findet man auf Aschenbechern wie auch auf Schmuck, der vom Königshaus in Auftrag gegeben wurde.

Wenn die Straße vom Norden der Stadt einmal besser sein wird, werden Besucher auf einem Trip nach Sichon am Golf von Thailand mit schöner Landschaft und Srichivaya-Kunstgegenständen belohnt werden. Bis es soweit ist, besuchen Sie die Höhle, welche einst König Taksin beherbergte, als er vor den Burmesen floh.

32. Khao Chong Reserve
เขตรักษาพันธุ์สัตว์ป่าเขาช่อง

33. Phatthalung
พัทลุง (ตัวเมือง, จังหวัด)

Man nimmt die Straße über die Eisenbahnschienen nach Lan Saka Village, dreht an der Gabelung nach rechts und fährt 9 km zu der Höhle, wo die Aussicht auf die Landschaft besonders reizvoll ist.

In den kommenden Jahren soll eine Allwetterstraße Nakhon Si Thammarat direkt mit Songkhla verbinden. Die jetzige Route (Straßen 4017 und 4083), ein schmales Band zwischen Golf und Taleh Sap (ein Binnensee), kann man nicht mit gewöhnlichen Wagen befahren. Heutzutage müssen Motoristen nach Süden wieder zurück, nach Huai Yot auf Route 4 durch Trang und von dort weiter nach Phatthalung fahren.

Auf dem Weg nach Phatthalung auf Route 4, ungefähr 20 km östlich von Trang, ist das Naturschutzgebiet **Khao Chong Reserve** mit gezähmtem Dschungel, einem Felsenbach und Wasserfall. Fahren Sie in den Naturschutzpark, aber fallen Sie nicht in Ohnmacht, wenn Ihnen Soldaten mit Gewehren über den Weg laufen, denn im Park befindet sich auch ein Militärcamp. Khao Chong ist ein Teil der in Thailand im Entstehen begriffenen Natur- und Umweltschutzbewegung. Studenten am Naturkundezentrum können hier die exotischen Tiere in ihrer natürlichen Umgebung beobachten. Der kleine Zoo beherbergt Beispiele der einheimischen Fauna: Binturong-Zibet, Prevost-Eichhörnchen, Bramani-Gabelweihe, *hog-badger* (Schweinedachs) und einige gefährdete Spezies wie den Weißhand-Gibbon, der meist gefangen wird, indem das Muttertier tötet.

Der *hog-badger* hat eine interessante Verbindung mit dem Stierkampf im Süden, die große Volksbelustigung und Gelegenheit zum Wetten in der Gegend, bei der kein Matador mitspielt, sondern nur die beiden Stiere sich mit ihren Hörnern gegen-

Diese mit Blattgold bedeckte Buddhastatue beherrscht den Wat Mahathat, einen der ältesten und meistverehrten Tempel Thailands, gleich außerhalb von Nakhon Si Thammarat (links). Alte Kanonen (Mitte), heute Spielzeug, stehen vor den Verwaltungsgebäuden von Nakhon. Der Weißgesicht-Gibbon (rechts) ist eines der vielen einheimischen Tiere im Naturschutzpark von Khao Chong.

einander stemmen. Das Fleisch des *hog-badger* schmeckt nicht gut, aber man schießt ihn hin und wieder wegen des Fettes auf seiner Nase. Man sagt, daß ein Bulle, dem man dieses strengriechende Fett auf die Hörner schmiert, seinen Gegner einschüchtern und besiegen könne.

Von der Khao Chong Reserve fahren Sie 34 km nach **Phatthalung.** Entlang dieser Straße sind einige Autofahrer von Banditen um Geld und Schmuck erleichtert worden. Aber das kommt höchst selten vor.

Route 4 nach Phatthalung verläuft im Zickzackkurs unter himmelhohen Dschungelbäumen, vorbei an rosafarbenen Felsen, wie eine Achterbahn über die bergige Wasserscheide auf dem Grat der Landenge entlang. Ungefähr 3 km vor Phatthalung biegt die Hauptstraße zum Süden nach Hat Yai ab. Sie fahren geradeaus weiter, vorbei an den provinziellen Verwaltungsgebäuden, dann nach links auf der Straße nach Khuan Khanun und **Wat Ku Ha Suwan.** Dieser Tempel ist kürzlich renoviert worden, aber hinter den gelben Gebäuden führt eine Treppe zu einer großen Grotte, die durch einen natürlichen Bogen erhellt wird. Am Eingang sitzt ein herrlich feister lachender Buddha. Auf dem mit kupferfarbenen Blättern übersäten Bodhibaum sind Dutzende von Buddhafiguren. Das durch den Bogen fallende Licht läßt das Gold auf den Statuen aufblitzen. Auf der rechten Seite vom *wat* liegt noch eine Höhle, in der früher ein Eremit gelebt hat. Seine persönliche Sammlung von Statuen ist dort erhalten.

Wat Wang
วัดวัง

Wat Ku Ha Suwan
วัดคูหาสวรรค์

Tham Malai
ถ้ำมาลัย

Um noch einen Tempel und das nördliche Ende eines Binnensees zu besuchen, nimmt man die nach Osten aus der Stadt führende Straße. **Wat Wang** (Palast-Tempel) liegt 8 km von der Stadt entfernt auf der linken Straßenseite. Ein attraktiver *chedi*

Hinter einem Gebäude im Wat Ku Ha Suwan (links) sitzt ein herrlich feister, lachender Buddha (Mitte). Ein Stierkampf (rechts) in Hat Yai.

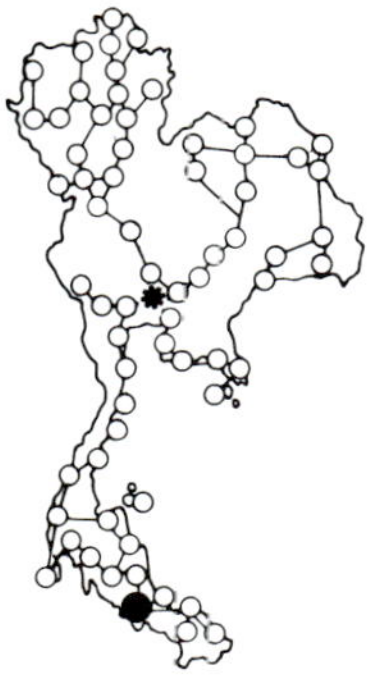

34. Haadyai
หาดใหญ่ (ตัวเมือง, อำเภอ)

Songkhla Nakharin
มหาวิทยาลัยสงขลานครินทร์วิโรฒ

Rubber Research Center
ศูนย์วิจัยยางพารา

ziert den Tempelhof. Im Tempel selber sind nichtrestaurierte, ungefähr 200 Jahre alte Fresken zu sehen.

Eine kurze Bootsfahrt von Phatthalung führt nach **Tham Malai,** einer zwischen den berühmtesten Gipfeln der Provinz liegende Höhle. Die Gipfel heißen ,,Berg des gebrochenen Herzens" und ,,Berg des gebrochenen Kopfes". Die Legende behauptet, daß sie zwei Frauen darstellen, die zur Strafe für ihre Eifersucht in Stein verwandelt wurden. Chartern Sie sich ein Boot hinter der Eisenbahnstation für die viertelstündige Fahrt nach Tham Malai.

Hat Yai ist die kommerzielle Hauptstadt Südthailands. Mit Kautschukplantagen und Zinnminen in der Umgebung sowie einem regen Nachtleben wächst die Stadt im ,,Wildweststil".

Unter den Sehenswürdigkeiten hier ist das **Rubber Research Centre** (das Gummi-Forschungszentrum) für ganz Thailand, wo die Veredelung durch Pfropfen und neue Zapfmethoden studiert wird und wo dann auch experimentelle Studien über die gezapfte Kautschukmenge pro Baum angestellt werden. Kleinbauern kommen in das Forschungszentrum, um hier zu lernen. Außerdem gibt es hier ein Gummiverarbeitungslabor. (Einen Tag vorher anrufen und Führung vereinbaren.)

Neben diesem Forschungszentrum liegt die **Songkhla Nakharin-Universität** auf einem Gelände von 120 ha. Die Gebäude haben einen imposanten architektonischen Stil. Ein kürbisförmiges Bauwerk beherbergt das Auditorium und die Laboratorien und ist von einem Graben umgeben. Gebogene Fenster in dem ,,Kürbis" fangen leichte Brisen aus allen Richtungen ab und führen sie durch das Gebäude als natürliche Klimaanlage. Eine zentrale Absaugpumpe saugt die warme Luft nach draußen.

Vom Nachtleben abgesehen, kann man in Hat Yai nicht viel unternehmen. Sie können den Stierkämpfen beiwohnen, wo Höckerrinder-Bullen ohne Matadore kämpfen. Die Stiere haben Namen wie ,,Yellow Baby'' oder ,,Elvis'', aber das Drama liegt mehr im Blickwinkel des Betrachters als beim eigentlichen Geschehen. Die Bullen schieben sich gegenseitig mit den Hörnern, und wenn ein Bulle sich abwendet, wechselt Geld den Besitzer, während die Tiere friedlich nebeneinander grasen.

Hat Yai bietet mehrere Hotels zur Übernachtung: das teure Kosit und Sukhonta oder das preiswerte Station Hotel. Jeden Tag gehen drei Flüge von Bangkok nach Hat Yai und zwei von Kuala Lumpur und Penang in Malaysia. Um, von Malaysia kommend die Landschaft zu sehen, kann man auch den Butterworth-Bangkok-Expreß nehmen. Er verläßt Penang morgens um 7.30 Uhr und kommt sechs Stunden später in Hat Yai an. Auf dem Weg sieht man Kautschukplantagen, Reisfelder, und bevor man die Grenze Thailands erreicht, Kalksteinberge, die an chinesische Zeichnungen erinnern.

Zum Essen versuchen Sie vielleicht das Haivathene in Hat Yai, Themanoonvithi Road 69 (Reservierung notwendig). Mit den fleckigen Wänden sieht es unscheinbar aus, aber es kommen Leute den weiten Weg aus Bangkok hierher, um hier Haifischflossensuppe zu essen (die anderen Spezialitäten sind gedünstete Ente und gebratene Tauben).

Bemerkt sei weiter, daß in Hat Yai keine Taxis fahren (außer denen nach Songkhla), aber man kann überallhin mit Minibussen gelangen, die 3 bis 4 Baht kosten und Sie von Tür zu Tür bringen. Im Bahnhof kann man für 10 Baht pro Stunde Bad und Umkleideraum mieten, und hinter der City Hall ist ein attraktives Schwimm-

Songkhla: Übergang nach Malaysia

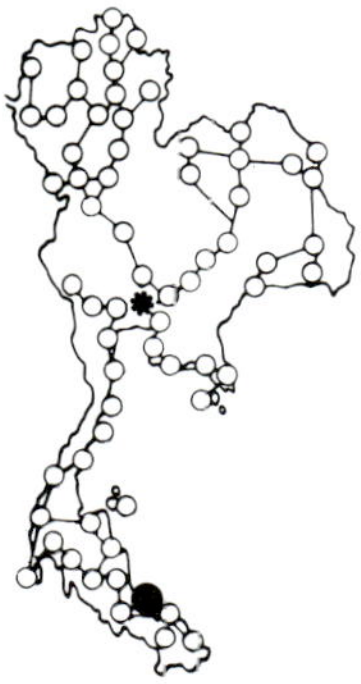

35. Songkhla
สงขลา (ตัว.เมือง, จังหวัด)

becken, wofür man 5 Baht Einlaß zahlt.

Songkhla ist allerdings der Hauptgrund für einen Touristen, sich nach Haadyai zu begeben. Es liegt 30 km entfernt, und man zahlt in einem großen Taxi mit 5—6 Personen für die Fahrt 12 Baht pro Mitfahrer. Die Fahrt im öffentlichen Bus kostet 7 Baht und im Zug 4 Baht.

Die Insider des Thailand-Tourismus denken bei dem Namen *Songkhla* an jenes berühmte Restaurant in Paris (das es inzwischen leider nicht mehr gibt), von dem sie lediglich ihren besten Freunden unter dem Siegel der Verschwiegenheit etwas verraten würden. Zu schnell könnte es sich sonst herumsprechen und wäre kein ,,Geheimtip'' mehr. **Songkhla** ist eine alte chinesische Stadt, auf einer Halbinsel gelegen und auf drei Seiten vom Meer umgrenzt. Die 8 km langen Strände sind allerdings nur an der Ostseite zum Sonnenbaden und einem Bad im Meer geeignet.

Majimawat Temple
วัดมัชฌิมาวาท

Das Samila ist die einzige erwähnenswerte Unterkunft Songkhlas. Es verfügt über einen Golfplatz und dient dem Thongyai Golf Course als Clubhaus.

Der **Gouverneurspalast** wurde restauriert und beherbergt ein Museum. Das herrlich proportionierte Gebäude stammt aus dem Jahr 1878.

Ein anderes Museum im **Majimawat-Tempel** enthält eine Kollektion, die von früheren fünffarbigen Thaitöpfereien und 200 Jahre alten Muschelkästen im Buket-Stil bis zu einem mit Gas betriebenen Ventilator reicht. Sie sind hier allerdings auf sich selbst angewiesen; es gibt keine Schilder, und der Mönch spricht nur Thai. Dem 2000 Jahre alten Buddha auf dem Altar im Tempel fehlt der Lotos aus purem Gold, den er einst auf dem Kopf trug. Die Lotoskrone liegt nun sicher im Safe. Chinesische

Vollgepackt mit Besuchern liegt Samila Beach (links) in der Bucht von Songkhla, während der Strand am Golf, eingefaßt von Kasuarinabäumen, leerer bleibt (Mitte). Im Muslim-Dorf, ungefähr fünf Kilometer den Strand entlang, warten die reichverzierten Fischerboote (rechts) auf weißem Sand, bis es wieder hinausgeht.

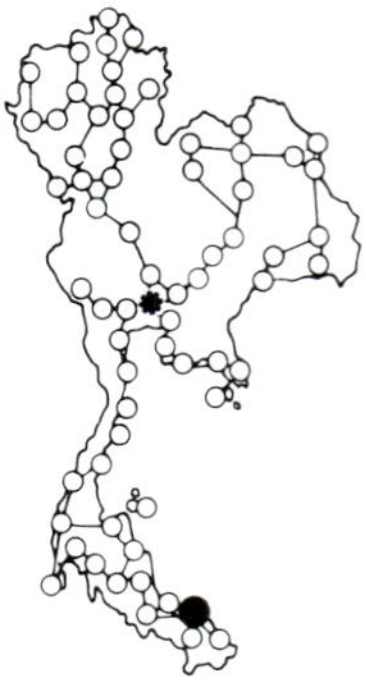

Banloa Coconut Plantation
สวนมะพร้าวบ้านเลา
Wat Kho Tum
วัดเขาทุ่ม
Wat Maeche
วัดแม่เจ

Löwen, das Geschenk eines reichen Chinesen aus den frühen Tagen, bewachen die Tür zu den interessanten Fresken im Innern.

Das buddhistische Monument oder *chedi* hinter dem Samila Beach Hotel erreicht man nach einer zwanzigminütigen Kletterei. Wer schöne Aussichten sucht, muß dorthin gehen. Das Ursprungsdatum des *chedi* ist unbekannt, aber es ist die älteste und gleichzeitig höchste Stele Songkhlas.

In Songkhla kann man interessante Dinge unternehmen: Ausflüge zum Muslim-Fischerdorf, 5 km entlang des Strandes vom Samila Beach Hotel aus, oder eine Bootstour zur Töpfer- und Weberinsel auf dem Binnenmeer. Oder man fährt mit dem Taxi zur **Banloa Coconut Plantation** und sieht zu, wie dressierte Affen auf Befehl auf die Bäume klettern und Kokosnüse pflücken; oder man geht zum **Wat Kho Thum.** Kho Tum ist zwischen enormen Felsen auf einem Hügel gebaut; der Tempel weist den Fußabdruck Buddhas auf sowie die Figur eines schlafenden Buddhas, die unter einem Felsvorsprung aufgestellt ist. Wenn man auch noch den **Wat Maeche** aufsuchen möchte, muß man nicht weniger als 81 Stufen hinuntersteigen. Man gelangt auf diese Weise zu einem hübschen sandigen Platz. Im Tempel selbst leben Nonnen.

Daneben kann Songkhla stolz darauf verweisen, daß es im Gegensatz zu vielen Städten auch Ungewöhnliches zu bieten hat. Überquert man beim Samila Hotel die Straße, kommt man zum Eingang des **Khao Noi,** eines Gartens mit kunstvoll geschnittenen Formsträuchern. Aus den Taxushecken des Gartens hat man die Umrisse kämpfender Stiere, fliegender Vögel, ja sogar einen Elefanten von Riesenausmaßen gestutzt.

Wenn man an den Strandrestaurants vorbei ein kleines Stück die

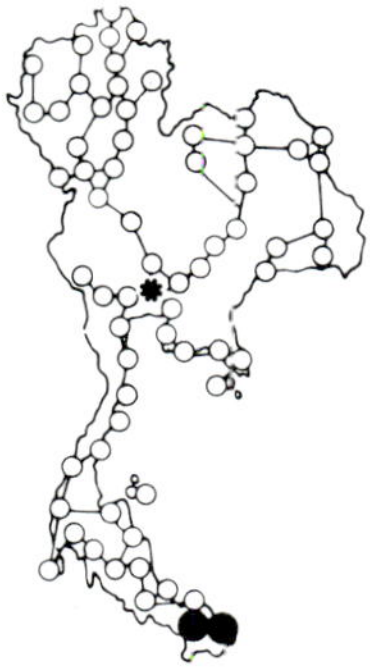

36. Pattani
ปัตตานี
37. Yala
ยะลา
38. Narath wat
นราธิวาส

Sukholn Road hinaufgeht, trifft man auf eine Gruppe Affen. Am Spätnachmittag kommen die Affen vom *chedi* auf der Hügelkuppe herunter und sitzen da, die Hände auf den Knien, kratzend und zwinkernd. Sie sehen dabei aus wie alte Männer beim Philosophieren.

Zurück zur Strandstraße, die zu einer Steintreppe führt: dort sind die Stufen zum *chedi*. Auch die Fischer sind hier, die am Morgen ihren Fang ausladen und nachmittags, ehe sie wieder hinausfahren, Schnüre mit Knallfröschen entzünden, um Fangglück zu haben. Ihre Beute sind die 35 cm langen Süßwassergarnelen des Binnenmeeres, die nach Bangkok, Japan und in den Iran verschickt werden.

Wenn Sie die Patalung Road entlanggehen (die meisten Straßenschilder in Songkhla sind in Thai, aber dieses ist in Englisch), dann sehen Sie sich die Fassaden der Geschäftshäuser an. Hier leben alte chinesische Familien, von denen es heißt, daß sie sehr reich, aber auch sehr konservativ sind.

Von Songkhla gibt es genaugenommen zwei Routen zurück zur malaysischen Grenze. Die kürzeste und am meisten befahrene Strecke folgt im großen und ganzen der Eisenbahnlinie zu den westmalaysischen Städten Alor Star, Butterworth und Georgetown auf Penang.

Von Hat Yai kann man entweder die Route 4 direkt zur Grenze wählen oder, wenn man alle Provinzhauptstädte des Südens besuchen will, auf Route 4 nach Westen in den Ratphum-Distrikt fahren, an dem wir früher auf dem Weg nach Phattalung vorbeigekommen sind. Dieser Abstecher führt in die verhältnismäßig abgelegene und wenig erschlossene Provinzstadt Satun.

Für unternehmungslustige Reisende mit Zeit lohnt sich auch ein Ausflug zur Ostküste der Malaiischen Halbinsel. Auf dieser Tour kann man die Thaistädte **Pattani, Yala** und **Narathiwat** besuchen. Die meisten Einwohner dieser Städte sind Chinesen; aber das Land ist malaiisch, und die Überzahl der dort lebenden Menschen sind Malaien. Man bekommt Moscheen zu sehen, und die Umgangssprache ist Malaiisch. Die Silpa-Höhlen in der Nähe von Yala sind interessant. In der großen Höhle von Tham Koo Ha Pimak befindet sich eine 25 m hohe Buddhastatue, zu der die Thailänder wallfahrten.

Von Narathiwat bis zur Grenzstation Sungai Kolok sind es 69 km. Nach einem kurzen Gang über die Grenze kann man für die letzte Strecke nach Kota Bahru in Malaysia ein Taxi mieten.

Fast jede Höhle Thailands, von der man annimmt, daß dort Geister hausen, und die erreichbar ist, ist auch ein Grottentempel, wie beispielsweise die Höhle bei Yala (links), die interessante Buddhastatuen enthält. In Pattani beginnt Thailands Atmosphäre sich mit der des südlichen Nachbarlandes Malaysia zu verschmelzen (rechts).

KURZFÜHRER

Anreise

Mehr als zwei Millionen Menschen besuchen jedes Jahr Thailand. Gibt es einen besseren Beweis, daß dieses Land zu den wichtigsten Reisezielen Asiens gehört? Ein ausgebautes Verkehrsnetz macht die Anreise recht einfach.

Per Flugzeug

Die meisten Thailand-Besucher bedienen sich des Flugzeugs. Mehr als 35 Fluggesellschaften bieten Linien- oder Charterflüge nach Thailand an. Der internationale Flughafen Don Muang wurde ausgebaut, so daß die Abfertigung relativ reibungslos verläuft. Der Flughafen Bangkok erhebt auf jeden ausreisenden ausländischen Passagier eine Abflugsteuer von 150 Baht.

Nicht nur über Bangkok, sondern über zwei weitere Flughäfen kann man nach Thailand einreisen. In den Süden Thailands, nämlich nach Hat Yai (die Insel Phuket) gelangt man von Penang und Kuala Lumpur aus mit Maschinen der Thai Airways (diese Gesellschaft ist nicht identisch mit Thai International). Malaysian Airlines (MAS) bedient dieselben Strecken. Wer aus Hongkong einreist, kann mit Thai International direkt nach Chiang Mai und Phuket fliegen.

Ankunft

Vom Flughafen Don Muang kann man die 22 km ins Zentrum von Bangkok auf der neuen Schnellstraße (Gebühr: 10 Baht pro Auto) in etwa 30 bis 45 Minuten zurücklegen.

Thai International läßt eigene Taxis rund um die Uhr laufen. Busse fahren im 30-Minuten-Takt. Die Fahrt kostet 300 bzw. 100 Baht. Am Ankunftsschalter erfahren Sie mehr über die genauen Fahrtrouten.

Auch die städtischen Taxis und Busse bringen Sie nach Bangkok. Man sollte nicht ins erstbeste Taxi springen, da man in Bangkok keine Taxameter kennt. Der Fahrpreis von etwa 180 bis 200 Baht sollte vorher ausgehandelt werden. Das Bus-Ticket in die Stadt kostet 3.50 Baht für den „regular bus“ und 15 Baht für einen klimatisierten. Die Haltestelle für öffentliche Taxis und Busse ist gleich außerhalb des Eingangs zum Flughafen.

Etwa 800 Meter vom Flughafen jenseits der sehr belebten Hauptstraße befindet sich der Bahnhof Don Muang. Für 4 Baht kommt man mit dem Zug nach Bangkok. Wir empfehlen den Zug nur für Passagiere mit wenig Gepäck.

Per Schiff

Unser hektisches Zeitalter läßt dem guten, alten Passagierdampfer kaum eine Chance. Daher kann man heute nur noch auf Frachtschiffen Bangkok anlaufen. Diese Schiffe bemühen sich um einen ausgezeichneten Service, den sie zudem weit günstiger anbieten als die Kreuzfahrtschiffe. Aus Europa laufen Schiffe der Bem Line Steamers, der Polish Ocean Lines und Nedloyd Bangkok an. Aus den Vereinigten Staaten fahren Pacific East Airline, American President Lines und State Lines nach Bangkok. Außerdem verkehren regelmäßig Schiffe von Hongkong, Japan und Singapur. Näheres in den Reisebüros.

Mit der Bahn

Die Züge in Thailand sind im allgemeinen pünktlich, es sei denn, der Regen hat die Gleise unterspült. Schlafwagen erster Klasse mit Air Conditioning fahren für weniger als 500 Baht (US $ 20) überall hin. Zugverbindungen gibt es zwischen Thailand und Malaysia sowie Singapur. Zwei Tage dauert die abenteuerliche Reise von Singapur nach Bangkok, bei der man die Auswahl zwischen Dritter-Klasse-Abteilen, Zweiter-Klasse-Schlafwagen und erster Klasse mit Airconditioning hat. Der Magic Arrow Express fährt in Singapur jeweils sonntags, dienstags und donnerstags um 8.10 Uhr ab, erreicht Kuala Lumpur um 15.35 Uhr desselben Tages. Der North Star Express fährt sonntags, dienstags und donnerstags um 21.30 Uhr in Kuala Lumpur ab und kommt um 6.47 Uhr des folgenden Morgens in Butterworth (an der Hauptstraße gegenüber der Insel Penang) an. Der International Express nach Bangkok übernimmt die letzte Etappe; Abfahrt: montags, mittwochs und freitags um 7.40 Uhr in Butterworth; Fahrzeit um die 24 Stunden.

Auch zwischen Butterworth und Hat Yai in Süd-Thailand verkehren Züge. Platzkarten gibt es nicht, so daß man womöglich während der vier Stunden langen Fahrt mit einem Stehplatz vorlieb nehmen muß. Zu demselben Preis kann man dann gleich mit dem Gemeinschaftstaxi fahren.

An der Ostseite von Malaysia kann man mit dem Zug nach Kota Bharu fahren, die kurze Strecke zur Grenze auf der Straße zurücklegen und in Sungai Kolok wieder den Zug besteigen.

Mit dem Wagen

Thailand macht einen intensiven Motorisierungsprozeß durch; Straßen werden ausgebaut und auch die entlegenen Provinzen für den Verkehr erschlossen. Allerdings ist bislang die Straße nach Malaysia die einzige Verbindung ins Ausland.

Von Burma aus führt noch kein Weg nach Thailand, dieses Verbindungsglied fehlt auf dem Asian Highway, der sich von der Türkei bis nach Singapur erstreckt. Wenn Burma eines Tages seine Pforten öffnet, wird Mae Sot — ein Städtchen im Nordwesten der Provinz Tak — die Übergangsstelle sein.

Drei Hauptstraßen führen im Süden über die Grenze zwischen Thailand und Malaysia. Zwischen den größeren Ortschaften verkehren billige Taxis und Minibusse. Die Grenze nach Malaysia wird täglich um 18 Uhr geschlossen. Wer mit dem eigenen Wagen unterwegs ist oder einen Mietwagen fährt, sollte wissen, daß Malaysia eine Versicherungspolice an der Grenze sehen möchte. In Thailand gibt es das fast nirgends.

Reiseformalitäten

Reisepaß, Solvenznachweis

Ausländer müssen ohne Ausnahme bei der Einreise nach Thailand einen Reisepaß vorzeigen, der nach Ankunft noch mindestens 3 Monate gültig sein muß (zum Zeitpunkt der Visumbeantragung noch mindestens 6 Monate). Außerdem sind Zahlungsmittel im Gegenwert von 5000 Baht pro Person / 10 000 Baht pro Familie nachzuweisen. Ausreichend dafür ist der Nachweis, daß der Hotelaufenthalt bezahlt ist (Buchungsunterlagen).

Visum

Als Ausländer kann man sich 14 Tage ohne Visum in Thailand aufhalten. Die Genehmigung wird bei Ankunft unter Vorlage des Tickets für die Weiter- oder Rückreise erteilt. Die Verlängerung dieser Aufenthaltserlaubnis ist i. allg. nicht möglich. Wer länger bleibt, muß sich bei den diplomatischen Vertretungen Thailands ein Visum besorgen. Das Visum gilt für 60 Tage und kann auf Verlangen um weitere 60 Tage verlängert werden. Dieses Verfahren ist jedoch sehr umständlich, weshalb man bei längerem Aufenthalt besser das Land rechtzeitig verläßt und ein neues Visum beantragt.

Visum für die mehrfache Einreise

Personen, die von Thailand abreisen und noch vor Auslaufen des Touristenvisums zurückkommen möchten, können ein Mehrfach-Visum bekommen (Paßfoto nötig).

Gültigkeitsdauer

Visa gelten für die einmalige Einreise 90 Tage lang ab Ausstellungsdatum. Sollte die Einreise nicht innerhalb dieses Zeitraums erfolgen, können die Konsulate das Visum verlängern.

Impfbescheinigungen, Gesundheitsvorsorge

Bei der Einreise muß man eine Impfung gegen Gelbfieber nachweisen, falls man aus einem Infektionsgebiet kommt (nicht als Transitpassagier in der Transitzone im Flughafen).

Ganzjährig empfiehlt sich eine Malariaprophylaxe bei Aufenthalt in ländlichen Gebieten, ebenso Vorsorgemaßnahmen gegen Hepatitis A und Typhus.

Transit/Transfer

Wer in Thailand zwischenlandet, sollte unverzüglich am Flughafen den Weiterflug buchen. Transferschalter befinden sich im Transit Lounge, der dem Departure Lounge im ersten Stock angegliedert ist. Während des Zwischenaufenthalts können Sie in den zollfreien Geschäften einen Einkaufsbummel machen.

Sollten Sie einen Inlandsflug gebucht haben, müssen Sie durch die Zollkontrolle und dann zum Domestic Terminal, der etwa 1 km entfernt liegt. Es ist ein Flachbau, in dem die Inlandflüge abgewickelt werden.

Abflug

Über die Telefonnummer 511-0121 ext 455 oder 277-0111 können Sie eine klimatisierte Limousine von Thai International anfordern. Die Flughafenbusse verkehren alle 30 Minuten ab dem Silom Road Air Terminal (von 6 Uhr bis Mitternacht). Wenn man zufällig in der Nähe des Hauptbahnhofs wohnt, kann man auch mit dem Zug zum Don Muang Bahnhof fahren. Auch Taxis und städtische Busse (s.o.) stehen zur Verfügung.

Alle ausreisenden Ausländer müssen beim Einchecken eine Gebühr von 150 Baht entrichten.

Zollbestimmungen

Auch Thailand hat die Einfuhr von unerlaubten Drogen und pornographischer Literatur etc. untersagt. Für Schußwaffen benötigt man eine Erlaubnis des Police Department. Zollfrei dürfen eingeführt werden: 200 Zigaretten, ein Liter Wein oder Schnaps, eine Kamera und fünf Filme sowie alles, was man als persönliche Habe deklarieren kann. Wer sich in Thailand niederlassen möchte, kann auch Haushaltsartikel zollfrei einführen. Gebrauchtwagen dürfen nicht importiert werden. Haustiere muß man bei der Zollkontrolle vorzeigen und verzollen. Reisende, die mit dem Schiff ankommen, müssen sich wegender Einfuhr von Haustieren an die Disease Control Division, Livestock Department, Ministry of Agriculture, Phya Thai Road (Tel. 252-6944) wenden. Impfbescheinigungen eines Tierarztes müssen vorgelegt werden.

Landeswährung

Die Landeswährung ist Baht (ausgesprochen „baad“). Ein US-$ entsprach Anfang 1987 26 Baht: dieser wird in 100 Satang unterteilt. Im Umlauf sind Münzen zu 55 Satang (kleine goldfarbene Münze), zu 50 Satang (größere Münze), zu einem Baht (kleine Nickelmünze) sowie zu fünf Baht (große Nickelmünze). Die 25-Baht-Münze heißt auch *salehng*. Banknoten im Wert von 10, 20, 50, 100 und 500 Baht sind ebenfalls im Umlauf.

Reiseschecks, die auf amerikanische Dollars lauten, können bei den Banken in allen Provinzhauptstädten eingelöst werden. Man braucht also nicht Unmengen von Baht-Noten mit sich herumtragen, wenn man sich außerhalb von Bangkok bewegt. Reiseschecks in anderen Währungseinheiten als US $ sollte man in Bangkok einlösen. Die Hotels bieten schlechtere Umtauschkurse als die Banken oder die offiziellen Geldumtauschbüros. Verrechnungsschecks nehmen die meisten Hotels nicht in Zahlung; Credit Cards werden meistens anerkannt, vor allem American Express. Kleine Hotels, Restaurants und Geschäfte nehmen dagegen nur Bargeld.

Kleine Landeskunde

Staat und Wirtschaft

Thailand ist eine konstitutionelle Monarchie. Seit 1946 heißt das Staatsoberhaupt Bhumipol Adulyadej. Der Ministerpräsident Prem Tinsulanonda ist seit März 1980 im Amt.

In Thailand leben rund 55 Millionen Menschen,

fünf Millionen allein in Bangkok. Reis ist der wichtigste Exportartikel. Mit mehr als 3 Millionen Tonnen exportierten Reises steht Thailand an zweiter Stelle in der Welt. Thailand ist die Nummer Eins beim Export von Tapioka, steht an zweiter Stelle der Gummiexporteure und an fünfter bei Zinn. Teakholz, Zuckerrohr, Mais, Tabak und Baumwolle sind weitere wichtige Exportartikel. Der Fischfang ist von großer Bedeutung.

Geographische Lage

Thailand ist mit annähernd 500 000 qkm fast doppelt so groß wie die Bundesrepublik Deutschland. Es erstreckt sich von den bewaldeten Bergzügen des Nordens mit seinen engen, fruchtbaren Tälern, der trockenen Ebene am Mekong im Nordosten über die fruchtbaren Schwemmlandebenen im Tal des Chaoi Phya, wo die Bevölkerungsdichte am größten ist, bis hinunter zum langen Finger mit seinen Stränden und Tropenwäldern an der Meerenge von Kra und der Malaysischen Halbinsel im Süden.

Klima

Thailand ist inmitten der Tropen gelegen, weist jedoch ein breites Spektrum von Klimazonen auf — je nach Jahreszeit und Landesteil. Die Zentralebene (mit Bangkok), der bergige Norden und der kahle flache Nordosten haben dieselben saisonalen Klimaunterschiede. Die sogenannte heiße Jahreszeit umfaßt März, April und Mai, auch wenn man als Ausländer meint, es sei das ganze Jahr heiß, außer wenn es regnet. Die Tagestemperaturen schwanken in der heißen Jahreszeit zwischen 30°C und 40°C (vor allem in Nordosten).

Im Juni kündigt der Südwestmonsun die Regenzeit an; die Temperaturen sinken etwas, die Luft wird feuchter. Manche Touristen gehen irrtümlich davon aus, daß es während der Regenzeit nur Wolken und Regen zu sehen gibt. In Thailand bedeutet Monsunzeit rund fünf Monate wechselhaftes Wetter. Es kann stürmen und regnen, und am nächsten Tag scheint wieder die Sonne. Der November ist der erste Monat der kühlen Jahreszeit; vor allem im Norden gehen die Temperaturen auf 8°C zurück. Wer zwischen November und Februar das Land bereist, sollte etwas Warmes zum Anziehen nicht vergessen.

Die lange Meerenge von Südthailand, die sich am Golf von Thailand und am Indischen Ozean entlangzieht, weist ein ziemlich beständig warmes, feuchtes Klima auf; die Sonne scheint fast das ganze Jahr über; es kann jedoch jederzeit auch mal regnen.

Kleidung

Leichte und nicht auftragende Kleidung eignet sich für das Klima Thailands am besten. In der heißen Saison sollte man Vorsorge gegen zu starke Sonneneinstrahlung treffen — am besten Baumwollsachen; ein Schirm und/oder Kopfbedeckung sind zu empfehlen. Für die Regenzeit empfiehlt sich Kleidung, die nach einem plötzlichen Guß rasch wieder trocknet. Für die vier Monate von November bis Februar braucht man auch warme Sachen, zumindest einen Pullover und warme Socken für die kalten Nächte; das gilt für den Norden und die bergigen Landesteile, wo es natürlich keine Zentralheizung, oft nicht mal einen Ofen gibt.

In Bangkok gelten die westlichen Maßstäbe, was die Kleidung betrifft; die Provinzstädte unterscheiden sich kaum davon. Manche Restaurants legen Wert auf Jacketts und Krawatten. Zu offiziellen Feiern und Zusammenkünften tragen die Frauen oft auch die traditionelle Landestracht aus Seide.

Ein Land, dessen Bewohner so großen Wert auf Hygenie und Sauberkeit legen, kennt kaum sanitäre Probleme. In Bangkok wird sich der Normaltourist ohnehin die meiste Zeit in seinem klimatisierten Hotelzimmer aufhalten, in Restaurants, Kaufhäusern, Reisebussen und Bars, die meistens sehr sauber gehalten sind. Wer sich darüber hinaus in Bangkok umsehen möchte, sollte nicht vergessen, daß eine Stadt von fünf Millionen Einwohnern natürlich manche Unannehmlichkeit aufweist. Da sind zum Beispiel die penetrant riechenden Kanäle oder die Abgase der Motorfahrzeuge. Vor allem an den Straßenkreuzungen von Bangkok muß man als Fußgänger aufpassen. Die Gehsteige und markierten Übergänge sollte man auf keinen Fall verlassen.

Das Leitungswasser von Bangkok gilt als relativ sicher; um ganz sicherzugehen, sollte man das gereinigte, abgefüllte Wasser trinken. Überall in den Geschäften und auf der Straße werden kühle Getränke angeboten. Diejenigen, die nicht tropenerfahren und daher an Diarrhöe nicht gewöhnt sind, sollten diese Getränke besser meiden. Wer seine Neugier nicht bezähmen kann, sollte wenigstens auf die Eisstückchen verzichten und dafür Eiswürfel verlangen. Sie sind viel sicherer.

Wenn Sie noch nie der Tropensonne ausgesetzt waren, sollten Sie wissen, daß man um die Mittagszeit besser nicht sonnenbadet; 15 Minuten genügen da für einen Sonnenbrand. In Thailand kann man auch an einem bewölkten Tag braun werden. Auf der Fahrt sollte man sich nicht ungeschützt den Elementen aussetzen, sondern einen Strohhut oder Sonnenschirm bei sich haben. Es kann vorkommen, daß Sie nach einem längeren Spaziergang in der Sonne ein Schwäche- oder Schwindelgefühl verspüren, vor allem, wenn Sie stark geschwitzt haben. Die Ursache ist Salzmangel. Man sollte also Salztabletten dabei haben und sie nach Art der Thais in Limonade oder Cola auflösen.

Ein Hinweis für Reisende, die sich ins Landesinnere im Norden begeben. In den meisten Provinzstädten gibt es kein westliches Essen, so daß man etwas typisch Thailändisches zu sich nehmen muß. Vorsicht vor allzu vielen Chilischoten ist geboten; sie können den sogenannten ,,gehenden Magen" hervorrufen (Durchfall).

Zeitzonen

Die Thailand Standard Time unterscheidet sich um sieben Stunden von MEZ Greenwich. Wer aus Singapur oder Hongkong einreist, muß bei der Ankunft die Uhr um eine Stunde zurückstellen.

Hier einige Zeitangaben zum Vergleich:

Thailand	12.00 Uhr
Hongkong	13.00 Uhr
Tokio	14.00 Uhr
Sydney	15.00 Uhr

Hawaii	19.00 Uhr (gestern)
Los Angeles	21.00 Uhr (gestern)
New York	0.00 Uhr Mitternacht heute
London	5.00 Uhr
Paris	6.00 Uhr
Bonn	6.00 Uhr
New Delhi	10.30 Uhr

Geschäftszeiten

Wie üblich in Asien beginnt der Tag in Thailand früh. Man möchte der Mittagshitze ausweichen und die wichtigsten Arbeiten gleich als erstes erledigen.

Behörden: Die meisten sind montags bis freitags von 8.30 bis 16.30 Uhr geöffnet (Mittagspause zwischen 12 und 13 Uhr). Am besten geht man frühmorgens hin; die Zeit nach 15 Uhr sollte man meiden.

Banken: Geöffnet von Montag bis Freitag 8.30 bis 15.30 Uhr. Im Anhang sind die wichtigsten Banken aufgeführt.

Post: Das Hauptpostamt (GPO, Prisanee Klang) befindet sich an der New Road und ist von 8 bis 18 Uhr an Werktagen und von 8 bis 12 Uhr an Wochenenden und Feiertagen geöffnet. Auch die Zweigstellen haben diese Öffnungszeiten. Die Postämter auf dem Lande machen bereits um 16.30 Uhr zu.

Kaufhäuser: Die großen Kaufhäuser sind ab 10 Uhr geöffnet und machen um 19 Uhr zu. Die kleineren Geschäfte haben meist 12 Stunden am Tag geöffnet und das sieben Tage pro Woche. Lediglich zur Feier des neuen Jahres im Februar sind die meisten Geschäfte drei bis vier Tage ununterbrochen geschlossen.

Gesetzliche Feiertage: Einige variieren gemäß dem Mondkalender, die folgende Liste gibt einige Anhaltspunkte, wann etwa Geschäfte und Behörden geschlossen haben werden:

Neujahr	1. Januar
Chinesisches Neujahr	Anfang — Mitte Februar
Maka Puja	Mitte — Ende Februar
Chakri-Tag	6. April
Songkran (Thai-Neujahr)	13.—15.April
Krönungstag	5. Mai
Visakha Puja	Mitte — Ende Mai
Asalaha Puja	Mitte — Ende Juli
Geburtstag der Königin	12. August
Ok Pansa	Mitte — Ende Oktober
Chulalongkorn Tag	23. Oktober
Loy Krathong	November — Vollmond
Geburtstag des Königs	5. Dezember
Silvester	31. Dezember

Botschaften und Konsulate

Fast jeder Staat der Erde ist in Thailand mit einer Botschaft, einem Konsulat oder einer Mission vertreten. Sie sind darauf eingestellt, ihren Staatsbürgern in Notfällen behilflich zu sein.

Im Anhang dieses Buches sind die Adressen der Vertretungen aufgeführt. Zu den wichtigen zählen: die United States Embassy, 95 Wireless Road (Tel. 252-5040); die Botschaft der Bundesrepublik Deutschland, 9 Sathorn Thai Road (Tel. 286-4223); die Botschaft Frankreichs (Customs House Lane, Tel. 234-0950) und die britische Vertretung (1031 Ploenchit Road, Tel. 252-7161).

Elektrizität

Thailand hat 220-Volt-Wechselstrom; in den Hotels werden im Bedarfsfall Transformatoren für 110-Volt-Anschlüsse bereitgestellt. Im Landesinneren gibt es sie kaum. Einzelne Orte sind nicht einmal an das Stromnetz angeschlossen. Man sollte sich also nicht nur auf Elektrorasierer, Haartrockner etc. verlassen, sondern sich rechtzeitig auf Naßrasur und ein dickes Haartrockentuch umstellen.

Reiseinformationen

Tourism Authority of Thailand (TAT), das staatliche Reisebüro, hat seinen Hauptsitz beim Boxstadion (Rajadamnern). Es ist dazu da, den Touristen behilflich zu sein. Die Zweigniederlassungen haben die normalen Öffnungszeiten der Behörden, während das Tourist Information Service-Büro auch samstags, sonntags und an Feiertagen geöffnet ist.

TAT hat außer in Bangkok Niederlassungen in Pattaya, Phuket, Korat, Chiang Mai, Kanchanaburi und Hat Yai. Auslandsniederlassungen befinden sich in New York, Los Angeles, London, Paris, Frankfurt, Tokio, Rom, Sidney, Hongkong und Singapur.

Transport

Flugverkehr

Thai Airways (nicht zu verwechseln mit Thai International) verkehrt mit Boeing 737-Maschinen innerhalb Thailands. Im Norden wird täglich Chiang Mai angeflogen, seltener wird gelandet in Phitsanulok, Phrae, Nan, Lampang, Chiang Rai und Mae Hong Son. Im Nordosten kann man täglich Ubon erreichen; ebenfalls angeflogen werden Udon, Nakhon Phanom, Khon Kaen und Loei. Im Flugplan nach Süden sind die Flüge nach Phuket, nach Hat Yai, Trang und Pattani enthalten.

Thai Airways bietet zudem Linienflüge nach Penang und Kuala Lumpur in Malaysia sowie einen wöchentlichen Flug nach Hanoi, Vietnam. Tickets sind unter der Nummer 281-1633 in Bangkok zu buchen.

Mit dem Auto

In Bangkok stehen einige große Autovermietungen zur Auswahl. 43 840 Kilometer umfaßt das Straßennetz von Thailand, weitere 12 000 km werden gerade gebaut. Die Verkehrszeichen sind fast alle in der Thaisprache abgefaßt; für den Anfänger ist das Autofahren in Thailand gefährlich.

Busse

Klimatisierte Limousinen und Busse fahren von Bangkok in alle thailändischen Städte. Insgesamt sind 2 744 Fahrzeuge der staatlichen Transport Company im Einsatz; sie fahren 134 verschiedene Strecken in allen 72 Provinzen. Weitere 2 246 Busse verkehren auf 147 Strecken innerhalb der einzelnen Provinzen bzw. zwischen ihnen.

In Bangkok gibt es drei große Busbahnhöfe:

Für die Nord- und Nordoststrecken: Taladmochit, Paholyothin Road, Tel. 282-6660.

Für den Osten: Ekamoi, Sukhumvit Road, Tel.: 392-2520. Hier fahren die Busse nach Pattaya und noch weiter entfernte Orte ab.

Nach Süden: Sam Yaek Fai Chai, Charansitwongse Road in Thonburi, Tel. 411-1337.

Daneben laufen jede Menge privater Kleinbusse und Limousinen zwischen einzelnen Städten. Genaueres in jedem Reisebüro.

Züge

Die Züge in Thailand sind zuverlässig und bequem, wenn auch stets überfüllt. Die Staatsbahnen verfügen über ein breites Spektrum von Schnell- und Eilzügen, die in drei Klassen eingeteilt sind. Das Schienennetz ist weitläufig und in gutem Zustand. Die Fahrpreise sind nicht hoch; man kann wählen zwischen einfachen Sitzplätzen, klimatisierten Ruhesitzen und zwei Kategorien von Schlaf- und Liegewagen. Die Tickets bestellt man direkt bei der Bangkok Railway Terminus, Tel. 233-7010 oder Hua Lampong Station, Tel. 223-3762.

Mit Booten und Schiffen

Thailand hat schätzungsweise drei Millionen Kilometer schiffbarer Wasserwege. Meistens reicht es den Touristen nur zu einer kurzen Bootsfahrt in Bangkok und Umgebung, vielleicht noch zu einer Fahrt nach Ayuthaya auf der Oriental Queen. Dieser Ausflug kostet inklusive Mittagessen rund 800 Baht. Die Hotels in Bangkok und in sämtlichen Provinzhauptstädten können Ausflüge organisieren.

Die Thai Navigation Company hat drei Passagier-Frachtschiffe, die in den Süden von Bangkok, den Golf von Siam und das Südchinesische Meer bis nach Koh Samui, Songkhla, Pattani und Narathivat fahren. Mittwochs und samstags wird zu dieser neuntägigen Kreuzfahrt, die rund 1000 Baht kostet, aufgebrochen.

Stadtverkehr in Bangkok

Busse: Die Bangkok Metropolitan Transit Authority (BMTA) ist für den innerstädtischen Verkehr zuständig. Die Busse sind cremefarben mit blauen Streifen, die jedoch meistens sehr verschmutzt sind. Vorne und hinten ist die Streckennummer angebracht, wegen des Staubs sind sie oft nicht zu erkennen. Zur Hauptverkehrszeit sind die Busse überfüllt, ansonsten jedoch relativ leer. Die Fahrpreise sind äußerst günstig.

Klimatisierte Busse (BMTA) verkehren zwischen wichtigen Plätzen des Stadtgebiets. Sie sind bequem und nicht so voll. Fahrpreis: fünf Baht für die ersten acht Kilometer, zwei Baht für jeden weiteren. Das Tourist Information Service-Zentrum kann Ihnen mehr über die einzelnen Strecken sagen.

Taxis: Man unterscheidet zwei Arten von Taxis: solche mit und solche ohne Klimaanlage. Erstere kosten normalerweise mehr als die anderen, sind jedoch weit bequemer, sicherer und in etwas besserem Zustand.

Den Fahrpreis sollte man vor dem Einsteigen aushandeln. Feilschen lohnt sich, da die Taxis keine Taximeter haben. Viele Fahrer sprechen kein Englisch, daher läßt man sich am besten im Hotel auf Thai aufschreiben, wohin die Reise gehen soll und wieviel sie ungefähr kosten dürfte. Kurzstrecken kosten meistens um die 30 Baht; die Fahrt vom Grand Palace zu den großen Hotels etwa 50 bis 60 Baht.

Pedicabs: Eigentlich heißen sie *sam-lor* oder *tuktuk* und bestehen aus einem Motorroller, um den herum ein Zweisitzer gebaut wurde. Für kurze Strecken durchaus zu empfehlen; Fahrpreis von 20 Baht an aufwärts; auch hier gilt: vorher aushandeln.

Boote: Zahlreiche Boote und Fährschiffe sind auf dem Chao Phya und den großen Klongs im Einsatz. In den Hotels kann man zudem mehrtägige Tag- und Nachtfahrten buchen. Man kann sogar für etwa 400 Baht pro Stunde ein Boot mieten.

Unterkunft

Es ist unmöglich, die genaue Anzahl der Hotels in Thailand anzugeben. Das ganze Land ist damit überzogen, neben den internationalen Luxusherbergen gibt es sie in allen Abstufungen bis hinunter zur einfachen Absteige für Globetrotter.

Auch was die Preise betrifft, können wir nichts Genaues sagen; zu groß ist die Fluktuation. Die Luxushotels in den Touristengebieten sind am teuersten; Bangkok sowie Chiang Mai und Pattaya sind teurer als die übrigen Provinzen. Es empfiehlt sich, im voraus anzurufen oder im Reisebüro nachzufragen, was die aktuellen Preise sind. Meistens werden eine Hotelsteuer von 10 % und weitere 10 % Bedienungszuschlag erhoben.

Auf jeden Fall dürfte es leichtfallen, das nach Ausstattung und Preis geeignete Hotel zu finden. Im Anhang stehen in alphabetischer Reihenfolge eine Reihe Hotels nach Provinzen geordnet. Das mag als erster Überblick über das Angebot genügen.

Post und Telefon

Thailand verfügt über ein ausgebautes Netz von Einrichtungen der Telekommunikation. Die Post arbeitet zuverlässig. Die meisten Hotels haben Telegrafen- und Telexanschlüsse.

Briefporto: Luftpostkarten kosten 8 Baht nach Europa und Australien; Zehn-Gramm-Briefe kosten nach Europa 15 Baht.

Telefon: Ortsgespräche kann man von jedem Telefon aus führen; Bangkok hat siebenstellige Nummern (z.B. 392-4824). Bei Ferngesprächen muß zuerst die Vorwahlnummer, dann die Telefonnummer gewählt werden. Die Vorwahlnummern finden sich im englischsprachigen Telefonbuch. Für Ortsgespräche benutzt man die allgegenwärtigen roten Zellen. Das Gespräch kostet 1 Baht ohne Zeitbegrenzung. Bei Auslandsgesprächen muß man zuerst 100 wählen. Ein Gespräch in die USA oder nach Europa kostet zwischen US $ 12 und 15.

Die Telefonauskunft hat die Nummer 13.

Kabel: Am Hauptpostamt stehen rund um die Uhr Telegraphen zur Verfügung.

Telex: Die großen Hotels haben einen eigenen Telex-Dienst: auch das Hauptpostamt nimmt rund um die Uhr Telex-Nachrichten an.

Medien

Was Presse, Rundfunk, Fernsehen und Film betrifft, kann sich Thailand mit den westlichen Industriestaaten messen.

Presse: In Bangkok erscheinen 13 Tageszeitungen in Thai und drei englischsprachige — *The Bangkok Post, The Bangkok World* und die *Nation Review. The Post* (8 Baht) hat den besten internationalen Nachrichtenteil. *The Nation* (7 Baht) kennt sich am besten in der thailändischen Politik aus. *The World* ist für 3 Baht zu haben. Die *International Herald Tribune* (10 Baht) sowie *The Asia Wall Street Journal* (10 Baht) sind ebenfalls erhältlich.

Die Provinzzeitungen erscheinen vierzehntägig und teilen vor allem die Lottoergebnisse mit. Für den Touristen sind sie nicht interessant, vor allem, da die Zeitungen aus Bangkok überall vertrieben werden.

Rundfunk: Das Programm von Thai AK Radio ist für ungeübte westliche Ohren noch nervtötender als die meisten Pop-Sender im Westen. In manchen Provinzorten ist dieser Sender auf vier verschiedenen Frequenzen zu hören. Selbst bei den Bergstämmen im Norden findet man die tragbaren Rundfunkgeräte. Der UKW-Bereich bietet auch mal klassische Musik, Interviews, Essays und die BBC-Nachrichten. Auf Kurzwelle ist die Programmvielfalt am größten; indische Musik, vietnamesische Polemiken, die Stimme Amerikas, Weltnachrichten auf Englisch werden gesendet. Hier sind einige englischsprachige Sender:

Chulalongkorn University FM 101.5 MHz. Sendet täglich von 6 bis 2 Uhr nachts klassische Musik.

Radio Thailand; 4 1/2 Stunden englischsprachiges Programm auf FM (VHF) 97.0 MHz., SW 11.905 und 9.655 MHz.

British Broadcasting Company; BBC ist mit Weltnachrichten für Thailand zu hören auf SW 6.195, 9.410, 9.570 und 11.955 MHz. täglich zwischen 17 und 19.30 Uhr. Zusätzlich auf 11.955 von 19.30 bis 22.30 Uhr, mit Nachrichten auch von 9 bis 10 Uhr morgens auf 15.380. Das Abendprogramm wird zwischen 16 und 1.45 Uhr auf 6.195 und 9.740 ausgestrahlt. Bis 12.45 Uhr auf 11.470; bis 18.15 Uhr auf 15.280; bis 20.30 Uhr auf 17.770 MHz. sowie bis 21.30 Uhr auf 21.50 MHz.

Stimme Amerikas; englischsprachige Sendungen zwischen 5 und 8 Uhr auf SW 9.770, 11.760 und 15.185 MHz.; von 18 bis 22 Uhr auf 6.110, 9.760, 15.160 und 21.615 MHz.

Fernsehen: Thailand strahlte als erstes Land in Südostasien ein eigenes Fernsehprogramm aus; das war 1955; seitdem ist das Fernsehen hier aus dem gesellschaftlichen Leben genauso wenig wegzudenken wie irgendwo in den entwickelten Ländern. Man stellt eigene Seifenopern her und sendet japanische, chinesische, britische und amerikanische Serien, meist synchronisierte Versionen in der Landessprache. Den Originalton dazu sendet oft der Rundfunk, und zwar auf:

Channel 3: 105,5 MHz.
Channel 7: 103,75 MHz.
Channel 9: 107 MHz.

Über Satellit werden in Channel 3 und 9 zwischen 9 und 20 Uhr internationale Nachrichten in englischer Übersetzung ausgestrahlt (107 MHz.).

Filme: Die Filmindustrie Thailands hat sich stürmisch entwickelt und besitzt zahlreiche Anhänger. Die meisten Filme sind sehr lang und bringen alle Facetten der Unterhaltung auf einen Sitz: Musikkomödien, Romantik, Gewalt. Immer wieder tauchen dieselben Gesichter auf, die Drehbücher ähneln sich stark, die Charaktere sind stets dieselben. Wenn sich ein beliebter Filmstar bei den Dreharbeiten verletzt, kann es sein, daß die Arbeiten an 14 Filmen, bei denen er gleichzeitig mitmacht, unterbrochen werden müssen. Obwohl sich der Thai-Film weitgehend in der seichten Unterhaltung hervorgetan hat, sind einige rühmliche Ausnahmen zu verzeichnen; eine Reihe von Filmen haben im Ausland Anklang gefunden und wurden bei Filmfestspielen gezeigt.

In Bangkok sind es meist amerikanische und europäische Filme, die das Publikum am meisten anziehen. Die Kinos in Thailand sind bestens ausgestattet, die Eintrittspreise halten sich in Grenzen (20 bis 60 Bahnt pro Person). Ausländische Filme werden im allgemeinen im Originalton mit chinesischen und Thai-Untertiteln gezeigt. In der Provinz kann man abenteuerliche Simultan-Übersetzungen erleben: da sitzt eine einzelne Person im Tonstudio und versucht, gleichzeitig fünf verschiedene Stimmen zu „spielen". Wer sich gerne japanische und chinesische Streifen der „inneren Kraft"-Sorte ansieht, kommt in Thailand voll auf seine Kosten. Es gibt Filmtheater, die nichts anderes als Kampfsport-Epen auf die Leinwand bringen, meist mit englischen Untertiteln.

Gottesdienste

Thailand ist überwiegend buddhistisch. Andere Glaubensrichtungen können jedoch frei und ungehindert praktiziert werden. Ein buddhistischer Tempel in derselben Straße wie eine katholische

Kirche sind keine Seltenheit. Hier die Adressen einiger Häuser, in denen nichtbuddhistische Gottesdienste abgehalten werden.

Calvary Baptist Church, Soi 2, Sukhumvit Road, Tel. 251-8278.

Holy Redeemer Church (römisch-katholisch), 123/19 Soi Ruam Rudee, Tel. 252-5097

The Evangelical Church, Soi 10, Sukhumvit Road, Tel. 251-9539.

Christ Church (Anglik. Episkopal), Convent Road, Tel. 234-3634

Gottesdienst auf Deutsch, Victory Monument, Tel. 391-0551

Hindutempel (Wat Khek), Pan Road, gegenüber der Silom Road.

Wat Sirikurusing Saha (Sikh), 565 Pahurat Road, Tel. 221-1011.

Bahai, 77/1 Soi Lang Suan, gegenüber der Ploenchit Road, Tel. 252-5355.

Für den Notfall

In Bangkok praktizieren Ärzte und Zahnärzte, die im Westen ausgebildet sind. Im Hotel oder beim Tourist Information Center vermittelt man die entsprechenden Adressen.

Krankenhäuser mit englischsprachigem Personal in Bangkok:

Bangkok Christian Hospital, 124 Silom Road (Tel. 233-6981).

Camillian Hospital, 423 Soi 55 Thonglor, Sukhumvit Road (Tel. 391-0136).

Chulalongkorn Hospital, Rama IV Road (Tel. 252-8131).

Paolo Memorial Clinic and Hospital, 670/1 Phaholyothin Road (Tel. 279-7040).

Phrommitr Hospital, 12 Soi Phrommitr, Sukhumvit Road (Tel. 391-8383).

Police Hospital, 492/1 Rajdamri Road (Tel. 233-8180).

Seventh Day Adventist Hospital, 430 Pitsanuloke Road (Tel. 281-1422).

Die Polizei, Feuerwehr etc. läßt sich über die Rezeption oder die Tourist Authority of Thailand heranrufen.

Essengehen

„Das Thai-Essen", schreibt ein Experte ohne jede Beschönigung, „ist sehr, sehr scharf." Sollten Sie einmal Gelegenheit haben, einer Thai-Köchin beim Zubereiten des *gaeng pet,* „heißes Curry", zuzuschauen, können Sie mit eigenen Augen beobachten, wie sie eine ganze Handvoll der winzigen grünen Chilischoten, die *prik kee nu,* in den Topf wirft — ein einziges dieser Dinger würde genügen, um den durchschnittlichen *farang* vom Stuhl zu kippen.

Nicht alles in Thailand wird so scharf gemacht. Man denke an die vielen süßen Sachen, den Pudding in der reifen Kokosnuß, die süßen Bonbons in Bananenblättern oder auch die zahlreichen mild gewürzten Nudelgerichte. Dennoch gilt: die Thais mögen scharfe Sachen, vor allem Curry. Es gibt mehr als ein halbes Dutzend verschiedener Schoten, die mit unglaublicher Selbstverständlichkeit unters Essen gemischt werden; die verführerisch hübsche kleine Orange mit dem Namen *prik kee nur luang* ist das Schärfste, was es in Thailand gibt. In den Restaurants, wo die ausländischen Touristen verkehren, hat man sich bereits umorientiert; die Thais würden sagen, man bietet dort eine verwässerte Form der einheimischen Küche.

In Wirklichkeit umfaßt Curry lediglich einen sehr kleinen Teil dessen, was die Thai-Küche an immenser Vielfalt und Komplexität zu bieten hat. Das meiste davon bekommt man leider in den Restaurants nicht zu sehen; dort beschränkt man sich auf wenige gängige Gerichte. Meistens eine Mischung von Thai- und chinesischer Küche. Neben dem Curry ist der Koriander, der frisch auf fast jedes Gericht gestreut wird, ein wichtiges Gewürz, Knoblauch, Basilikum, Kardamome und eine kleine erbsenähnliche Gemüsesorte, die wie eine Aubergine aussieht, kommen dazu. Auch die Soßen kommen immer wieder zu verschiedenen Gerichten auf den Tisch; die wichtigste ist *nam pla,* eine Fischsoße.

Da die meisten Gerichte in Thailand weich und mit viel Soße auf den Tisch kommen, benutzt man keine Stäbchen, sondern einen großen Löffel und die Gabel, die dazu dient, die Speisen auf den Löffel zu heben. Zu jedem Essen kommt eine große Schüssel Reis auf den Tisch, dazu fünf oder sechs kleinere Schüsselchen mit den Curries, Gemüse, Fisch, Suppe und den anderen Beilagen. Man nimmt sich zuerst den Reis auf den Teller und garniert ihn mit den einzelnen Beilagen.

Die thailändische Küche weist regionale Besonderheiten auf; einige Standardgerichte bekommt man überall, daneben aber gibt es viele regionale Besonderheiten. In Chiang Mai zum Beispiel kocht man milder als in der Zentralen Ebene, wo meistens klebriger Reis, den man mit der Hand ißt, zum Essen gehört.

Essengehen in Bangkok

Das Problem beim Essengehen in Bangkok ist nicht so sehr das wo, sondern was. Es gibt wohl keine Stadt in Asien, die — vielleicht mit Ausnahme Tokios — über eine größere Bandbreite an Restaurants verfügt als Bangkok. Den Cheeseburger bekommt man hier genauso wie *sukiyaki* und alles, was dazwischen liegt. Innerhalb eines relativ kleinen Stadtbezirks findet man Restaurants der verschiedensten Nationalküchen: mexikanisch, französisch, deutsch, italienisch, skandinavisch, ungarisch, japanisch, vietnamesisch, koreanisch, englisch, amerikanisch, laotisch, philippinisch, indonesisch, schweizerisch, burmesisch und österreichisch. Der Chefkoch ist meistens aus dem jeweiligen Land. Ein halbes Dutzend chinesischer Provinzen sind vertreten, Kanton, Szetschuan, und wie sie alle heißen.

Sie können die Thai-Küche des Zentrums, Nordens, Südens und Nordostens probieren in einfachen Lokalen oder luxuriös ausgestatteten Nobelrestaurants zu klassischem Tanz und Folklore-Aufführungen. Im Hotel hat man bestimmt einige Hotelführer parat, die Ihnen die Auswahl leichter machen können. Zu empfehlen ist das Büchlein *Eating Out in Bangkok* von Harry Rolnick, der sehr persönlich, aber sehr verläßlich schreibt und lange in Bangkok gelebt hat. Im Anhang sind einige wichtige Adressen aufgeführt, die es Ihnen ermöglichen, die einzelnen Richtungen kennenzulernen.

Außer an Wochenenden braucht man sich nicht anzumelden; übrigens will man lediglich in einem Restaurant Jackett und Krawatte sehen.

Imbißstuben

Die Thais sind eingefleischte ‚Snackers', das heißt, sie essen wann und wo es ihnen gerade beliebt; sie folgen dem Grundsatz: „Iß wenn du Hunger verspürst." Überall in Thailand sind die Nudelverkäufer mit Fahrrad oder die Imbißstuben am Gehsteig ein vertrauter Anblick; wo etwas los ist und Menschen anzutreffen sind, sind sie plötzlich da. Und schon essen sie: rasch einen Topf Reisnudeln mit ein paar Fleischstückchen, mit Koriander gewürzt, ein leckerer kleiner Pfannkuchen, um etwas Süßes gewickelt oder eine gebratene Banane.

Die tragbaren Küchen haben lediglich die wichtigsten Utensilien — meist eine große flache Pfanne, ein paar Töpfe und Holzkohle — dennoch zaubern sie in kürzester Zeit kulinarische Leckerbissen hervor.

Typische Thai-Gerichte

Vorspeisen

Erdnüsse	*tua*
Cashew-Nüsse	*met mamnuang himmapan*
getrocknetes Rindfleisch	*nua sawan*
knusprige Schweinekruste	*kaab muu*
gebratene Garnelen	*gung tawt krob*
Krabben-Chips	*khao kriep gung*
Schweinefleisch vom Rost	*muu satay*
Frühlingsrollen	*poh pia*

Suppen und Nudelspeisen

Reissuppe (mit Huhn, Schweinefleisch, Krabben oder Eiern)	*kow tom*
Reis-Porridge (mit Huhn und gehacktem Ingwer — wahlweise mit Ei)	*jok*
Klare Suppe (mit Sellerie und Bohnenquark)	*tom juut*
Zitronenkrabbensuppe	*tom yaam gung*
Wilde Suppe	*geo nam*
Weißnudelsuppe (mit Fischklößchen, Schwein, Huhn oder Ente)	*kwit-teo nam (luuk-chin, muu, gy, pet)*
Gelb-Nudelsuppe	*bami nam*
heiße weiße Nudeln	*kwit-teo hehng*
knusprige gelbe Nudeln	*bami hehng*
gedünstetes Gemüse	*geo raat naa*
gebratene weiße Nudeln	*kwit-teo raat naa*
gebratene gelbe Nudeln	*bami raat naa*
gebratene Nudeln (mit Ei und Bohnensprossen)	*kwit-teo pat ty*

Reis

trockener weißer Reis	*kow plow*
Chinesische Reissuppe	*kow tom plow*
klebriger Reis	*kow neo*
gebratener Reis mit Krabben und Gemüse	*kow pat gung*
gebratener Reis mit Schweinefleisch	*kow put mu*
gebratener Reis mit Ei	*kow pat ky dow raat naa*

Hauptgerichte

Omelette mit Schwein	*ky yat sy*
Süß und Sauer (Huhn, Schwein, Fisch, Krabben)	*preo waan (gy, muu, pla, gung)*
gebratenes Huhn	*gy yaang*
geröstetes Huhn	*gy tawt*
Hühnerfleisch mit Reis	*kow man gy*
gebratenes Huhn und Cashewnüsse	*gy pat met mamuang*
gebratenes Huhn mit Minze und Nelken	*gy pat by gaprow*
Curryhuhn	*gaeng gy*
Indisches Curryhuhn	*gaeng garii*
Rindfleisch mit Austernsoße	*nua pat nam man hoy*
Rindfleisch mit Ingwer	*nua pat king*
wachsweiches Ei mit Gewürzen	*kai luak*

Soßen und Gewürze

Fischsoße (als Salzersatz)	*nam pla*
helle Sojasoße	*nam sii im kow*
dunkle Sojasoße	*nam sii im dam*
scharfe rote Soße	*nam prik*
süße Pflaumensoße	*nam buay wan*
Essig mit Chilischoten	*nam som*
getrocknete Chilies	*prik kee nu bon*
Salz	*glua*
schwarzer Pfeffer	*prikty*
Ingwer	*king*
Knoblauch	*gratiam*
Curry	*gaeng*

Süßes *(Kanom)*

klebriger Reis in Bambus	*kow laam*
Mango und klebriger Reis mit Kokosnußsoße	*kow neo mamuang*
brauner klebriger Reis	*kow neo deng*
Bananensplitter	*gluay tawt*
Bananen in süßer Kokosmilch	*gluay buad chee*
Eiersoße	*kanom maw gang*
Chinesische Törtchen	*kanom pia*
Erdnußkrokant	*tua dut*
Obst, Bohnen oder Gelee mit süßem Saft und Eis	*tubtim krab*

Getränke

zum Mitnehmen	*sy tung*
eisgekühltes Wasser	*nam yen*
kalter chinesischer Tee	*nam keng plow*
heißer chinesischer Tee	*nam cha rawn*
Eistee mit Zucker	*cha dam yen*
Eistee mit Zitrone	*cha manow*
heißer Tee mit Milch	*cha rawn*
heißer Pekoe Tee mit Zitrone	*cha rawn kab manow*
schwarzer gesüßter Eiskaffee	*o-liang*

Thai-Kaffee mit Milch	*gafeh rawn*
heiße Ovaltine mit Milch	*owaltin rawn*
eisgekühlte Ovaltine	*Owaltine yen*
Sojabohnenmilch in der Flasche	*Wytamilk*
frische Milch	*nom sot*
eisgekühlte Limonade mit Salz	*nam manow*
eisgekühlte Limonade ohne Salz	*nam manow (my su glat)*
frischgepreßter Orangensaft	*nam som sot*
Kokosnußmilch	*nam maprow*

Einkaufen

Einkaufen in Bangkok ist ein Vergnügen nicht nur, weil es fast alles zu kaufen gibt, was das Herz begehrt, sondern auch weil es überall vollklimatisierte Einkaufszentren gibt, die den Streß der Hitze vergessen lassen. Im folgenden sind Artikel aufgeführt, die es sowohl von der Qualität als auch vom Preis her in Thailand günstig zu kaufen gibt, günstiger und besser als irgendwo sonst.

Thailändische Stoffe. Thai-Seide braucht wohl nicht eigens vorgestellt zu werden. Es gibt sie in großen Mengen, verschiedenen Gewichtsklassen, als Meterware oder bereits zu Kleidungsstücken verarbeitet. Allerdings ist die Seide nicht immer in gleicher Qualität zu haben; wo die Preise besonders günstig liegen, könnte auch mal Kunststoff so geschickt mit Seide verwoben sein, daß man es kaum merkt. Halten Sie sich an die einschlägigen Fachgeschäfte, es sei denn, Sie sind Seiden-Spezialist. Handgewobene Baumwolle ist weniger berühmt und das zu unrecht, denn es ist ein weicher, aber haltbarer Stoff, der sich sehr gut für Kleider, Polster und anderes eignet. In vielen Geschäften bekommt man die Baumwolle in denselben Farben und Mustern wie die Seide; der Meter ist für etwa 40 bis 50 Baht zu haben.

Schmuck. Gold ist in Thailand weit billiger zu haben als in Europa und den USA. Die Juweliere des Landes sind dabei, den Kollegen in Hongkong den Rang abzulaufen; sie haben ihren eigenen Stil entwickelt. Am günstigsten zu haben sind die Saphire, blaue oder schwarze, glänzende oder einfache. Auch gute Rubine aus Kambodscha und Burma sind manchmal auf dem Markt. Die meisten Steine sind billiger zu haben als im Westen.

Kunsthandwerk. Sollten Sie vorhaben, Chiang Mai einen Besuch abzustatten, dann warten Sie mit dem Kauf von Kunsthandwerklichem, bis Sie in dieser Stadt sind; es ist das Zentrum des thailändischen Kunsthandwerks. Vielleicht finden die Stickereien der Bergstämme, die Lackarbeiten, bemalten Regenschirme, Holzschnitzereien, Korbwaren oder die schönen Fisch-Mobiles, die die Thai-Frauen den Kindern zur Beruhigung aufhängen, Ihren Gefallen. Das staatlich geförderte Narayana Phand an der Larn Luang Road in Bangkok vertreibt alle diese Waren.

Celadon. (Blaßgrün). Zum erstenmal entstand es in Thailand in der Sukhothai-Periode, verschwand dann von der Bildfläche, bis es vor zwanzig Jahren wieder aufkam. — Vasen und Lampen sind günstig zu haben; ganze Eßservices gibt es und natürlich jede Menge Souvenirs.

Puppen. Sammler haben eine große Auswahl klassischer Tanzkostüme und Figuren, die die einzelnen Bergstämme wiedergeben.

Bronzearbeiten. Waren sehr lange beliebt, vor allem bei den Touristen. Es gibt einfache, moderne Modelle und die traditionellen Thai-Muster. Sie können ganze Bestecke kaufen oder auch nur eine Salatschüssel. Tempelglocken aus Bronze sind ebenso erhältlich (Für die Terrasse vielleicht?). Einige Geschäfte führen auch bearbeitetes Material, das keine Flecken bekommt.

Geisterhäuser. Da sind sogar ganz kleine in der Form eines Thai-Hauses zu haben, die man leicht verschicken kann.

Antiquitäten. Wir verweisen die Interessenten auf den Abschnitt über Nakorn Kasem im Chinesenviertel von Bangkok. Chinesisches Porzellan und Möbelstücke, Schnitzereien aus Tempeln, Sawankhalok (Porzellan, das im 14. Jahrhundert bei Sukhothai entstand), alte Thai-Gemälde, Betelnuß-Schachteln aus Silber, Wandbehänge aus Burma und Holzfiguren sind hier zu haben. Fälschungen sind überall im Umlauf; man sollte sich daher an die führenden Geschäfte halten. Was buddhistische Kunst betrifft, muß bei den meisten Stücken eine Ausfuhrgenehmigung des Fine Arts Department eingeholt werden. In den guten Geschäften erledigt man das gerne für den Kunden.

The Central Department Store mit Filialen in Silom, Chidlom, Wangburapa, Ladya und Ladpraw ist eine gute Adresse für den, der keine Zeit hat, die einzelnen Provinzen des Landes aufzusuchen und an Ort und Stelle einzukaufen. Waren aus der ganzen Welt werden geführt. Die Preise sind festgelegt, Credit Cards und Verrechnungsschecks werden in Zahlung genommen. **Thai Daimaru** hat zwei Filialen: in der Rajdamri Arcade an der Rajdamri Road und in Phra Kanong an der Sukhumvit Road. Es führt vor allem Japan-Importe. Das **Mall Shopping Center** an der Rajdamri Road bietet zu festgelegten Preisen Waren aus der ganzen Welt. Das Kaufhaus **Robinson Department Store** hat drei Filialen: Rajdamri, Victory Monument und Siam Square. Es ist eine gute Adresse für Kleidung von der Stange. Einige größere Geschäfte nehmen Credit Cards in Zahlung, die meisten ziehen Bargeld vor.

Festtage, Jahrmärkte...

Unablässig jagt man in Thailand dem *sanuk* nach, so daß das Jahr mit Festen, Jahrmärkten, Sportveranstaltungen sowie einer Reihe von feierlichen religiösen Ereignissen angefüllt ist. Die meisten Feste sind in der kühlen Jahreszeit von November bis Februar angesetzt; irgendwo ist jedoch das ganze Jahr über etwas los.

Da die wichtigen Feiertage nach dem Mondkalender der Thais festgelegt werden, ist es nicht möglich, im voraus die genauen Daten anzugeben. (Die Tourist Authority of Thailand veröffentlich jedes Jahr einen überarbeiteten Festtagskalender.) Offiziell gilt in Thailand jetzt der westliche Kalender, die Jahreszahlen werden jedoch noch immer in der buddhistischen Zeitrechnung angegeben.

Die folgende Aufzählung von Festlichkeiten soll Ihnen die Urlaubsplanung erleichtern.

JANUAR

Silvester und Neujahr sind gesetzliche Feiertage; in der Silvesternacht wird wie überall im Westen gefeiert. Die großen Hotels veranstalten Bälle, bei denen es heiß und laut hergeht. Wer stattdessen mit den Thais feiern möchte, sollte entweder zum Khao Din (Dusit) **Zoo** oder nach Sabnam Luang gehen, dem großen Gelände beim Tempel des Smaragdenen Buddha. Allerdings ist das nichts für empfindliche Gemüter; vor Begeisterung wird man hin- und hergeschubst und eingequetscht; am besten man stürzt sich nicht gleich mitten unter die Menge.

Auch in Chiang Mai wird Silvester ausgiebig gefeiert. Hier findet der dreitägige **Winter Fair** (Jahrmarkt) mit prunkvollen Umzügen, Schönheitskonkurrenzen und allen möglichen Vergnügungen statt.

Meist gegen Ende Januar, Anfang Februar wird der **Red Cross Fair** abgehalten, den das Königspaar im Amporn Garden beim ehemaligen Parlamentsgebäude eröffnet. Die Auslandsmissionen stellen Stände auf, Filmstars treten auf, die Behörden und Universitäten beteiligen sich, Volkstänze werden aufgeführt. Die Einnahmen fließen dem thailändischen Roten Kreuz zu, dessen Ehrenpräsidentin die Königin ist.

FEBRUAR

Maka Puja, ein wichtiger buddhistischer Feiertag, wird gegen Ende des Monats gefeiert. Er gilt dem Gedenken an das wundersame Zusammentreffen von 1 250 Buddha-Schülern, die ihren Lehrmeister hören wollten. Alles strömt an diesem Tag in die Tempel; die Gläubigen machen sich verdient, indem sie z.B. eingesperrte Vögel freilassen. Die Feierlichkeiten gipfeln in einer Lichterprozession um den *bot,* den Tempelhauptbau.

Das chinesische Neujahr fällt auf den ersten Tag des ersten chinesischen Mondmonats. Im Gegensatz zu anderen Ländern geht es auf den Straßen ruhig zu. Die Chinesen, die in Thailand leben, immerhin einige Millionen, feiern in der Familie, man beschenkt sich und läßt endlich einmal Geschäft Geschäft sein. Die buddhistischen Tempel der Chinesen bei der Yaowaraj Road in Bangkok und in Thonburi sind mit Gläubigen überfüllt, die um ein gütiges Schicksal die Götter anflehen.

Das Phra Buddhabaht Festival. An diesem Tag strömen die Buddhisten zum Schrein der heiligen Fußspur bei Saraburi 136 km nördlich von Bangkok. Das Heiligtum geht auf das 16. Jahrhundert zurück; die Gläubigen kommen aus allen Himmelsrichtungen zu Ehren einer angeblich echten Fußspur des Buddha. Die Legende sagt, ein Jäger habe sie entdeckt; sie sei mit Wasser gefüllt gewesen, und eine wunderbare Heilkraft sei von ihr ausgegangen.

MÄRZ

Im März gibt es keine gesetzlichen Feiertage; zusammen mit dem April ist es die günstigste Zeit zum **Drachensteigenlassen;** denn an den Nachmittagen weht selbst an den heißesten Tagen eine frische Brise. In Bangkok gibt es auf dem Sanam Luang Feld an jedem Werktag ab 16.30 Uhr Drachenvorführungen. Auf dem Gelände der Thamassat Universität werden Imbißstuben aufgestellt; beim Bier oder einem Glas Saft kann man die Aktivitäten am heimischen Himmel verfolgen.

APRIL

Der **Chakri Day** am 6. April ist ein nationaler Feiertag zu Ehren der Chakri-Dynastie, dessen neunter Vertreter in Folge der jetzige Monarch ist. Man geht mit Blumen und Weihrauch zum Tempel des Smaragdenen Buddha, um den Königen der Dynastie seine Reverenz zu erweisen. Das Pantheon, ein Gebäude auf dem Gelände neben dem Grand Palace, enthält Statuen der einzelnen Könige; es ist nur an diesem Tag des Jahres der Öffentlichkeit zugänglich.

Der Höhepunkt dieses Monats ist das **Songkran,** das alte Thai-Neujahr, das zwischen dem 13. und dem 15. gefeiert wird. Songkran ist ein religiöser Feiertag, mit dem der Beginn des buddhistischen Jahres gefeiert wird. Früher gingen die Thais in die Tempel und besprühten die Buddha-Bildnisse mit Weihrauch und reinigten sorgfältig ihre Häuser. Im Laufe der Jahre gewannen weltliche Züge die Oberhand; dazu gehört etwa das Bespritzen von Passanten mit Wasser, das übrigens nicht unangenehm zu sein braucht, denn schließlich ist der April der heißeste Monat in Thailand. Jeder möchte also rasch durchnäßt sein; das gilt vor allem für Chiang Mai, wo viele der alten Traditionen hochgehalten werden. In Bangkok geht man mit dem Wasser nicht so freizügig um, eher schon in Phra Pradaeng am Unterlauf des Chao Phya. Am besten, Sie nehmen ein Boot bis Phra Pradaeng, da die Straßen verstopft sind. Im Ort selbst werden Sie Umzüge erleben, Bootsrennen und Volkstänze — und mit ziemlicher Sicherheit patschnaß zurückkommen.

MAI

Krönungstag: König Bhumipol Adulyadej wurde am 5. Mai gekrönt. In der Königlichen Kapelle des Grand Palace erweisen die führenden Politiker dem Monarchen die Reverenz.

Um die Mitte des Monats findet in Sanam Luang in Bangkok die **Ploughing Ceremony** statt. Der von den Hindus ausgehende Festtag gilt dem Beginn der Reispflanzsaison. Die gesegneten Setzlinge werden in ritueller Feierlichkeit ausgesät; Brahmanenpriester sagen die kommende Ernte vorher.

Visakha Puja, auch ein wichtiger buddhistischer Feiertag, fällt auf den Vollmondtag des sechsten Mondmonats. Es ist wohl der heiligste aller buddhistischen Feiertage, der der Geburt, dem Tod und der Erleuchtung Buddhas gewidmet ist. Fast an allen Tempeln finden abends Lichterprozessionen statt; es ist eins der schönsten Feste in Thailand.

JULI

Assalaha Puja leitet die **buddhistische Fastenzeit** *(Khao Pansa)* ein — sie dauert drei Monate, in denen die Mönche in den Tempeln bleiben und sich streng an ihre Ordensregeln halten müssen. Es ist auch die Zeit der jungen Männer, die sich entschieden haben, vorübergehend ins Kloster zu gehen, sei es nur für ein paar Tage, sei es für die ganzen drei Monate. Überall in Thailand kann man Zeuge einer *buat nang* werden („Ordinationsfeier"). Wie viele Feiern in Thailand, so ist auch diese eine Mischung aus Hochgeistigem (am Vorabend der Ordination lädt der Novize meist seine Freunde zu einem festlichen Essen ein) und dem tief Religiösen (er vertauscht seine weiße Anwärter-Robe mit dem safrangelben Umhang, womit er symbolisch dieser Welt Lebewohl sagt) eine bewegende Zeremonie.

Die buddhistische Fastenzeit bringt einen vorübergehenden Einschnitt in die Zeit der Feste und Feiern; die Regenmonate stehen bevor, und es wäre viel zu riskant, ein Fest im Freien zu planen, bevor es aufhört zu regnen und es wieder wärmer wird.

AUGUST

Der **Geburtstag der Königin** am 12. ist in ganz Thailand ein Feiertag; Ihre Majestät Königin Sirikit überreicht im Chitralada Palast an Mönche Opfergaben und nimmt an einigen religiösen Feiern teil.

OKTOBER

Ok Pansa markiert das Ende der buddhistischen Fastenzeit und den Anfang der *kathin*-Saison. Kathins sind Feiern, bei denen die Menschen gruppenweise in die Tempel gehen und den dort wohnenden Mönchen Gewänder und andere Geschenke überreichen. Im ganzen Land sind an den Straßen die um Almosen bittenden Mönche aufgereiht; sie gehen entweder zu Fuß durchs Land oder fahren mit Bussen, begleitet von Musik und tanzenden Gruppen. Am spektakulärsten *kathin* der Vergangenheit fuhr der König mit einer Barke nach Wat Arun; diese Tradition wurde wegen des Zustands der vergoldeten Schiffe fallengelassen. In naher Zukunft soll sie wieder aufgenommen werden; sollte es so weit kommen, darf sich jeder Besucher Thailands auf ein wunderschönes Schauspiel gefaßt machen.

Der 23. dieses Monats ist der **Chulalongkorn Tag,** der dem Todestag des Königs Rama V. gilt. Tausende kommen an diesem Tag zu seinem Standbild vor dem alten Parlamentsgebäude, um Kränze niederzulegen.

NOVEMBER

Das ist der beste Feste-Monat in Thailand, wo im ganzen Land zahlreiche Festlichkeiten abgehalten werden. Mit zu den schönsten gehört **Loy Krathong,** das in der Nacht des Vollmondes des zwölften Mondmonats stattfindet, dessen Datum alljährlich wechselt. Ein *krathong* ist eigentlich ein kleines lotosförmiges Boot mit einer Kerze, Weihrauchstäbchen und häufig auch einer Münze. Erwachsene und Kinder begeben sich ins Wasser, um die Wassergeister zu ehren und ihre Sünden abzutragen. In Bangkok kann man dieses reizende Schauspiel am besten auf dem Fluß entlang den Klong Saen Sap oder an den Gewässern des Khao Din Zoos und des Lumpini Parks verfolgen. Tausende strömen aus dem ganzen Land nach Chiang Mai, um Loy Krathong zu feiern; der Ping-Fluß, der die Stadt durchschneidet, bietet einen prächtigen Anblick, wenn die zahllosen zum Teil riesigen *krathongs* den Fluß hinabtreiben und in der Sonne glänzen.

Der **Golden Mount Fair** ist ein weiteres wichtiges Ereignis in Bangkok. Um Wat Sakhet sind Dutzende von kleinen Buden, Freilichtbühnen und Geschäften aufgestellt. Der Golden Mount ist hell erleuchtet, denn zum Berggipfel hinauf zieht sich eine Lichterprozession. Kurz vor oder nach Loy Krathong findet das hinduistische Fest **Deepavali,** das Fest der Lichter, statt. An diesem Tag kommen die Hindus aus ganz Bangkok, teilweise auch vom Land, zum reichgeschmückten indischen Tempel an der Silom Road in Bangkok, um zu feiern; leidenschaftliche Hindus begehen Akte von Selbstverstümmelung.

Ebenfalls in diese Zeit fallen die sechstägigen Feiern des **Phra Pathom Chedi Fair** in Nakhom Pathom westlich von Bangkok (kaum eine Autostunde vom Zentrum). Gefeiert wird in der größten *chedi* (Pagode) von Thailand; aus dem ganzen Land kommen die Menschen zu diesem Jahrmarkt, der zu den besten des Landes gerechnet wird.

Auch im November ist das sogenannte **Elephant Roundup,** das von der Tourist Authority of Thailand und der Provinzverwaltung von Surin veranstaltet wird. Hunderte von Elefanten werden hier vorgeführt, für die Touristen eine besondere Attraktion. Klimatisierte Sonderzüge fahren in der Nacht vor dem Fest von Bangkok nach Surin; wer ein Ticket besitzt, kann auf einer überdachten Tribüne Platz nehmen und bekommt einen englischsprachigen Kommentar ausgehändigt.

Interessieren Sie sich für Militärisches? Am 8. findet das **Trooping of the Colors** statt, eine Militärparade von Armee, Marine und Luftwaffe, bei der häufig auch der König zugegen ist.

DEZEMBER

Königs Geburtstag am 5. Dezember ist gesetzlicher Feiertag; Bangkok ist dekoriert, überall sind die Bilder des Königs aufgestellt; besonders schön geschmückt sind die Rajadamnern Avenue und das Gelände um den Grand Palace.

Weihnachten wird in Thailand nur in den Touristenhotels und von den wenigen Christen in Thailand und natürlich den Mitarbeitern der Auslandsmissionen und ihren Familien gefeiert.

Nachtleben

Was sich des Nachts in Thailand abspielt, bedarf keiner wortreichen Erläuterung. Das Nachtleben jedenfalls hat hier dieselbe Bedeutung wie die Sandstrände für Hawaii und die Kirschblüte für Japan.

Alles konzentriert sich auf die Nachtklubs, Bars, Massagesalons und — in letzter Zeit — auch auf die Diskotheken. Etablissements dieser Art findet man überall im Lande.

In den großen Hotels bietet man Varietéprogramme, Popmusik-Gruppen spielen, einzelne Gesangsstars treten auf. Die Programme ändern sich laufend, weshalb man sich im voraus erkundigen sollte.

Wer nicht so viel Geld ausgeben, aber dennoch unterhalten werden will, für den sind die zahlreichen Freiluft-Restaurants von Bangkok wie geschaffen; viele befinden sich an der Lard Prao Road — wo junge Thais die neuesten Schlager spielen, zuweilen auch westliche Musik.

Als Liebhaber der neuesten Hits, eines guten Drinks und der angeregten Unterhaltung mit hübschen Frauen sind Sie in den Bars der großen Nachtklubs vor allem an der Patpong Road bzw. Soi Cowboy (gegenüber Soi 21, Sukhumvit Road) gut aufgehoben. Die Bars sind berühmt für die aufgeschlossenen und freundlichen Mädchen. Viele bieten auch nächtliche Shows an, die um 22 Uhr beginnen. Manchmal kommt man in den Genuß eines günstigen Drinks, wenn man früher hingeht („Happy Hours"); zur „Movie time" werden Video-Aufzeichnungen von Rock- und Popgruppen gezeigt.

Wer hat Angst vor den Massagesalons in Bangkok? Versuchen Sie mal einen an der Patpong II Road (der kleinen Straße, die parallel zur großen Patpong Road verläuft) oder an der Petchburi Road. Eine Massage kostet pro Stunde ab 120 Baht; der Preis hängt auch davon ab, zu welcher Kategorie das Etablissement zählt ... und wie ausgedehnt Sie massiert zu werden wünschen.

Etikette

Einige Verhaltensweisen sollte man bei einem Aufenthalt in Thailand beachten. Die Thais nehmen zwar Fragen der Etikette nicht so ernst und wollen den *farangs* nichts aufzwingen; einige Hinweise auf das, was landesüblich höfliche Umgangsformen sind, dürften jedoch hilfreich sein.

Neben dem Respekt gegenüber dem Königshaus steht das korrekte Verhalten in den Tempeln ganz obenauf. Vor dem Eintritt muß man die Schuhe ausziehen, wenn darin das Bildnis des Buddha ist; zu erkennen daran, daß die Menschen im Kreis und in Ehrerbietung um dieses Bild herumsitzen. Frauen haben keinen Zutritt zu den Wohnbereichen der Mönche und dürfen diesen auch nichts überreichen. (Sollte es unabdingbar sein, daß eine Sie einem Mönch etwas aushändigt und es ist gerade kein Mann in der Nähe, der es für sie tun könnte, legt man den Gegenstand auf einen Tisch oder auf den Boden, damit ihn sich der Mönch selbst nehmen kann.) Die wenigen unangenehmen Zwischenfälle mit Ausländern in Thailand hatten alle ihre Ursache in unkorrektem Verhalten gegenüber der Religion des Landes. Vor ein paar Jahren ließ sich zum Beispiel ein Ausländer fotografieren, wie er in den Ruinen von Sukhothai auf dem Kopf eines riesigen Buddhas saß — ein zweifacher Frevel, denn der Kopf gilt als der heiligste Teil des Körpers. Es kam auch vor, daß Fotomodelle auf dem Gelände von Wat Phra Keo in Positur gebracht wurden und sich sogar im Tempelgelände umzogen.

Begrüßung

In Thailand begrüßt man sich nicht mit Händedruck. Üblich ist vielmehr das *wai,* bei dem man die Hände wie beim Gebet nach oben hält. Je höher man die Hände nimmt, desto herzlicher ist das *wai;* man kann also bereits bei der Begrüßung abschätzen, welchen Rang die einzelnen Personen einnehmen. Die Rangfrage ist allerdings sehr kompliziert, Alter, Beruf und soziale Stellung spielen dabei eine Rolle. Für den Außenstehenden gilt, daß er überhaupt die Landessitte beachtet.

Es gilt als unfein, die Füße als den untersten Teil des Körpers auf irgendjemanden zu richten. In Thailand bemüht man sich sehr, jede solche Bewegung zu vermeiden. Man trifft daher selten auf Menschen, die die Beine überkreuzen, und wenn, dann achten sie sehr darauf, daß die Fußspitzen auf den Fußboden gerichtet sind.

Kleidungsfragen

In Thailand achtet man überall auf ein sauberes, gepflegtes Äußeres. Selbst in den Slums trifft man selten auf Menschen, die schmutzige Kleidung tragen oder ungepflegte Haare haben. Automechaniker, die tagsüber voll mit Schmieröl sind, sehen am Abend wie aus dem Ei gepellt aus. (Die Thais baden mindestens einmal am Tag, oft auch zweimal.) Die Aussage, jemand sei *mai rieb-roi* („nicht sauber") ist fast so gravierend wie wenn man sagt, jemand sei *maisuparb* („nicht höflich"); unter bestimmten Umständen kann unordentliches Aussehen als sehr unfein gelten. Unter Jugendlichen gilt die lässige T-Shirt-Jeans-Mode, die aus dem Westen importiert ist, als das übliche, bei den älteren steht sie im Ruf, schlicht *mai rieb roi* zu sein. Traditionsbewußte Thais kennen sogar höfliche und unhöfliche Farben — helle Farben gehen an bei einem jungen Mädchen, nicht jedoch bei älteren Frauen, die dunkel gekleidet sein sollten. Bestimmte Farben passen zu bestimmten Tagen: Rot zum Beispiel kann man ungehemmt lediglich an Sonntagen anziehen. Im allgemeinen gelten solche Regelungen nicht für ausländische Besucher; solange man einigermaßen proper aussieht — selbst in schreienden Farben — wird man auch nicht scheel angesehen. Das gilt nicht für weibliche Wesen, die in der Öffentlichkeit Shorts tragen; vor allem in den Tempeln sollte man darauf achten, daß wichtige Körperteile ausreichend bedeckt sind.

In der Öffentlichkeit

Zwei Männer, die Händchen haltend durch die Straßen gehen, sind in Thailand nichts Ungewöhnliches. Es handelt sich um gute Freunde — weiter nichts. Mann und Frau sieht man dagegen selten Hand in Hand gehen, denn seit alters her gilt es als tabu, in der Öffentlichkeit Gesten der Zuneigung zwischen Mann und Frau offen zu zeigen. Während des Vietnamkriegs, als Tausende von Amerikanern in Bangkok Urlaub vom Krieg machten, fiel es sehr unangenehm auf, daß die GIs sich öffentlich mit Barmädchen zeigten; sie dachten sich nichts dabei, weil sie es so gewohnt waren. Viele Thai-Mädchen achten aufgrund dieser Erfahrungen darauf, nicht mit einem *farang* zusammen gesehen zu werden.

Namen

Familiennamen sind eine relativ junge Sache in Thailand, die erst vor etwa fünfzig Jahren unter dem König Rama VI. eingeführt werden mußten. Davor hatte jeder nur seinen Vornamen, auf den unter Umständen eine Erläuterung folgte wie „...Sohn von..." oder „aus dem Ort..." Die Thai-Namen sind meist so lang und kompliziert auszusprechen, daß man sie selten verwendet. Mr. Kraisri Nimmanahsominda heißt einfach Mr. Kraisri; Khun ist das Thai-Wort für Herr, Frau oder Fräulein, wird also für männliche wie weibliche Personen verwendet.

Wichtige Ausdrücke

Es gibt drei Thai-Begriffe, die unverwechselbar Thai sind und nur sehr schwer übersetzt werden können; um das Wesen der Menschen in Thailand und ihren Charakter zu begreifen, sollte man ihre Bedeutung kennen.

Mai pen rai heißt eigentlich wörtlich „macht nichts", und in vielen Fällen mag diese Übersetzung genügen. Man hat etwas vergessen, was man einem Freund zuliebe machen wollte, und er antwortet auf die Entschuldigung mit *mai pen rai* — „mach dir keine Gedanken, nicht so schlimm." *Mai pen rai* bedeutet jedoch weit mehr als eine Floskel sein kann; der Ausdruck bezeichnet einen Gemütszustand, fast schon eine buddhistische Weisheit, nämlich das Abschütteln des Unwesentlichen, Vergänglichen. Für den westlichen Normalbürger klingt das sehr übertrieben, vor allem wenn es um Dinge geht, die ihm wesentlich sind. Anderen jedoch gilt er als wichtiger Aspekt der entspannten Atmosphäre in Thailand — man sträubt sich, in Aufregung zu verfallen angesichts von Umständen, die man ohnehin nicht beeinflussen kann (wenn man den Zug verpaßt hat oder ein Flug storniert wird); man ist fähig, Probleme hinzunehmen; statt Tränen zu vergießen, lacht man lieber.

Sanuk heißt „fun" (Spaß), doch wie bei *mai pen rai* erfaßt die wörtliche Übersetzung nur unvollständig die volle Bedeutung dieses Wortes. Die Vorliebe der Thais für *sanuk*, ihre Lebensfreude, ist tief verwurzelt, unverwüstlich und durchdringt fast alle Aspekte ihres Alltags. Ohne nachzudenken, teilen sie ihre Erfahrungen ein in *sanuk* und *mai sanuk;* letztere Bezeichnung schließt eine sehr harte Kritik ein. Bei einer Hochzeit dabei sein, ins Kino zu gehen, einen alten Freund zu besuchen, all das ist *sanuk,* auch eine gute Schüssel mit Nudeln, ein Fest oder eine kleine Reise. Arbeit dagegen ist nicht *sanuk.* Vor allem wenn sie eintönig und, was noch schlimmer ist — „ernst" ist. Ein sehr guter Dozent kam vor einigen Jahren nach Thailand, um an der Universität einen Lehrauftrag zu übernehmen. Auf dem Papier war es ein fachlich sehr qualifizierter Mann mit langjähriger Auslandserfahrung. In Thailand war er bei den Studenten bald unten durch, sie hingen ihm gnadenlos das Etikett *mai sanuk* um. „Er hat nur doziert", meinte einer von ihnen, nachdem der Professor das Handtuch geworfen hatte, „er hat nicht mal gelächelt." Einer japanischen Firma erging es ähnlich; ihre Vertreter wollten den allein an Effektivität orientierten Arbeitsstil Japans auf thailändische Verhältnisse übertragen; die thailändischen Kollegen fanden die Arbeit „langweilig" (auch eine vernichtende Kritik), da sie immer dasselbe machen mußten. Da Langeweile als *mai sanuk* gilt, sah die Firma in Thailand kein Land. Erst als sie ein bißchen mehr *sanuk* zuließ — man schaltete Musik ein, legte kurze Arbeitspausen ein und ließ die Arbeiter auch mal spielen — wendete sich das Blatt.

Die Liebe der Thais für *sanuk* bedeutet keineswegs, daß man oberflächlich dahinleben und sich den Realitäten des Lebens nicht stellen möchte. *Sanuk* bezeichnet vielmehr eine tief verankerte Lebensfreude, ohne die das Leben der Thais eine monotone, freudlose Sache wäre. Man arbeitet viel und gern, wenn es nötig ist (achten Sie mal auf die Straßenbauer; Männer wie Frauen tragen in der größten Hitze die schwersten Lasten). Man kämpft tapfer, wenn zugespitzte Verhältnisse es erfordern. Beispiel: die vielen Verwundeten, die im Einsatz gegen die Aufständischen im Süden gewesen waren. Arbeit oder Kampf ohne jede Freude ist den Thais jedoch ein Greuel. Selbst die Straßenbauer finden Mittel und Wege, sich die Plackerei etwas angenehmer und weniger monoton zu gestalten.

Pai-tio umschreibt einen weiteren Aspekt des Lebens in Thailand, den man ebenfalls nicht leicht in einen Begriff fassen kann. Wörtlich bedeutet *pai-tio* spazierengehen, ziellos umherwandern, mal sehen, was draußen los ist, Menschen beobachten etc. Es gibt tausenderlei Möglichkeiten der Umschreibung. Vielleicht ist dies die beste Erklärung: wenn man Thais zu Fuß unterwegs sieht — außerhalb ihres Wohn- und Arbeitsbereichs, dann sind sie wahrscheinlich dabei, *pai-tio* zu gehen. Außerhalb der Klöster legen die Thais keinerlei Wert auf Alleinsein; viel lieber ziehen sie sich etwas Hübsches an und gehen an die belebtesten Plätze, um dabeizusein und etwas zu sehen. Als Außenstehender wundert man sich über die überfüllten Filmtheater, wo doch jedes Haus seine Fernsehantenne hat. Die Lösung des Rätsels: Zu Hause siehst du keine Leute; dazu mußt du *pai-tio* gehen. Die Schauplätze für das *pai-tio* sind ganz verschiedene. Die alten Marktplätze gehören natürlich dazu, in Bangkok am Samstag und Sonntag (das sind die wichtigsten *pai-tio*-Tage) ist es der Wochenendmarkt in Chatuchak an der Paholyothin Road.

Unterhaltung

Zum Schluß ein Wort über die Neugier der Thais. Sie interessieren sich stark für Dinge, über die man in den meisten westlichen Ländern nicht offen redet. Es kann vorkommen, daß man Sie, kaum in Thailand eingeführt, nach dem Preis Ihres Hemdes fragt, nach der Höhe des Gehalts oder nach dem Alter. „Sind Sie verheiratet, und wenn nicht, warum..." Persönliche Fragen gelten in Thailand keineswegs als unfein; man bringt damit lediglich sein Interesse an der Person zum Ausdruck. Auch unter Thais sind solche Fragen durchaus üblich. Man muß nicht unbedingt korrekte Antworten geben; man braucht auch gar nicht zu antworten, wenn man nur nicht vergißt, freundlich zu lächeln. Ein Ausländer, der längere Zeit in Bangkok lebte, legte sich auf die Frage nach seinem Verdienst die Standard-Antwort zu: „Nicht genug". Das ist genug.

Die Thai-Sprache

Geschichte. Als die ersten Thais aus dem Süden Chinas nach Nordthailand einwanderten, sprachen sie eine Sprache, die ähnlich wie das Chinesische tonal und einsilbig war. Als die Thais immer weiter nach Süden in die Zentrale Ebene zogen, übernahmen sie auch Elemente der Sprache der Khmer und der Mon. Die einschneidendsten Veränderungen brachte die Begegnung mit dem Sanskrit und Pali, alten indischen Sprachen, die von Mönchen, den Khmer und den Mon überliefert worden waren. Diese Schriftsprachen sind nicht tonal und mehrsilbig. Ihr Einfluß ist noch heute an der komplizierten Grammatik der Thai-Schriftsprache nachzuweisen. Sanskrit, Pali und Khmer sind die wichtigsten sprachlichen Quellen für das spezielle Vokabular des *rachasap* — der Sprache, die in Thailand im Beisein des Hofes gesprochen wird. Interessanterweise werden diese königlichen Wörter, die der Khmer-Sprache entstammen, heute in Kambodscha gebraucht. Malaien und eingewanderte Chinesen haben in der Thai-Sprache ebenfalls Spuren hinterlassen.

Seit 1283 gibt es das Thai-Alphabet; damals richtete Pamkamhaeng aus der Sukhothai-Dynastie eine Schreibweise ein, die ein Inder mit Khmer-Buchstaben geschaffen hatte. Das Alphabet des Thai hat 44 Konsonanten, 24 Vokale und vier diakritische Tonzeichen. Man schreibt von links nach rechts.

Dialekte. Alle vier Regionen Thailands haben ihren eigenen Dialekt: Nord-Thai, Nordost-Thai (Lao), Zentral-Thai (mit mehreren Formen) und Süd-Thai. Diese Dialekte unterscheiden sich etwa genauso stark voneinander wie die einzelnen romanischen Sprachen. Das Standard-Thai, eine Synthese der Dialekte des Zentrums, wird an den Schulen gelehrt, überall verstanden und als Behördensprache anerkannt.

Grammatik. Das gesprochene Thai aller Regionen ist im Vergleich zu den europäischen Sprachen sehr einfach. Jedes Wort ist eigenständig, es gibt keine Vor- und Nachsilben, keine Artikel, Pluralformen oder Verbkonjugationen. Es gibt auch keine Regeln, nach denen ein bestimmtes Wort immer dasselbe bedeutet: es kann Hauptwort, Verb, Adjektiv oder Adverb sein, je nachdem, wo es im Satz steht. Die Zeiten erkennt man an Hilfswörtern vor den Verben; *ja* steht für Futur, *gamlang* (wörtlich: ,,Energie") für Perfekt. Die Vergangenheit wird meist mit einem Zeitadverb gekennzeichnet.

Die Wortstellung Subjekt-Verb-Objekt wird durch modifizierende Wörter ergänzt, die nachgestellt sind. Beispiel: ,,Er (*kow*) ißt (*gin*) Reis (*kow*) gebraten (*pat*)."

Bei rhetorischen Fragen wie ,,Wir haben nicht mehr viel Zeit, oder?" antwortet man oft mit ,,Ja", während man eigentlich ,,Nein" erwarten würde. Bei solchen Antworten ist doppelte Vorsicht geboten.

Bildersprache. Es gibt gängige Thai-Begriffe, die bei wörtlicher Übersetzung sehr bildhaft sind:

Kleid eines Geistes = Schmetterling
langsamer Wald = Friedhof
der Himmel schreit = Donner
Himmelsfeuer = Elektrizität
wandernder Magen = Diarrhöe
knapper Reis und teure Frucht = Hunger

Laute. Das Lautsystem ermöglicht es, zwischen identischen einsilbigen Wörtern unterscheiden zu können. Ohne einen bestimmten Tonfall wäre die Bedeutung von *my my my my?* nicht zu erschließen. Da jedes Wort besonders betont wird, hat es eine eigene Bedeutung, und der Satz heißt dann übersetzt: ,,Brennt neue Seide?". Für den Thai ist das ganz einfach; fünf Tonlagen sind relativ leicht zu unterscheiden. Das Nord-Thai kennt deren sieben, die sich von denen anderer Regionen klar unterscheiden. Zur Vereinfachung haben wir unten die fünf Tonlagen des Zentral-Thai angegeben. Wer ernsthaft Thaistudien betreiben möchte, sollte sich einem sprachgewandten Thai anvertrauen, der ihn mit den Tonlagen bekanntmacht.

Konsonanten. Das Thai kennt 20 Konsonanten, die alle irgendwie den deutschen ähneln, jedoch meist zwischen zwei Konsonanten anzusiedeln sind.

p	liegt zwischen *p* und *b*. Vergleichbar ist es dem *p* des englischen *space*.
t	Dieser Laut liegt zwischen *d* und *t*. Entspricht dem englischen *t* von *stay*.
j	liegt zwischen dem *j* von *jet* und dem *ch* von *chop*.
ng	Im Gegensatz zum Englischen kann der Laut auch am Beginn eines Wortes stehen. Man kann ihn üben, wenn man *singer* mehrmals spricht und dann *s-er* wegläßt.
ge	ist hart wie in *go*, manchmal dem *k* näherstehend.

Alle anderen Konsonanten entsprechen in der Aussprache den englischen.

Man beachte: wenn die drei Konsonanten *t, p* und *k* am Ende eines Wortes auftauchen, wird anders als im Englischen nicht durchgeatmet. Das *l* wird in der Thai-Sprache vom *r* ersetzt; das gilt vor allem für Bangkok.

Vokale. Das Vokalsystem des Thai ist viel komplizierter als die Konsonanten. Einige Laute haben im Englischen keine Entsprechung; dennoch versuchen wir die wichtigsten zu beschreiben:

i	wie in *sip*
ii	wie in *seep*
e	wie in *bet*
eh	wie in *bat*
uh	wie in *earn* (ohne das *r*)
a	wie bei *pun*
aa	wie bei *pal*
u	wie bei *pool*
o	wie bei *so*
ai, y	wie bei *pie*
u	keine Entsprechung
ow	wie bei *cow*
aw	wie bei *paw*
iw	wie bei *you*
ew	keine Entsprechung
eo	wie bei *Leo*
oy	wie bei *toy*
uy	wie bei *we*

Höflichkeit. Das Thai kennt eine Anzahl von Wörtern, die eher eine Stimmung wiedergeben als daß sie eine exakte Bedeutung hätten. Dazu zählen die Partikel *krap* (von Männern gebraucht) und *ka* (Frauen) bei Stellungnahmen und Fragen. Wer extrem höflich sein will, könnte sie nach jeder Bitte oder Frage anfügen. Um jemandes Aufmerksamkeit zu erwecken, sagt man *kun krap* und die Dame *kun ka.* Zusätzlich lassen die Thais oft die Pronomen *poom/chan* (ich) und *kun* (du) weg, um Distanz zu bewahren.

Nützliche Ausdrücke. Aussprache-Unterschiede sind in Klammern angegeben.

Zahlen

1.	eins	*nung*
2.	zwei	*sawng (sorng)*
3.	drei	*sam (satm)*
4.	vier	*sii*
5.	fünf	*ha*
6.	sechs	*hok*
7.	sieben	*jet (chet)*
8.	acht	*beht (paet)*
9.	neun	*kow*
10.	zehn	*sip*
11.	elf	*sip-et*
12.	zwölf	*sip-sawng (-sorng)*
15.	fünfzehn	*sip-ha*
20.	zwanzig	*yii-sip*
21.	einundzwanzig	*yii-sip-et*
25.	fünfundzwanzig	*yii-sip-ha*
30.	dreißig	*sam (sarm)-sip*
31.	einunddreißig	*sam (sarm)-sip-et*
40.	vierzig	*sii-sip*
50.	fünfzig	*ha-sip*
100.	hundert	*nung roi (roy)*
200.	zweihundert	*sawng (sorng) roi (roy)*
1000.	tausend	*pan (ban)*
10000	zehntausend	*muun*

Wochentage

Sonntag	*wan athit*
Montag	*wan jan (chan)*
Dienstag	*wan angkaan*
Mittwoch	*wan put (bhut)*
Donnerstag	*wan paruhat*
Freitag	*wan suk*
Samstag	*wan saw (Sao)*
heute	*wan ni*
morgen	*phrang (brung) ni*
jeden Tag	*thuk wan*
wann?	*mua rai?*

Wie grüßt man?

Guten Morgen	*sawatii*
Auf Wiedersehen	*krap/ka*
Entschuldigung	*kaw toot*
Macht nichts	*mai pen rai*
Herein	*Chuhn kow*
Darf ich hereinkommen?	*kow dai mai?*
Wie geht's	*Sabai di rue?*
Gut, danke	*Sabai di, kawpkun*
danke	*kawpkun*
Ich verstehe kein Thai	*Puut zhai ma dai*
Bitte langsam sprechen	*Proht puut cha-cha*
Darf ich Sie fotografieren?	*Tai ruup dai mai?*
Wie heißt das auf Thai?	*Phasa thai ii riak waa arai?*
Wo wohnen Sie?	*Yoo tii nai?*
Nein	*mai*
Nicht, nicht gut	*mai dai*
sehr gut	*dee mark*

Richtungsangaben

wo	*tii nai*
links	*sai*
rechts	*khwa*
geradeaus	*trong pai*
langsam, bitte	*cha-cha*
bitte halten	*yud tii nii*
fahren	*khab*
bitte vorsichtig	*ra wang*
schnell	*rew*
Wie heißt diese Straße?	*Nii thanon arai?*
Wie heißt der Ort	*Nii muang arai?*
Wie viele Kilometer ...bis?	*Gii kiilo by ...?*
Warten Sie bitte	*Khoi deo*
Ich möchte nach...	*Yaak ja by...*
Eingang	*khao*
Ausgang	*ork*
Bushaltestelle	*sathani rot meh*
Bahnhof	*sathani rot fai*
Flughafen	*sanam bin*
Tankstelle	*pan nammam*
Hotel	*rongren*
Polizeibehörde	*sathani tamruat*
Botschaft	*sathan thut*
Taxi	*thaksii*
Pedicab	*samlor*
motorisiertes Pedicab	*thuk-thuk*
langes Boot	*hang-yao*
Flußfähre (Schnellboot)	*rua rew*
Kanal	*klong*
Brücke	*saphan*
Weg	*soi*
Straße	*thanon*
Dorf	*ban*
Kleinstadt	*muang*
Stadt	*nakhon*
Insel	*koh*
Strand	*hat*
Hügel	*khao*
Berg	*phukkhao*

Im Hotel

Hotel	*rongrem*
Haben Sie ein Doppelzimmer?	*Mii Hwangkuu ma?*
Ich möchte Air conditioning	*Ow hawng air*
Ich möchte es gerne ansehen	*Yaak ja duu gawn*
Haben Sie ein billigeres Zimmer?	*Mii hawng truk gwaa nii mai?*
Wecken Sie uns um 7 Uhr	*Pluuk row ton jet mong chow*
Wo ist die Toilette?	*Suam tii nai?*
Wo ist das Bad?	*Hawng naam tii nai?*

Bestellen und Einkaufen

Haben Sie ...?	*Mii ... nai?*
ja	*mii*
nein	*maimii*
Ich hätte gerne ...	*Ow ... krap/ka*
Ich möchte noch etwas ...	*Ow iik ...*
Was kostet das?	*Nii ralka towry?*
Was kostet davon der Meter?	*Met la towry?*
Ich möchte davon vier Meter	*Tawng-gan sii met*
Wieviel Rabatt bekomme ich?	*ja lot towry?*
Haben Sie etwas Billigeres?	*Mii tuuk gwaa tii mai?*
Haben Sie eine andere Farbe?	*Mii sii uhn mai?*
Haben Sie dies auch kleiner?	*Mii kannat lek kwa nii mai?*
Gut, das nehme ich	*Toklong*
Packen Sie es bitte ein	*Haw hai duai*
Die Rechnung, bitte	*Gep taang, krap/ka*
Keine Chilies, bitte	*Yaa sai prik na*

Weitere gebräuchliche Wörter

genug	*paw*
viel	*maak kuhn pai*
zu viel	*maak kuhn pai*
Wer	*krii*
Was	*arai*
Wann	*muarai*
Wo	*zii nai*
Wie alt?	*aayuu towrai*
Ja, in Ordnung	*chai*
Nein, stimmt nicht	*mai chai*
bequem, gut	*sabai*
nicht gut, krank	*mai sabai*
kaltes Wetter	*now*
niedere Temperaturen	*yen*
heiß	*rawn*
Wasser	*nam*
sehr scharf (Essen)	*pet*
fein, köstlich	*aroy*
süß	*waan*
sauer	*preo*
hungrig	*hiw how*
durstig	*hiw nam*
frisch	*sot*
reif	*suuk*
schläfrig	*nguang nawn*
jung	*awn*
alt	*geh*
neu/alt	*my/gow*
groß	*yy*
klein	*lek*
gefallen	*chawp*

Literaturhinweise

Geschichte

Cady, John F., *Southeast Asia: Its Historical Development.* New York: McGraw-Hill, 1964.

Chakrabonse, Prince Chula, *Lords of Life.* London: Alvin Redman, 1960.

Coèdes, George, *The Indianized States of Southeast Asia.* Translated by Susan Brown Cousing and edited by Walter F. Vella. Honolulu: East-West Center Press, 1968.

Coèdes, George, *The Making of South East Asia.* Translated by H.M. Wirght. Berkeley and Los Angeles: University of California Press, 1966.

Damrong Rajanubhab, H.R.H. *Prince, History of Siam Prior to the Ayudhya Period.* Bangkok: Siam Society, 1920.

Hall, D.G.E., *A History of South-east Asia.* Third edition. London: Macmillan, 1968

Hutchinson, E.W., *1688: Revolution in Siam.* Hong Kong University Press.

Jumsai, M.L. Manich, *History of Thailand and Cambodia.* Bangkok: Chalermnit, 1970.

Jumsai, M.L. Manich, *Popular History of Thailand.* Bangkok: Chalermnit.

Moffat, Abbot Lew, *Mongkut, the King of Siam.* Ithaca, New York: Cornell University Press, 1961.

Samudavanija, Chai-Anan, *The Thai Young Turks.* Singapore: Institute of Southeast Asian Studies, 1982.

Wood, W.A.R., *A History of Siam.* London: T. Fisher Unwin, 1926.

Wyatt, David K., *The Politics of Reform in Thailand: Education in the Reign of King Chulalongkorn.* New Haven: Yale University Press, 1969.

Bevölkerung

Collis, Maurice, *Siamese White.* London, 1936.

Seidenfaden, Erik, *The Thai Peoples.* Bangkok: Siam Society, 1967.

Skinner, G. William, *Chinese Society in Thailand.* Ithaca, New York: Cornell University Press, 1957.

Young Gordon, *The Hill Tribes of Northern Thailand.* Third edition. Bangkok: Siam Society, 1966.

Religion

Bruce, Helen, *Nine Temples of Bangkok.* Bangkok Chalermnit..

Döhring, K., *Buddhistische Tempelanlagen in Siam,* 3 Bde., Berlin 1920.

ders., *Kunst und Kunstgewerbe in Siam,* Berlin o.J.

Kunst und Kultur

Diskul, M.C., Subhradis, *Art in Thailand. A Brief History.* Bangkok 1970.

Döhring, K., *Kunst und Kunstgewerbe in Siam,* Berlin o.J.

Franz H.G., *Von Gandhara bis Pagan.* Graz 1979.

Hohnholz, J. (Hrsg.), *Thailand.* Tübingen 1980.
Wenk, K., *Wandmalereien in Thailand,* 3 Bde., Zürich, 1976.

Allgemeines
Amranand, Pimsai, *Gardening in Bangkok.* Bangkok: Siam Society.
Cooper, Robert and Nanthapa, *Culture Shock: Thailand.* Singapore: Times Books, 1982.
Hanks, Lucien M., *Rice and Man: Acricultural Ecology in Southeast Asia.* Chicago: Aldine, 1972.
Hollinger, Carol, *Mai Pen Rai.* Boston. Houghton Mifflin. Expatriate life in the 1950s.
Ingram, J.C., *Economic Change in Thailand, 1830—1970.* Palo Alto, California: Standford University Press, 1971.
Lekagul, Boonsong and Cronin, Edward, *Bird Guide of Thailand.* Bangkok: Kuruspha.
McCoy, Alfred W., *The Politics of Heroin in Southeast Asia.* New York: Harper and Row, 1972.
Mulder, Niels, *Everyday Life in Thailand.* Bangkok: DK Books.
Pramuan Sarn Staff, *All about Thailand.* Bangkok: Pramuan Sarn Publishing House.
Vella, Walter F., *Chaiyo!* Honolulu: University of Hawaii Press, 1979.
Warren, William and Riboud, Marc, *Bangkok.* New York: Weatherhill.
Warren, William, *The Legendary American.* Boston: Houghton Mifflin. The story of silk czar Jim Thompson.
Young, Ernest, *The Kingdom of the Yelloq Robe.* London: Archibald, Constable, 1907.

Anhang

Hotelunterkunft

BANGKOK

Airport Hotel, 333 Chert Wudtahas Road, Don Muang, Tel. 523-9322, 523-9333. 300 Zimmer mit Blick auf tropische Gärten. Coffeeshop rund um die Uhr geöffnet; 3 Restaurants und Video-Lounge. Luftbrücke und Pendelbusse zum Flughafen.

Ambasador, Soi 11 Sukhumvit Road, Tel. 251-5141. Hat ein westliches, japanisches, chinesisches und ein Thai-Fischrestaurant, 3 Bars und 2 Frühstückszimmer. Zimmerservice rund um die Uhr, Nachtklub; inmitten des Geschäfts- und Vergnügungsviertels gelegen.

Asia, 296 Phya Thai Road, Tel. 281-1433, verkehrsgünstig gelegen; europäisch-chinesisch-japanische Küche.

Bangkok Center, 382 Rama IV Road, Tel. 235-1780. Liegt beim Chinesenviertel gleich gegenüber dem Bahnhof Hua Lampong. Mehrere Restaurants.

Bangkok Palace, City Square, Petchburi Road, Tel. 251-8874. Swimmingpool, drei Restaurants. Im Herzen Bangkoks gelegen, wenige Minuten zu den Rajdamri-Arkaden.

Bangkok Peninsular, 155 Rajdamri Road, Tel. 251-6532. Verschiedene Restaurants, Coffeeshop, Swimmingpool und Fitneß-Center.

Century, 9 Rajprarob Road, Tel. 252-9755. Eurpäisch-chinesisch-japanische Küche. Freundliche Atmosphäre.

Continental, 971 Phaholyothin Road, Tel. 278-1596. Europäische, östliche sowie thailändische Küche; gute Ausstattung.

Dorchester, 21 Soi Kotoey, Pratipat, Tel. 279-2641. Restaurant, Coffeeshop, Swimmingpool und Geschäftsstraße.

Dusit Thani, 946 Rama IV Road, Saladang Circle, Tel. 233-1130. Ein Spitzenhotel mit mehreren Restaurants; Diskothek und Sauna, dazu alle Vorzüge eines modernen Hotels. Gute Lage Nähe Geschäftszentrum.

Erawan, 494 Rajdamri Road, Tel. 252-9100. Eines der besseren Hotels von Bangkok mit Tropengarten und Continental Restaurant, Postamt und Reisebüro und vielen Extras.

Federal, 27 Sukhumvit Road (Soi 11), Tel. 252-5143. Zentral in einem Wohngebiet gelegen.

First, 2 Petchburi Road, Tel. 281-3322. Europäische, chinesische und thailändische Küche sowie Coffeeshop, Nachtklub und „sight-seeing"-Schalter. Günstig inmitten des Kinoviertels gelegen.

Florida, 43 Phya Thai Square, Tel. 252-4141. Unauffällig, doch angenehm und gemütlich. Der übliche Komfort und dazu unmittelbare Nähe zu einem tollen laotischen Nachtklub.

Fortuna, 19 Sukhumvit Road (Soi 5), Tel. 251-5121. Inmitten des Bar-Distrikts gelegen; unauffälliges Hotel mit dem üblichen Komfort.

Golden Dragon Hotel, 20/21 Ngarmvongwan Road, Tel. 588-4751, Restaurant, Coffeeshop, Swimmingpool. Fünfzehn Minuten vom Flughafen.

Grace, 12 Sukhumvit Road (Soi 3), Nana North, Tel. 252-9170. Inmitten des Barviertels gelegen, erotischer (!) Coffeeshop.

Hilton International Bangkok, im September 1983 eröffnet, Nai Lert Park, North Wireless Road, Tel. 252-3622, 252-7380. 400 luxuriös ausgestattete Zimmer und Suiten, 4 Restaurants, Tennis- und Squashplätze, Fitneß-Center.

Honey, 31 Soi 19 (Soi Wattana), Sukhumvit Road, Tel. 252-7111, Restaurant und Coffeeshop, Swimmingpool.

Hyatt Central Plaza, 1695 Phahoyothin Road, Tel. 5131590-65.

Impala, 9 Soi Kasem (Soi 24), Sukhumvit Road, Tel. 391-0038. Restaurant, Coffeeshop, Konferenzräume, Autovermietung etc.

Imperial Hotel, Wireless Road, Tel. 252-8070, 252-8079. Angenehme Atmosphäre, Geschäftsstraße und große Gartenanlage.

Indra Regent, Rajprarob Road, Tel. 251-1111. Hotel der Mittelklasse mit europäischer, chinesischer und thailändischer Küche und ausgezeichnetem Coffeeshop.

The Landmark Hotel and Plaza, 138 Sukhumvit Road, Tel. 2524819, 251-1556.

Liberty, 215 Sapan Kwai, Pratipat Road, Tel. 270-9606. Speisesaal, Bar, Coffeeshop, Swimmingpool. Reisebüro und Geschäftsstraße.

Majestic, 97 Rajadamnern Avenue, Tel. 281-5000. Garten, Nachtklub, Garagen. Liegt in der Nähe der Ministerien und UN-Gebäude.

Malaysia, 54 Ngam-du-plee Raod, Rama IV Road, Tel. 286-3542. Speisesaal, Bar, Swimmingpool.

Mandarin, 662 Rama IV Road, Tel. 233-4980. Günstig beim Bahnhof gelegen. Gut ausgestattete, internationale und lokale Küche (europäisch, chinesisch, japanisch und Thai).

Manhattan, Soi 15, Sukhumvit Road, Tel. 252-7141. Europäische, chinesische, japanische, koreanische und Thai-Küche. Biergarten, 24-Stunden-Service, sehr freundliche Atmosphäre.

Manohra, 412 Suriwongse Road, Tel. 234-5070. Europäische und Thai-Küche. Ruhig und freundlich. Nahe Postamt und Souvenirgeschäften.

The Menam, 2074 New Road, Yannawa, Tel. 289-3814, 289-3818. 800 Räume und Suiten, 4 Restaurants (Thai, chinesisch, japanisch, europäisch), Fischrestaurant, Swimmingpool mit Bar, Disko und Tennis- und Squashplätze.

Metro, 1902 New Petchburi Road, Tel. 391-1736. Die üblichen Annehmlichkeiten eines großen Hotels plus 24-Stunden-Bar und Restaurant.

Miami, 2 Sukhumvit Road, Tel. 252-5140. Bar, Coffeeshop, Swimmingpool, Reisebüro und Geldumtausch.

Miramar, 777 Mahachai Road (Samyod Road). Tel. 222-1711. Bar, Restaurant und Coffee Shop, 2 Konferenzsäle, Reisebüro, Geldumtausch. Im Chinesenviertel und im Geschäftszentrum gelegen.

Montien, 54 Suriwongse Road, Tel. 234-8060. Gutes Hotel nach internationalem Standard inmitten des Vergnügungsviertels gelegen.

Marokat, 2802 New Petchburi Road, Tel. 391-0341. Speisesaal, Bar, Coffeeshop, Swimmingpool, Reisebüro und Geschäfte.

Narai, 222 Silom Road, Tel. 233-3350. Internationales gutes Hotel. Drehendes Dachrestaurant, europäische und asiatische Küche. Deutscher Bierkeller und italienisches Café.

New Amarin, 477 Sri Ayuhaya Road, Tel. 252-6110. Europäische, japanische und chinesische Küche. Geldumtausch, Reisebüro und Souvenirgeschäft.

New Empire, 572 Yawaraij Road, Tel. 234-6990. Chinesisches Restaurant, europäische und Thai-Küche. Kostenloser Transport vom und zum Flughafen.

New Fuji, 299-301 Suriwongse Road, Tel. 234-5364; kleineres Hotel ohne Swimmingpool für Middle class-Japaner; gutes und sehr preisgünstiges Essen.

New Nana, 4 Soi Nana Tai, Sukhumvit Road. Restaurant, 24-Stunden-Coffeeshop, Bar, Konferenzräume, Swimmingpool, Geldumtausch, Taxi-Service.

Oriental, 48 Oriental Avenue, New Road, Tel. 234-8620. Weltbekanntes Spitzenhotel, in dem Joseph Conrad und Somerset Maugham verkehrten. Bietet schöne Aussicht auf den Chao Phya.

Park, 6 Sukhumvit Road (Soi 7), Tel. 252-5110, europäische und chinesische Küche. Bar, Geldumtausch.

Peninsula, 295/3 Suriwongse Road, Tel. 234-3910. Hotel der mittleren Kategorie.

President, 135/26 Gaysorn Road, Tel. 252-9880. Hotel des internationalen Standards. Günstige Lage im Stadtzentrum. Europäische sowie Thai-Küche.

Prince, 1537/1 New Petchburi Road, Tel. 251-3318. Etwas abgelegen, doch gute Ausstattung und günstige Preise.

Princess, Charoen Krung Road, Tel. 234-2951. Hotel der mittleren Kategorie, Standard-Ausstattung.

Rajah, Sukhumvit Road (Soi 4), Tel. 252-5102. Gute Ausstattung mit europäischer, chinesischer und thailändischer Küche.

Rajsubhamitra, 269 Larn Luang Road, Tel. 281-3644. Unscheinbares Hotel mit interessanten Monatsrabatten. Dachgarten und europäische, chinesische sowie thailändische Küche.

Rama Gardens, 9/9 Vibhavadi Rangsit Road, Tel. 597-1113. Nur acht Minuten vom Flughafen. Zwei Swimmingpools, vier Restaurants und ein Nachtklub. Gartenanlagen und Fitneß-Center.

Ramada, 1169 New Road, Tel. 234-8971. Speisesaal. Nightclub, Bar. Cocktailbar und Teezimmer.

The Regent Bangkok, 155 Rajdamri Road, Tel. 251-6532. Luxushotel; internationale, thailändische, japan. und chines. Küche; Coffeeshop, Swimmingpool und Fitness-Club.

Reno, 40 Soi Hasemsan 1, Rama I Road, Tel. 252-6121. Restaurant, Swimmpingpool.

Rex, 762/1 Sukhumvit Road, Tel. 391-0100. Preislich sehr günstig, ausgezeichneter Service.

Rich, 136/14 Sukhumvit Road, Tel. 252-9174. Kleines Hotel, preisgünstig. Grundausstattung plus Swimmingpool.

Rose, 118 Suriwongse Road, Tel. 233-7695. Das Hotel für den Kurzaufenthalt.

Royal, 2 Rajadamnern Avenue, Tel. 222-9111. Eines der ältesten Hotels der Stadt, günstige Lage in der Nähe der Behörden und Tempel. Alle Leistungen eines modernen Hotels.

Royal Orchid, Captain Bush Lane, Sophya Road, Tel. 234-3100. Sämtliche 780 Zimmer mit Blick auf den Chao Phya, Swimmingpool, Sauna, Massage, Bars, Nightclub und Lounge. Continental und japanisches Restaurant.

Sakol, Soi 2, Phya Thai Road, Tel. 252-8161. Gute Ausstattung, vernünftige Preise.

Sheraton, 80 Suriwongse Road, Tel. 233-5160. Inmitten des Vergnügunsviertels gelegen; ausgezeichneter Service.

Siam, 1777 New Petchburi Road, Tel. 252-5081. Hotel der mittleren Kategorie, Standard-Ausstattung.

Siam Intercontinental, Srapatum Palace Property, Rama I Road, Tel. 252-9040. Internationale Kategorie, angenehme Lage im Grünen. Kleiner Zoo, Tennisplätze, Minigolf-Anlage. Nicht zu verwechseln mit Siam Hotel (s.o.).

Suriwongse Hotel, 31/1 Suriwongse Road, Tel. 233-3223. Restaurant.

Swan Hotel, 31 New Road. Klimatisierte Zimmer, Swimmingpool.

Thai, 78 Prachatipat Road, Tel. 281-3633, Hotel der mittleren Kategorie mit chinesischer und europäischer Küche. Liegt in der Nähe der Behörden.

Trocadero, 343 Suriwongse Road, Tel. 234-8920. Speisesaal, Bar, Coffeeshop. Übliches Service-Angebot. Zwei Minuten vom Hauptpostamt.

Viengtai, 42 Tani Road, Banglampu, Tel. 281--5788. Nicht weit von den staatlichen Behörden gelegen.

Victory, 322 Silom Road, Tel. 233-9060. Restaurant, Coffeeshop, Swimmingpool, Geldumtausch.

Windsor, Soi 20, Sukhumvit Road, Tel. 391-5300. Grundausstattung plus Autovermietung und Tennisplätze.

World, 1996 New Petchburi Road, Tel. 3924340. Speisesaal, Bar, Swimmingpool, Konferenzräume.

YMCA, 27 Sathorn Tai Road, Tel. 2865134. Grundausstattung; auch kleine Häuschen im Angebot. Europäische, chinesische und Thai-Küche.

ZENTRALTHAILAND

ANG THONG

Bua Luang, Tambol Posa, 16 Zimmer.

Suvapan, Amphoe Muang, 35 Zimmer, Air conditioning.

KANCHANABURI

Luxury, Tambol Ban Nua, 17 Zimmer.

Muang Thong, Tambol Ban Nua, 36 Zimmer.

Prasobsuk Bungalow, Tambol Ban Nua, 33 Zimmer.

River Kwai Jungle, Tambol Sai York Yai (Reservierung in Bangkok: Tel. 2516525), 18 Zimmer.

River Kwai Village, 284/3-16 Sang-Chooto Road, Tambol Ban Nua, Tel. 511565 (Reservierung in Bangkok: Tel. 2346840). 60 Zimmer, Air conditioning, Konferenzraum.

River Kwai Rafts, Tambol Sai York Yai (Reservierung in Bangkok: Tel. 12520178), 15 Zimmer.

Wang Thong, 60/3 Sang Chooto Road, Tel. 511379, 20 Zimmer.

LOPBURI

Asia Lopburi, 1/17-8 Surasak Road, 48 Zimmer, Air conditioning.

Muang Thong, Surasongkram Road, 48 Zimmer, Air conditioning.

Nett, 17/1-2 Rajdamnoen, Tel. 411738, 41 Zimmer, Air conditioning.

Taipei, 24/5-7 Surasongram Road, Tel. 411524, 105 Zimmer, Air conditioning.

Vidoonsi, 388 Naraimaharaj Road, Tel. 411009. 50 Zimmer, Air conditioning.

NAKHON PATHOM

Mit Phaisarn, Phra Pathom Chedi, 59 Zimmer.

Mitsumpan, Lungphra Road, 23 Zimmer, Air conditioning.

Rose Garden, Km 32 Petchkasem (Reservierung in Bangkok: 4/8 Sukhumvit Soi 3, Tel. 2515735). 106 Zimmer, Air conditioning, 25 Bungalows.

Sirichai, 37—41 Saiphra Road, Tel. 241800. 25 Zimmer.

NONTHABURI

Golden Dragon, 20/21 Ngamwongsvarn. 114 Zimmer, Air conditioning.

Hotel 73, Tambol Suan Yai, 19 Zimmer.

Mitr Sukchai, Tambol Suan Yai, 18 Zimmer.

PATHUM THANI

Chom Krao, 1/3 Tambol Ta Ram. 36 Zimmer.

Mit Phaisarn, 146/12 Tambol Bang-Proke. 20 Zimmer.

Paittamarom, 145—155 Tambol Bang-Proke. 22 Zimmer.

Teke Heng Chong, 74—76 Tambol Ta Ram, 32 Zimmer.

PETCHABURI

Khao Wang, 36 Tambol Klong Kra-Sang. 49 Zimmer.

Petchkasem, 14 Tambol Rai Som. 50 Zimmer.

Sales Villa Bungalow, 285 Ruamchit Road, Chaam Beach, Reservierung in Bangkok: Tel. 2818308. 40 Zimmer.

Santi Suk Bungalow, Km 206 Nang Ramperk, Chaam Beach, Reservierung in Bangkok: Tel. 2511847 Ext. 13, 17. 43 Zimmer.

PHRA NAKHON SI AYUTHAYA

Cathay, Tambol Hor Rattana Chai. 26 Zimmer.

Thai Sena, 286 Senanawin 2 Road, 17 Zimmer.

Thai Thai, 13/1 Naresuan Road, Tel. 251505. 25 Zimmer, Air conditioning.

U-Thong, 86 U-Thong Road, Tel. 251136. 65 Zimmer.

Vieng Fah, Tambol Pratu-chai. 22 Zimmer.

RATCHABURI

Araya, Tambol Na Muang, Amphoe Muang. 80 Zimmer, Air conditioning.

Kasen Suk, Tambol Ban Pong, Amphoe Ban Pong, 24 Zimmer.

Lucky, Tambol Ban Pong, Amphoe Ban Pong, 51 Zimmer.

Namsin, 2—16 Krai Petch Road, Tel. 337551. 75 Zimmer, Air conditioning.

Sala Thai, Tambol Na Muang, Amphoe Muang, 44 Zimmer, Air conditioning.

Si Ban Pong, 8 Sangchooto Road, Amphoe Ban Pong, 30 Zimmer, Air conditioning.

Siri Sumpan, Tambol Ban Pong, Amphoe Ban Pong, 47 Zimmer.

Siroj, 139—141 Amarin Road, Tel. 337021. 24 Zimmer, Air conditioning.

Zin Zin, 32/4—7 Railway Road, Tel. 337474. 50 Zimmer. Air conditioning.

RIVER KWAI siehe KANCHANABURI

SAMUT PRAKAN

Bunthomtip, Tambol Sam Rong Nua, Amphoe Muang, 20 Zimmer.

Charoen Suk, Tambol Pak Nam, Amphoe Muang, 24 Zimmer.

Hom Huan, Tambol Sam Rong Nua, Amphoe Muang, 20 Zimmer.

Kwanchai, Amphoe Phra Pradeang, 32 Zimmer.

New Sisawat, Amphoe Phra Pradaeng, 42 Zimmer.

Phra Pradaeng, Amphoe Phra Pradaeng, 30 Zimmer.

Sukumvit, Tambol Pak Nam, Amphoe Muang, 36 Zimmer.

SAMUT SAKHON

Kasem, Sethakit Road, 46 Zimmer.

Viengtai, Tambol Mahachai, Amphoe Muang. 19 Zimmer, keine Aircondition.

Wiangthai, Sukhontip Road. 19 Zimmer.

SAMUT SONGKHRAM

Mae Klong, 526/10-13 Petchsamut Road. 20 Zimmer.

SARABURI

Keo Un, 1741/7-8 Paholyothin Road. Tel. 211222. 169 Zimmer, Air conditioning.

Saen Suk, 209/1 Tambol Pak Preaw. 89 Zimmer.

Saraburi, 497 Tambol Pak Preaw. 81 Zimmer.

Supsin, Amphoe Muang. 46 Zimmer.

Thanin, Amphoe Phra Phuttabat, Tel. 266088. 45 Zimmer, Air conditioning.

SINGBURI

Chaophya, Tambol Bangbhutsa. 44 Zimmer, Air conditioning.

Phitsanulok, 28 Naresuan Road, Tel. 258425. 60 Zimmer.

Samai Niyom, Tambol Nai Muang. 33 Zimmer

Unhachak, 66-67 Phya-Lithai Road, Tel. 258387. 34 Zimmer.

PHRAE

Nakhon Phrae, Tambol Nai Wiang. 100 Zimmer, Air conditioning.

Paradorn, 177 Yantrakijkosol Road. 25 Zimmer, Air conditioning.

Sawasdikarn, 76-78 Yantrakijkosol Road. 30 Zimmer.

Tang Sri Paiboon, 84 Yantrakitkoson Road. 49 Zimmer, Air conditioning.

Thepwimarn, Tambol Nai Wiang. 51 Zimmer, Air conditioning.

PICHIT

Buraparat, Amphoe Taphan Hin. 23 Zimmer.

New Hua Hin, Amphoe Taphan Hin. 51 Zimmer, Air conditioning.

Phaisarn, 522-526 Busaba Road, 19 Zimmer.

Taphan Hin, 7/17 Daeng Thong Di Road. 21 Zimmer, Air conditioning.

SUKHOTHAI

Chinwat, 1, 2, 3 Nikornkasem Road. 14 Zimmer.

Phong Prasert, 92/6 Nikornkasem Road. 30 Zimmer, Air conditioning.

Roong Fah, 8 Singhawat Road. 14 Zimmer.

Sawasdipong, 56/2—56/15 Singhawat Road. 28 Zimmer.

Sukhothai, 15/5 Singhawat Road. 40 Zimmer.

TAK

Bhumiphol Guest House, Bhumiphol Dam, Reservierung in Bangkok: Tel. 4243805. 31 Zimmer.

First, Tambol Mae Sot. 38 Zimmer.

Mae Ping, 321 Tambol Nong Luang. 46 Zimmer.

Sgnuan Thai, 619 Tak Sin Road, Tel. 511265. 37 Zimmer.

Siam, 185 Tambol Mae Sot. 70 Zimmer.

Tak, 8/9 Tambol Nong Luang, Tel. 511234. 29 Zimmer.

Thavisak, 561/8 Mahatthai Bamrung, Tel. 20235. 32 Zimmer, keine Aircondition.

UTTARADIT

Chai Fah, Tambol Thasao, Amphoe Muang. 14 Zimmer, Air conditioning.

Thanothai, 149-153 Kasemras Road. 27 Zimmer, Air conditioning.

Uttaradit, 24-28 Rasanarn Road. 28 Zimmer.

Vanich, 1 Sri-Uttara Road. 74 Zimmer, Air conditioning.

NORDOST-THAILAND

BURI RAM

Grand, 137 Niwat Road. 71 Zimmer, Air conditioning.

Krung Rome, Amphoe Muang. 77 Zimmer, Air conditioning.

Maitrichitr, 169/2-169/4 Soonthornthep Road. 18 Zimmer, Aircondition.

CHAIYAPHUM

Charoen, Yutti Dham Road. 18 Zimmer, keine Aircondition.

Lert Nimit, 336 Harurthai Road. Tel. 811053. 38 Zimmer, 15 Bungalows.

Phaiboon, Yutti-Dham Road. 20 Zimmer.

Saeng Petch, Tambol Nai Muang, Amphoe Muang. 25 Zimmer.

KALASIN

Mit Wattana, Tambol Kalasin, Amphoe Muang. 36 Zimmer.

Sang Thong, Kalasin Road. 31 Zimmer, Aircondition.

Saeng Chai, Amphoe Kushinarai. 12 Zimmer, Aircondition.

Saeng Fah, Amphoe Muang. 20 Zimmer.

Thai Thong, 107/7-8 Phirom, Tel. 811661. 28 Zimmer.

KHON KAEN

Chatchai, Tambol Nai Muang, Amphoe Ban Phai. 27 Zimmer.

Choo Charoen, Tambol Nai Muang. Amphoe Ban Phai. 54 Zimmer.

Grand, 39 Soi Samaki-Utid. 70 Zimmer, Aircondition.

King's, Tambol Nai Muang, Amphoe Muang. 99 Zimmer.

Kosa, 250-252 Srichan Road, Tel. 236772. 115 Zimmer, Aircondition.

Lilla, Tambol Nai Muang, Amphoe Muang. 46 Zimmer, Aircondition.

Mung Korn Thong, 41/1-6 Na Muang Road, Tel. 236411. 40 Zimmer, Aircondition.

Queen's, 207-9 Maliwan Road, Chumpare. 120 Zimmer.

Roma, 50/2 Klang Muang Road, Tel. 236276. 97 Zimmer, Aircondition, Konferenzsaal für 500-800 Personen.
Royal, Tambol Nai Muang, Amphoe Muang. 20 Zimmer, Aircondition.
Sawasdi, Na Muang Road, Tambol Nai Muang. 68 Zimmer, Aircondition.
Thani Bungalow, Tambol Nai Muang, Amphoe Muang. 113 Zimmer.
Vanchai 2, Tambol Nai Muang, Amphoe Ban Phai. 44 Zimmer.

LOEI
Porn Sin, 93 Kaew Asa Road. 15 Zimmer.
Sarai-thong, Ruamchitr Road. 43 Zimmer.
Thai Deam, 122/1 Charoen Rat Road, Tel. 811763. 55 Zimmer, Aircondition.

MAHASAKHAM
Pattana, Tambol Talad, Amphoe Muang. 70 Zimmer.

NAKHON PHANOM
Chai Pattana, 550 Fuang Nakhon Road. 42 Zimmer, Aircondition.
First, 370 Sithep Road, Tel. 511253. 63 Zimmer, Aircondition.
Nakhon Phanom, 528/39 Abhibarn Buncha Road, Tel. 511253. 57 Zimmer, Aircondition.
Sithep, 708/11 Sithep Road, Tambol Nai Muang, Tel. 511036. 56 Zimmer, Aircondition.
Windsor, 692/19 Bamroang Muang Road, Tel. 511538. 60 Zimmer, Aircondition.

NAKHON RATCHASIMA
Chumphol, Tambol Nai Muang, Amphoe Muang. 69 Zimmer.
Chomsurang, 2701/2 Mahad-Thai Road. 119 Zimmer, Aircondition.
Fah Sang, 112-114 Mookhamontri Road, Tel. 242143. 77 Zimmer, Aircondition.
Fah Thai, 849/851 Pho Klang Road, Tel. 242533. 90 Zimmer, Aircondition.
Korat, 4014 Asdang Road, Tel. 242444. 121 Zimmer, Aircondition.
Lak Muang, Tambol Nai Muang, Amphoe Muang. 83 Zimmer, Aircondition.
Sakol, Tambol Nai Muang, Amphoe Muang. 82 Zimmer.
Siri, Tambol Nai Muang, Amphoe Muang. 60 Zimmer.
Singburi, 882/18-21 Khunsan Road, Tel. 511752. 110 Zimmer, Aircondition.
Thavorn Panich, Amphoe Muang. 23 Zimmer.

SUPHAN BURI
K.A.T., 433 Near Police Station, Prapanvasa Road. 51 Zimmer.
Kalaket, Tambol Tha Piliang. 32 Zimmer.
Petch, Tambol Tha Piliang. 47 Zimmer.
Si Muang, 531-536 Prapanvasa Road. 39 Zimmer.
Si Suphan, Tambol Tha Piliang. 47 Zimmer.
Suksan, Tambol Tha Piliang. 60 Zimmer.

UTHAI THANI
Hua Thai, Tambol Uthai Hong. 13 Zimmer.
Phiboon Sook, Tambol Uthai Hong. 40 Zimmer.
Prasertsri, Tambol Ban Rai. 12 Zimmer.

NORD-THAILAND

CHAI NAT
Arunothai, Tambol Nai Muang. 30 Zimmer.
Nam Chai, 63/22 Tambol Nai Muang, Tel. 411725. 57 Zimmer, Aircondition.
Suk Sawasdi, Tambol Nai Muang. 41 Zimmer, Aircondition.
Thepchoom Boonma, Tambol Nai Muang. 35 Zimmer.

CHIANG MAI
Anodad, 57-59 Rajmaraka Road, Tel. 235353. 150 Zimmer, Aircondition.
Chiang Inn, 100 Changklan Road, Tel. 235655, Reservierung in Bangkok: Tel. 2516883. 175 Zimmer, Aircondition.
Diamond, 33/10 Charoen Prated Road, Tel. 234155. 145 Zimmer, Aircondition.
Hyatt Orchid Chiang Mai, 100-102 Huay Kaew Road, Tel. 222099. 5 km vom Flughafen Nähe Stadtzentrum. 24-Stunden-Service, Swimmingpool, Sauna, Tennisplätze, Golf, Bars, Diskothek. Restaurants und Coffeehouses, die europäische, japanische und Thai-Gerichte bieten.
Muang Mai, 502 Huey Kaew Road, Tel. 221392. 155 Zimmer, Aircondition.
New Asia, 55 Rajawongse Road, Tel. 235288. 204 Zimmer, Aircondition.
Porn Ping, 46-48 Charoen Prated Road. 152 Zimmer, Aircondition.
Poy Luang, 146 Super Highway Road, Tel. 234633. Reservierung Bangkok: Tel. 2520200. 225 Zimmer, Aircondition.
Prince, 3 Tai Wang Road, Tel. 236396. 112 Zimmer, Aircondition.
Railway, 471 Charoen Muang Road, Tel. 236463, Reservierung Bangkok: Tel. 2230341. 76 Zimmer, Aircondition, 8 Bungalows.
Rincome, 301 Huay Kaew Road, Tel. 221044, Reservierung Bangkok: Tel. 2526118. 158 Zimmer, Aircondition.
Sri Tokyo, 63 Chang Klan Road. 144 Zimmer, Aircondition.
Sumit, 198 Rajpakinai Road, Tel. 235996, Reservierung Bangkok: Tel. 2794525. 165 Zimmer, Aircondition.
Surawongs, 110 Changklan Road, Tel. 236789. 168 Zimmer, Aircondition.

CHIANG RAI'
Krung Thong, 412 Sanambin Road, Tel. 311033. 112 Zimmer, Aircondition.
Rama, 331/4 Trairat Road, Tel. 311344. 43 Zimmer, Aircondition.
Ruang Nakhon, 25 Ruang Nakhon Road, Tel. 344566. 61 Zimmer, Aircondition.
Siam, Amphoe Muang. 54 Zimmer.
Suknirum, 424/1 Bunpakarn Road, Tel. 311055. 105 Zimmer, Aircondition.
Wiang Inn, 893 Pholyothin Road, Tel. 311551. 112 Zimmer, Aircondition.

KAMPHANG PHET
Chakunglao, Nähe Ping River. 120 Zimmer.
Chong Sawasdi, 180 Tesa Vichit Road. 29 Zimmer.
Naowarat, Nähe Ping River. 100 Zimmer.
Nittayaprapa, 118/1 Tesa Road, Amphoe Muang. 32 Zimmer.
Phet, 99 Vichit Road Soi 3, Amphoe Muang. Tel. 711283, Reservierung Bangkok: Tel. 2516512. 234 Zimmer.

Rajdamnoen, 892 Rajdamnoen Road, Tel. 217029. 74 Zimmer.

LAMPANG

Asia Lampang, 229 Boonyawat Road, Tel. 217844. 64 Zimmer, Aircondition.

Sri Sgna, Tambol Suandong, Amphoe Muang. 35 Zimmer, Aircondition.

Tip Chang, 54/22 Thacrownoi Road, Muang District, Tel. 218-078. 125 Zimmer mit Aircondition. Swimmingpool, Coffeeshop, Restaurant und Cocktail Lounge.

LAMPHUN

Chamchantr, Tambol Viangthong, Amphoe Muang. 17 Zimmer.

Notanon, 51/2 Tambol Nai Muang. 15 Zimmer.

MAE HONG SON

Meitee, 55 Khunrum Prapas Road, Tambol Chomkham. 38 Zimmer, Aircondition.

Mit Aree, Tambol Mae Sariang, Amphoe Mae Sariang. 18 Zimmer.

Mitniyom, 90/1 Khunrum Prapas Road. 44 Zimmer, Aircondition.

Sguan Sin, 35 Singhanat Road. 28 Zimmer.

Singhanat, Singhanat Road, Amphoe Muang. 25 Zimmer, keine Aircondition.

Suk Somchai, Singhanat Road. 16 Zimmer, Aircondition.

NAKHON SAWAN

Anodad, 479-483 Kosi Road, Tel. 212856. 153 Zimmer, Aircondition.

Irawan, 1-5 Matulee Road, Tel. 212070. 43 Zimmer, Aircondition.

New White House, 2 Matulee Road, Tel. 212157. 48 Zimmer.

Sala Thai, 221-225 Tambol Pak Nam Pho. 40 Zimmer.

Toek Lueng, 24-44 Tambol Pak Nam Pho. 50 Zimmer.

Visanu 2, 30 Uttakavee Road, Tel. 212932. 117 Zimmer, Aircondition.

NAN

Amornsir, Tambol Nai Wiang. 26 Zimmer.

Nan Fah, 436-438-444 Sumon Thevaraj. 24 Zimmer.

Suk Kasem, Anantaworaritdej Road. 60 Zimmer, Aircondition.

Thevaraj, 466 Sumon Thevaraj Road, Tel. 710095. 115 Zimmer, Aircondition.

PHAYAO

Chai Kwan, 53 Tah Kwan Road. 10 Zimmer.

Chiang Kham, 643 Tambol Yuan, Amphoe Chiang Kham. 32 Zimmer.

Siriphan Bungalow, 648/2 Kwan Phayao, Tel. 431314. 20 Zimmer.

Tharn Thong, 55-57-59 Donsnam Road, Tel. 431302. 94 Zimmer.

Wattana, 69 Donsnam Road, Tel. 431086. 34 Zimmer.

PHETCHABUN

19 Hotel, Tambol Chi-smor-tod. 42 Zimmer.

Pen Silpa 1, 333/8 Wajee Road, Amphoe Lomsak. 28 Zimmer.

Pen Silpa 2, Wajee Road. 16 Zimmer.

Phetch Siam, Tambol Chi-smor-tod. 72 Zimmer.

Srichai, Tambol Lom Sak, Amphoe Lom Sak. 70 Zimmer.

Wilawan, Kotchaseni Road, Tambol Kong Thoon. 17 Zimmer.

PHITSANULOK

Amarin Nakhon, 3/1 Chao Phya Phitsanulok, Tel. 258588. 124 Zimmer, Aircondition.

Hor Fah, 73/1-5 Phya-Lithai Road, Tel. 258484. 70 Zimmer.

Sri Pattana, 3571/5 Suranari Road, Tel. 242944. 183 Zimmer, Aircondition.

Thai Hotel, Tambol Nai Muang, Amphoe Muang. 69 Zimmer.

Thai Hotel 2, Tambol Nai Muang, Amphoe Muang. 60 Zimmer.

Thai Pokphan, 104-106 Asadang Road, Tel. 242454. 66 Zimmer.

NONG KHAI

Banterngchitr, 626 Banterngchit Road. 27 Zimmer.

Phantawee, 1241 Haisoke Road. 39 Zimmer, 6 Bungalows.

Phoonsap, Meechai Road. 20 Zimmer.

Prachak Bungalow, 1178 Prachak Road. 28 Zimmer, Aircondition.

Thong Wichit, 1244 Banterngchit Road. 32 Zimmer.

ROI ET

Bua Luang, Talad Roi Et. 36 Zimmer.

Bungalow 99, Tambol Nai Muang. 32 Zimmer, Aircondition.

Niyom, Tambol Nai Muang, Amphoe Muang. 50 Zimmer.

Suriya, Tambol Nai Muang. 41 Zimmer.

Thiende, Tambol Nai Muang. 42 Zimmer.

Tokyo, Phoenchit Road. 58 Zimmer.

SAKHON NAKHON

Araya, 1432 Prem Preeda Road. 49 Zimmer, Aircondition.

Charoen Sook, 636 Charoen Muang Road. 40 Zimmer, Aircondition.

Krong Thong, 645/2 Charoen Muang Road. 38 Zimmer, Aircondition.

New Hotel, 22 Thanasarn Road, Tel. 511341. 56 Zimmer, Aircondition.

Saeng Charoen, Tambol Nai Muang. 46 Zimmer.

SI SA KET

Nittrakarn, 370 Si Sa Ket Road, Amphoe Muang. 44 Zimmer.

Phothong, 1055/11 Railways Road, Tambol Muang Tai, Amphoe Muang. 20 Zimmer.

Prom Phimarn, Amphoe Muang. 80 Zimmer, Aircondition.

Santisook, 370 Si Sa Ket Road, Amphoe Muang. 68 Zimmer, Aircondition.

Thai Serm Thai, 370 Si Sa Ket Road, Amphoe Muang. 34 Zimmer.

SURIN

Angsupan, 155-161 Tanasarn Road, Amphoe Muang, Tel. 511302. 59 Zimmer, Aircondition.

Erawan, 37 Kroong Sri Road, Tel. 511328. 24 Zimmer.

Krung Sri, Kroong Sri Road. 65 Zimmer.

Memorial, 186 Lak Muang Road, Tel. 511288. 56 Zimmer, Aircondition.

New Hotel, 22 Thanasarn Road, Tel. 511341. 56 Zimmer, Aircondition.

Saeng Charoen, Tambol Nai Muang. 46 Zimmer.

Saeng Thong, 155-161 Thanasarn Road, Tel. 511302. 62 Zimmer, Aircondition.

UBON RATCHATHANI

Bordin, 14 Phalochai Road, Tel. 254209. 117 Zimmer, Aircondition.

Pathumrat, 173 Chayang-kul Road, Tel. 254417. 145 Zimmer, Aircondition.

Rajthani, 229 Khuan Thani Road, Tel. 254599. 107 Zimmer, Aircondition.

Siam, 94 Phalochai Road, Tel. 254771. 62 Zimmer, Aircondition.

Thong Poonpan, Upparaj Road. 67 Zimmer, Aircondition.

Ubon Pattana, 333 Ubonkit Road, Tel. 254333. 126 Zimmer, Aircondition.

UDON THANI

Chaiyaporn, 209-211 Mak Khang Road, Amphoe Muang, Tel. 220913. 77 Zimmer, Aircondition.

Charoen, 549 Phosri Road, Amphoe Muang, Tel. 221332. 120 Zimmer, Aircondition.

King's, Tambol Mak Khaeng, Amphoe Muang. 135 Zimmer.

Krung Thong, 195-199 Phosi Road, Amphoe Muang, Tel. 221161. 85 Zimmer.

Mapakdi, Tambol Mak Khaeng. 45 Zimmer.

Pracha Pakdi, 156/8 Prachak Road, Amphoe Muang, Tel. 221805. 45 Zimmer.

Siri Udon, 79-91 Amphoe Muang Road, Tel. 221816. 130 Zimmer, Aircondition.

Sri Chai, Tambol Mak Khaeng. 29 Zimmer.

Subhamitr, Tambol Mak Khaeng. 60 Zimmer.

Udon, 81-85 Mak Khaeng Road, Tel. 221628. 80 Zimmer, Aircondition.

Victory, 60 Phosi Road, Amphoe Muang, Tel. 221462. 49 Zimmer, Aircondition.

YASOTHORN

Arun Pattana, Amphoe Muang. 18 Zimmer, keine Aircondition.

Surawej Wattana, 128/1 Changsanit Road. 30 Zimmer, Aircondition.

Udom Pharn, Uthai Rermmi Road. 35 Zimmer.

Yos Nakhon, Uthai-Ramariti Road. 64 Zimmer, Aircondition.

OST-THAILAND

CHACHOENGSAO

Chachoengsao, Tambol Na Muang. 45 Zimmer.

Mitsampan, Tambol Na Muang. 37 Zimmer.

Yenchitr, Tambol Na Muang. 29 Zimmer.

CHANTHABURI

Chai Li, Tambol Wat Mai, Amphoe Muang. 60 Zimmer.

Chanthaburi, Amphoe Muang. 70 Zimmer, Aircondition.

Eastern, Tambol Bangkaja, Amphoe Muang. 142 Zimmer, Aircondition.

Kasemsan 1, 98/1 Benjamarachuthid Road, Tel. 311100. 36 Zimmer, Aircondition.

Kasemsan 2, Tambol Wat Mai, Amphoe Muang. 63 Zimmer.

Kiatkajohn, Tambol Wat Mai, Amphoe Muang. 63 Zimmer.

Muangchan, 257-259 Srichan Road, Tel. 311116. 120 Zimmer, Aircondition.

NAKHON NAYOK

Khao Yai, Tambol Hintang, Reservierung in Bangkok: Tel. 2825209. 30 Bungalows, 18 Motels, 9 Gästehäuser.

Panjai, 352/1 Suwanansorn Road, gegenüber dem Nakhon Nayok Hospital. 48 Zimmer, Aircondition.

Tansamai, Tambol Nakhon Nayok. 30 Zimmer.

Tansamai, Tambol Ta Chang. 35 Zimmer.

PATTAYA

Asia Pattaya, Pattaya Beach, Tel. 418577, Reservierung in Bangkok: Tel. 2820121. 270 Zimmer, Aircondition.

Bangphra Motel, Tambol Bangphra, Amphoe Si Racha. 20 Zimmer.

Bang Saray, 17/1 Na Chomtean, Reservierung in Bangkok: Tel. 2863407. 52 Zimmer, Aircondition, Strand, Swimmingpool, Angeln und Skisport.

Golden Sand, Pattaya Beach, Tel. 418114, Reservierung in Bangkok: Tel. 2528594. Motel und 11 Bungalows mit 2 bis 3 Zimmern. Motel air conditioned, ohne Küche. Die Bungalows sind nicht air conditioned.

Grand Palace, Pattaya Beach, Tel. 418-319, 418-487, Reservierung in Bangkok: Tel. 234-8971, 234-8975. Strand und Swimmingpool, Tennisplätze, Coffeeshop und Restaurant.

Merlin Hotel, Pattaya Beach, Tel. 418755, Reservierung in Bangkok: Tel. 2330802. 360 Zimmer, Aircondition.

Montien Pattaya, Pattaya Beach Resort, Cholburi, Tel. 418155. Ong Pattaya Bay; Wassersport, 24-Stunden-Service, Swimmingpool, Tennisplätze, Restaurants und Kaffeehäuser (japanische, östliche und westliche Küche).

Pattaya Palace, Pattaya Beach, Tel. 418319, Reservierung in Bangkok: Tel. 2341010. 220 Zimmer, Aircondition.

Koh Larn Vac, Larn Island, Reservierung in Bangkok: Tel. 2453221 Ext. Koh Larn Vac. 78 Zimmer.

Manhattan, Pattaya Beach, Tel. 418580. 50 Zimmer, Aircondition.

Nipa Lodge, Pattaya Beach, Tel. 418321, Reservierung in Bangkok: Tel. 2526118. 138 Zimmer, Aircondition.

Ocean View, 382 Pattaya Beach, Tel. 418084, Reservierung in Bangkok: Tel. 2529590. 115 Zimmer.

Orchard Lodge, Pattaya Beach, Tel. 418779. 72 Zimmer.

Orchid Lodge, Pattaya Beach. Büro in Bangkok: 15/F, Amarin Tower, 500 Ploenchit Road, Tel. 252-6045, 252-6087, 252-6118, 252-6694.

Royal Cliff, Pattaya Beach, Tel. 418344, Reservierung in Bangkok: Tel. 2453037. 520 Zimmer, Aircondition.

Royal Garden, 218 Pattaya Beach, Tel. 418126, Reservierung in Bangkok: Tel. 3928885. 115 Zimmer.

Seariew Pattaya, Pattaya Beach (in Soi Wongamatya on Pattaya-Naklua Road), Tel. 419-317, 419-189, Reservierung in Bangkok: Tel. 251-1555. Strand, Swimmingpool, Tennisplätze, Coffeeshop und Restaurant.

Siam Bayshore, Pattaya Beach, Tel. 418677, Reservierung in Bangkok: Tel. 2512458. 274 Zimmer, Aircondition.

Siam Bayview, Pattaya Beach, Tel. 418-728, 418-729, Reservierung in Bangkok: Tel. 251-8798. 300

Zimmer, Swimmingpool, Fischrestaurant, Coffeeshop, Tennisplätze.

Tropicana, 98-9 Pattaya Beach, Tel. 518566, Reservierung in Bangkok: Tel. 2529187 Ext. 216. 116 Zimmer, Aircondition.

Chiang Inn, Pattaya, 380 Sukhabhibarn Road, Tel. 418400, Reservierung in Bangkok: Tel. 2513844. 120 Zimmer.

Wongse Amatya, Pattaya Beach, Tel. 418118, Reservierung in Bangkok: Tel. 2224551. 108 Zimmer.

PRACHIN BURI

Ammuey Suk, 110/1 Rat Utit Road, Amphoe Aranyaprathet. 53 Zimmer, Aircondition.

Kasem Suk, 4-5-6 Chitasuwan Road. 14 Zimmer.

Kavee, Tambol Sa Kaew, Amphoe Sa Kawe. 36 Zimmer.

King's, 65/7, 65/8 Rajdamri Road, Amphoe Muang. 61 Zimmer, Aircondition.

Prom Charoen, Tambol Kabin Buri, Amphoe Kabin Buri. 22 Zimmer.

Sirimonkol, Tambol Kabin Buri, Amphoe Kabin Buri.

RAYONG

Asia Mai, Tambol Tha-Pradu. 65 Zimmer.

Rayong, Tambol Tha-Pradu. 46 Zimmer.

Rayong O-Tani, 169 Sukhumvit Road, Tel. 611161. 117 Zimmer, Aircondition.

Sahayon, Tambol Cherng Noen. 36 Zimmer.

Tawan Ok, Tambol Tha-Pradu. 34 Zimmer.

Wang Kaew, Km. 248, Bagna-trat, Amphoe Klaeng, Reservierung in Bangkok: 153/2 Soi Mahad Lek Luang 1, Rajdamri Road, Tel. 2510836. 62 Zimmer, Konferenzsaal für 150 Personen.

TRAT

Muang Trat, 11/1-11/2 Sukumvit Road, Tel. 511191. 80 Zimmer, Aircondition.

Tang Nguan Seng, Amphoe Muang. 52 Zimmer.

Thai Roong Roj, 296 Viwattana, Tel. 511141. 76 Zimmer, Aircondition.

SÜD-THAILAND

CHUMPHON

Sri Chumphon, 127/22-24 Saladaeng Road. 100 Zimmer, Aircondition.

Suriya, 125/24-26 Saladaeng Road. 26 Zimmer.

Thai Prasert, 202-204 Saladaeng Road. 47 Zimmer.

HAT YAI

Asian Hotel, Niphat Uthit 3 Road, Hat Yai, Songkhia, Thailand, Tel. 245938/245271/245455.

Cathay, 93/1 Niphat Utit 2 Road, Tel. 243106. 28 Zimmer.

Emperor Hotel, 1 Tanrattanakorn Road, Hat Yai, Tel. 245698/245709.

Grand, 443/1 Phetchkasem Road, Tel. 243286. 15 Zimmer.

Hat Yai Motel, 58/4 Sangsi Road, Tel. 244207. 144 Zimmer, Aircondition.

Hor Fah, 124/8 Damnoen Witi Road, Tel. 243444. 33 Zimmer.

King's, 126-134 Niphat Utit 1 Road, Tel. 243966. 66 Zimmer.

Kosit, Niphat Utit 2 Road, Tel. 244576. 182 Zimmer, Aircondition.

Lam Thong, 42 Damnoen Witi Road, Tel. 244433. 100 Zimmer, Aircondition.

Metro, 86 Niphat Utit 2 Road, Tel. 244422. 151 Zimmer, Aircondition.

Nora, 4 Niphat Utit 2 Road, Tel. 244944. 192 Zimmer, Aircondition, Restaurant, Geschäfte, Reisebüro.

President, The Rama of Hat Yai Hotel, 420 Pratharn Utit Road, Tel. 244477. 110 Zimmer, Aircondition, Cocktail-Lounge, Swimmingpool.

Sukhontha, 26 Saneha-Nuson Road, Tel. 243999. 204 Zimmer, Aircondition, Restaurant, Bar, Nightclub.

Yong Dee, 99 Niphat Utit 3 Road, Tel. 244499. 101 Zimmer, Aircondition.

KOH SAMUI

Nara Lodge, 81 Bo-Phut, Koh Samui, Surat Thani, 84000. Reservierung in Bangkok: Tel. 2774240, Telex: 67434 SSSAMUI TH

Pansea, 38 Borbhud, Koh Samui, Surat Thani, 84000. Reservierung in Bangkok: 21 Fl. Chanissara Tower, 942/163 Rama IV, Tel. 2356075, 2350676, Telex: 87654 WOLDWID.

Chao Koh, 29/4 Bandon-Samui, Surat Thani, Tel. 077-42124. Reservierung in Bangkok: 84 Soi Udomsuk Sukhumvit 103 Prakanong, Tel. 3983933.

Coral Bay, P.O. Box 19 Koh Samui, Surat Thani, 84000. Reservierung in Bangkok: Tel. 2797573, 12/1, 14 Soi Suntisavee Pradhipat Rd.

KRABI

Kittisak, 9 Sri Phangnga Road. 18 Zimmer.

Thai, 2/1 Adisorn Road. 27 Zimmer, Aircondition.

Viengthong, 22 Uttarakit Road, Tel. 611188. 80 Zimmer, Aircondition, Konferenzsaal für 100 Personen.

NAKHON SRI THAMMARAT

Burapha, Tambol Klung. 33 Zimmer.

Muang Thong, 1459/7-9 Charoen Wattana Road, Tel. 356177. 52 Zimmer.

Nakhon, 1477/5 Yommaraj Road, Tel. 356318. 42 Zimmer.

Nakhon Tak Sin, Sri Praj Road, Amphoe Muang. 150 Zimmer, Aircondition, Konferenzraum für 500 Personen.

Neramit, 1629-1631 Neramit Road, Tel. 356514. 75 Zimmer, Aircondition.

New Sir Thong, Tambol Tha-wang. 41 Zimmer.

Seri, Amphoe Muang. 52 Zimmer, Aircondition.

Siam, 1407/17 Chumroen Vithi Road. 67 Zimmer, Aircondition.

Soon Thorn, Tambol Sichol. 40 Zimmer.

Suntisook, Tambol Sichol. 80 Zimmer.

Taksin Hotel, Sriprach Road, Tel. 356121. 120 Zimmer.

Thai Hotel, 1369-1375 Rajdamnoen Road, Tel. 356451. 115 Zimmer, Aircondition.

Thai Wattana, Tambol Pak Prak. 15 Zimmer.

Thiem Fah, Tambol Sichol. 41 Zimmer.

Yaowaraj, Tambol Klung. 53 Zimmer.

NARATHIWAT

Lilla, 28-32 Saritwongse Road, Amphoe Sungai Kolok, Tel. 611188. 71 Zimmer, Aircondition.

Merlin, 40 Charoenket Road, Amphoe Sungai Kolok, Tel. 611003. 96 Zimmer, Aircondition.

Merry (Madee), 19/4 Chuenmanka Road, Amphoe Sungai Kolok, Tel. 611122. 31 Zimmer, Aircondition.

Rex, 6/1-2 Chumroon Nara Road, Amphoe Muang, Tel. 511134. 40 Zimmer, Aircondition.
Tak Sin 1, 3 Pracha Samran Road, Amphoe Sungai Kolok, Tel. 611083. 39 Zimmer, Aircondition.
Tak Sin 2, 4 Pracha Samran Road, Amphoe Sungai Kolok, Tel. 611085. 49 Zimmer, Aircondition.
Tanyong, 20-28 Sopapisai Road, Amphoe Muang, Tel. 511477. 92 Zimmer, Aircondition.
Thai Eak, 43 Wongse Witee Road, Amphoe Sungai Kolok, Tel. 611052. 37 Zimmer, Aircondition.
Thani, 4/1 Chuenmanka Road, Amphoe Sungai Kolok, Tel. 611046. 72 Zimmer, Aircondition.
Un Un, 183/1-2 Pracha Viwat Road, Amphoe Sungai Kolok, Tel. 611058. 48 Zimmer, Aircondition.

PHANGNGA
Lak Muang, 1/2 Petchkasem Road, Tel. 411125. 26 Zimmer, Aircondition.
Padoang, 22-24 Tambol Takua-Pa. 32 Zimmer.
Rak Phangnga, Petchkasem Road. 36 Zimmer.
Rattanapong, Petchkasem Road. 30 Zimmer.
Takua-Pa, 178/6-8 Tambol Takua-Pa. 27 Zimmer.
Tan Prasert, 23/1-2 Tambol Takua-Pa. 30 Zimmer.

PHATTHALUNG
Hoh Fah, 56-58 Posa-ard Road, Tel. 611045. 42 Zimmer, Aircondition.
Kink Fah, 210/1-2 Rames Road. 27 Zimmer.
Phatthalung 2, Tambol Khoohasawan. 26 Zimmer.

PHUKET
Bungalow Nai Harn, Had Nai Narn. 100 Zimmer.
Coral Beach Hotel, Patong Beach, Kata District, Phuket. Reserv. in Bangkok: 15/F, Amarin tower, 500 Ploenchit Road, Tel. 252-6045, 252-6087, 252-6118, 252-6694.
Club Med, Kara Beach, Phuket. Büro in Bangkok: The Peninsula Plaza, Erdg., 153 Rajdamri Road, Tel. 253-0108, Telex 21608 TH.
Domrong, 52 Luang Poh Wat Chalong Road, Tel. 211704. 85 Zimmer, Aircondition.
Imperial, 52 Phuket Road, Tambon Talat Yai, Tel. 212311. 41 Zimmer, Aircondition.
Kata Tropicana (Bungalow), Had Kata, Büro Phuket: 64/11 Krung Thep Road, Tel. 211606. 63 Zimmer.
Kata Villa, Had Kata, Büro Phuket: 2 Krabi Road, Tel. 211014. 20 Zimmer.
Le Meridien Phuket, Karon Beach, Muang District, Phuket. Büro in Bangkok: 31 Soi Somprasong 3, Petchaburi Road, Tel. 251-4707, 252-3919, Telex 87489 TH.
Patong Beach, 96/1 Pisit Road, Hat Patong, Büro Phuket: 55 Phuket Road, Tel. 211426. 104 Zimmer, Aircondition.
Pearl, 42 Montri Road, Tel. 211091, Reservierung Bangkok: 1035/4 Pleonchit Road, Tel. 2516527.
Phuket Cabana (Bungalow), Had Patong, Büro Phuket: 63 Phuket Road, Tel. 211932. 29 Zimmer.
Phuket Island, 73/1 Rasada Road, Tel. 211421, Reservierung Bangkok: Tel. 2515989. 194 Zimmer, Aircondition, Sitzungssaal für 300 Personen.
Phuket Merlin Hotel, 158/1 Jawaraj Road, Tel. 211618. 220 Zimmer, Aircondition.
Phuket Sin Thavee, 89 Phang-nga Road, Tel. 211186. 139 Zimmer.
Rawai Bungalows, Wiset Road, Tambon Rawai, Tel. 211205, Reservierung Bangkok: Tel. 5855860. 30 Zimmer.
Sampam Inn, Ban Sapam, Büro Phuket: 96 Yaowaraj Road, Tel. 211440. 22 Zimmer.
Sea View (Bungalow), 3 Had Patong, Büro Phuket: 351/1 Yaowaraj Road, Tel. 211346. 27 Zimmer.
Thavorn, 74 Rasada Road, Tel. 211333. 200 Zimmer, Aircondition.

PRACHUAP KHIRI KHAN UND HUA HIN BEACH RESORT
Chatchai, 59/1-3 Petchkasem Road, Amphoe Hua Hin. 35 Zimmer. Aircondition.
Damrong, 46 Petchkasem Road, Talat Chatchai, Hua Hin, Tel. 511574. 30 Zimmer. Aircondition.
Namsin, 40/8-10 Petchkasem Road, Hua Hin, Tel. 511051. 20 Zimmer.
Prakarn Siri, Amphoe Pranburi. 84 Zimmer.
Saflom, Hua Hin Beach, Tel. 511890, Reservierung in Bangkok: Tel. 2515735. 46 Zimmer, Aircondition.
Le Sofitel Central Hua Hin, 1 Dammennkasem Road, Hua-Hin, Prachuap-Khirikhan, Tel. 511012, 511015, Telex 78313 CETRAC TH. Büro in Bangkok: 21/Flr. Charn Issara Tower, Rama IV Road, Tel. 233-0256, Telex 87654 WOLDWID TH.
Suksun, 131 Soosuek Road, Amphoe Muang, Tel. 510131. 92 Zimmer.
Supamit, 9 Amnuaysin Road, Tel. 511208. 36 Zimmer.
Tessaban Bungalow, Chaitalay Road, Tel. 510157. 36 Zimmer.

RANONG
Asia, Ruangraj Road. 51 Zimmer.
Charoen Sook, Ruangraj Road. 51 Zimmer.
Rattanasin, Ruangraj Road. 44 Zimmer.
Sin Ranong, Ruangraj Road. 104 Zimmer, Aircondition.
Sook Somboon, Tambol Bangrin. 36 Zimmer.
Suriyanant, Ruangraj Road. 31 Zimmer.
Thara, 2/2 Petchaksem Road, Tel. 811510. 65 Zimmer, Aircondition.

SONGKHLA
Rado, 59 Sanehanusorn Road, Hat Yai, Tel. 245266. 96 Zimmer, Aircondition, Sitzungsraum für 40 Personen.
Railways, 1 Dhamnoon Witee Road, Hat Yai, Tel. 244766. 46 Zimmer, Aircondition, Sitzungssaal für 200 Personen.
Sakol, 47-8 Sanehanusorn Road, Hat Yai, Tel. 245256. 91 Zimmer, Aircondition.
Samila, 1/11 Rajdamnoen Road, Samila Beach, Tel. 311289. 75 Zimmer, Aircondition.

SATUN
Rian Thong, 124/1 Samantapradit Road. 25 Zimmer.
Satun Thani, Tambol Piman. 50 Zimmer.
Udom Sook, Tambol Piman. 33 Zimmer.

SURAT THANI
Kong Meng, Tambol Talad. 40 Zimmer.
Muang Thong, 282/6-10 Na Muang Road, Tel.

272960. 180 Zimmer, Aircondition, Sitzungsraum für 50 Personen.
Phanfah, 247/5 Na Muang, Tel. 272287. 57 Zimmer.
Siam Tara Hotel, 1/144 Donnok Rd. Muang Surat Than, Tel. 273740-3.
Siam Thani Hotel, 180 Funpin Rd. Muang Surat Thani 84000. Reservierung in Bangkok: Liberty Hotel 215 Pradhipat, Tel. 2710724.
Surat, Tambol Talad, 40 Zimmer.
Tapee, 100 Chonkasem Road, Tel. 272575. 120 Zimmer, Aircondition.
Wang Tai Hotel, 1 Talad Mai Rd. Muang Surat Thani, Tel. 273410-6.

TRANG

Bungalow Caesar, Amphoe Muang. 27 Zimmer.
Koteng, Rama 6 Road, Tel. 218148. 56 Zimmer, Aircondition.
Nara, Amphoe Muang. 34 Zimmer.
Queen's, 85-89 Visektkul Road, Tel. 218229. 64 Zimmer, Aircondition.
Sahathai, Amphoe Muang. 30 Zimmer.
Trang, 134/2-5 Visetkul Road, Tel. 218229. 64 Zimmer, Aircondition.

YALA

Fah Un Roong, 130 Chantarothai Road, Amphoe Betong. 38 Zimmer.
Hua Un, 352/1 Siriroj Road, Tambol Satang, Tel. 212771. 47 Zimmer, Aircondition.
Keng Thai, 33 Chaya chavalit Road, Amphoe Betong. 32 Zimmer.
Sri Yala, 20 Chai Charas Road, Tel. 212170. 91 Zimmer, Aircondition.
Tepvimarn, 31-37 Sri Bamroong Road, Tel. 212796. 84 Zimmer, Aircondition.
Un Un, 352/1 Siriroj Road, Tambol Satang. 47 Zimmer.

RESTAURANTS

Bangkok

Thai-Küche

Bussaracum, 35 Soi Pipat 2, Convent Road, Tel. 235-8915.
Chtipochana, 1082 Paholyothin Road, Tel. 279-5000. Auch 62 Soi 20, Sukhumvit Road, Tel. 391-6401.
Datchanee, 18/2-4 Parchathipathia Road, Tel. 281-0640.
Lemon Grass, 5/1 Soi 24, Sukhumvit Road, Tel. 258-8637.
Klang Soi, 2 Soi 49, Sukhumvit Road, Tel. 391-4988.
Maneeya Lotus Room, 518/4 Ploenchit Road, Tel. 251-0382.
Sprice Market, The Regent Bangkok, 155 Rajdamri Road, Tel. 251-6127.
Srithandorn, 197 Soi 101, Ladprao, Tel. 377-6189.
Thai Food Restaurant, gegenüber dem Planetarium, Ecke Soi 61, Sukhumvit Road, Tel. 391-1360.
Thanying, 10 Pramuan St., Silom Road, gegenüber dem Bangkok Christian College, Tel. 236-4361.
The Toll Gate (Palace Cuisine), 245/2 Soi 31, Sukhumvit Road, Tel. 391-3947.
Your Place, 25 Soi 33, Sukhumvit Road, Tel. 391-0158.
Zezavo Jungle Food, 50/3 Ngamvongwan Road, Tel. 588-2267.

Diverse asiatische Küchen

Chinatown (kantonesisch), Dusit Thani Rama IV, Tel. 233-1130, 236-0450-9.
Grand Shangri-la (chinesisch), 154/4-5 Silom Road, Tel. 234-2045.
Rose la Moon (chinesisch), 165/5-6 Soi 21, Sukhumvit Road, Tel. 391-7351.
Tien Tien (chinesisch), 105 Patpong Road, Tel. 234-8717.
Akamon (japanisch), 233 Soi 21, Sukhumvit Road, Tel. 391-8144.
Shochiku (japanisch), 62/9-10 Soi Thaniya, an der Silom Road, Tel. 233-9694.
Seoul (koreanisch), 47 Rajprasong Road, Tel. 252-9285.
Vietnam Restaurant, 82-84 Silom Road, Tel. 234-6174.
Cafe India, 460/8 Surawong Road, Tel. 233-0419.
Himali Cha Cha (indisch), 1229/11 New Road, Tel. 235-1569.
The Whole Earth (vegetarisch), 93/3 Soi Lang Suan, Ploenchit Road, Tel. 253-5574.

Europäische Küche

La Brasserie (französisch), The Regent Bangkok, 155 Rajdamri Road, Tel. 251-6127.
Le Cristal (französisch), The Regent Bangkok, 155 Rajdamri Road, Tel. 251-6127.
Le Metropolitan (französisch), 135/6 Gaysorn Road, Tel. 252-8364.
L'Opéra, 55 Soi 39, Sukhumvit Road, Tel. 258-5605.
Le Vendôme (französisch), 153/1 Mahadlek, off Rajdamri Road, Tel. 252-6753.
Ma Maison (französisch), Hilton International, 2 Wireless Road, Tel. 253-0123.
Neil's Tavern (kontinental), 58/4 Soi Ruam Rudee, Tel. 251-5644.
Normandie Grill (französisch), The Oriental, 48 Oriental Avenue, New Road, Tel. 236-0400.
Singha Bier Haus, 179 Soi 23, Sukhumvit Road, Tel. 258-3951.
Trattoria da Roberto (italienisch), Plaza Arcade, Patpong 11 Road, Tel. 234-5987.j
The Two Vikings (skandinavisch), 2 Soi 35, Sukhumvit Road, Tel. 391-8364.
White Piano (kontinental), 39/2 Soi Kasemsant, Rama 1 Road, Tel. 252-4561.

Chiang Mai

Ban Suan (Thai), 51/3 Chiang Mai-San Kampaeng Road.
Chalet (französisch), 71 Charoenprathet Road.
Charueng Jungle Food, 5 Superhighway (Airport Road).
Doi Den (Thai), Nimmanhemindr Road.
Fuang Far (Thai), Suriwongse Road.
Le Cog d'Or (französisch), 18-20 Chaiyapoom Road.

Pattaya

Bencharong (international), Royal Wing, Royal Cliff Beach Resort.
Suan Tarn (thailändisch), Cobra Cabana, Jomtien Beach.

BANKEN

Bangkok

Asia Trust Bank, 80-82 Anuwong Road, Tel. 222-2171.
Bangkok Bank, 333 Silom Road, Tel. 234-3333.
Bangkok Bank of Commerce, 171 Suriwong Road, Tel. 234-2930.
Bank of Agriculture, Mansion 1, Rajadamnoen Klang Avenue, Tel. 281-3622.
Bank of America, 2/2 Wireless Road (neben Hilton International), Tel. 253-0112.
wong Road, Tel. 233-0930.
Bank of Asia for Industry & Commerce, Samyek Charoen Krung, 601 New Road, Tel. 222-5111.
Bank of Korea, 16 Soi 20, Sukhumvit Road, Tel. 391-8605.
Bank of Tokyo, Thaniya Building, 62 Silom Road, Tel. 233-0790.
Bank of Ayudhya, 550 Ploenchit Road, Tel. 252-8171.
Banque de l'Indochine et de Suez, 142 Wireless Road, Tel. 252-2111.
Bharat Overseas Bank, 221 Rajawong Road, Tel. 221-8181.
Bangkok Metropolitan Bank, Yukol 2 Road, Tel. 282-3281.
Chartered Bank, Saladaeng Circle, Rama IV Road, Tel. 234-0821.
Chase Manhattan Bank, 965 Rama I Road, Siam Center, Tel. 252-1141.
Four Seas Communications Bank, 231 Rajawong Road, Tel. 222-2161.
Government Housing Bank, 77 Rajadamnern Avenue, Tel. 281-5155.
Hong Kong and Shanghai Banking Corp., Siam Center, 965 Rama I Road, Tel. 251-3252.
International Commercial Bank of China, 95 Suapa Road, Tel. 221-8121.
Krung Thai Bank, 53 Sukhumvit Road, Tel. 251-2032.
Laem Thong Bank, gegenüber Phitphan Phanich Building, Tel. 233-9730.
Mercantile Bank, 63 Silom Road, Tel. 233-5996.
Mitsui Bank, Boon-Mit Building, 138 Silom Road, Tel. 234-3841.
Siam City Bank, 1101 New Petchburi Road, Tel. 252-4425.
Siam Commercial Bank, 1060 New Petchburi Road, Tel. 251-9111.
Thai Danu Bank, 393 Silom Road, Tel. 233-9160.
Thai Development Bank, 29 Yukol 2 Road, Tel. 281-3533.
Thai Farmers Bank, 142 Silom Road, Tel. 234-7050.
Thai Military Bank, 34 Phayathai Road, Tel. 282-2727.
Union Bank of Bangkok, 624 Yawaraj Road, Tel. 233-4740.
United Malayan Banking Corp., 3. Stock, Hua Kee Building, 107-9 Suapa Road, Tel. 221-9191.
Wanglee Bank, Cathay Trust Building, 1. Stock, 1016 Rama IV Road, Tel. 233-2111.

DIPLOMATISCHE VERTRETUNGEN

Australien, 14 South Sathorn Road, Tel. 2860411. Geschäftszeiten: 8.30 bis 16.20 Uhr.
Belgien, 44 Soi Phya Pipat, Silom Road, Tel. 233-0840, 233-0841. Geschäftszeiten: 8.30 bis 13 Uhr.
Bangladesch, 6-8 Charoebmitr, Soi 63, Sukhumvit Road, Tel. 391-8069, 391-8070. Geöffnet von 8.30 bis 16.30 Uhr.
Bundesrepublik Deutschland, 9 Sathorn Road, Tel. 286-4227. Geschäftszeiten: 8 bis 13 Uhr.
Burma, 132 Sathorn Nua Road, Tel. 233-2237, 234-2258. 8.30 bis 12.30 Uhr und 13 bis 16.30 Uhr (Montag bis Donnerstag), Freitag 8.30 bis 12 und 13 bis 17 Uhr.
Chile, 15 Soi 61, Sukhumvit Road, Tel. 391-4858. 9 bis 17 Uhr.
Dänemark, 10 Soi Attakarn Prasit, Sathorn Tai Road, Tel. 286-3030, 286-3932, 286-3936. 8 bis 13 Uhr.
Finnland, 3. Stock Vithayu Place, 89/17 Wireless Road, Tel. 252-3636, 252-3637.
Frankreich, Customs House Lane, Tel. 234-0950, 234-0956. 8 bis 13.30 Uhr.
Griechenland (Konsulat), 3. Stock des President Travel Service Building, 412/8-9 Siam Square, Rama I Road, Tel. 252-1681, 252-1686. 9 bis 12 und 13.30 bis 15 Uhr.
Großbritannien, 1031 Ploenchit Road, Tel. 252-7161, 252-7169. 8 bis 16.30 Uhr.
Indien, 46 Soi Prasarnmit, Soi 23 Sukhumvit Road, Tel. 233-5065. 8.30 bis 12.30 und 13 bis 16 Uhr.
Indonesien, 600-602 Petchburi Road, Tel. 252-3135, 252-3139. 7.30 bis 12 und 13 bis 16 Uhr.
Israel, 31 Soi Lang Suang, Ploenchit Road, Tel. 252-3131, 252-3134. 8 bis 15.30 Uhr (Mo. bis Do.); 8 bis 15 Uhr (Fr.).
Italien, 92 Sathorn Nua Road, Tel. 234-9718, 234-9230. 8.30 bis 13.30 Uhr.
Japan, 1674 New Petchburi Road, Tel. 252-6151, 252-6159. 8.30 bis 13.30 Uhr.
Jugoslawien, 28 Soi 61, Sukhumvit Road, Tel. 3919090, 391-9091. 8.30 bis 16.30 Uhr.
Korea, 28/1 6. Stock, Phraphavit Building, Surasak Road, Tel. 234-0723, 234-0726. 8 bis 12 und 14 bis 17 Uhr.
Laos, 19 Sathorn Tai Road, Tel. 286-0010. 286-3362. 8 bis 12 und 14 bis 16.30 Uhr.
Malaysia, 35 Sathorn Tai Road, Tel. 286-1390, 286-1392, 286-7769. 8.30 bis 12.30 Uhr und 14 bis 16.30 Uhr.
Monaco (Konsulat), 3. Stock, Nailert Building, 888 Petchburi Road, Tel. 262-8106. 9 bis 12 und 14 bis 16 Uhr.
Nepal, 189 Soi Puengsuk, Soi 71, Sukhumvit Road, Tel. 391-7240. 8 bis 12 und 13.30 bis 16.30 Uhr.
Neuseeland, 93 Wireless Road, Tel. 251-8165.
Niederlande, 106 Wireless Road, Tel. 252-6103, 252-6105. 8 bis 14.30 Uhr (Montag und Mi. bis Fr.), 8 bis 12.30 Uhr und 14 bis 17 Uhr (Di.).
Norwegen, 20. Stock des Chockchai Building, 690 Sukhumvit Road, Tel. 392-1164, 392-1160. 9 bis 14.45 Uhr.
Österreich, 14 Soi Nandha, bei der Soi Attakarnprasit Sathorn Tai Road, Tel. 2863011, 2863037.

Pakistan, 31 Soi Nan Nua (Soi 3), Sukhumvit Road. Tel. 252-7036, 252-7038. 8 bis 15.30 Uhr. 723 Siphya Road, Tel. 233-5910, 233-5917, 234-5840. 8.30 bis 12 Uhr.
Philippinen, 769 Sukhumvit Road, gegenüber Soi 47, Tel. 391-0008, 391-0211. 8 bis 12 Uhr und 13 bis 17 Uhr.
Polen, 61 Soi Prasanmit, Soi 23, Sukhumvit Road, Tel. 391-0668, 391-2356. 8 bis 14 Uhr.
Portugal, 26 Bush Lane, Tel. 234-0372, 234-2123. 8.30 bis 13.30 Uhr.
Saudi Arabien, 10. Stock des Boonmitr Building, 138 Silom Road, Tel. 233-7941, 233-7942. 8.30 bis 14 Uhr.
Schweden, 11. Stock des Boonmitr Building, 138 Silom Road, Tel. 234-3891, 234-3892, 233-0295.
Schweiz, 35 North Wireless Road, gegenüber Ploenchit Road, Tel. 253-015660. 8 bis 16 Uhr.
Singapur, 129 Sathorn Tai Road, Tel. 286-2111, 286-1433. 8.30 bis 12 Uhr und 13 bis 16.30 Uhr.
Spanien, 103 Wireless Road, Tel. 252-6112, 252-8368. 8.30 bis 13.30 Uhr.
Sri Lanka, 7. Stock des Nai Lert Building, 87 Soi 5, Sukhumvit Road, Tel. 251-8534, 252-4164. 8.30 bis 12 Uhr, 13 bis 16.45 Uhr.
Tschechoslowakei, 7. Stock des Silom Building, Zimmer 705, 197/1 Silom Road, Tel. 234-1922, 2334535. 8 bis 15 Uhr.
Türkei, 153/2 Soi Mahadlek Luang 1, Rajdamri Road, Tel. 251-2987, 251-2988.
UdSSR, 108 Sathorn Nua Road, Tel. 234-9824, 234-2012. 7.30 bis 16.15 Uhr (Montag), 7.30 bis 15.15 Uhr (Dienstag bis Freitag).
Ungarn, 28 Soi Sukchai, vor Soi 42 Sukhumvit Road, Tel. 391-7906. 8 bis 16 Uhr (Mo. bis Do.) und 8 bis 14 Uhr (Sa.).
Vatikan, Heiliger Stuhl, Apostolische Nuntiatur, 217 Sathorn Tai Road, Tel. 233-9109, 235-7269. 8.30 bis 13.30 Uhr.
Vietnam, 83/1 Wireless Road, Tel. 251-7203, 251-5836, 251-5837. 8.30 bis 16.30 Uhr.

FLUGGESELLSCHAFTEN

Aeroflot Soviet Airlines, 7 Silom Road. Reservierung und Tickets: Tel. 233-6965, 233-6967, Flughafen Tel. 286-0190 ext. 111.
Air Canada, 1053 New Road, Tel. 234-5593. Flughafen Tel. 286-0190 ext. 293, 294.
Air France, 3 Patpong Road. Tickets: 233-7100, 233-7119 ext. 248, 258, 268. Reservierung Tel. 234-7901. Flughafen Tel. 286-0190 ext. 113, 114.
Air India, 287 Silom Road. Tickets 233-8950, 233-8954 ext. 156, 158. Reservierung Tel. 234-7558, 233-4525. Flughafen Tel. 286-0190 ext. 121, 122.
Air Lanka, 1 Patpong Road, Tel. 235-6800, 235-0133, 235-0134. Flughafen Tel. 286-0190 ext. 332.
Air New Zealand, Rajaprasong Corner, 133/19 Rajaprasong, Tel. 252-9871. Flughafen: 286-0190 ext. 145.
Alia Royal Jordanian Airlines, Yada Building, 56 Silom Road. Tickets: Tel. 235-3970. 235-3979.
Alitalia, 138 Silom Road, Tel. 233-4000, 233-4004. Reservierung Tel. 234-5253, 234-5257. Flughafen Tel. 286-0190 ext. 132.
Bangladesh Biman, Erdgeschoß und 6. Stock Chongkolnee Building, 56 Surawong Road, Tel. 233-6178. Flughafen Tel. 286-0190 ext. 25.
British Airways, 2/F Charn Issara Tower, 942/81 Rama IV, Bangkok 10500, Tel. 236-8655-8. Flughafen Tel. 286-0190 ext. 144, 145.
Burma Airways, 208 Surawong Road, Tel. 234-9692, 233-3052. Flughafen Tel. 286-0190 ext. 266.
Canadian Pacific Airlines, 485 Silom Road, Tel. 234-3100, 234-3119.
Cathay Pacific Airways, 1 Silom Road, Tel. 233-1544, 233-1548, 233-6105, 233-6109. Flughafen Tel. 286-0190 ext. 156.
China Airlines, Siam Center, Rama I Road. Tickets: Tel. 251-9656, 251-9659. Reservierung Tel. 252-1748, 252-1749. Visaabteilung Tel. 251-7978. Flughafen Tel. 286-0190 ext. 160.
Delta Airlines, G.S.A. Getz Corp., 1/2 Convent Road, Tel. 233-4500, 233-4503.
Egypt Air, 120 Silom Road, Tickets und Reservierung: Tel. 233-7601, 233-7603. Flughafen Tel. 286-0190 ext. 274.
Garuda Indonesian, 944/19 Rama IV Road, Tel. 233-0540. Reservierung Tel. 233-0981, 233-0982. Flughafen Tel. 286-0190 ext. 170, 171.
Gulf Air, 9 Dejo Road, Bangkok 10500, Tel. 235-5605, 235-1397.
Iraqi Airways, 981 Silom Road (Rama Towers Hotel), Tel. 234-1010 ext. 1128. Flughafen Tel. 286-0190 ext. 273.
Japan Air Lines, Patpong Road, Tel. 234-9105, 234-9119. Reservierung ext. 125, 153. Tickets ext. 134, 135, 136. Flughafen Tel. 286-0190 ext. 135, 136, 137.
KLM Royal Dutch Airlines, 2 Patpong Road, Tel. 233-5150, 233-5160. Reservierung ext. 36, 37, 38. Tickets ext. 31, 32, 33, Flughafen Tel. 286-0190 ext. 191.
Korean Airlines, Dusit Thani Building, Rama IV Road, Tel. 234-9283, 234-9289. Reservierung ext. 21, 25. Tickets ext. 31, 33. Flughafen Tel. 2860190 ext. 222, 223.
Kuwait Airways, 159 Rajdamri Road, Tel. 251-5854, 2515857. Flughafen Tel. 286-0190 ext. 388.
Lao Aviation, 68/2 North Sathorn Road, Tel. 233-3691.
Lot Polish Airlines, 5. Stock Dusit Thani Building, Rama IV Road, Tel. 233-1765. Flughafen Tel. 286-0190 ext. 274.
Lufthansa German Airlines, Rama Towers Hotel, 981 Silom Road. Tickets und Reservierung: Tel. 234-1350, 234-1359. Flughafen Tel. 286-0190 ext. 211, 213.
Malaysian Airlines System, 98-102 Surawong Road, Tel. 234-9795. Reservierung: 234-9790. Flughafen Tel. 523-7270, 523-7271.
Northwest Orient Airlines, 965 Rama I Road, Tel. 251-9652, 251-9654.
Pakistan International Airways, Thai Style Building, Surawong Road. Tickets und Reservierung: Tel. 234-2961, 234-2964. Flughafen Tel. 286-0190 ext. 129.
Pan American World Airways, Maneeya Building, 518/2 Ploenchit Road, Bangkok 10500, Tel. 252-7309.
Philippine Airlines, 1. bis 3. Stock Chongkolnee Building. Reservierung Tel. 233-2350, 233-2352. Flughafen Tel. 286-0190 ext. 190, 191.
Qantas Airways, 11/F, Charn Issara Tower, 942/51 Rama IV, Bangkok 10500, Tel. 236-0102. Flughafen Tel. 286-0190 ext. 220.

Royal Brunei Airlines, c/o Thai Airways International, Silom Road, Tickets Tel. 234-3111, 234-3119.
Royal Nepal Airlines, 8-8 1/2 Thai House Building, Silom Road. Reservierung Tel. 233-3921, 2333924. Flughafen Tel. 286-0190 ext. 152.
Sabena Belgian World Airlines, 11. Stock CCT Building, 109 Suriwongse Road, Tel. 233-5940. 233-5941. Flughafen Tel. 286-0190 ext. 273, 274.
SAS Scandinavien Airlines System, 412 Rama I Road, Tel. 252-4181. Flughafen Tel. 523-6121 ext. 134.
Saudi Arabian Airlines, 3/11-2 Dejo Road, Tel. 233-7630, 233-7631.
Singapore Airlines, 62/1-4 Silom Road, Tickets Tel. 235-1580, 235-1589. Reservierung Tel. 235-1570, 235-1579.
Swissair Transport, 1 Silom Road, Tel. 233-2930, 233-2934. Reservierung Tel. 233-2935, 233-2938. Flughafen Tel. 286-0190 ext. 225.
Tarom Remarian Air Transport, c/o Market Holdings Co. (GSA), 380 Wanner Building, 119 Mahaesak Road, Tel. 234-3641, 234-3642.
Thai Airways, 6 Larn Luang Road, Tel. 281-1633, 282-7151. Reservierung Tel. 281-1626, 281-1093. Wochenende und Ferien Tel. 281-1737, 281-1989, 281-1626, 281-1633. Flughafen Tel. 523-6201 ext. 290.
Thai Airways International, 89 Vipavadee Rangsit Road, Tel. 511-0121. Tickets Tel. 511-0212 ext. 168, 169. Reservierung Tel. 511-0821, 511-2340. Flughafen Tel. 286-0190 ext. 273, 274.
Trans Mediterranean Airways, 8. Stock Wanglee Building, 297 Surawongse Road, Tel. 234-1700, 233-2408. Flughafen Tel. 286-0190 ext. 169, 177.
Trans World Airlines, 142/23 Soi Suksavithaya, Sathorn Nua Road, Bangkok 10500, Tel. 233-7290-1.
Union de Transports Aeriens (UTA), 3 Patpong Road, Tel. 233-7100, 233-7119. Tickets ext. 18, 28, 38. Reservierung ext. 22, 33, 44. Flughafen Tel. 286-0190 ext. 262.
United Airlines, 183 Rajdamri Road, Bangkok 10500, Tel. 251-6006, 251-7500.

Deutsche Reiseveranstalter

(Nähere Auskünfte über Programme und Buchungsmöglichkeiten der nachfolgenden Veranstalter erhalten Sie in Ihrem Reisebüro.)

ABR-AMTL. BAYR. REISEBÜRO, Im Hauptbahnhof, 8000 München 2

AIRTOURS INTERNATIONAL, Adalbertstraße 44-48, 6000 Frankfurt/M.

AKADEMISCHE STUDIENREISEN, Wielandtstr. 20, 6900 Heidelberg

ASIEN REISEN, Europaplatz 20, 7000 Stuttgart 1

ASMUS STUDIENREISEN GmbH, Geiststraße 81, 4400 Münster/Westf.

BAYERISCHES PILGERBÜRO, Dachauer Straße 9, 8000 München 2

DEUTSCHES REISEBÜRO GmbH, Eschersheimer Landstr. 25-27, 6000 Frankfurt/M. 1

FRANKTOUR REISEN, Niddastr. 3, 6242 Kronberg/Ts.

GASTAGER REISEN, Staufenstr. 2, 8221 Innzell

GLOBE-JETER-REISEN GmbH, Kurfürstenplatz 3, 8000 München 40

HAPAG-LLOYD REISEBÜRO GmbH, Gustav-Jeetjen-Allee 2-6, 2800 Bremen

HAUSER EXKURSIONEN, Marienstr. 17, 8000 München 2

IKARUS TOURS, Fasanenweg 1, 6240 Königstein/Ts.

INTER-AIR VOSS REISEN, Triftstr. 28-30, 6000 Frankfurt/M. 71

INSTITUT FÜR WISSENSCHAFTL. REISEN, Unterer Seeweg 3, 8130 Starnberg

JAHN REISEN GmbH, Elsenheimer Str. 61, 8000 München 21

JET REISEN GmbH, Kaiserstr. 64d, 6000 Frankfurt/M. 1

INTERNATIONALE STUDIENREISEN, Thomas-Wimmer-Ring 9, 8000 München 22

DR. KNEIFEL FERNREISEN, Landwehrstraße 10, 8000 München 19

KREISBOTEN-REISEDIENST, Pütrichstr. 2, 8120 Weilheim

KREUTZER TOURISTIK GmbH, Neuhauser Straße 6, 8000 München 2

MARCO POLO REISEN, Dettweiler Str. 15, 6242 Kronberg/Ts.

MEIER'S WELTREISEN, Monschauer Str. 1, 4000 Düsseldorf 11

MENZELL TOURS, Alter Wall 67-69, 2000 Hamburg 11

NOVA REISEN GmbH, Herzog-Wilhelm-Straße 1, 8000 München 2

NUR TOURISTIC GmbH, Hochhaus am Baseler Platz, 6000 Frankfurt

ORBIS REISEN, Neumarkt 14, 5000 Köln 1

REISEBÜRO POPPE, Eppichmausergasse 8, 6500 Mainz

ROTEL TOURS, Herrenstr. 11, 8391 Tittling/Passau

STUDIOSUS REISEN, Luisenstr. 43, 8000 München 2

TOURISTIK UNION INT., Karl-Wiechert-Allee 23, 3000 Hannover 61

T-REISEN THOMAS TISCHL, Albert-Roßhaupter-Straße 7, 8000 München

WINDROSE FERNREISEN GmbH, Kurfürstendamm 202, 1000 Berlin 15

Register

A

B

C

N

O

P

U

V

W

Y

Z